国家人力资源和社会保障部
国家工业和信息化部 信息专业技术人才知识更新工程（“653工程”）指定教材
全国高等职业教育“十一五”计算机类专业规划教材

BANGONG ZIDONGHUA
GAOJI ANLI YINGYONG JIAOCHENG

办公自动化高级案例应用教程

从书编委会

中国电力出版社
www.cepp.com.cn

内容提要

办公自动化是当今企事业单位提高办公效率的基础和保障，随着信息化在社会各领域的普及，办公自动化的水平也在不断提高。

本书是一本操作性极强、内容较新的办公自动化教程。全书共分 9 章，围绕着办公自动化的主题，在介绍的过程中，以实例为主，语言简练，浅显易懂。从操作系统的使用到文字处理、电子表格处理、演示文稿处理、综合处理、网上办公、邮件管理，再到常用办公软件的使用和电脑的日常维护等知识。

全书内容丰富，结构清晰，实例众多，具有很强的操作性和实用性。作为信息专业技术人才知识更新工程的指定教材，适合作为高等院校、高职学院等办公自动化课程的教材，也可以作为各类社会人员计算机入门和计算机应用技术考证的培训和自学教材。

图书在版编目（CIP）数据

办公自动化高级案例应用教程 / 国家人力资源和社会保障部、国家工业和信息化部信息专业技术人才知识更新工程（“653 工程”）指定教材编委会编. —北京：中国电力出版社，2008.7（2015.6 重印）
国家人力资源和社会保障部、国家工业和信息化部信息专业技术人才知识更新工程（“653 工程”）指定教材

ISBN 978-7-5083-7223-5

Ⅰ. 办… Ⅱ. 国… Ⅲ. 办公室－自动化－教材 Ⅳ. C931.4

中国版本图书馆 CIP 数据核字（2008）第 100215 号

书　　名：办公自动化高级案例应用教程
出版发行：中国电力出版社
　　　　　地　　址：北京市东城区北京站西街 19 号　　邮政编码：100005
印　　刷：北京丰源印刷厂
开本尺寸：185mm×260mm　印　　张：16.75　　字　　数：376 千字
书　　号：ISBN 978-7-5083-7223-5
版　　次：2008 年 7 月北京第 1 版
印　　次：2015 年 6 月第 8 次印刷
定　　价：25.00 元

专家指导委员会

丛书编委会院校名单

（按拼音排序）

丛 书 序

自20世纪90年代以来，伴随着信息技术创新和经济全球化步伐的不断加快，全球信息化进程日益加速，中国的经济社会发展对信息化提出了广泛、迫切的需求。党的十七大报告做出了要“大力推进信息化与工业化融合”，“提升高新技术产业，发展信息、生物、新材料、航空航天、海洋等产业”的重要指示，这对信息技术人才提出了更高的要求。

为贯彻落实科教兴国和人才强国战略，进一步加强专业技术人才队伍建设，推进专业技术人才继续教育工作，人力资源和社会保障部组织实施了“专业技术人才知识更新工程（‘653工程’）”，联合相关部门在现代农业、现代制造、信息技术、能源技术、现代管理等5个领域，重点培训300万名紧跟科技发展前沿、创新能力强的中高级专业技术人才。工业和信息化部与人力资源和社会保障部在2006年1月19日联合印发《信息专业技术人才知识更新工程（“653工程”）实施办法》（国人部发［2006］8号），对信息技术领域的专业技术人才培养进行了部署和安排，提出了要在6年内培养信息技术领域中高级创新型、复合型、实用型人才70万人次左右。

作为国家级人才培养工程，“653工程”被列入《中国国民经济和社会发展第十一个五年规划纲要》和《2006—2010年全国干部教育培训规划》，成为建设高素质人才队伍的重要举措。

本系列教材作为“653工程”指定教材，严格按照《信息专业技术人才知识更新工程（“653工程”）实施办法》的要求，以培养符合社会需求的信息专业技术人才为目标，汇聚了众多来自信息产业部门、著名高校、科研院所和知名企业的学者与技术专家，组成强大的教学研发和师资队伍，力求使教材体系严谨、贴近实际。同时，教材采用“项目驱动”的编写思路，以解决实际项目的思路和操作为主线，连贯多个知识点，语言表述规范、明确，贴近企业实际需求。

为了方便教师授课和学生学习，促进学校教学改革，提升教学质量，本系列教材不仅提供教师授课所用的教学课件、习题和答案解析，而且针对教材中所涉及的案例、项目和实训内容，提供了多媒体视频教学演示课件。另外，在教学过程中，随时可以登录教师之家——中国学术交流网（www.jiaoshihome.cn），寻求教学资源的支持，我们特别为每一本教材设置了针对教师授课和学员学习的答疑论坛。同时，本套教材举办“有奖促学”活动，凡购买本套教材，学习完后，举一反三创作出个人作品，上传至教师之家——中国学术交流网，每个学期末将根据创作内容和网站点击率综合评选一次，选出一、二、三等奖和纪念奖，并在假期中颁发奖项。

学员学习本系列教材后经考核合格，可以申请“专业技术人才知识更新工程（‘653 工程’）培训证书”。该证书可以作为专业技术人员职业能力考核的证明，以及岗位聘用、任职、定级和晋升职务的重要依据。

我们希望以本系列教材为载体，不断更新教学内容，改进教学方法，搭建学校与企业沟通的桥梁，大力推进校企合作、工学结合的人才培养模式，探索一条充满生机和活力的中国信息技术人才培养之路，为建设社会主义和谐社会提供坚强的智力支持和人才保证。

丛书编委会

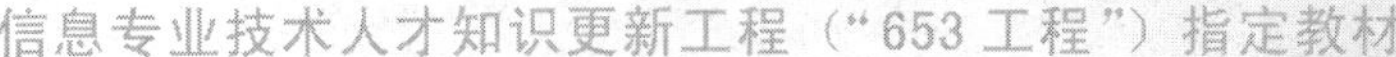

前　言

随着数字化技术的发展，计算机、通信、办公自动化工具进一步走向融合，计算机已经成为办公自动化最基本的工具。办公自动化利用先进的技术，使人的各种办公活动逐步由各种设备、各种人机信息系统来协助完成，达到充分利用信息、提高工作效率和工作质量、提高生产效率的目的。办公自动化自提出到现在已有了 20 多年的发展历史。由于办公自动化技术的不断发展，办公自动化新产品不断地出现，办公自动化的内涵也不断地丰富和发展。越来越多的人已经认识到学会使用计算机的重要性，迫切希望掌握计算机的基础知识和操作技能，以便适应现代社会发展的需要。同时，办公自动化已成为机关和企业现代化管理的必然趋势。

本书是一本操作性极强、内容较新的办公自动化教程。全书共分 9 章，围绕着办公自动化的主题，在介绍的过程中，以实例为主，语言简练，浅显易懂。从操作系统的使用到文字处理、电子表格处理、演示文稿处理、综合处理、网上办公、邮件管理，再到常用办公软件的使用和电脑的日常维护等知识。第 1 章介绍 Windows XP 操作系统，第 2～7 章分别介绍办公自动化软件 Word 2003、Excel 2003、PowerPoint 2003、Outlook 2003，以及网上办公、综合应用，第 8 章介绍常用办公工具软件的使用，第 9 章介绍电脑的安全与维护等知识。

本书由武汉商业服务学院王云鹏老师和山东科技职业学院邓所春老师主编，由曲阜师范学校颜明阳老师和天津铁道职业技术学院孙献辉担任副主编，其中王云鹏老师编写 1～4 章，邓所春老师编写 5～6 章，颜明阳老师编写第 7 章，贾民政老师编写第 8 章，孙献辉老师编写第 9 章，全书由王云鹏老师统稿。

由于作者水平有限，加之创作时间仓促，若书中有疏漏和不足之处，敬请广大读者不吝赐教。

编　者

2008 年 6 月

目　录

第 1 章 Windows XP 操作系统

一个完整的计算机系统是由硬件和软件两大部分组成的。通常硬件是指计算机物理装置本身；而软件是与数据处理有关的计算机程序、数据及相关文档资料的总称。在所有软件中，操作系统占有特殊的重要地位。它是配置在计算机硬件之上的第一层软件。它控制硬件的工作，管理计算机系统的各种资源，并为系统中各个程序的运行提供服务。我们操作计算机完成各种任务都是通过操作系统来完成的。

在众多的操作系统中，Windows XP 是现在最流行的个人操作系统，Windows XP 采用的是 Windows NT 的核心技术，运行非常可靠、稳定而且快速，为用户计算机的安全、正常、高效运行提供了保障。本章将介绍 Windows XP 操作系统的配置管理方面的高级应用。

1.1 定制个性化桌面

Windows XP 将明亮鲜艳的外观与简单易用的设计结合在一起，不但使用更加成熟的技术，而且外观设计也焕然一新，桌面风格清新明快、优雅大方，用鲜艳的色彩取代以往版本的灰色基调，给用户以良好的视觉享受。Windows XP 的桌面和任务栏更加简洁，“开始”菜单使用户更容易访问程序，并且提供了更多的选项来自定义桌面环境。

1.1.1 个性化“开始”菜单与任务栏 

Windows XP 操作系统通过“开始”菜单初始化应用程序，利用任务栏管理和快速切换应用程序窗口，用户可以通过系统工具用自己喜欢的方式自定义“开始”菜单和任务栏。

1. 切换“开始”菜单视图

Windows XP 操作系统提供了两种“开始”菜单视图：“开始”菜单和经典“开始”菜单。

Windows XP 系统中默认的“开始”菜单充分考虑到用户的视觉需要，设计风格清新、明朗，“开始”按钮由原来的灰色改为鲜艳的绿色，打开后的显示区域比以往更大，而且布局结构也更便于用户使用，如图 1.1 所示，桌面上仅显示“回收站”图标。考虑到 Windows 旧版本用户的需要，系统中还保留了经典“开始”菜单视图，继承了 Windows 2000 系统的风格，在桌面上保留了“我的电脑”等系统图标，如图 1.2 所示。要切换“开始”菜单视图，可执行下列步骤：

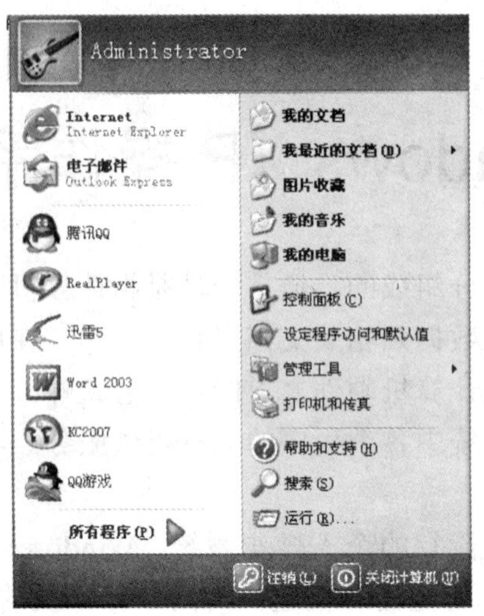

图 1.1 “开始”菜单

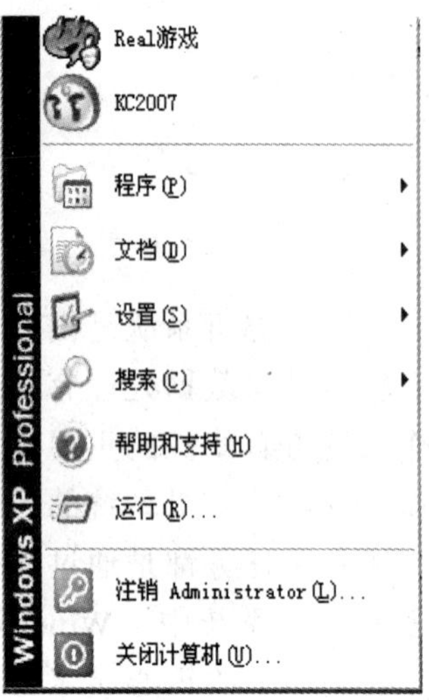

图 1.2 经典“开始”菜单

右击任务栏空白处，在弹出的快捷菜单中选择“属性”命令，打开“任务栏和「开始」菜单属性”对话框，切换到“「开始」菜单”选项卡，选择“「开始」菜单”视图或“经典「开始」菜单”视图，单击“确定”按钮即可完成切换。

2. 自定义“开始”菜单

通过自定义“开始”菜单，可向“开始”菜单中添加和删除程序、清除最近使用的文档、隐藏或显示指定的系统工具或选项等。下面通过两个案例说明自定义“开始”菜单的操作步骤。

【案例 1】把“管理工具”添加到“开始”菜单中（以“「开始」菜单”视图为例）

在 Windows XP 中，管理工具是用户对系统进行管理的常用工具之一，但每次打开管理工具时都要进入到控制面板，其实可以将其添加进“开始”菜单，以方便使用。操作步骤：

步骤1 右击任务栏空白处，在弹出的快捷菜单中选择“属性”命令，打开“任务栏与「开始」菜单属性”对话框。(也可通过“控制面板”|“外观和主题”|“任务栏和「开始」菜单”打开)

步骤2 单击“「开始」菜单”标签，打开“「开始」菜单”选项卡，如图 1.3 所示。

步骤3 单击“「开始」菜单”单选按钮后的“自定义”按钮，打开“自定义「开始」菜单”对话框。

步骤4 单击“高级”标签，打开“高级”选项卡。在“「开始」菜单项目”列表框中把“系统管理工具”选项设置为“在‘所有程序’菜单和「开始」菜单上显示”，如图 1.4 所示。

步骤5 单击“确定”按钮，完成设置。以后再打开“开始”菜单时即可看到“管理工具”项。

图 1.3 切换“开始”菜单

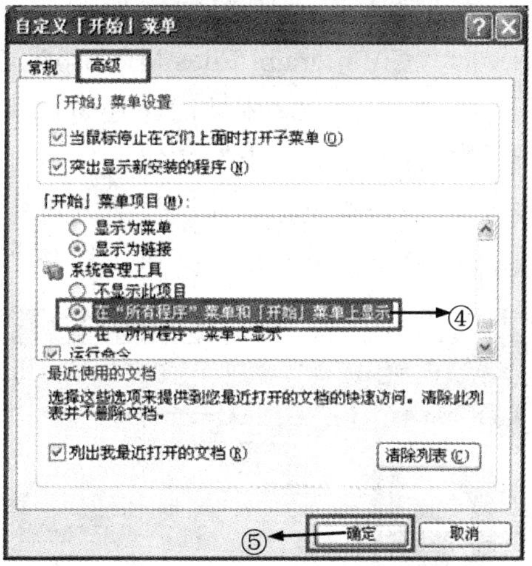

图 1.4 自定义“开始”菜单

【案例 2】将 Word 2003 程序图标添加到“开始”菜单上方（只有“经典「开始」菜单”视图可以实现添加和删除程序）

微软公司的 Office 2003 版之后，要打开 Word 2003 程序，要单击“开始”|“程序”|Office 2003 | Word 2003 命令，为方便操作，可以将 Word 2003 程序直接添加在“开始”菜单的上方，操作步骤：

步骤 1 右击任务栏空白处，在弹出的快捷菜单中选择“属性”命令，打开“任务栏和「开始」菜单属性”对话框，切换到“「开始」菜单”选项卡，单击“经典「开始」菜单”单选按钮后的“自定义”按钮，打开“自定义经典「开始」菜单”对话框，如图 1.5 所示。

步骤 2 单击“添加”按钮，打开“创建快捷方式”对话框，如图 1.6 所示。

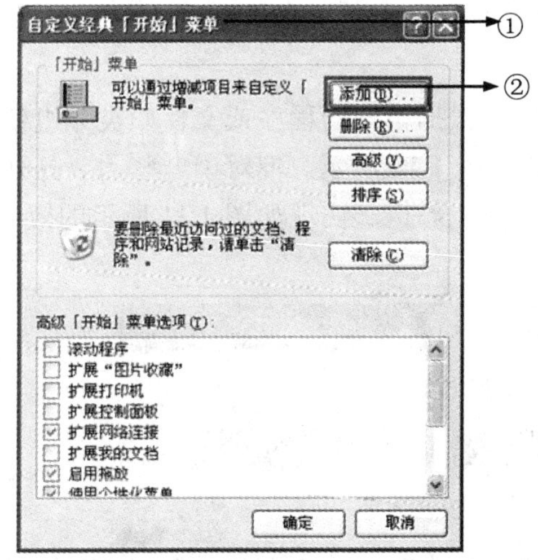

图 1.5 自定义经典「开始」菜单

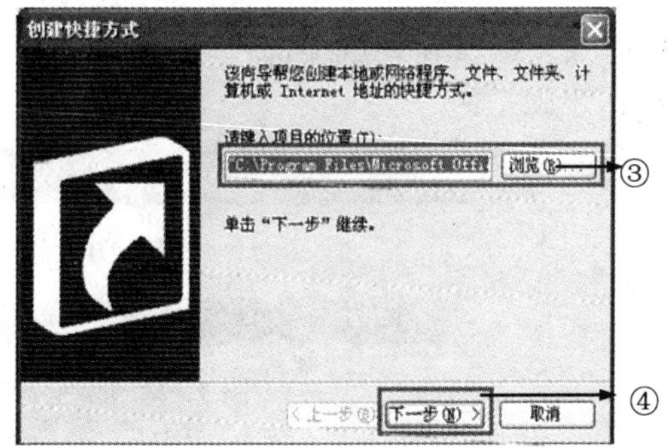

图 1.6 输入程序位置

步骤3 输入程序所在的文件夹路径，或通过单击“浏览”按钮找到相应的程序（C:\Program Files\Microsoft Office\OFFICE11\WINWORD.EXE）。注意，假设 Office 2003 安装时路径为默认安装路径。

步骤4 单击“下一步”按钮，打开“选择程序文件夹”对话框，如图 1.7 所示。

步骤5 在“请选择存放该快捷方式的文件夹”列表框中，单击“「开始」菜单”选项。

步骤6 单击“下一步”按钮，打开“选择程序标题”对话框，如图 1.8 所示。

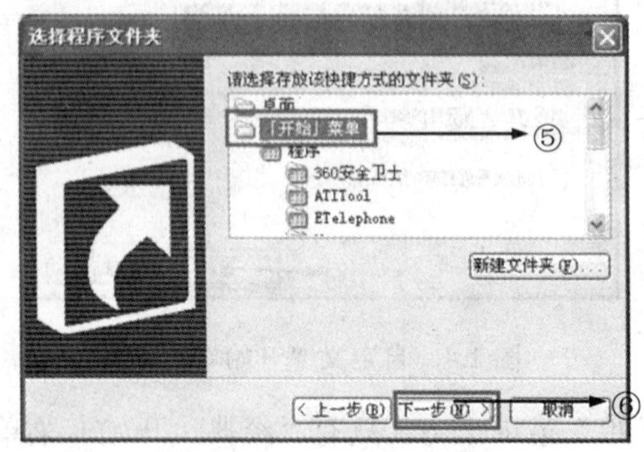

图 1.7 选择程序文件夹

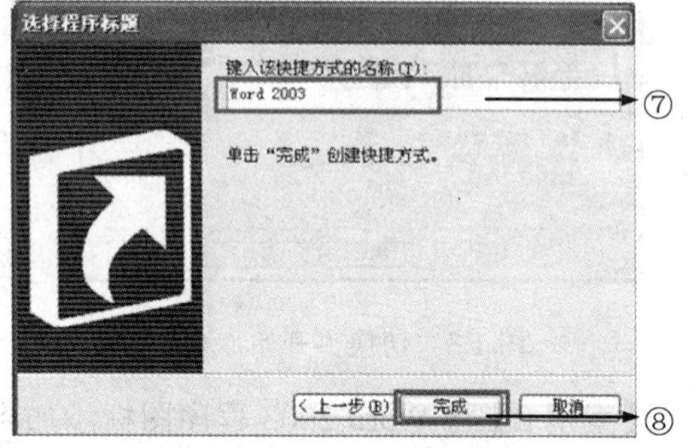

图 1.8 选择程序标题

步骤7 在“键入该快捷方式的名称”文本框中，输入 Word 2003。

步骤8 单击“完成”按钮，完成程序的添加。在“开始”菜单的上方即可看到 Word 2003 的图标。

3. 自定义任务栏

任务栏可分为“开始”菜单按钮、快速启动工具栏、窗口按钮栏和通知区域等几部分，如图 1.9 所示。下面通过两个案例说明自定义任务栏的操作步骤。

图 1.9 任务栏

【案例 1】拒绝分组相似任务栏

Windows XP 系统的“分组相似任务栏按钮”设置把相同的程序或文件归类分组使用同一个按钮，可以让任务栏少开窗口，保持整洁，如图 1.10 所示。但对于一些需要打开多个同类窗口的工作非常不便，此时可以拒绝分组相似任务栏，实现如图 1.11 所示的效果。其操作步骤是：

图 1.10 分组相似任务栏效果

图 1.11 拒绝分组相似任务栏按钮效果

右击任务栏空白处，在弹出的快捷菜单中选择“属性”命令，打开“任务栏和「开始」菜单属性”对话框，取消选择“分组相似任务栏按钮”复选框。

【案例 2】制托盘上的图标

在默认情况下，Windows XP 托盘上可以显示很多图标，用户经常需要根据自己的爱好定制托盘上的图标。操作步骤：

步骤 1 右击任务栏空白处，在弹出的快捷菜单中选择“属性”命令，打开“任务栏和「开始」菜单属性”对话框，打开“任务栏”选项卡，如图 1.12 所示。

步骤 2 在“通知区域”选项区中单击“自定义”按钮，弹出“自定义通知”对话框。

步骤 3 选择要定义的项目，在“行为”栏选择一种行为，如图 1.13 所示。

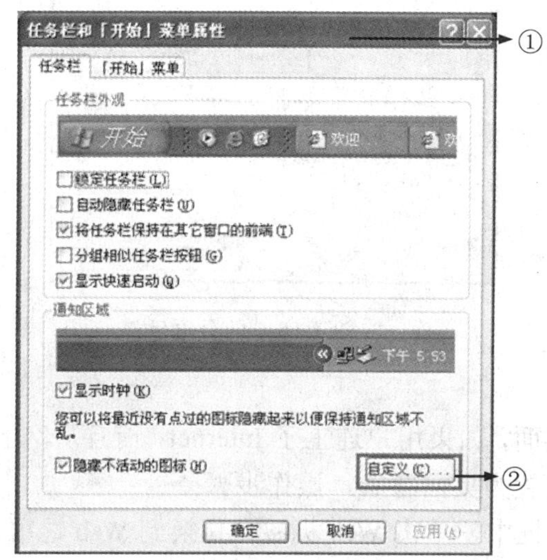

图 1.12 任务栏属性

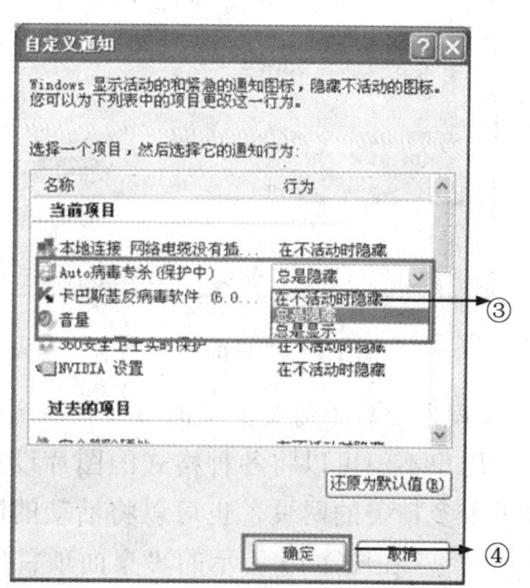

图 1.13 自定义通知

步骤 4 单击“确定”按钮，完成操作。

1.1.2 个性化桌面

“桌面”是用户和计算机进行交流的窗口，Windows XP 桌面有着更加漂亮的画面、更富个性的设置和更为强大的管理功能。桌面上可以存放用户经常用到的应用程序和文件夹图标，用户可以根据自己的需要在桌面上添加各种快捷图标，在使用时双击图标即可快速启动相应的程序或文件。下面通过两个实用案例来说明个性化桌面的方法。

【案例 1】自定义桌面项目

Windows XP 系统默认仅在桌面上显示“回收站”图标，可以通过“自定义桌面”来找回“我的电脑”等图标。操作步骤：

步骤 1 右击桌面空白处，在弹出的快捷菜单中选择“属性”命令，弹出“显示属性”对话框，单击“桌面”标签，打开“桌面”选项卡，如图 1.14 所示。

步骤 2 单击“自定义桌面”按钮，将弹出“桌面项目”对话框，如图 1.15 所示。

步骤 3 在“桌面图标”选项组中选中要显示在桌面上的图标复选框，单击“确定”按钮即可。

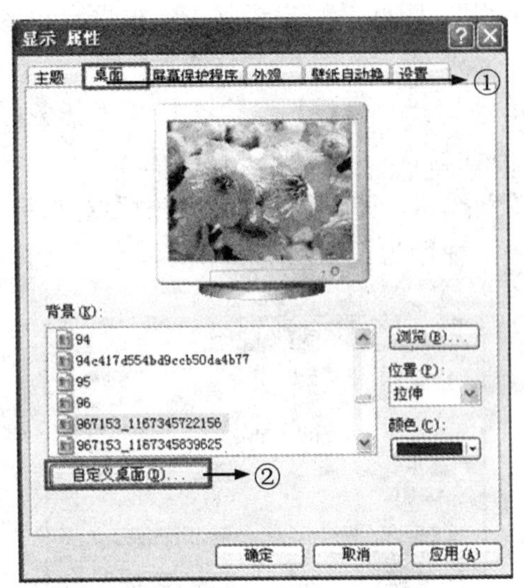

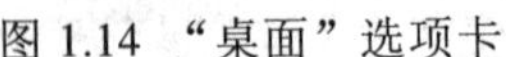
图 1.14 “桌面”选项卡

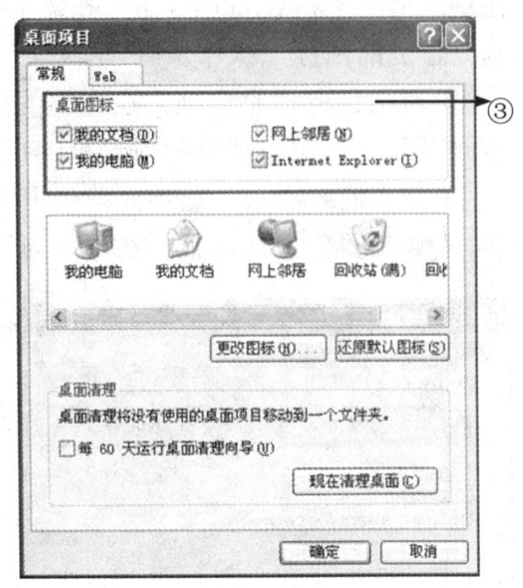

图 1.15 桌面项目

【案例 2】让网页上桌面

用户不但可以将各种格式的图片设置为桌面，如果用户连上了 Internet，而且从网上下载了很多精美的网页，也可以将活动的网页设置为桌面背景，操作步骤：

步骤 1 在图 1.15 所示的“桌面项目”对话框中，单击 Web 标签，切换到 Web 选项卡，如图 1.16 所示。

步骤 2 单击“新建”按钮，弹出“新建桌面项目”对话框，如图 1.17 所示。

步骤 3 在“位置”文本框中输入网页或图片的 URL 地址，或通过“浏览”按钮定位文件，单击“确定”按钮，网页会变为桌面背景项目。

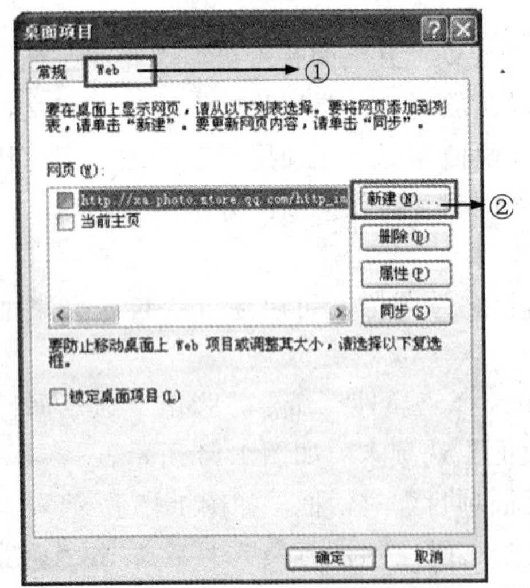

图 1.16 Web 选项卡

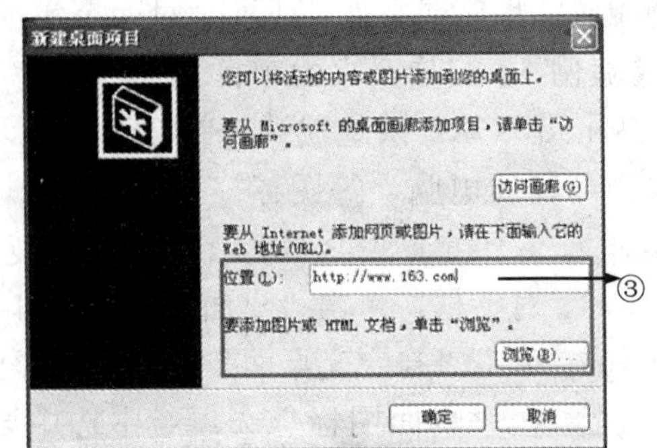

图 1.17 新建桌面项目

1.1.3 优化桌面性能

Windows XP 桌面虽然有着更加漂亮的画面，但消耗不少系统资源。可以通过以下几项来简化桌面环境，优化系统性能。

1. 使用朴素界面

要改变 Windows XP 的桌面，优化系统性能，可以右击桌面空白处，在弹出的快捷菜单中选择“属性”命令，弹出“显示属性”对话框，在“主题”选项卡中将主题设置为“Windows 经典”，如图 1.18 所示，并在“桌面”选项卡中将背景设置为“无”。

技巧

桌面主题

主题是背景、声音、图标及只需要单击便可完成个性化设置计算机的元素组合。默认情况下，Windows XP 系统只提供了 Windows XP 和“Windows 经典”两种主题。用户也可使用第三方开发的桌面主题，将其安装到系统中。要变换主题，应先将下载的主题文件安装好，然后右击桌面空白处，并选择“属性”命令，打开“显示属性”对话框，在“主题”选项卡的“主题”下拉列表框中选择一种主题，单击“确定”按钮。

要启用桌面主题，可单击“开始”|“程序”|“管理工具”|“服务”命令，在右窗格中选中 Themes 项，单击“启动”链接即可启用桌面主题。

2. 优化视觉效果

Windows XP 漂亮桌面是以消耗大量内存作为代价的，相对于速度和美观而言，不同的用户有不同的想法。设置视觉效果的操作步骤：

步骤 1 右击“我的电脑”图标，从快捷菜单中选择“属性”命令，打开“系统属性”对话框，单击“高级”标签，打开“高级”选项卡。

步骤 2 单击“性能”选项区中的“设置”按钮，打开“性能选项”对话框，如图 1.19 所示。

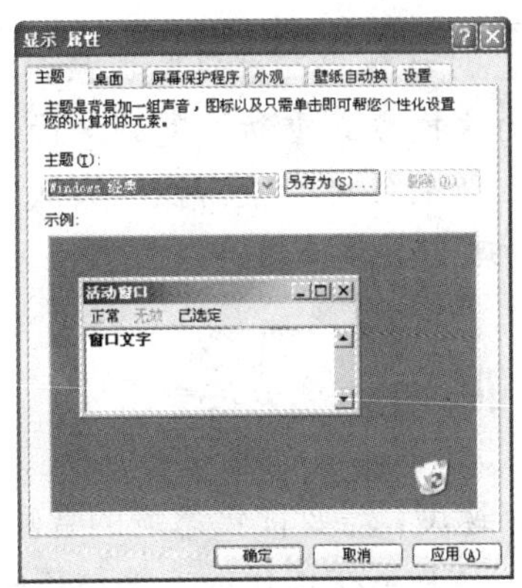

图 1.18 桌面主题

图 1.19 优化视觉效果

步骤 3 “视觉效果”选项卡中列出了外观的所有设置，选中“调整为最佳性能”单选按钮，可将所有特殊的外观设置诸如淡入淡出、平滑滚动、滑动打开等视觉效果都关闭，就可以节省内存了。

3. 清理桌面

如果用户在桌面上创建了多个快捷方式，而有的最近不需要使用，用户可以启动“桌面清理向导”来清理桌面，操作步骤：

步骤 1 右击桌面空白处，在弹出的快捷菜单中选择“排列图标”|“运行桌面清理向导”命令，弹出“清理桌面向导”对话框，如图 1.20 所示。

步骤 2 单击“下一步”按钮，弹出选择快捷方式对话框，如图 1.21 所示。

步骤 3 在“快捷方式”列表框中选择需要清理的快捷方式。

步骤 4 单击“下一步”按钮，弹出提示对话框，显示所选择的快捷方式将被移动到桌面上的“未使用的桌面快捷方式”文件夹中，单击“完成”按钮，所选的快捷方式即在桌面上消失，而在桌面上建立一个“未使用的桌面快捷方式”文件夹。

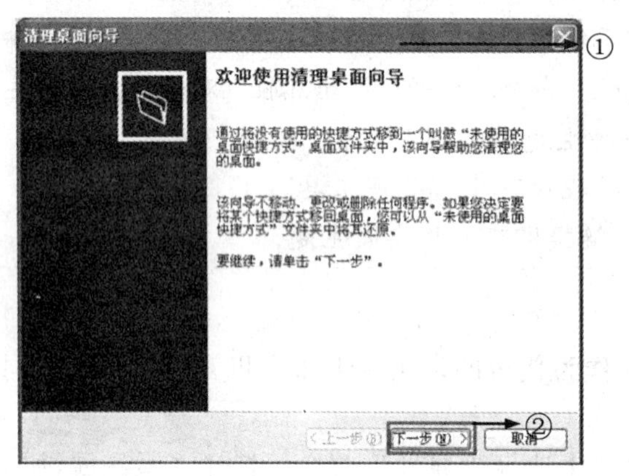

图 1.20 清理桌面向导

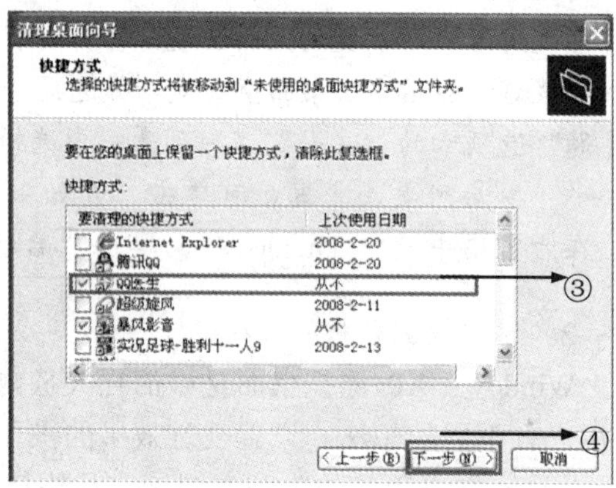

图 1.21 选择不常用的图标

（1）在 1.1.2 节自定义桌面时提到的“桌面项目”对话框中也可以清理桌面。

（2）如果用户需要撤销以前的操作，使清理掉的快捷方式重新恢复到桌面，可以在桌面上双击“未使用的桌面快捷方式”文件夹，在“未使用的桌面快捷方式”窗口中选择“编辑”|“撤销移动”命令，即可还原已清理的快捷方式。

1.2 优化系统的性能

为了充分发挥计算机的性能，大幅度提高系统的运行速度，需要优化系统的各项性能，把系统调整到最佳状态。下面通过几个案例介绍 Windows XP 系统优化的方法与步骤。

1.2.1 关闭系统还原

默认情况下，Windows XP 系统中的系统还原功能处于启用状态，在每个驱动器上约占用 4%～12%的硬盘空间，并且系统还原的监视系统会自动创建还原点，这样在后台运行就会占用较多的系统资源。关闭系统还原可以节约内存和硬盘资源。操作步骤：

步骤1 右击“我的电脑”图标，从弹出的快捷菜单中选择“属性”命令，弹出“系统属性”对话框，单击“系统还原”标签，打开“系统还原”选项卡，如图1.22所示。

步骤2 选中“在所有驱动器上关闭系统还原”复选框，单击“确定”按钮。

1.2.2 更改临时变量

环境变量用来定义系统工作环境，其中临时变量 TEMP 和 TMP 是设置应用程序在何处放置临时文件的。多数软件运行时都会产生临时文件，有的会很大，占用很大的空间，又容易产生磁盘碎片，还会影响系统性能。为此需要将其改到非系统盘中的文件夹（如 D:\Temp）中，操作步骤：

步骤1 右击“我的电脑”图标，从弹出的快捷菜单中选择“属性”命令，弹出“系统属性”对话框，单击“高级”标签，打开“高级”选项卡，如图1.23所示。

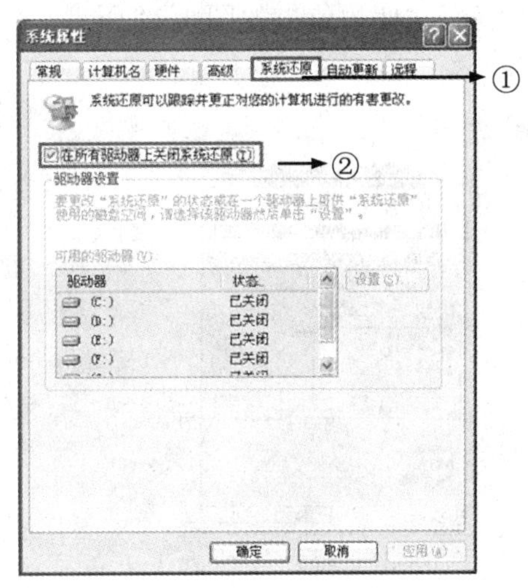

图 1.22　系统还原

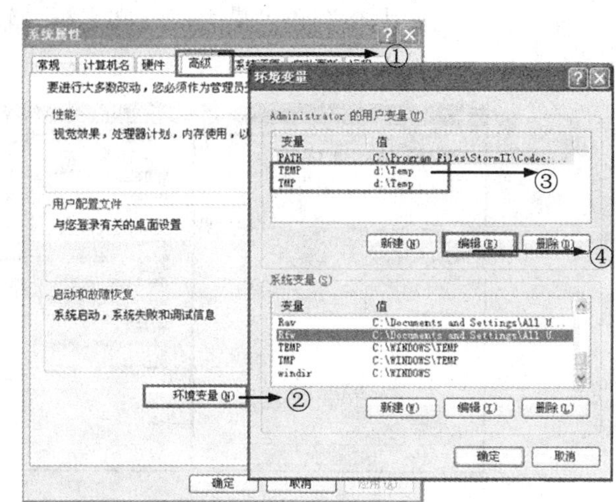

图 1.23　环境变量

步骤2 单击“环境变量”按钮，弹出“环境变量”对话框。

步骤3 在“用户变量”列表框中，分别选择 TEMP 和 TMP 变量。

步骤4 单击“编辑”按钮，在打开的对话框输入变量值 D:\Temp，单击“确定”按钮，再单击“应用”按钮应用设置。

1.2.3 设置虚拟内存

虚拟内存是物理磁盘上的一部分硬盘空间，用于模拟内存，优化系统性能，使系统更好地工作。虚拟内存以文件形式存放在硬盘驱动器上，也称页面文件（pagefile.sys），用于存放不能装入物理内存的程序和数据。默认情况下，可让 Windows XP 来自动分配管理虚拟内存，它能根据实际内存的使用情况，动态调整虚拟内存的大小。

设置虚拟内存的原则

将虚拟内存值设为物理内存的2.5倍；设置虚拟内存前对分区进行磁盘检查和磁盘碎片整理；将虚拟内存从系统分区移动到其他分区；将虚拟内存的初始大小和最大值设置为相同。

设置虚拟内存的操作步骤：

步骤1 右击“我的电脑”图标，从弹出的快捷菜单中选择“属性”命令，弹出“系统属性”对话框，单击“高级”标签，打开“高级”选项卡。

步骤2 单击“性能”选项区中的“设置”按钮，打开“性能选项”对话框。

步骤3 单击“高级”标签，打开“高级”选项卡。

步骤4 单击“虚拟内存”选项区中的“更改”按钮，打开“虚拟内存”对话框。

步骤5 在“驱动器”列表中选择要驻留虚拟内存的驱动器。

步骤6 在“所选驱动器的页面文件大小”选项区中选中“自定义大小”单选按钮，并在“初始大小”和“最大值”文本框中输入页面文件的值，如图1.24所示。

步骤7 单击“设置”按钮，单击“确定”按钮。

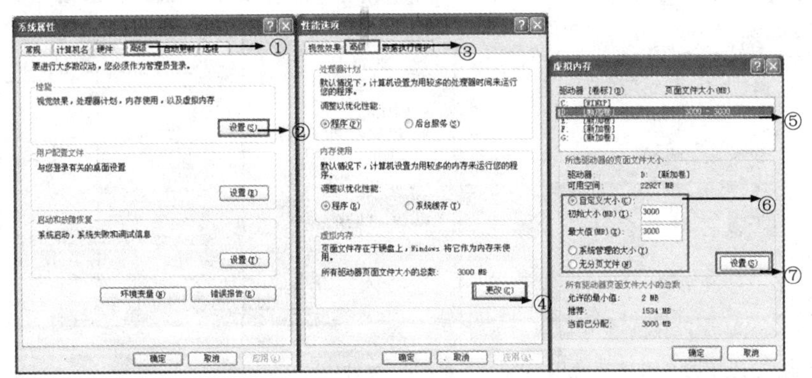

图1.24 设置虚拟内存

1.2.4 优化Internet选项设置

使用“Internet选项”可以修改Internet Explorer浏览器设置，优化使用Internet Explorer浏览器浏览网页的环境。下面通过案例说明优化Internet Explorer浏览器环境的方法。

【案例1】设置主页

主页用来指定用户打开Internet Explorer浏览器时访问到的默认Web页面。要修改主页，在桌面上右击Internet Explorer图标，在弹出的快捷菜单中选择“属性”命令，打开“Internet选项”对话框，如图1.25所示。在“常规”选项卡的“主页”选项区中的“地址”文本框中输入用户经常访问的网站的主页地址（如http://www.baidu.com）即可。

【案例2】移动Internet临时文件夹

Internet临时文件夹用来存储用户访问过的Internet文件，下次用户再访问Internet文件时，系统可直接从临时文件夹读取相关文件，从而加速Internet的访问效率，降低访问

Internet 的流量。但大量的临时文件会占用很大的空间，又容易产生磁盘碎片，还会影响系统性能，有必要将它移出系统盘。移动 Internet 临时文件的操作步骤：

步骤1 在图 1.25 所示“Internet 选项”对话框的“常规”选项卡中，单击“Internet 临时文件”选项区中的“设置”按钮，弹出“设置”对话框。

步骤2 单击“移动文件夹”按钮，弹出“浏览文件夹”对话框，如图 1.26 所示。

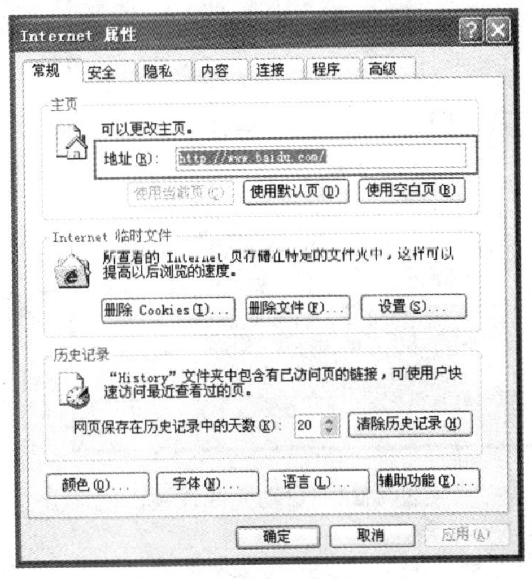

图 1.25 “Internet 选项”的“常规”选项卡

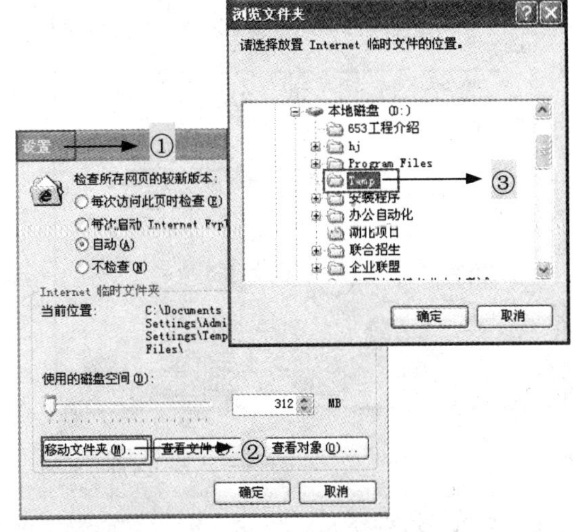

图 1.26 “设置”对话框

步骤3 选择 Internet 临时文件夹所在的磁盘和文件夹（如 D:\temp），单击“确定”按钮。

说明

（1）移动 Internet 临时文件后，系统会自动注销，重新登录后才生效。

（2）在“设置”对话框中可通过调节“使用的磁盘空间”滑块指定 Internet 临时文件夹的大小。

技巧

当我们在网上看到了很好的 Flash 动画或播放的 MP3 文件，而又不能下载时，可以到 Internet 临时文件夹去找，因为它们必须先下载到 Internet 临时文件夹后才能播放。

【案例 3】清除表单用户名和密码

在访问启用 cookies 的 Web 站点时，提交用户名和密码后，系统将自动缓存用户名和密码信息，以便用户再次访问该站点时，不再需要提交用户名和密码等信息。为增强访问 Web 站点的安全性，需要清除计算机上缓存的身份验证信息。操作步骤：

步骤1 在“Internet 选项”对话框中单击“内容”标签，打开“内容”选项卡，如图 1.27 所示。

步骤2 单击“自动完成”按钮，打开“自动完成设置”对话框，如图 1.28 所示。

步骤3 单击“清除表单”和“清除密码”按钮，可删除缓存在计算机上的身份验证信息。

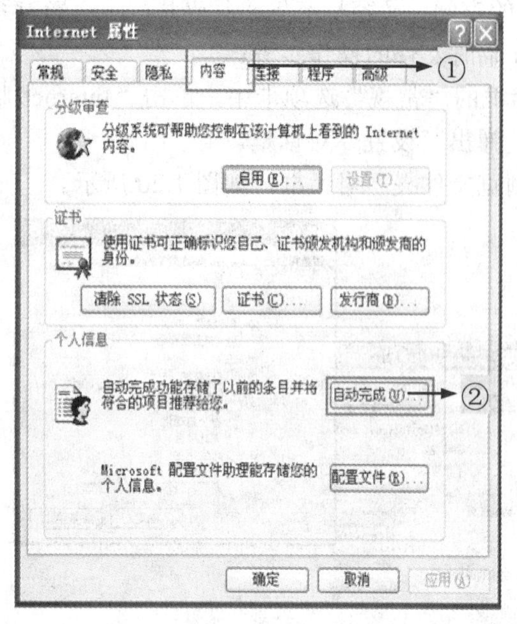

图 1.27 “内容”选项卡

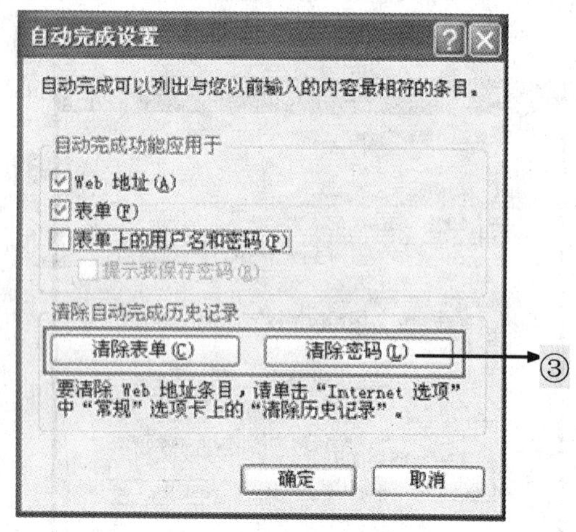

图 1.28 自动完成设置

1.2.5 优化启动性能

1. 启动休眠功能

休眠功能将系统内存中的所有信息保存到引导磁盘分区中，然后关闭计算机电源。当用户重新启动休眠状态下的计算机时，系统将跳过硬件检测，直接从引导分区中将数据恢复到内存，这样可以加速启动，但会占用一定的硬盘空间。启用休眠的操作步骤：

步骤 1 单击“开始”|“控制面板”命令，打开“控制面板”窗口，双击“电源选项”图标，打开“电源选项属性”对话框，单击“休眠”标签，打开“休眠”选项卡，如图 1.29 所示。

步骤 2 选中“启用休眠”复选框，单击“确定”按钮。

2. 禁用不必要的服务

当 Windows XP 启动时，随之也启动了许多服务，有很多服务对于普通用户来说是完全没有用的，所以应该将其关掉。以“信使服务”为例介绍关闭服务的方法。

【案例 1】关闭恼人的“信使服务”服务

操作步骤：

步骤 1 单击“开始”|“运行”命令，在打开的“运行”对话框中输入 services.msc，按回车键，即可打开“服务”窗口。

步骤 2 在右窗格中双击 Messenger 项，弹出“Messenger 的属性”对话框。

步骤 3 在“启动类型”下拉列表框中选择“已禁用”选项，如图 1.30 所示。

步骤 4 在“服务状态”选项区中单击“停止”按钮，最后单击“应用”按钮。

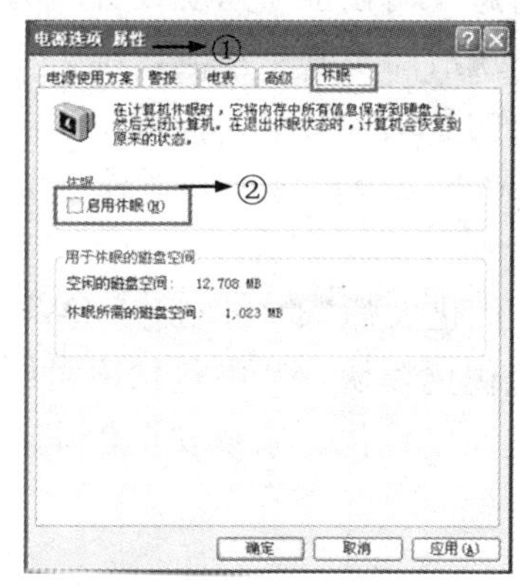

图 1.29 “休眠”选项卡

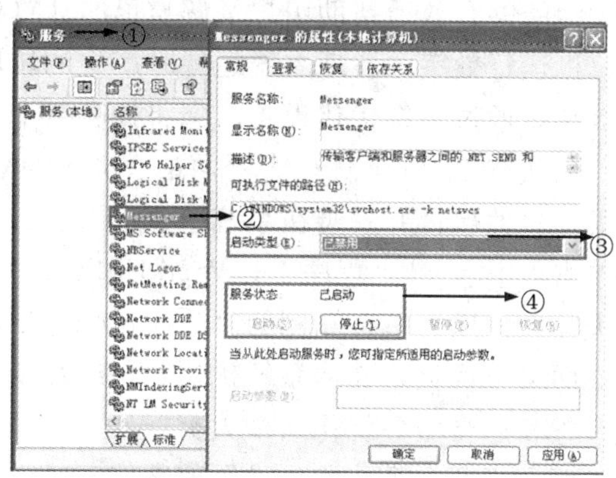

图 1.30 信使服务

3. 减少不必要的启动项

【案例 2】取消自动弹出 QQ 窗口

有许多应用程序（如腾讯 QQ）安装完成后会设置为自动启动。这些自动启动的程序会影响系统的启动速度，应该减少这些启动项，提高系统性能。

具体操作步骤：

单击“开始”|“运行”命令，打开的在“运行”对话框中输入 msconfig，按回车键打开“系统配置实用程序”对话框，切换到“启动”选项卡，如图 1.31 所示，该选项卡中显示了 Windows XP 启动时运行的程序。取消不随系统启动的程序的复选框（这里的所有项目都可取消，不会影响计算机的运行），单击“确定”按钮。如果不清楚这些项目的功能，也可使用 Windows 优化大师、360 安全卫士等软件进行优化。

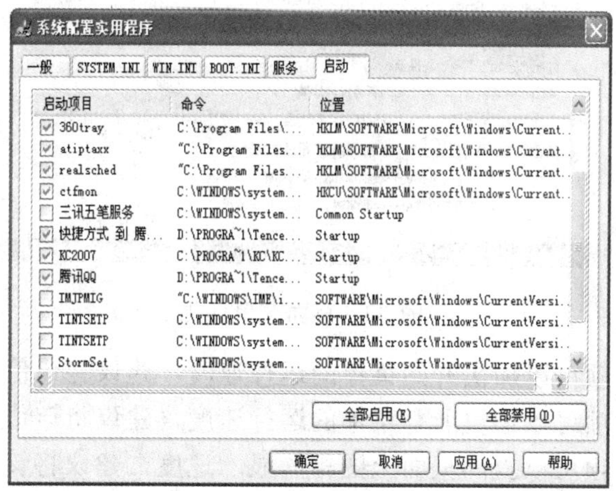

图 1.31 “启动”选项卡

4. Windows 优化大师使用简介

Windows 优化大师是一款功能强大的系统辅助软件，它提供了全面有效且简便安全的系统检测、系统优化、系统清理、系统维护四大功能模块及数个附加的工具软件。Windows

优化大师能够有效地帮助用户了解自己的计算机软硬件信息，简化操作系统设置步骤，提升计算机运行效率，清理系统运行时产生的垃圾，修复系统故障及安全漏洞，维护系统的正常运转。通过系统优化设置，您将拥有一个高效、快速的系统。

首先从 Windows 优化大师网站（http://www.wopti.net/chs/downloads/）下载 Windows 优化大师软件包，并安装在系统中。

单击“开始”|“程序”| Wopti Utilities |“Windows 优化大师”命令，打开“Windows 优化大师”程序。单击左侧的“系统优化”项，打开系统优化模块，其中包括磁盘缓存优化、桌面菜单优化、文件系统优化、网络系统优化、开机速度优化、系统安全优化、系统个性设置和后台服务优化八个大类。

下面介绍几个系统优化设置的案例。

【案例 3】桌面菜单优化

此功能可以加速各菜单的显示速度，如图 1.32 所示。

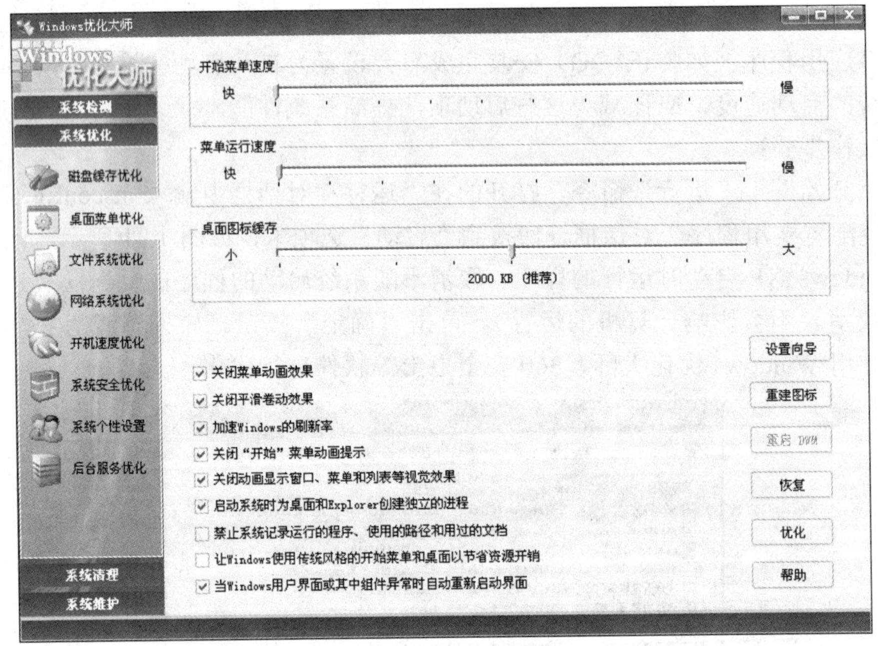

图 1.32　桌面菜单优化

“开始菜单速度”项可以加快开始菜单的运行速度，建议将该值调到最快。

“菜单运行速度”项可以加快所有菜单的运行速度，建议将该值调到最快。

“桌面图标缓存”项可以提高桌面上图标的显示速度，建议将该值调整到 768KB。

另外，建议选中“加速 Windows 的刷新率”、“关闭菜单动画效果”和“关闭‘开始’菜单动画提示”等复选框，提高 Windows 的速度。

【案例 4】开机速度优化

在该窗口中，可以对引导信息的停留时间进行修改，还可以禁止一些随着系统启动而启动的程序（如 QQ），如图 1.33 所示。

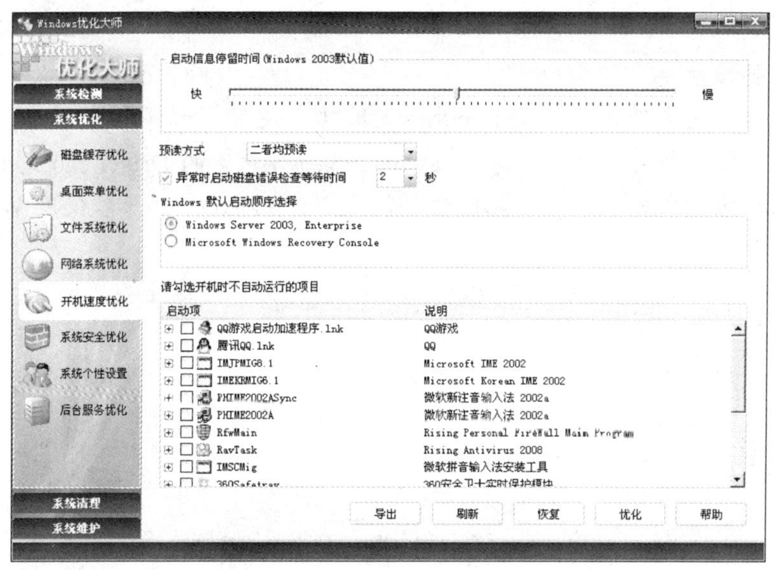

图 1.33 开机速度优化

【案例 5】系统安全优化

通过该窗口可以进行“扫描木马程序”、“扫描蠕虫病毒”等分析处理；可以设置“禁止自动登录”、“共享管理”、“禁止光盘、U 盘等所有磁盘自动运行”等优化项目；可以设置“开始菜单”、“应用程序”、“控制面板”、“收藏夹”等内容，如图 1.34 所示。

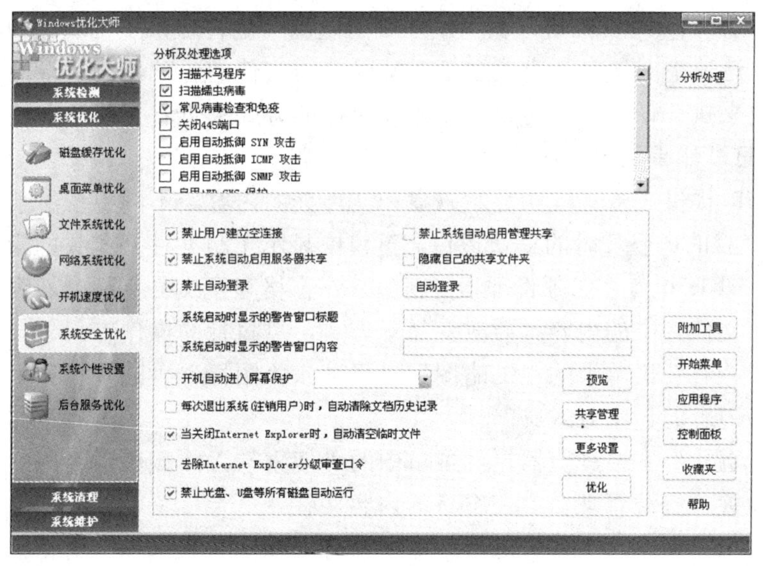

图 1.34 系统安全优化

“更多设置”提供了一些高级选项给有一定使用经验的用户，包括隐藏控制面板中的一些选项、锁定桌面、隐藏桌面上的所有图标、禁止运行注册表编辑器 Regedit、禁止运行任何程序等。

系统减肥设置

（1）删除系统文件备份 sfc.exe/purgecache（一般用户用得不多）。

（2）删除驱动备份 Windows\driver cache\i386 目录下的 Driver.cab 文件。

（3）删除帮助文件（中文汉化包的文件大小为 92MB，刚开始使用 Windows XP 的用户最好别删）。

（4）删掉\Windows\system32\dllcache 目录下的文件（这是备用的 dll 文件，只要复制了安装文件，完全可以这样做）。

（5）将应用软件安装到其他盘（这对重装系统也有好处，可以省很多事）。

（6）删除\windows\ime 目录下不用的输入法（日文、韩文、繁体中文输入法）。

（7）使用 NTFS 格式的磁盘。

1.3 管理我的资源

操作系统的重要作用之一就是管理计算机系统中的各种资源，Windows XP 为我们提供了很多用于资源管理的工具，利用这些工具可以很好地管理计算机的各种软硬件资源。

1.3.1 文件操作与管理

在 Windows XP 中，“资源管理器”或“我的电脑”是管理系统资源的中心，使用“资源管理器”可以迅速地对磁盘上有关资源、文件夹与文件的各种信息进行操作，可以用更直观的网页界面来执行任务，还可以用新的和有益的方式来查看文件和文件夹详细信息。

1. 体验不同文件夹视图

Windows XP 提供了多种视图显示磁盘和文件夹的内容，不同视图显示不同的内容，图 1.35 为打开“我的电脑”时的默认窗口，窗口中显示了与文件夹相关的常见任务，并以详细信息显示。图 1.36 为“资源管理器”窗口，左窗格显示文件夹树，右窗格（以缩略图形式）显示当前文件夹中的内容。要改变显示方式，可执行的操作有：

（1）通过“查看”菜单中的“缩略图”、“平铺”、“图标”、“列表”和“详细信息”命令等设置文件夹内容的显示方式。

（2）通过“查看”|“浏览器栏”菜单中的“搜索”、“收藏夹”、“历史记录”和“文件夹”等命令设置“资源管理器”左窗格的内容。

（3）单击“工具”|“文件夹选项”命令，打开“文件夹选项”对话框，在“常规”选项卡中的“任务”选项区设置是否显示常见任务。

2. 自定义文件夹

Windows XP 系统提供了自定义文件夹功能，用户可以将文件夹定义成模板，或者在文件夹上添加一个图片来说明该文件夹的内容，或者更改文件夹的图标以区分不同类型的文件。下面通过几个案例说明自定义文件夹的具体操作步骤。

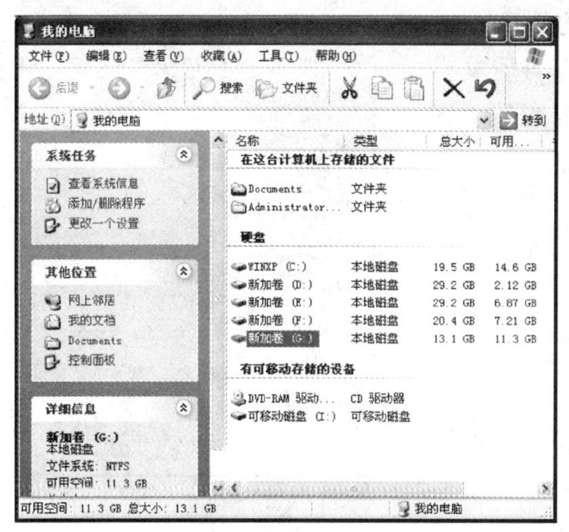

图 1.35　我的电脑

图 1.36　资源管理器

【案例 1】给 Windows XP 文件夹图标添加图片　他

步骤 1　在“我的电脑”中，右击要添加图片的文件夹，从弹出的快捷菜单中选择“属性”命令，打开文件夹属性对话框。

步骤 2　单击“自定义”标签，打开“自定义”选项卡，如图 1.37 所示。

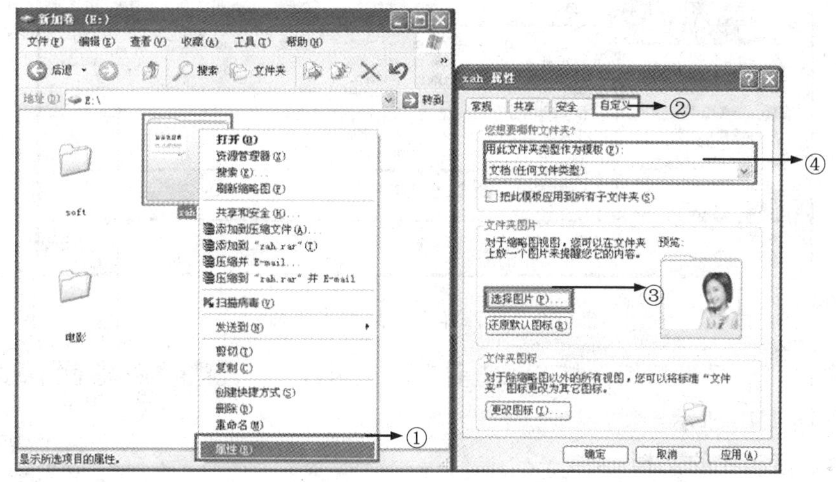

图 1.37　文件夹添加图片

步骤 3　在“文件夹图片”选项区中单击“选择图片”按钮，选择一张图片。

步骤 4　在“您想要哪种文件夹”选项区中设置如何应用到子文件夹。

提示

自定义文件夹前，请先单击“工具”|“文件夹选项”命令，在弹出的对话框中打开“查看”选项卡，取消“使用简单文件共享”选项。

【案例 2】“资源管理器”显示文件更详细的信息

在“资源管理器”中可以使用“详细信息”查看文件相关信息，但默认情况下能显示的内容较少，要想让“详细信息”更详细地显示文件信息，操作步骤如下：

在“资源管理器”窗口中，单击“查看”｜“选择详细信息”命令，弹出“选择详细信息”对话框，在“详细信息”列表框中选择想显示的信息，如图 1.38 所示。单击“确定”按钮，显示效果如图 1.39 所示。

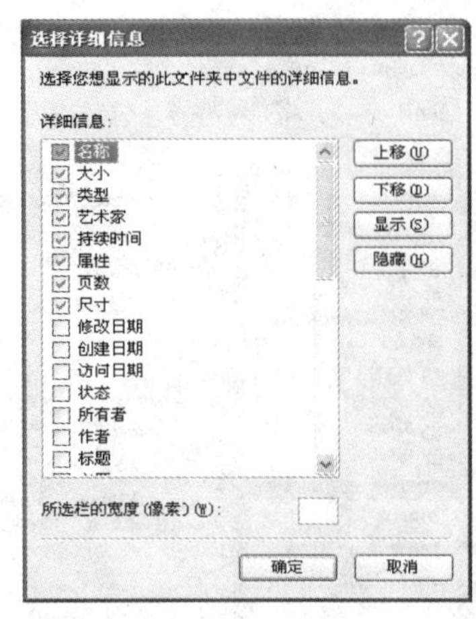

图 1.38　选择详细信息

【案例 3】给压缩和加密文件穿“彩衣”

NTFS 文件系统支持文件的压缩和加密功能，要想在“资源管理器”窗口中直接显示这些文件，操作步骤：

步骤 1　在“资源管理器”窗口中，单击“工具”｜“文件夹选项”命令，打开“文件夹选项”对话框。

在“高级设置”列表框中，选中“用彩色显示加密或压缩的 NTFS 文件”复选框，单击“确定”按钮。此时“资源管理器”窗口中的加密文件以绿色表示，压缩文件以蓝色表示，如图 1.39 所示。

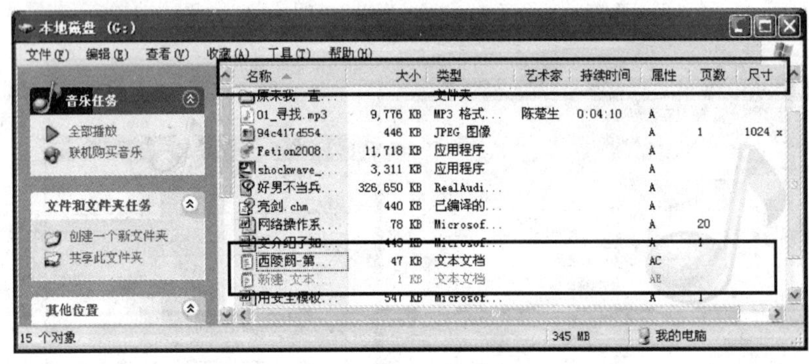

图 1.39　文件详细信息与彩色显示

步骤 2　单击“查看”标签，打开“查看”选项卡，如图 1.40 所示。

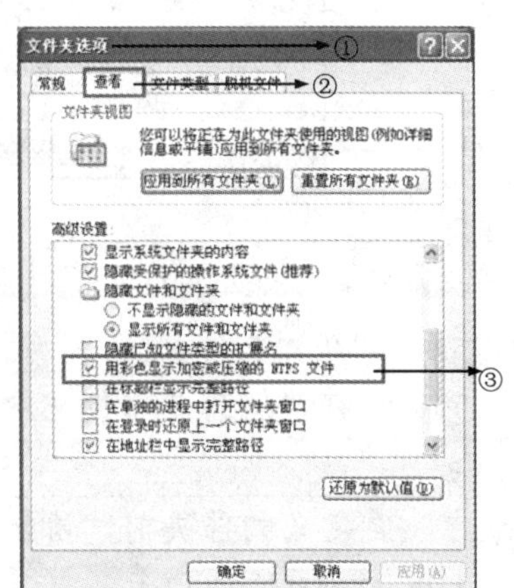

图 1.40　用彩色显示文件

【案例 4】移动我的文档

“我的文档”文件夹用来保存用户经常使用的文档、图形和其他文件。默认情况下，“我的文档”在系统盘中，会影响系统性能，有必要将其移动到其他磁盘中。

移动“我的文档”文件夹的操作步骤：右击“我的文档”图标，在弹出的快捷菜单中选择“属性”命令，弹出“我的文档属性”对话框，单击“移动”按钮，弹出“选择一个目标”对话框，如图 1.41 所示，选择一个系统盘以外的文件夹即可。

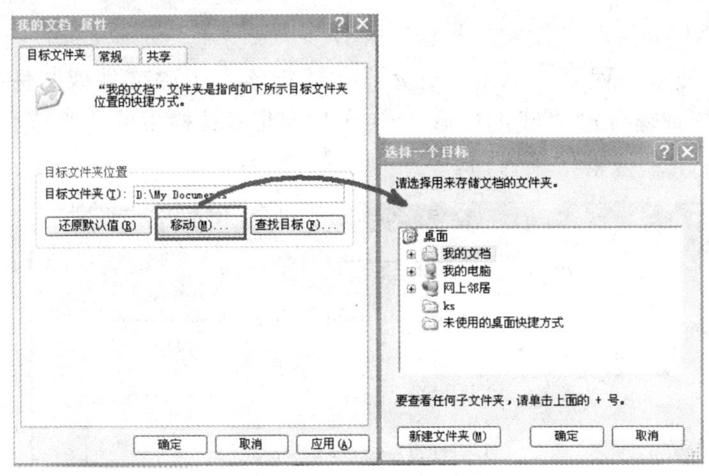

图 1.41　移动我的文档

【案例 5】显示隐藏文件和文件扩展名

默认情况下，资源管理器中不显示受保护的系统文件或隐藏文件（如 C:\Boot.ini 文件），也不显示已知文件类型的扩展名。显示这些文件信息的操作步骤如下：

在“资源管理器”窗口中，单击“工具”|“文件夹选项”命令，打开“文件夹选项”对话框，在“查看”选项卡的“高级设置”列表框中，选中“显示所有文件和文件夹”单选按钮，并取消“隐藏受保护的操作系统文件”及“隐藏已知文件类型的扩展名”两个复选框的选择，如图 1.42 所示，单击“确定”按钮。

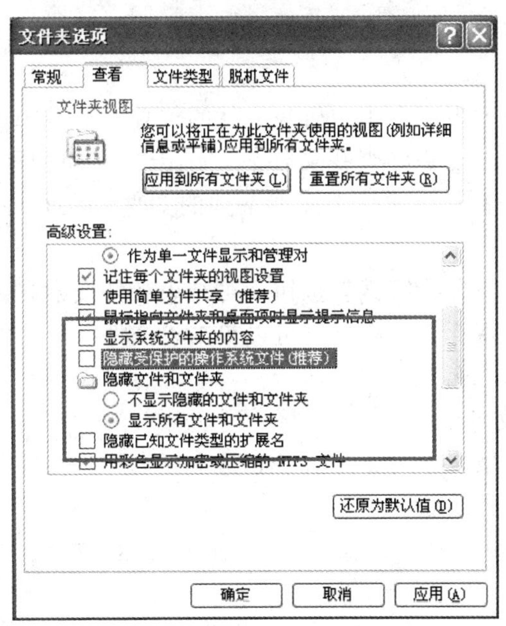

图 1.42　显示隐藏文件和文件扩展名

【案例 6】搜索文件或文件夹

计算机上的文件和文件夹分散在磁盘的各个位置，如要查找特定的文件或文件夹时，应使用 Windows XP 提供的“搜索”程序。操作步骤如下：

步骤 1 启动“搜索”程序。单击“开始”｜“搜索”｜“文件或文件夹”命令（或在“资源管理器”或“我的电脑”中单击标准工具栏中的“搜索”按钮），打开如图 1.43 所示搜索结果窗口。

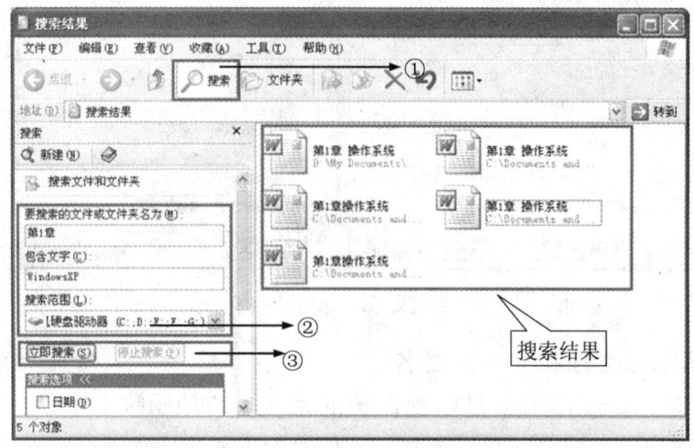

图 1.43　搜索结果窗口

步骤 2 设置文件查找条件。在“要搜索的文件或文件夹名为”文本框中输入要搜索的文件或文件夹名，可以使用通配符*和？，若要指定多个文件名，则可以使用分号、逗号或空格作为分隔符，如*.DOC,*.TXT。

在“包含文字”文本框中输入文件中所包含的部分文字，以此可查找不知道文件名的文件。

在“搜索范围”下拉列表框中指定查找文件的位置。

步骤 3 执行文件搜索。设置好查找文件后，单击“立即搜索”按钮，搜索完毕后，系统会在右窗格中显示符合搜索条件的文件，同时还显示了每一个文件保存的位置。

在搜索过程中，单击“停止搜索”按钮，可结束文件搜索。

搜索完毕后，如果要保存搜索结果，可以单击“文件”｜“保存搜索”命令，在打开的对话框中指定保存的文件名即可。

【案例 7】搜索隐藏文件

为了安全起见，默认情况下 Windows XP 是不搜索隐藏文件和文件夹的，设置搜索隐藏文件和文件夹选项的操作步骤如下：

步骤 1 在“资源管理器”中，单击工具栏上的“搜索”按钮，左窗格中会出现“搜索”栏。

步骤 2 单击“搜索选项”链接，打开“搜索选项”栏。

步骤 3 选中“高级选项”复选框及其下方的“搜索隐藏文件和文件夹”复选框，如图 1.44 所示。

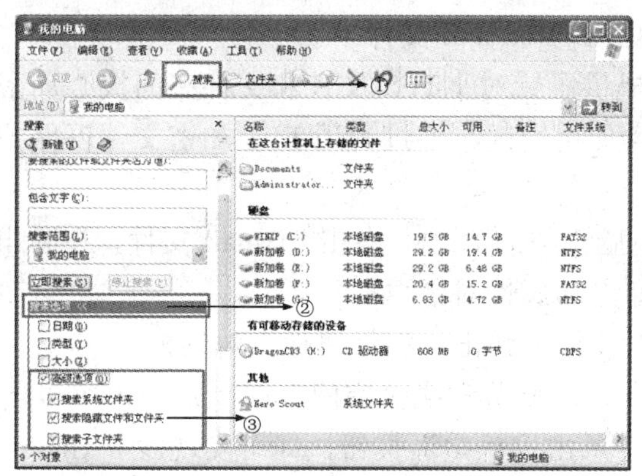

图 1.44　搜索 Windows XP 隐藏文件

3. NTFS 文件系统

NTFS 文件系统是微软公司基于 Windows NT 内核的操作系统特有的一种文件系统格式，相对 FAT32 文件系统而言，不仅可以节省磁盘空间，而且还提供了很多新的功能，下面通过几个案例来说明。

【案例 1】设置 NTFS 文件权限，用户 abc 对 G:\file 文件夹具有“读取和运行”权限

Windows XP 系统可以通过 NTFS 权限控制用户对文件和文件夹的访问，从而确保文件和文件夹的安全，Windows XP 提供读、写、读取和运行、修改、列出文件夹内容和完全控制等 6 种标准的 NTFS 权限。修改文件或文件夹的 NTFS 权限的步骤如下：

步骤 1　打开“我的电脑”中的 G:盘（NTFS 格式），右击 G:\file 文件夹，在弹出的快捷菜单中选择“共享与安全”命令，打开“file 属性”对话框，打开“安全”选项卡，此处显示了用户及相应的权限。

步骤 2　单击“添加”按钮，打开“选择用户或组”对话框。

步骤 3　在“输入对象名称来选择”文本框中输入 abc，单击“确定”按钮，回到“file 属性”对话框。

步骤 4　在“组或用户名称”列表框中选择用户 abc。

步骤 5　在“abc 的权限”列表框的“允许”列下选中“读取和运行”复选框，单击“确定”按钮，如图 1.45 所示。

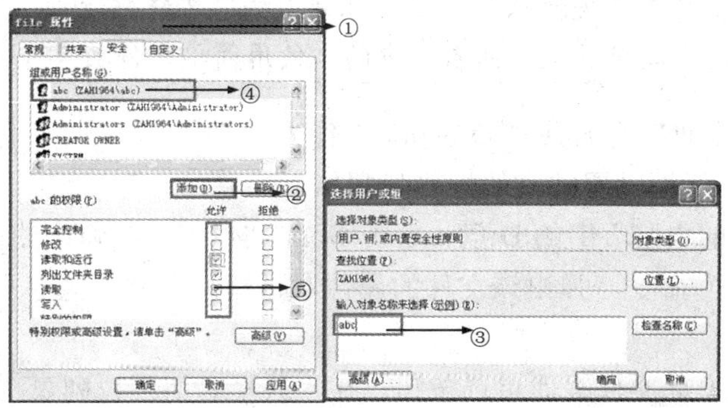

图 1.45　abc 对 file 的权限

【案例 2】压缩或加密 D:\foxmail 文件

Windows XP 系统提供了针对 NTFS 文件和文件夹的核心加密和压缩技术，通过压缩 NTFS 文件可以节省磁盘使用空间，通过利用 EFS 加密文件以保护文件内容的安全。具体操作步骤如下：

步骤 1 打开“我的电脑”中的 D:盘，右击 foxmail 文件，在弹出的快捷菜单中选择“属性”命令，弹出其属性对话框。

步骤 2 单击“高级”按钮，弹出“高级属性”对话框。

步骤 3 选中“压缩内容以便节省磁盘空间”或“加密内容以便保护数据”复选框，如图 1.46 所示。单击“确定”按钮，即可实现对 foxmail 的压缩或加密。

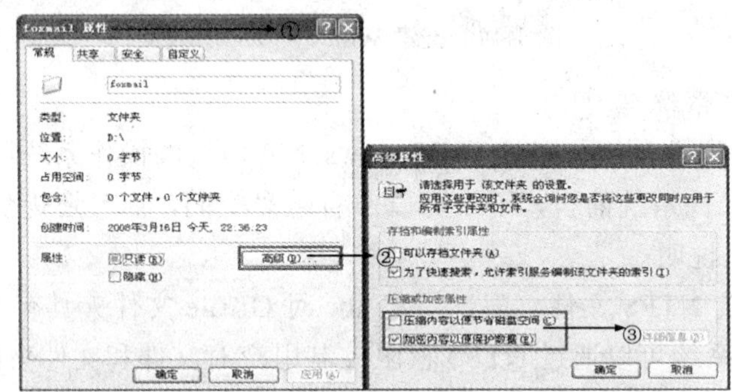

图 1.46 加密和压缩文件

将 FAT 转换为 NTFS 文件系统的命令是：convert 盘符：/FS:NTFS [/V]

4. 共享文件夹

共享文件夹可以使用户通过网络远程访问其他计算机上的资源。Windows XP 操作系统允许共享 FAT、FAT32 和 NTFS 分区下的任何文件夹，但不能共享单个文件。

说明

Windows XP 为保护文件的安全，默认使用简单文件共享方式，通过一系列交互式对话框来设置文件夹共享。要像 Windows 2000 一样直接设置共享，应首先在“资源管理器”中单击“工具” | “文件夹选项”命令，在弹出的“文件夹选项”对话框中切换到“查看”选项卡，取消“高级设置”列表框中的“使用简单文件共享（推荐）”复选框。

【案例 1】以“作业”为名共享 D:\work 文件夹

使用“属性”对话框设置共享的操作步骤如下：

步骤 1 打开“我的电脑”中的 D:盘，右击 work 文件夹，在弹出的快捷菜单中选择“共享和安全”命令，弹出该文件的属性对话框，打开“共享”选项卡，如图 1.47 所示。

步骤 2 选中“共享此文件夹”单选按钮，在“共享名”下拉列表框中输入“作业”，在“注释”文本框中输入“学生作业”。

步骤3 选中“允许最多用户”单选按钮。

步骤4 单击“权限”按钮，设置 Everyone 的权限为“读取”和“更改”，如图 1.48 所示。

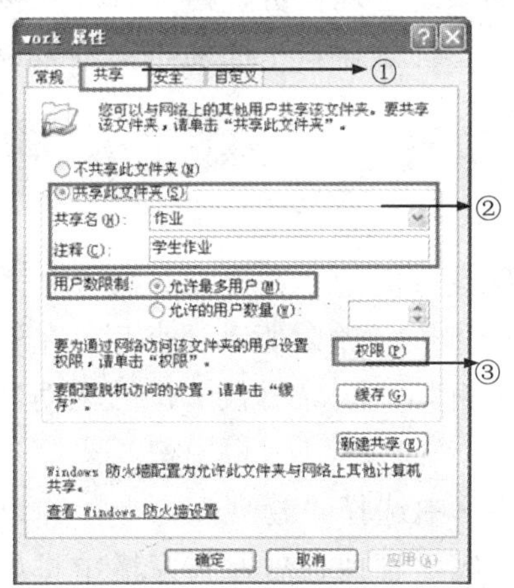

图 1.47 共享文件夹

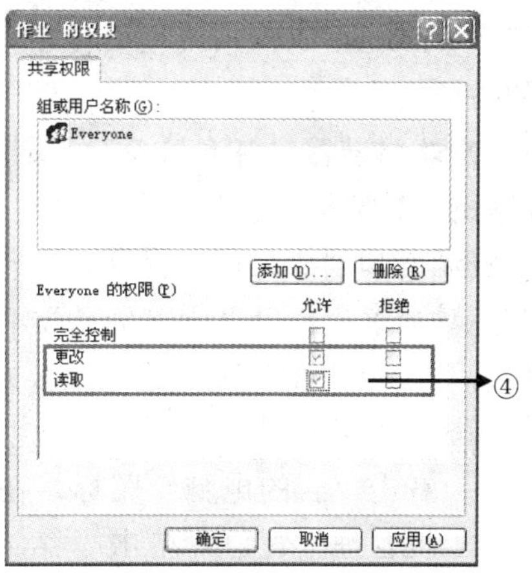

图 1.48 文件夹权限

（1）Windows XP 操作系统提供了读取、更改和完全控制三个级别的共享权限。

（2）NTFS 权限与共享文件夹权限重叠时使用最小权限原则。

Windows XP 系统提供“共享文件夹”工具用于创建、删除、管理或监视共享文件。

【案例 2】删除默认共享文件夹

Windows XP 系统为便于管理员执行日常管理任务，在系统安装时自动共享了用于管理的文件夹，这些共享文件夹对普通用户毫无用途，且不安全，完全可以删除它们。删除默认共享文件夹的操作步骤如下：

步骤1 右击“我的电脑”图标，在弹出的快捷菜单中选择“管理”命令，弹出“计算机管理”窗口，展开“共享文件夹”节点下的“共享”项，右窗格中显示了所有的共享文件夹，如图 1.49 所示。

步骤2 右击默认共享文件夹，在弹出的快捷菜单中选择“停止共享”命令，即可删除默认的共享文件夹。

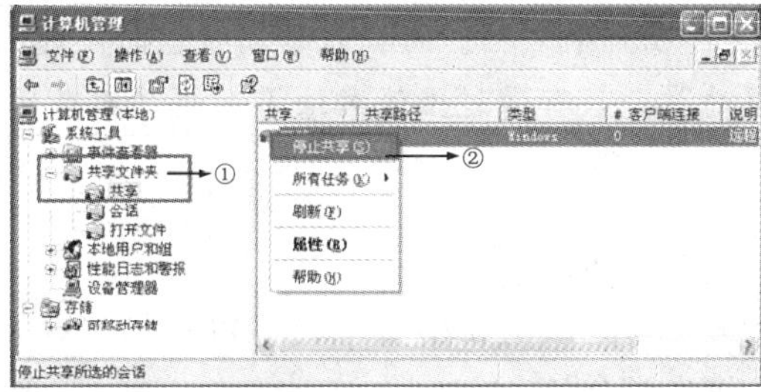

图 1.49 共享文件夹

1.3.2 磁盘管理

磁盘管理是 Windows XP 操作系统中非常重要的系统管理任务，磁盘管理直接影响系统性能，Windows XP 系统主要使用“磁盘管理器”管理磁盘。下面通过案例来说明磁盘管理的主要内容。

1. 修改驱动器字符和路径

【案例 1】隐藏磁盘 D:

在资源管理器中，用户是通过驱动器名来访问磁盘分区的。在 Windows XP 系统中可以指定驱动器名，也可以删除驱动器名（不删除分区内容）。删除驱动器名后，在资源管理器中将看不到该磁盘分区，这可以很好地隐藏磁盘。例如：删除磁盘 D: 的驱动器名。具体操作步骤如下：

步骤 1 右击“我的电脑”图标，在弹出的快捷菜单中选择“管理”命令，弹出“计算机管理”窗口，单击“存储”节点下的“磁盘管理”项，右窗格中将显示磁盘的各分区信息。

步骤 2 右击“新加卷（D:）”，在弹出的快捷菜单中选择“更改驱动器名和路径”命令，打开“更改 D:（新加卷）的驱动器号和路径”对话框。

步骤 3 单击“删除”按钮，如图 1.50 所示。

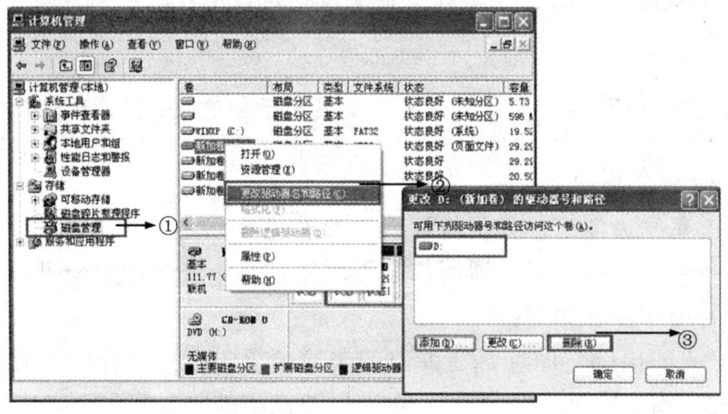

图 1.50 更改 D:（新加卷）的驱动器号和路径

重新添加驱动器名后，才可以在“我的电脑”中显示出该磁盘图标。

技巧

Windows 2003 系统存在一个缺陷，当插入移动硬盘时不能自动添加驱动器名，“我的电脑”中不会出现该驱动器，只有通过上述方法添加驱动器名后才能显示移动硬盘内容。

2. 磁盘检查

【案例 2】对磁盘 D: 进行扫描检查

Windows XP 系统内置了磁盘扫描和检查工具可以扫描 FAT 和 NTFS 卷、检查错误和修复损坏的扇区等。其操作步骤如下：

步骤1 打开“我的电脑”窗口，右击 D:盘，在弹出的快捷菜单中选择“属性”命令，打开“本地磁盘（D:）属性”对话框。单击“工具”标签，打开“工具”选项卡。

步骤2 单击“查错”选项区中的“开始检查”按钮，打开“检查磁盘”对话框。

步骤3 选中“自动修复文件系统错误”和“扫描并试图恢复坏扇区”复选框。

步骤4 单击“开始”按钮，如图 1.51 所示，开始检查磁盘。系统完成磁盘检查后，将自动打开完成提示窗口，单击“确定”按钮，即可完成磁盘检查操作。

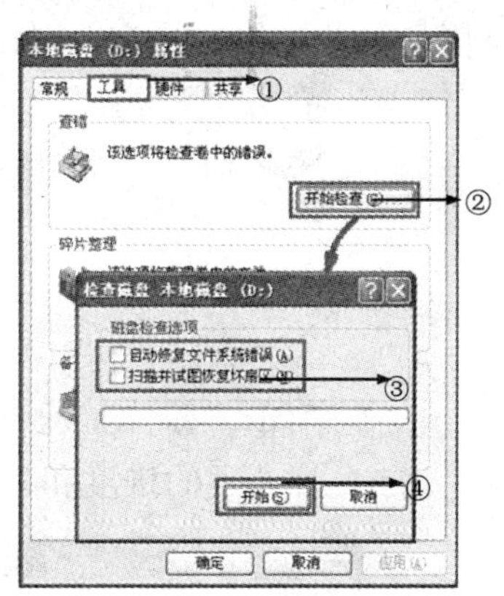

图 1.51 检查磁盘

3. 磁盘清理

计算机使用一段时间后，磁盘上将存留许多临时文件或没有用的应用程序。这些文件和程序不但占用磁盘空间，而且会影响系统的整体性能。因此用户需要定期进行磁盘清理工作，清除掉没有用的临时文件和残留的无用程序，以便释放磁盘空间。清理磁盘的具体操作步骤如下：

步骤1 单击“开始”|“程序”|“附件”|“系统工具”|“磁盘清理”命令，弹出磁盘清理的“选择驱动器”对话框。

步骤2 选择（C:）盘，单击“确定”按钮，弹出“(C:)的磁盘清理”对话框。

步骤3 在“要删除的文件”列表框中，系统列出了 C: 盘上所有可删除的无用文件，单击“确定”按钮将打开确认对话框。

步骤4 单击“是”按钮，即可删除选定的文件，如图 1.52 所示。

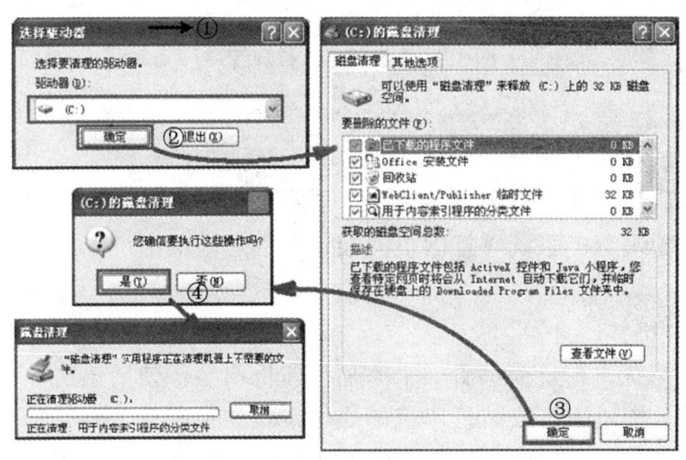

图 1.52 磁盘清理

说明 “磁盘清理”并不能完全发挥磁盘清理的功能。可以使用 cleanmgr 命令以特别模式执行磁盘清理，操作方法是先运行 cleanmgr/sageset: 99 命令设置磁盘清理选项，再运行 cleanmgr/SAGERUN: 99 命令执行磁盘清理。

4. 磁盘碎片整理

计算机系统使用一段时间后，会在磁盘上产生大量的碎片文件，导致计算机系统性能下降，因此，用户应定期对磁盘碎片进行整理。磁盘碎片整理的具体操作步骤如下：

步骤1 单击“开始”|“程序”|“附件”|“系统工具”|“磁盘碎片整理程序”命令，弹出“磁盘碎片整理程序”窗口，选择 E:盘，如图 1.53（a）所示。

步骤2 单击“分析”按钮，系统对 E:盘进行碎片分析，并提出是否进行磁盘碎片整理的建议。

步骤3 单击“碎片整理”按钮，系统自动进行碎片整理操作，并且在信息框中显示碎片整理的进度和各种文件信息，如图 1.53（b）所示。

（a）　　　　　　　　（b）

图 1.53　磁盘碎片整理程序

1.3.3 打印机管理

打印机是日常应用最多的办公设备之一，要利用打印机处理和打印文档，必须安装和配置打印机，Windows XP 系统对打印机的配置和管理全部都可以通过“打印机和传真”工具来实现。

1. 添加本地打印机

Windows XP 系统为用户提供了一个添加打印机向导，使用该向导可以很方便地将打印机安装在自己的计算机上。安装打印机的操作步骤如下：

步骤1 单击“开始”|“设置”|“打印机和传真”命令，打开“打印机和传真”窗口，如图 1.54 所示。

步骤2 双击“添加打印机”图标，弹出“添加打印机向导”对话框，单击“下一步”按钮，在弹出的“选择本地或网络打印机”对话框中选中“连接到此计算机的本地打印机”单选按钮，如图 1.55 所示。

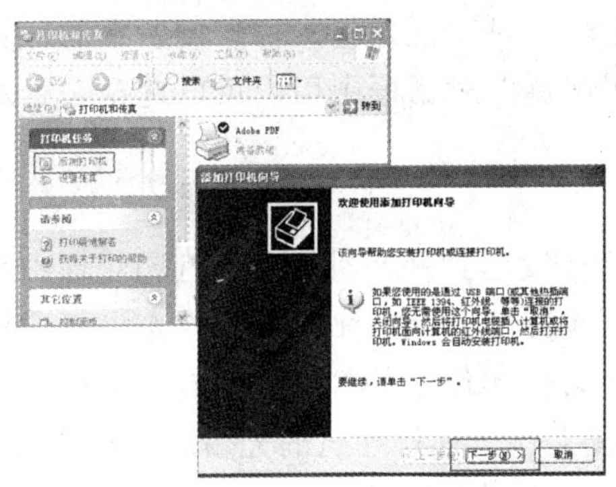

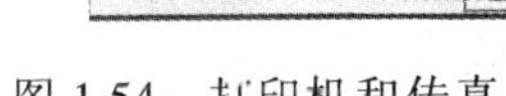
图 1.54　打印机和传真

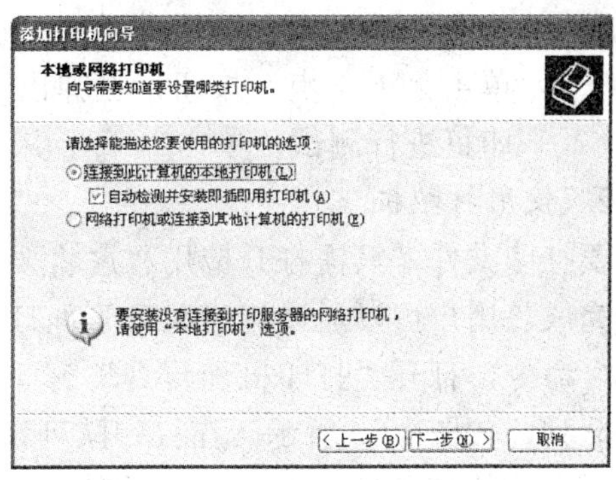

图 1.55　选择本地或网络打印机

步骤 3　单击“下一步”按钮，弹出如图 1.56 所示的“选择打印机端口”对话框，选择打印机所在的端口（通常为 LTP1）。

步骤 4　单击“下一步”按钮，弹出如图 1.57 所示的“安装打印机软件”对话框，选择打印机的生产厂商和型号。

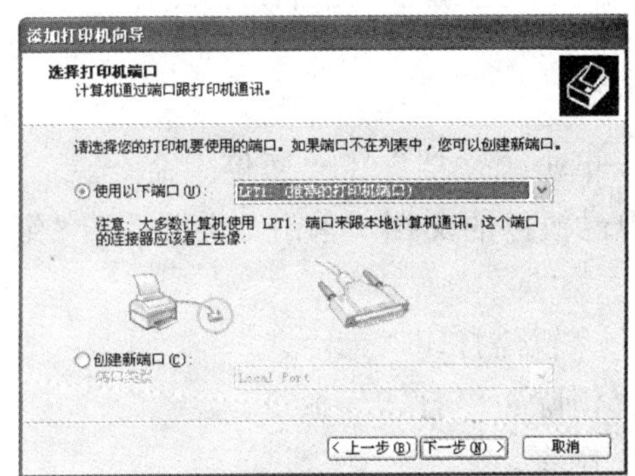

图 1.56　选择打印机端口

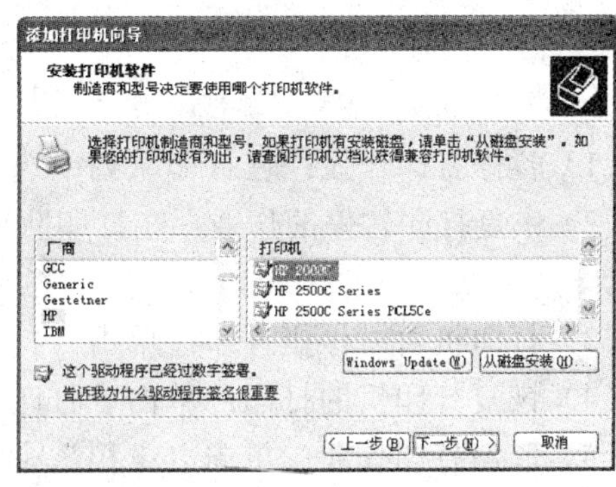

图 1.57　安装打印机软件

步骤 5　单击“下一步”按钮，弹出如图 1.58 所示的“命名打印机”对话框，输入打印机名称并设置为默认打印机。

步骤 6　单击“下一步”按钮，弹出 1.59 所示的“打印机共享”对话框，选择是否共享该打印机并输入打印机共享的名称。

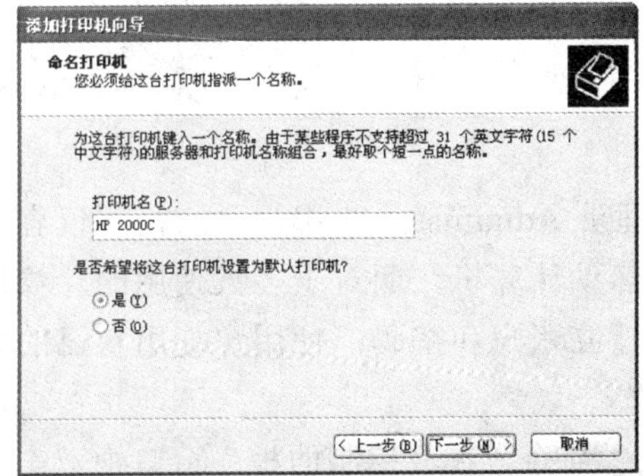

图 1.58　命名打印机

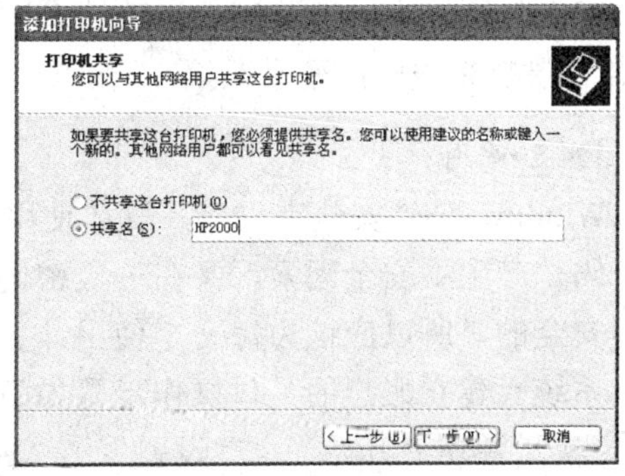

图 1.59　打印机共享

步骤 7 单击“下一步”按钮，弹出“位置和注释”对话框，输入打印机所在的位置，单击“下一步”按钮，在弹出“打印测试页”对话框中用户可以选择是否对打印机进行测试，单击“下一步”按钮，安装完毕。

2. 使用打印机

要打印文件，只需打开应用程序将要打印的文件发送到打印机，具体打印管理由系统负责完成。用户可以通过打印队列管理打印作业，单击“开始”｜“设置”｜“打印机和传真”命令，打开“打印机和传真”窗口，双击包含打印作业的打印机，打开该打印机的打印队列，如图 1.60 所示。在打印队列窗口中，按文件送往打印机的先后顺序打印文档，并显示当前的打印状态、文档的所有者、页数、大小等属性信息。

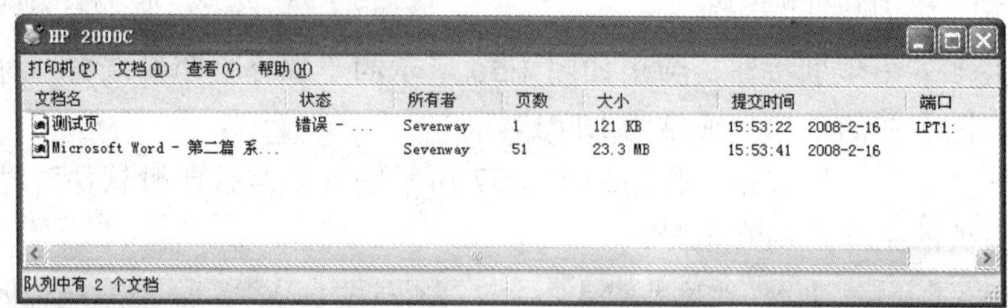

图 1.60 打印队列

（1）暂停打印作业：在打印队列中选中文档，单击“文档”｜“暂停”命令。

（2）恢复打印暂停的作业：在打印队列中选中已暂停的文档，单击“文档”｜“继续”命令。

（3）打印机暂时停止打印：单击“打印机”｜“暂停打印”命令。

（4）恢复打印机的打印：单击“打印机”｜“消除暂停打印”命令。

（5）取消打印作业：单击“文档”｜“取消”命令。

（6）取消全部打印作业：单击“打印机”｜“取消所有文档”命令。

1.4 打造安全的系统

目前使用 Windows XP 的用户越来越多。由于 Windows XP 存在大量的安全漏洞，使得个人电脑经常受到侵袭。如何才能保障系统的安全呢？本节将进行具体介绍。

1.4.1 限制非法用户登录系统

1. 创建用户

Windows XP 安装完成后，默认使用系统管理员 Administrator 用户登录，不仅容易泄露密码，产生不安全因素，又在丢失密码时无法启动计算机，而对于多人使用的计算机更是不安全的，所以应该为每一个使用计算机的人建立账户和密码，使用户使用自己的账户登录系统。建立账户的具体操作步骤如下：

步骤 1 单击“开始”｜“设置”｜“控制面板”命令，在“控制面板”窗口中双击“用户账户”图标，打开“用户账户”窗口，如图 1.61 所示。

步骤 2 单击“创建一个新账户”链接，打开如图 1.62 所示的窗口。

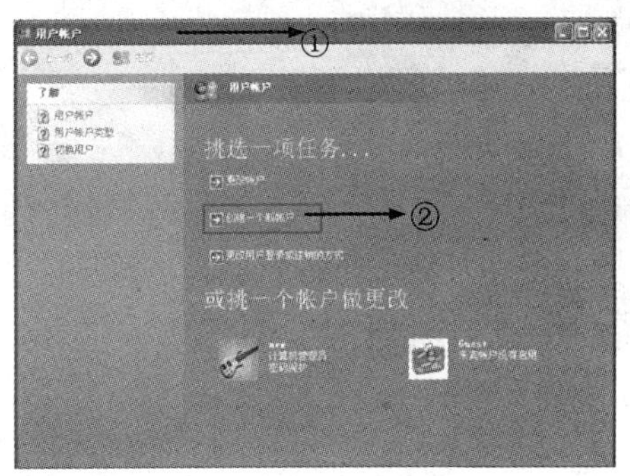

图 1.61 用户账户

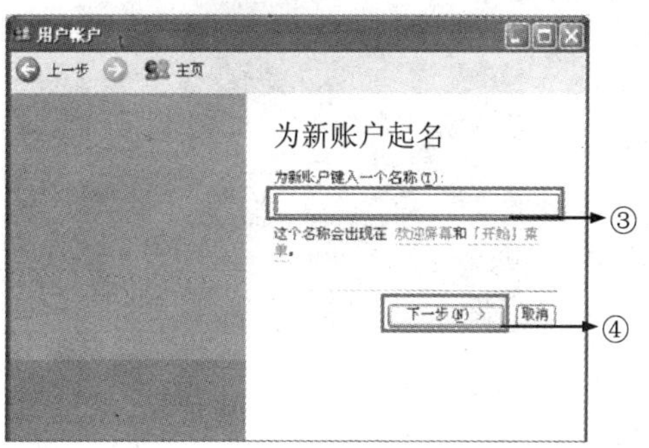

图 1.62 创建一个新账户

步骤 3 在“为新账户键入一个名称”文本框中输入用户账户名（如 zah）。

步骤 4 单击“下一步”按钮，选择账户类型，单击“创建账户”按钮即可完成账户的创建。

“本地用户和组”工具的使用

（1）Windows XP 提供了用户管理工具，使用它可以更好地创建、管理与配置用户。使用方法为：右击“我的电脑”图标，在弹出的快捷菜单中选择“管理”命令，弹出“计算机管理”窗口，展开“系统工具”|“本地用户和组”|“用户”节点，这里列出了所有的用户，并能对用户进行各种管理。要创建用户，可右击“用户”节点，在弹出的快捷菜单中选择“新用户”命令，弹出“新用户”对话框，输入用户名与密码等，单击“创建”按钮。

（2）Guest 用户是默认的来宾账户，它不需要密码就可以从网络登录计算机，应该禁用此用户。操作方法为：双击 Guest 用户，在弹出的“Guest 属性”对话框中选择“账户已禁用”选项。

（3）可以在“组”文件夹中创建新组，把用途相同的用户加入同一组中，再利用组策略分配给组以相应权利。

2. 设置密码

密码是保护系统安全的第一道防线，可以限制非法用户从本地或网络侵入计算机，保护系统资源。为安全起见，需要对使用计算机的每个用户设置密码，确保只有合法用户才能使用计算机。

【案例 1】设置用户密码

为用户设置密码的操作步骤如下：

步骤 1 在“用户账户”窗口中双击账户名，弹出该用户的属性。

步骤 2 单击“创建密码”链接，弹出设置密码的窗口。

步骤 3 在“输入一个新密码”和“再次输入新密码（确认）”文本框中输入两次用户密码。

步骤 4 可在“输入一个单词或短语作为密码提示”文本框中输入内容作为密码丢失时的提示问题，单击“创建密码”按钮，完成密码的创建，如图 1.63 所示。

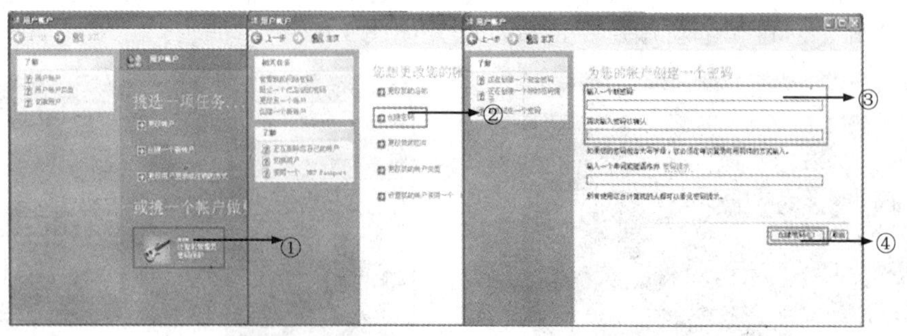

图 1.63　创建密码

说明

可以在“计算机管理”窗口中，展开“系统工具”|“本地用户和组”|“用户”节点，右击用户账户，在弹出的快捷菜单中选择“设置密码”命令，直接输入用户的新密码。

技巧

启用复杂性密码

（1）复杂性密码要求：密码至少有 7 个字符，不能包含自己的名字或用户名，不能是普通的单词或名称，和以前使用的密码有明显的不同，采用大小写字母、数字和特殊符号组合密码，第二到第六个位置中至少有一个特殊符号。

（2）启用密码策略：单击“开始”|“运行”命令，在弹出的“运行”对话框中输入 secpol.msc，按回车键打开“本地安全设置”窗口，在“安全设置”下展开“账户策略”|“密码策略”项，策略窗格中就会出现一系列的密码设置项，首先双击“密码必须符合复杂性要求”策略，选中“启用”单选按钮，然后用同样方法设置“密码最短存留期”项，最后开启“强制密码历史”项。

1.4.2　任务管理器的妙用 

任务管理器提供关于当前在系统中运行的应用程序和进程、内存和 CPU 使用性能状态、网络连接及登录用户等信息。通常可以通过右击任务栏空白处，在弹出的快捷菜单中选择“任务管理器”命令或按 Ctrl+Alt+Del 快捷键来启动任务管理器，如图 1.64 所示。

1. 监视应用程序

【案例 1】关闭“没有响应”的应用程序

打开任务管理器，“应用程序”选项卡中显示了正在运行的应用程序，选择处于“没有响应”状态的程序，单击“结束任务”按钮。如果还不能结束任务，可右击该程序，在弹出的快捷菜单中选择“转到进程”命令，进入“进程”选项卡来结束进程。

【案例 2】没有“运行”对话框也能运行程序

网吧中的计算机通常都会将“运行”对话框屏蔽掉，这时若需要使用“运行”对话框运行程序，可以使用任务管理器代替“运行”对话框。在任务管理器中单击“新任务”按钮，同样会弹出“运行”对话框。

2. 进程管理

进程是操作系统当前正在运行的程序，有些进程是保证系统正常运行所需的进程（系统进程），有些进程是应用程序进程，也有些进程是不必要的系统服务，还有病毒或木马等风险程序的进程。

必要的系统进程有 svchost.exe、explorer.exe（系统外壳进程）、winlogon.exe、system.exe、alg.exe、sass.exe、services.exe、csrss.exe、smss.exe、system Idle Process（空闲进程）等，如图 1.65 所示。

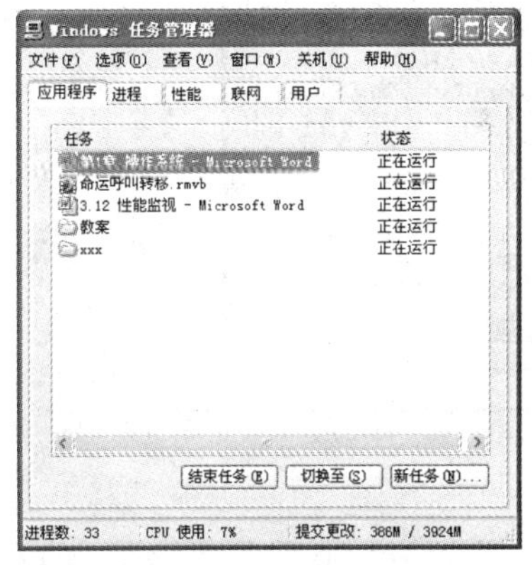

图 1.64 任务管理器

图 1.65 进程

【案例 1】 监视风险进程

打开任务管理器，“进程”选项卡中会显示进程信息，检查其中的 CPU 信息列，选择 CPU 占用率很大的非系统进程，单击“结束进程”按钮，结束进程。

【案例 2】 优化大型程序运行

许多用户经常运行 3ds max、AutoCAD、Photoshop 等类大型软件，还可能同时运行多个软件，它们会占用大量内存，程序运行速度会变得很慢，此时可以在任务管理器中结束 explorer.exe 进程，来节省内存，改善软件性能。

（1）结束 explorer.exe 进程后，计算机的桌面将变为空白，这样可以隐藏整个桌面。

（2）结束 explorer.exe 进程后，可以在“应用程序”选项卡中单击“新任务”按钮，在弹出的“创建新任务”对话框中输入 explorer.exe，单击“确定”按钮，即可让桌面恢复显示。

（3）对于 CPU 占用率超过 50%的进程，应该结束。

1.4.3 组策略的使用

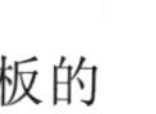

组策略是管理员为计算机和用户定义的、用来控制应用程序、系统设置和管理模板的一种机制。组策略使用更完善的管理组织方法，可以对各种对象的设置进行管理和配置，远比手工修改注册表方便、灵活，功能也更加强大。

单击“开始”|“运行”命令，在弹出的“运行”对话框中输入 gpedit.msc 命令，按

回车键即可打开“组策略”窗口，如图 1.66 所示。以下通过几个案例介绍组策略的应用。

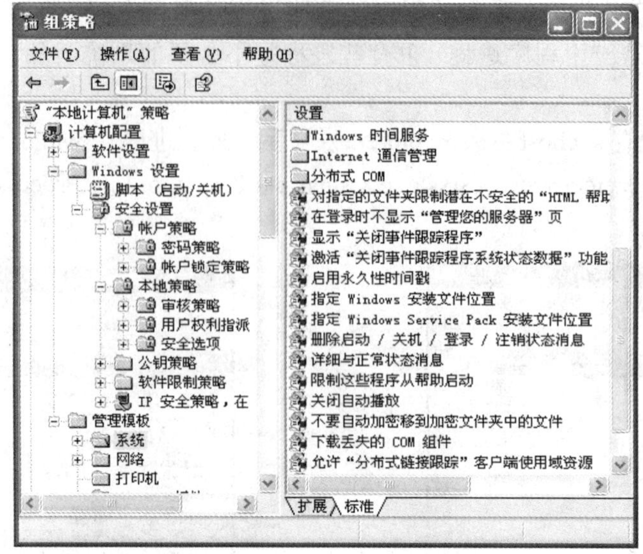

图 1.66　组策略

【案例 1】 个性化“开始”菜单和任务栏

在“‘本地计算机’策略”中，展开“用户配置”｜“管理模板”｜“任务栏和「开始」菜单”节点，右窗格中提供了诸多有关任务栏和“开始”菜单的策略。例如，如果不想保留打开的文档记录，可在右侧窗格中双击“不要保留最近打开文档的记录”项，在打开的对话框中选中“已启用”单选按钮，单击“应用”或“确定”按钮，如图 1.67 所示，“开始”菜单的“我最近的文档”子菜单中不会再有打开过的文档记录。

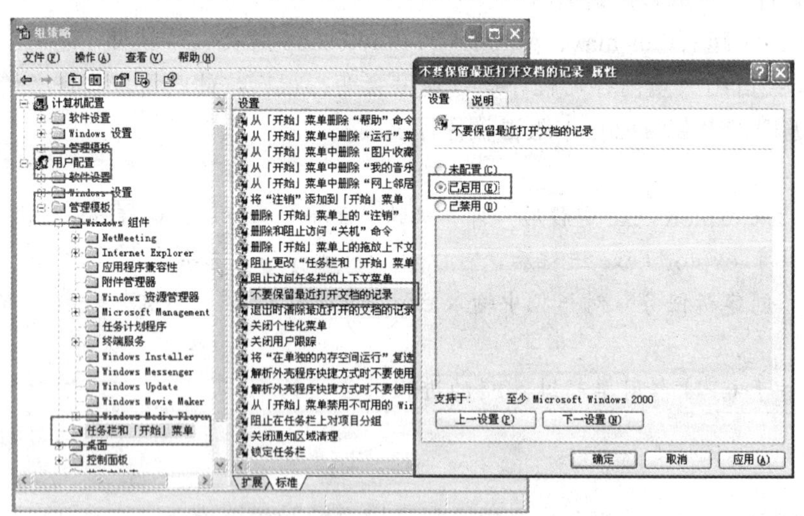

图 1.67　不要保留最近打开文档的记录

再如，如果不想让用户从“开始”菜单的“运行”命令运行程序，可双击“从「开始」菜单中删除‘运行’菜单”项，设置为“已启用”即可。

【案例 2】隐藏桌面图标与磁盘

在"'本地计算机'策略"中，展开"用户配置"｜"管理模板"｜"桌面"节点，右窗格中提供了与"桌面"有关的策略。比如：要隐藏桌面上的"网上邻居"图标，可双击"隐藏桌面上'网上邻居'图标"项，设置为"已启用"即可；如果要隐藏桌面上的所有图标，可双击"隐藏和禁用桌面上的所有项目"项，设置为"已启用"即可。

如果想在资源管理器中隐藏磁盘，可以在"'本地计算机'策略"中，展开"用户配置"｜"管理模板"｜"Windows 组件"｜"Windows 资源管理器"节点，双击"隐藏'我的电脑'中的这些指定的驱动器"项，设置为"已启用"并选择想隐藏的磁盘即可。

【案例 3】防止用户使用"添加或删除程序"

如果想阻止其他用户安装和卸载程序，可在"'本地计算机'策略"中展开"用户配置"｜"管理模板"｜"控制面板"｜"添加或删除程序"节点，启用"删除'添加或删除程序'"策略。启用该设置将从"控制面板"中删除"添加或删除程序"项目，并从菜单中删除"添加或删除程序"项目。

【案例 4】设置用户权利

当多人共用一台计算机时，可以利用"组策略"快速设置用户的权限。在"'本地计算机'策略"中展开"计算机配置"｜"Windows 设置"｜"安全设置"｜"本地策略"｜"用户权限指派"节点，在右窗格中双击需要改变的用户权限。如双击"从网络访问此计算机"项，在弹出的窗口选择 Everyone，单击"删除"按钮，再单击"添加用户或组"按钮来添加可以访问共享资源的用户，这样，就可以设置只让特定的用户访问共享资源了。

第 2 章 Office Word 2003 高级应用技术

Word 2003 是微软公司推出的大型办公软件，它的功能十分强大，可用于编辑各种各样的文档，是目前最流行的办公应用软件之一。

本章的内容包括工作计划、会议邀请函、产品性能对比表格、产品说明书 4 个案例的制作，这些都是我们在商业活动中经常会遇到的，也是本书的主旨所在。

2.1 拟定工作计划

2.1.1 商务知识

一项工作或某个时期开始前，经常需要通过拟定工作计划对将要完成的某项工作或将要到来的某一时期的工作进行安排。一般计划内容的范围都是“做什么”、“怎么做”和“做到何种程度”三大项。认真拟定工作计划有助于提高工作效率，更好规划和管理时间进度，按时保质完成工作任务。

计划一般包括：标题、正文和署名。标题遵循“四要素”写法：单位名称/部门名称＋时间期限＋内容范围＋“计划”二字，如《##部门 2008 年华东地区销售计划》。

正文一般包括以下几方面内容：

（1）开头，或阐述依据，或概述情况，或直述目的，要写得简明扼要。

（2）主体，即计划的核心内容，阐述“做什么”（目标、任务）、“做到什么程度”（要求）和“怎样做”（措施办法）三项内容，既要写得全面周到，又要写得有条不紊，具体明白。全面工作计划一般采取“并列式结构”（任务、措施分说）。

（3）结尾，或突出重点，或强调有关事项，或提出简短号召，当然也可不写结尾。

署名一般标注在主体的右下方，如果要突出署名，也可以直接放在标题下方居中位置。

利用中文版 Word 软件的文字录入及基本文字排版功能，可以非常方便地完成一个工作计划，如图 2.1 所示。

2.1.2 知识点

（1）样式和格式。主要设置字体和段落的格式。

（2）页眉和页脚。页眉和页脚的内容应用到文档的每一页上。

（3）段落的高级设置。使得段落看上去美观、大方。

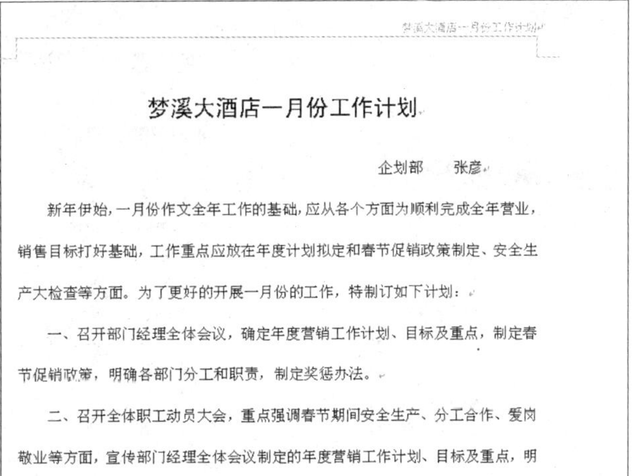

梦溪大酒店一月份工作计划

梦溪大酒店一月份工作计划

企划部　　张彦

新年伊始，一月份作文全年工作的基础，应从各个方面为顺利完成全年营业，销售目标打好基础，工作重点应放在年度计划拟定和春节促销政策制定、安全生产大检查等方面。为了更好的开展一月份的工作，特制订如下计划：

一、召开部门经理全体会议，确定年度营销工作计划、目标及重点，制定春节促销政策，明确各部门分工和职责，制定奖惩办法。

二、召开全体职工动员大会，重点强调春节期间安全生产、分工合作、爱岗敬业等方面，宣传部门经理全体会议制定的年度营销工作计划、目标及重点，明

图 2.1 “梦溪大酒店一月份工作计划”效果图

（4）插入艺术字。为文档赋予美学色彩，具有吸引力。

（5）页面设置与打印。文档打印前需要做的准备工作。

2.1.3 步骤分析

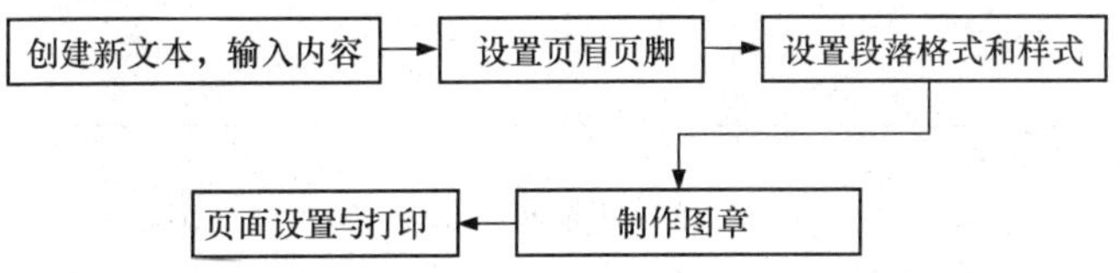

2.1.4 具体操作

（1）在 Word 中输入工作计划的内容。

（2）标记页面辅助提醒——设置页眉页脚页码。

步骤 1 打开“视图”菜单，单击“页眉和页脚”命令，进入页眉、页脚编辑状态，弹出“页眉和页脚”工具栏，如图 2.2 所示。

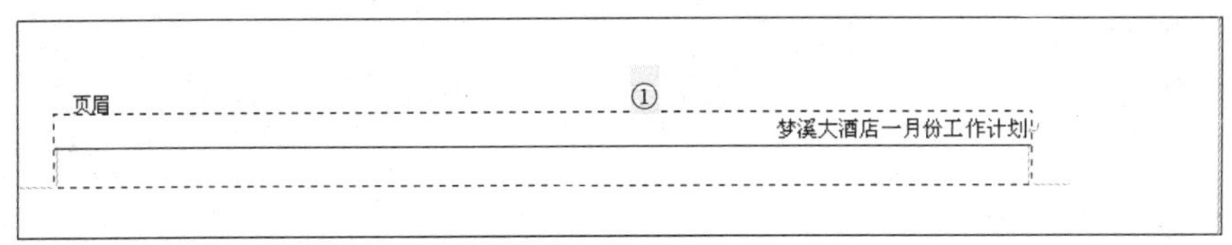

图 2.2 页眉的编辑状态

步骤 2 在页眉编辑区输入文字，选中输入的文字，打开“格式”菜单，单击“字体”命令，弹出“字体”对话框，将字体设为“宋体”，字号为“五号”，如图 2.3 所示。

步骤 3 单击“格式”|“段落”命令，弹出“段落”对话框，将对齐方式设置为右对齐，如图 2.4 所示。

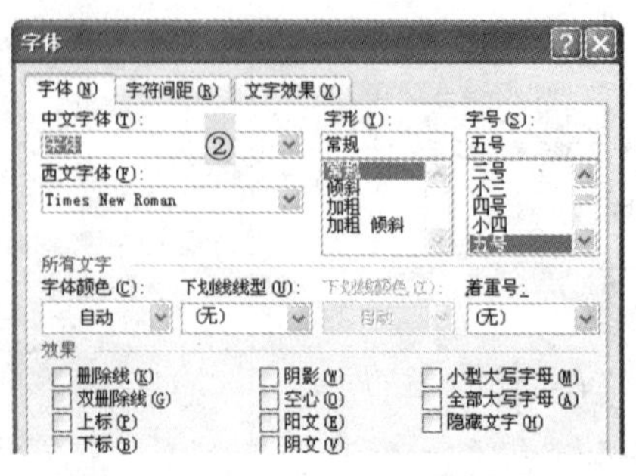

图 2.3　页眉字体的设置

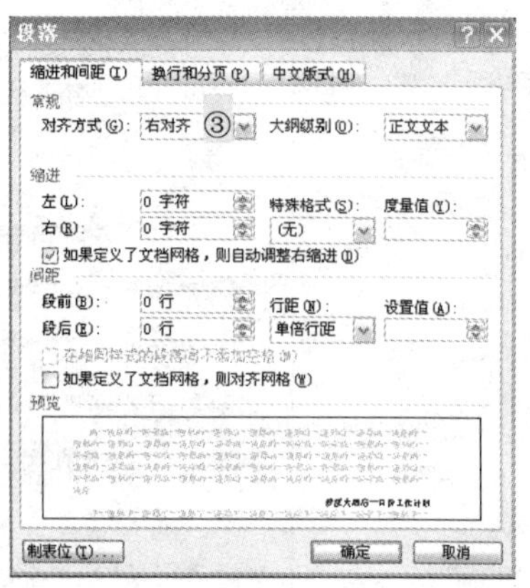

图 2.4　页眉段落格式的设置

步骤 4 切换到页脚编辑状态，可以单击“页眉和页脚”工具栏中的“在页眉和页脚间切换”按钮，如图 2.5 所示。

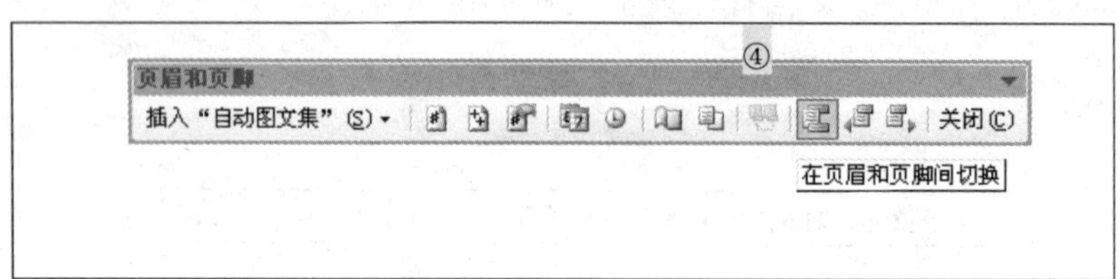

图 2.5　切换页眉和页脚

步骤 5 输入文字，并选中输入的文字，打开“格式”菜单，单击“字体”命令，弹出“字体”对话框，将字体设为“宋体”，字号为“五号”，如图 2.6 所示。

步骤 6 单击“格式”|“段落”命令，在弹出的“段落”对话框中将对齐方式设置为左对齐，如图 2.7 所示。

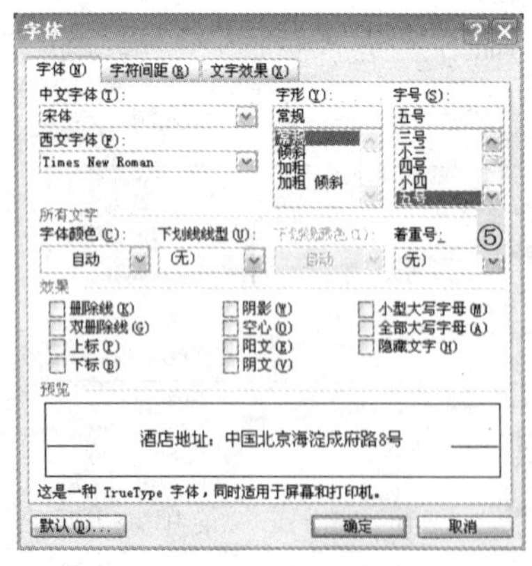

图 2.6　页脚字体的设置

图 2.7　页脚段落格式的设置

情景模拟：小唐想在一个空行的中部输入文字，他采取的方法是在前边按空格键，这样就需要输入很多的空格符，有简单的方法吗？

解决方法：如果要在 Word 文档中的任意位置开始输入文字，只要在该处双击鼠标左键，Word 将自动填补空格并定位光标，此时可以直接在该位置输入文字。

（3）设置段落格式和样式。

步骤 1 选中标题，打开“格式”菜单，单击“字体”命令，将字体设置为黑体、二号，如图 2.8 所示。

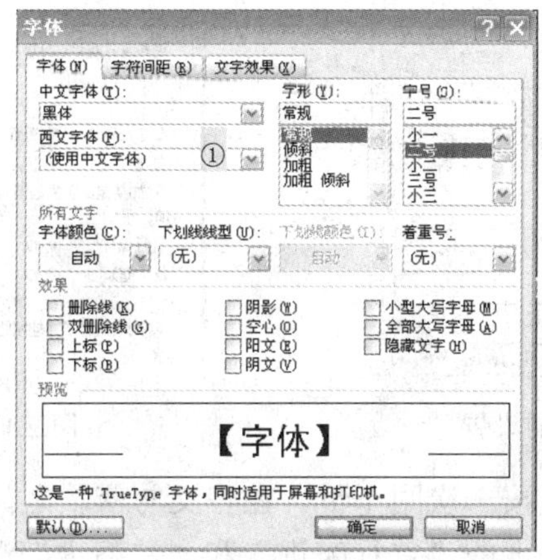

图 2.8　标题字体的设置

情景模拟：小李所从事的工作性质是保密的，他所做的文档都要得到保护，那么 Word 有什么功能可以满足小李的需求吗？

解决方法：单击“工具”｜“选项”命令，系统将弹出“选项”对话框，在“安全性”选项卡中设置“打开文件时的密码”和“修改文件时的密码”。这样就可以保护文档了！

步骤 2 单击“格式”｜“段落”命令，在弹出的“段落”对话框中将对齐方式设置为居中，如图 2.9 所示。

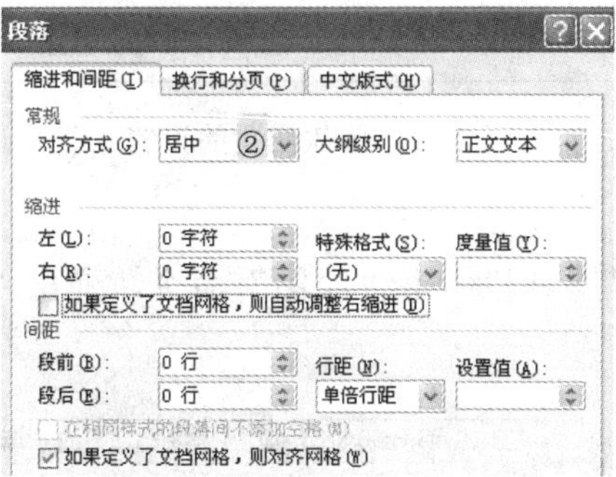

图 2.9　标题段落格式的设置

步骤 3 选中正文文本，单击“格式”｜“字体”命令，将字体设置为宋体、小四号，如图 2.10 所示。

步骤 4 单击“格式”｜“段落”命令，将对齐方式设置为两端对齐，在“缩进”选项区中选择特殊格式“首行缩进”，度量值设置为 2 字符，“行距”设置为多倍行距，设置值为 2.25 磅，如图 2.11 所示。

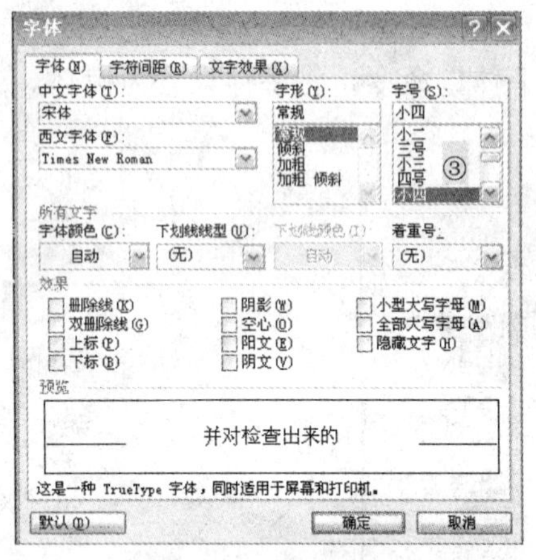
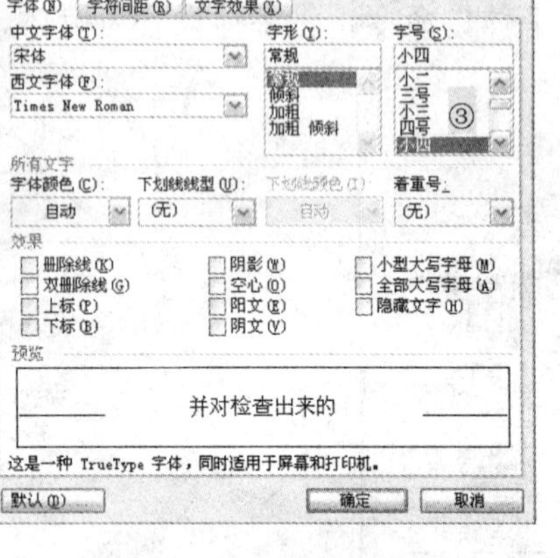

图 2.10　正文字体的设置

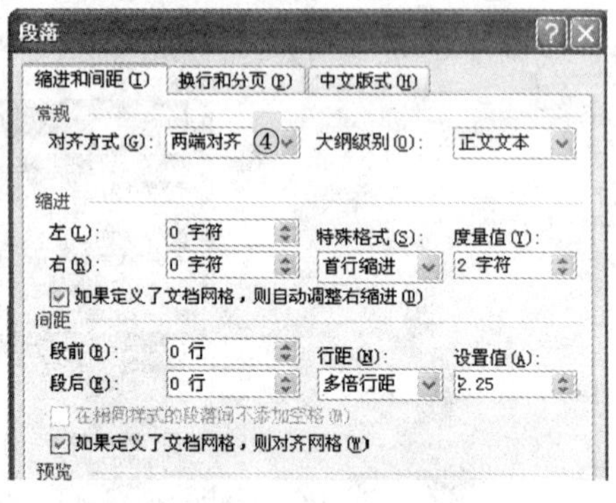

图 2.11　文段落的设置

步骤 5 在落款文本的前面按一次回车键，在正文与落款之间插入一空行，之后选中落款，通过拖动标尺上的“首行缩进”和“左缩进”滑块调整落款文字的缩进效果，如图 2.12 所示。

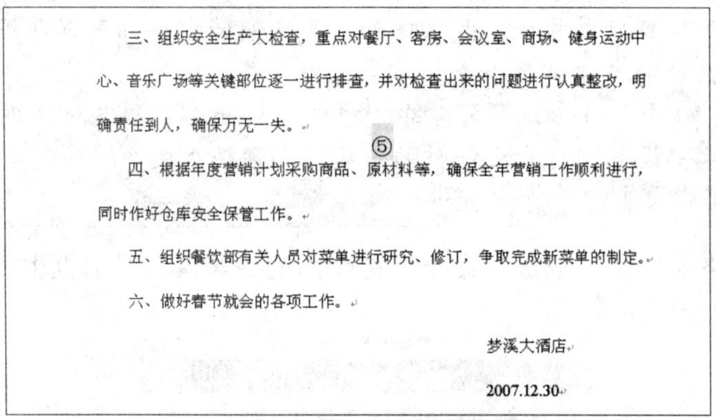

三、组织安全生产大检查，重点对餐厅、客房、会议室、商场、健身运动中心、音乐广场等关键部位逐一进行排查，并对检查出来的问题进行认真整改，明确责任到人，确保万无一失。

⑤

四、根据年度营销计划采购商品、原材料等，确保全年营销工作顺利进行，同时作好仓库安全保管工作。

五、组织餐饮部有关人员对菜单进行研究、修订，争取完成新菜单的制定。

六、做好春节就会的各项工作。

梦溪大酒店

2007.12.30

图 2.12　落款位置的设置

（4）制作图章。

步骤 1 单击“视图”｜“工具栏”｜“绘图”命令，弹出“绘图”工具栏，如图 2.13 所示。

图 2.13　“绘图”工具栏

步骤 2 绘制圆形。单击“绘图”工具栏中的椭圆按钮，按住 Shift 键，拖动鼠标绘制出一个圆形，还可以根据需要拖动其周围的 8 个控制点调整其大小，如图 2.14 所示。

步骤 3 双击此图形的外框，弹出“设置自选图形格式”对话框，切换至“颜色与线条”选项卡，将其设置为无填充颜色，线条颜色设置为红色，粗细设置为 3 磅，如图 2.15 所示。

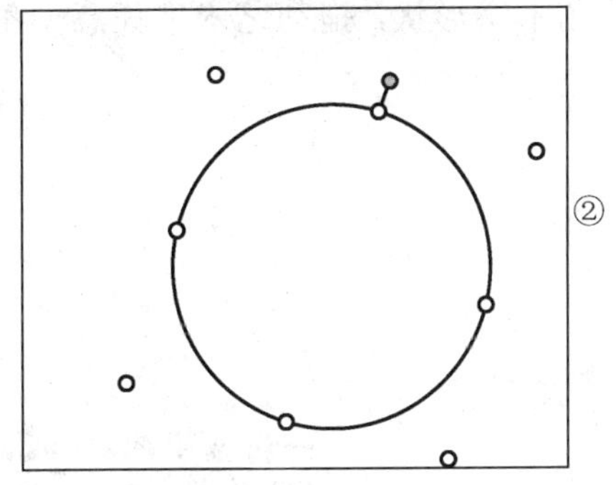

图 2.14 调整圆形大小

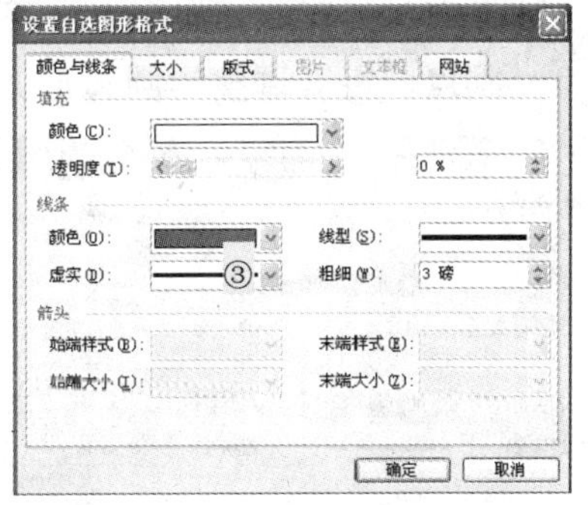

图 2.15 圆形颜色及线条的设置

步骤 4 切换至“版式”选项卡，选择“衬于文字下方”选项，如图 2.16 所示。单击“确定”按钮。

步骤 5 单击“插入”|“图片”|“艺术字”命令，选择合适的艺术字形状，因为制作图章需要的是实心且不带阴影的文字，所以选择如图 2.17 所示的艺术字，单击“确定”按钮。

图 2.16 圆形版式的设置

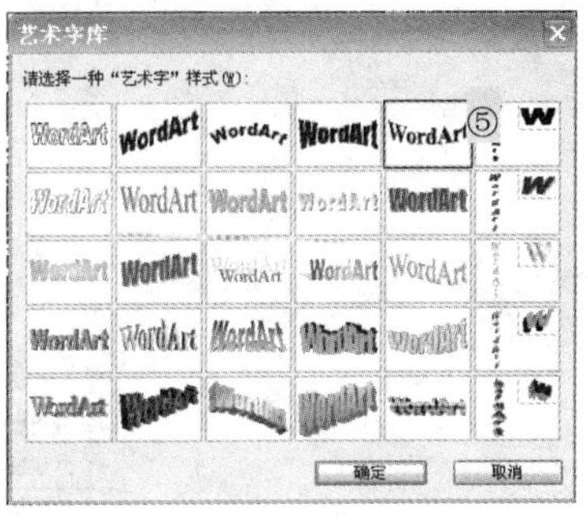

图 2.17 艺术字的选择

步骤 6 在弹出的“编辑‘艺术字’文字”对话框中，输入图章中所要插入的公司名称，这里输入的是“梦溪大酒店”，如图 2.18 所示。

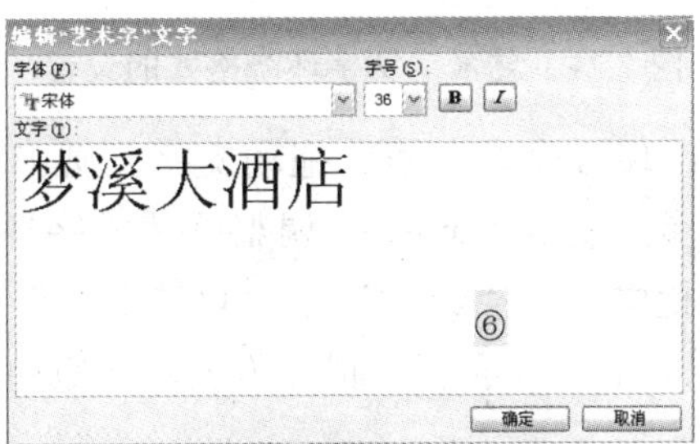

图 2.18 输入艺术字

步骤7 选中插入的艺术字并单击鼠标右键，从弹出的快捷菜单中选择“设置艺术字格式”命令，弹出“设置艺术字格式”对话框，切换至“颜色与线条”选项卡，将填充和线条的颜色都设置为红色，如图 2.19 所示。

步骤8 单击“艺术字”工具栏上的“艺术字形状”按钮，从弹出的下拉菜单中选择“细上弯弧”形状（如图 2.20 所示），以更改艺术字形状，拖动艺术字任意一角的控制点，将其调整为圆弧形。

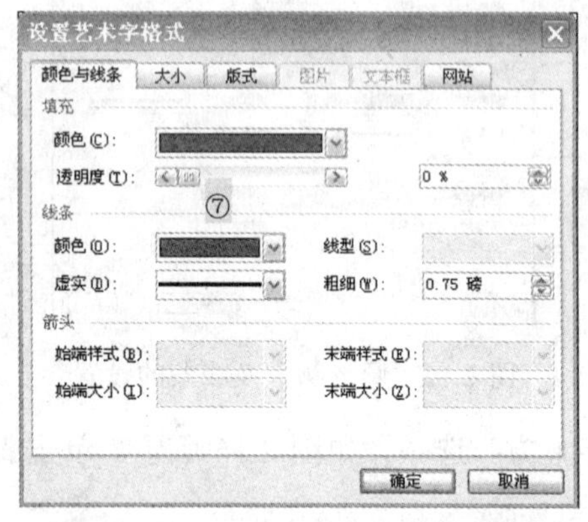

图 2.19　艺术字颜色与线条的设置

图 2.20　艺术字形状的设置

步骤9 选中文字，然后单击“艺术字”工具栏上“文字环绕”按钮，选择“衬于文字下方”选项，如图 2.21 所示。

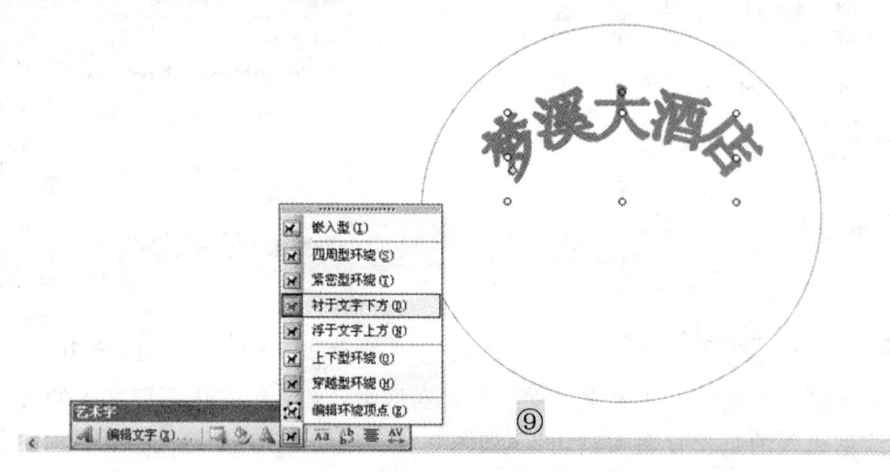

图 2.21　艺术字文字环绕格式的设置

步骤10 此时，文字周围出现 8 个控制点，拖动文字到圆形内，并调整其大小，然后拖动文字左侧的菱形控制点（黄色），调整好艺术字环绕的弧度，如图 2.22 所示。

步骤11 在“绘图”工具栏中单击“绘图”｜“自选图形”｜“星与旗帜”命令，然后选择五角星，如图 2.23 所示。绘制五角星，并拖动调整大小的控制点，调整五角星的大小。

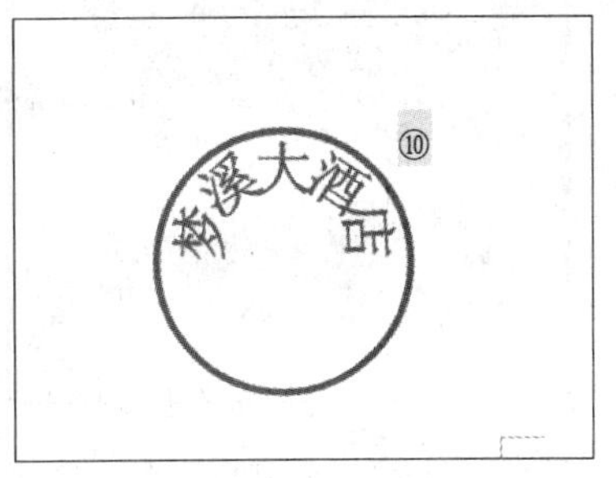

图 2.22　艺术字最终调整状态图

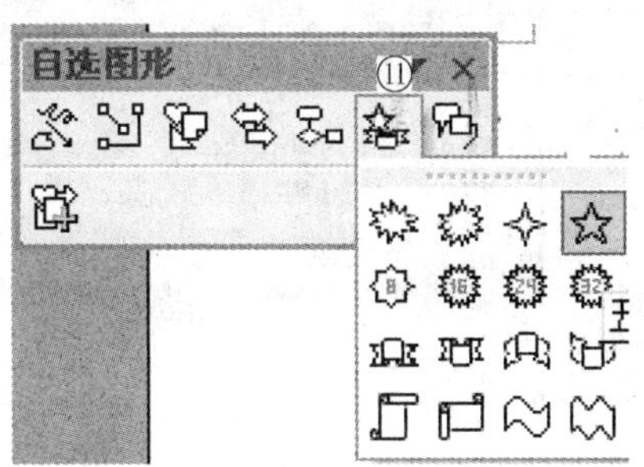

图 2.23　选择五角星

情景模拟： 小俐每次插入分栏符，感觉步骤太繁琐，有简单一些的方法吗？
解决方法： 将光标定位在需要插入分栏符的位置，然后按 Ctrl+Shift+Enter 快捷键，即可在光标所在位置快速强行地插入一个分栏符。

步骤 12　右击五角星，弹出“设置自选图形格式”对话框，切换至“颜色与线条”选项卡，将填充和线条的颜色都设置为红色，如图 2.24 所示。

步骤 13　按住 Ctrl 键选中所有图形，右击图形，从弹出的快捷菜单中选择“组合”|“组合”命令，如图 2.25 所示。

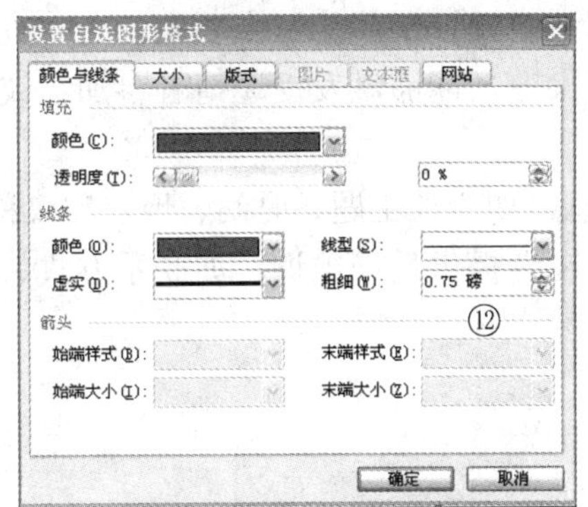

图 2.24　五角星颜色与线条的设置

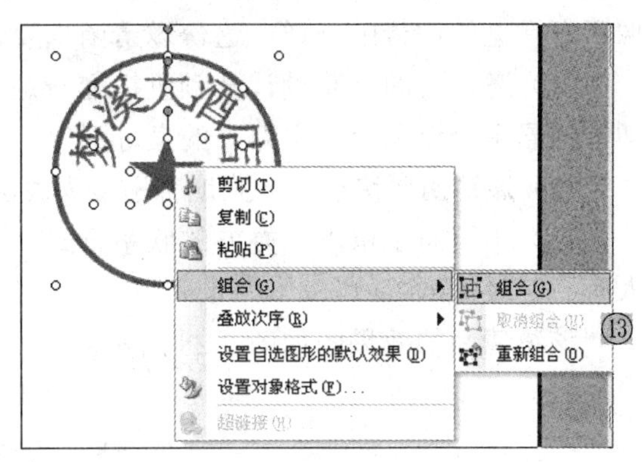

图 2.25　图章的组合

（5）页面设置与打印。

步骤 1　单击“文件”|“页面设置”命令，打开“页面设置”对话框，要设置纸张的大小，则打开“纸张”选项卡，将“宽度”设置为 18.4 厘米，将“高度”设置为 22.7 厘米，如图 2.26 所示。

步骤 2　要设置页边距，则打开“页边距”选项卡，按照图 2.27 设置其中的选项。

步骤 3　单击“文件”|“打印预览”命令，或直接单击常用工具栏中的“打印预览”按钮，文档将进入打印预览模式，此时可以直接或利用工具栏中的相应按钮以不同方式查看文档的打印效果。

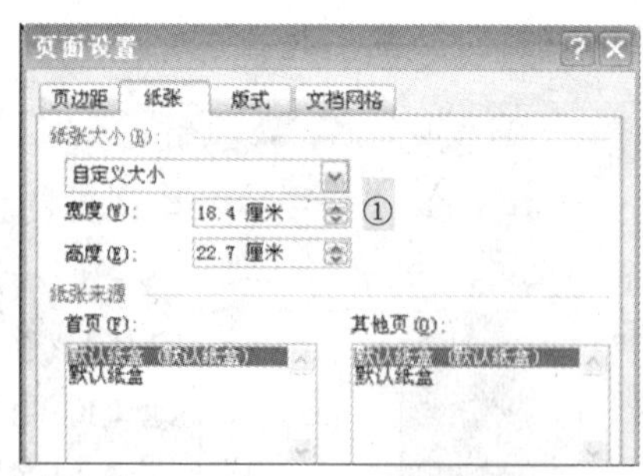

2.26　图页面纸张设置

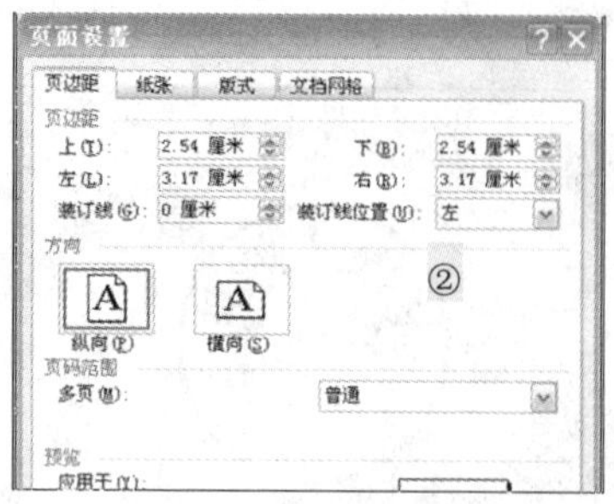

图 2.27　页边距的设置

2.1.5　举一反三

通过该案例的实现，读者可用所学的知识完成如通知单、招聘启事、处罚通报单、公司信函等等的设计与制作。

2.2　设计邀请函

2.2.1　商务知识

对一次大型商务会议来说，最重要的准备工作之一就是发出信函，邀请相关人员参会。像所有常见的邀请函一样，这份邀请函也要遵循邀请函设计制作的三个要素：

（1）邀请函的外观设计及颜色搭配一定要美观大方，能够激发受邀请者参加会议的兴趣，并展示会议和会议主办者的良好形象。

（2）邀请函要快速、准确地传递最为关键的信息，如会议主题、时间、地点和议程等。

（3）不要忘了留下主办方的联系方式，为受邀请者提供反馈渠道，如联系方式、联系人等。

该邀请函的效果图如图 2.28 所示。

图 2.28　邀请函效果图

2.2.2 知识点

（1）样式和格式设置。样式的设置可应用的范围很广，包括了一般常用的正文、标题、页眉和页脚、页码、图表目录等，样式的设置，尤其是对于较长文档样式的设置可以提高效率，并能够始终保持格式的统一性。

（2）美化页眉页脚。在页眉和页脚中插入图片并设置图片的格式，使得页眉和页脚得到美化。

（3）边框和底纹。使用边框和底纹可以突出文档的主体内容。

（4）项目符号和编号。为了使每个标题看上去更加美观、有条理，使用项目编号。

2.2.3 步骤分析

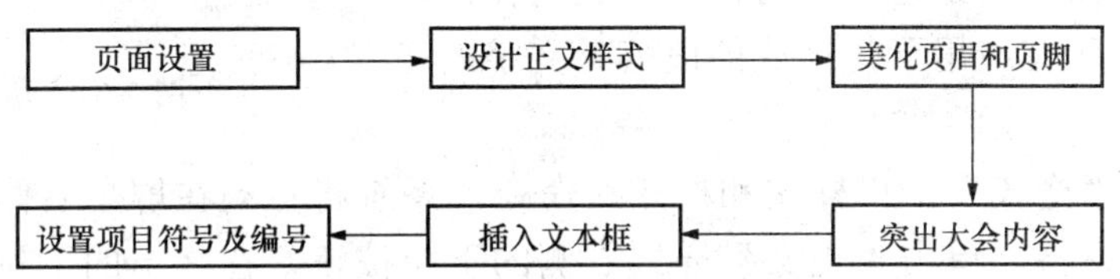

1. 页面设置

步骤1 打开 Word，新建一个文档。单击“视图”|“页面”命令，确认当前的视图方式为页面视图。这是因为，页面视图更适于创建和管理文档中的图形对象及其他附加内容。单击“文件”|“页面设置”命令，弹出“页面设置”对话框，在“页边距”选项卡中设置上面的页边距为 8 厘米，下面的页边距为 4 厘米，左边和右边的页边距都为 3.17 厘米，纸张方向为“纵向”，如图 2.29 所示。

步骤2 切换到“纸张”选项卡，保留其中的默认设置。Word 默认的纸型是 A4，A4 也是日常办公中最常用的纸型，这份邀请函也是在 A4 纸上输出，如图 2.30 所示。

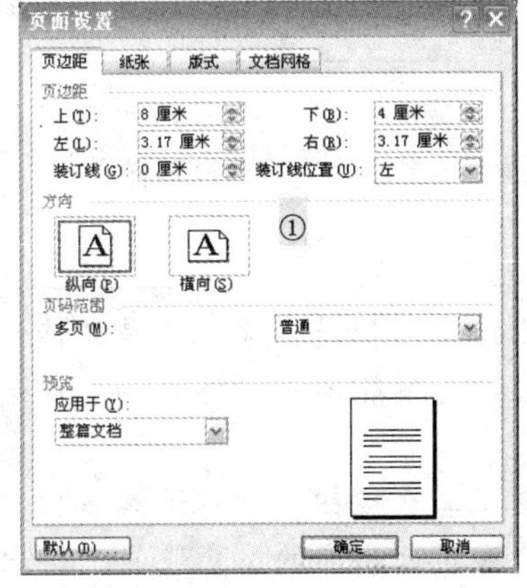

图 2.29 页边距的设置

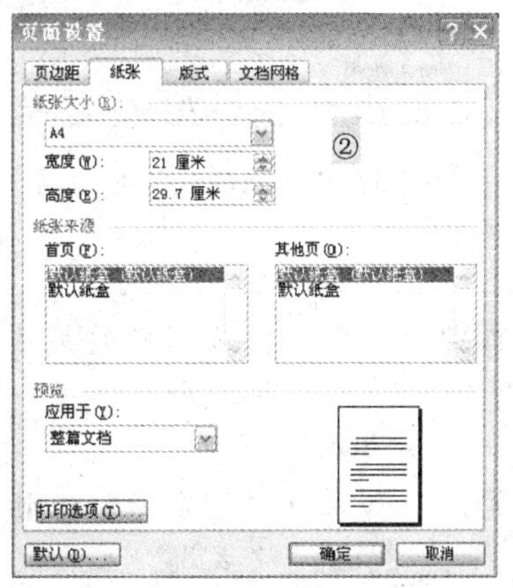

图 2.30 纸张大小的设置

步骤3 切换到"版式"选项卡，在"页眉"数值框中设置页眉高度为1厘米，在"页脚"数值框中设置页脚高度为1.75厘米，如图2.31所示。

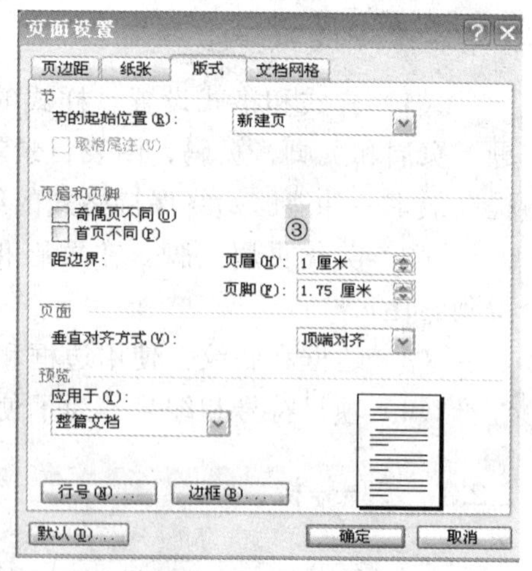

图2.31 版式的设置

2. 设计正文样式

页面设置完成了，先别着急进入正文内容的编排，还得做一项重要的前奏工作，那就是设计"样式"。"样式"其实就是某一类格式相同或相近的段落、文字、表格的公共属性。比如一本书中的所有章名，都会套用同一个样式，该样式规定了章名的各个文本元素的格式。每个样式都包含字体、字号、段落格式、制表位、边框、编号和快捷键组合。对样式所做的任何调整都将即时改变所有应用了该样式的段落、文字的格式。

步骤1 单击"格式"|"样式和格式"命令，系统将自动在屏幕右侧打开"样式和格式"窗格，单击"正文"样式右侧的下拉按钮，在弹出的下拉菜单中选择"修改"命令，系统会弹出"修改样式"对话框，如图2.32所示。

步骤2 在对话框左下角单击"格式"|"段落"命令，会弹出"段落"对话框，在"缩进和间距"选项卡中，设置"行距"为"1.5倍行距"，如图2.33所示。

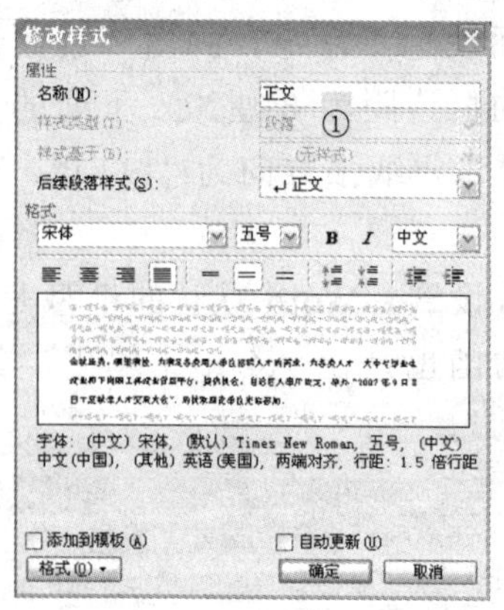

图2.32 "修改样式"对话框

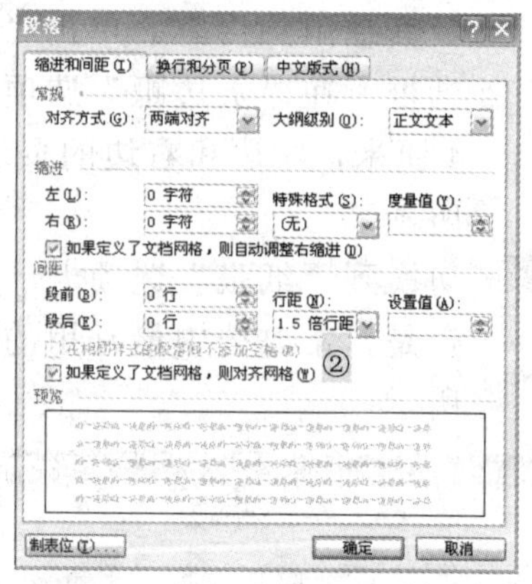

图2.33 修改段落样式

情景模拟： 小张要将段落中的某些文字设置为其他格式，但是由于文字是不连续的，使用"格式刷"单击一次只能修改一次，能不能单击"格式刷"后连续使用呢？

解决方法： 如果双击"常用"工具栏中的"格式刷"工具按钮，可以连续多次重复地使用"格式刷"工具对文档中的多个段落进行相同的格式设置，再次单击"格式刷"工具按钮，即可将其释放。

3. 美化页眉和页脚

步骤1 单击“视图”|“页眉和页脚”命令，进入“页眉和页脚”视图，系统会自动弹出“页眉和页脚”工具栏，此时即处于页眉和页脚编辑状态，如图 2.34 所示。可以看到，此时文档的编辑区域变为灰色的禁止状态，而页面的顶部和底部出现可编辑区域，其中页面顶部为页眉区域，可直接输入页眉信息。

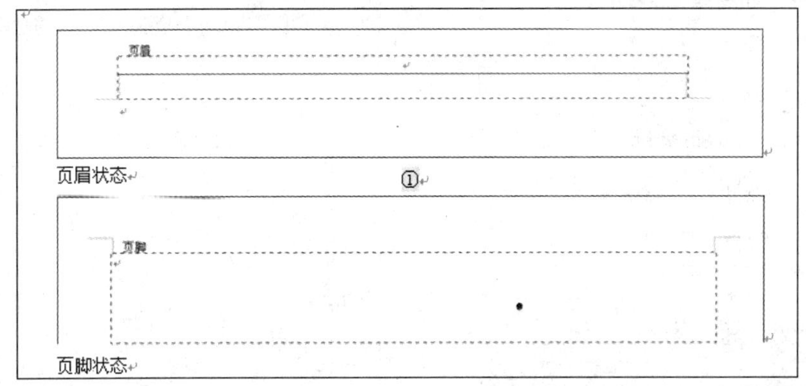

图 2.34 页眉页脚状态

步骤2 “样式和格式”窗格中也会自动出现两个样式：“页脚”和“页眉”。单击“页眉”样式右侧的下拉按钮，如图 2.35 所示，在弹出的下拉菜单中选择“修改”命令，打开“修改样式”对话框。

步骤3 在该对话框左下角单击“格式”|“字体”命令，会弹出“字体”对话框，设置字体为“黑体”，字形为“倾斜”，字号为“小初”，字体颜色为白色，如图 2.36 所示。将字体的颜色设置为白色是因为后面要在页眉中绘制一个深蓝色的装饰图案，并且要使用页眉文字作为标题。

图 2.35 页眉样式的修改

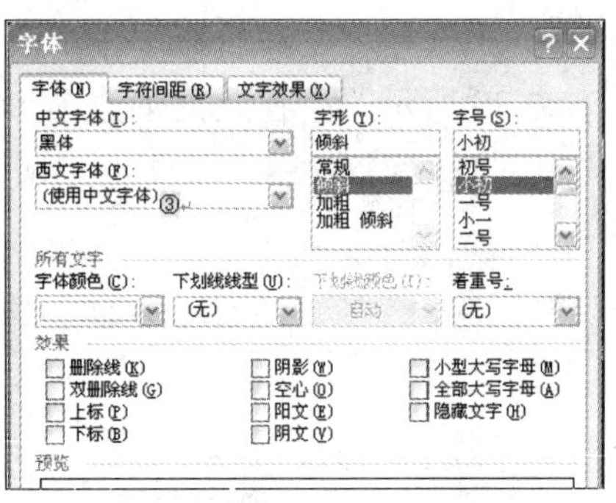

图 2.36 页眉字体的设置

步骤4 和设置字体格式的操作类似，下面修改段落的格式。在“修改样式”对话框左下角单击“格式”|“段落”命令，弹出“段落”对话框，设置对齐方式为“左对齐”，设置左缩进量为“-6.85 字符”，如图 2.37 所示。左缩进量为负值时，页眉就会跨出版心的左边界，这正是我们想要的效果。

步骤 5 用同样的方法，在“修改样式”对话框左下角单击“格式”｜“边框”命令，打开“边框和底纹”对话框，设置“页眉”样式的“边框”格式。在右侧预览区域中，底部边框线是页眉样式的默认设置，用鼠标单击底端边框线，将页眉的底端边框去掉（注意图中圈选的部位），如图 2.38 所示。

图 2.37 页眉段落格式的设置

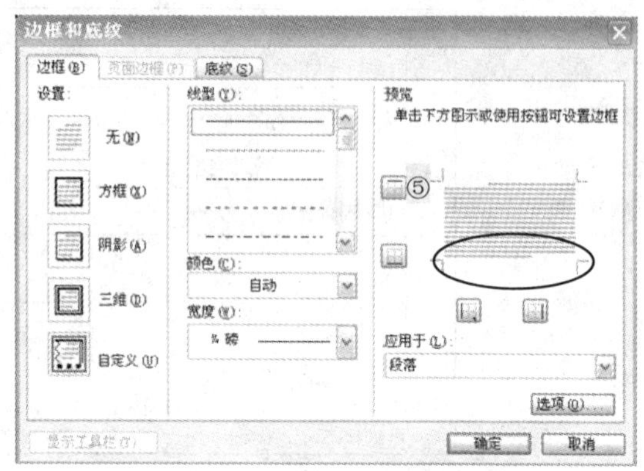

图 2.38 页眉边框的设置

情景模拟： 小钱在一篇长文档中重复地将“凤凰”输入成“汾煌”，由于是长文档，一个一个地修改将很浪费时间，而且容易漏掉，这该怎么办？

解决方法： 单击“编辑”｜“查找”命令，弹出“查找和替换”对话框，切换到“替换”选项卡，查找内容输入“汾煌”，替换内容输入“凤凰”，然后选择全部替换即可。

步骤 6 单击“插入”｜“图片”｜“自选图形”命令，打开“自选图形”工具栏，在其中选择“星与旗帜”｜“波形”形状，Word 会自动创建一个绘图画布（如图 2.39 所示的“在此处创建图形”矩形区域）。

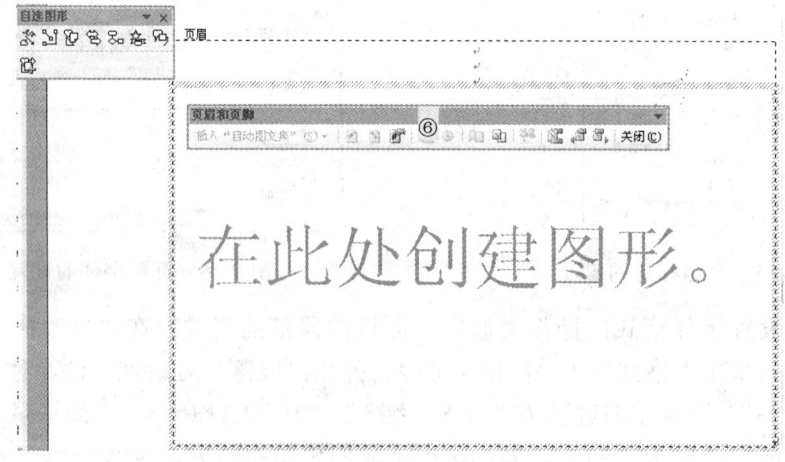

图 2.39 创建画布

在画布中绘制一个波形图案，然后将绘制的图形移动到画布之外适当的位置，然后选中画布，按 Del 键将画布删除，只留下波形图形。

步骤7 波形图案绘制好了，需要设置一下该图案的版式和颜色。双击波形图案，弹出“设置自选图形格式”对话框，切换到“版式”选项卡，在其中选择环绕方式为“衬于文字下方”，如图 2.40 所示。

步骤8 切换到“颜色与线条”选项卡，单击“填充”选项区中的“颜色”下拉列表框，在弹出的列表中选择“填充效果”选项，弹出“填充效果”对话框，在其中选择双色填充，颜色 1 为黑色，颜色 2 为蓝色，底纹样式为“水平”，如图 2.41 所示。

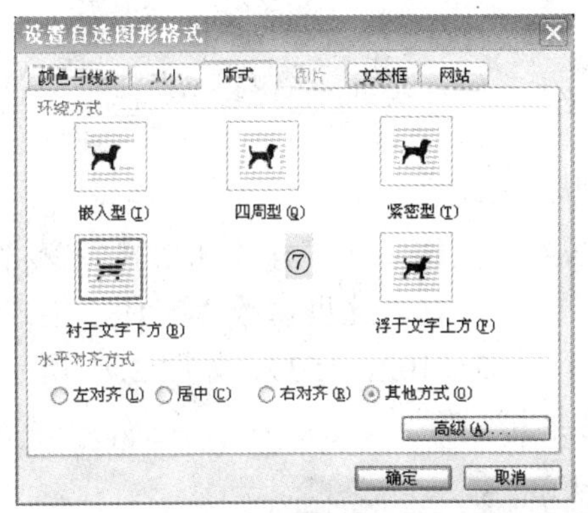

图 2.40 波形图的版式设置

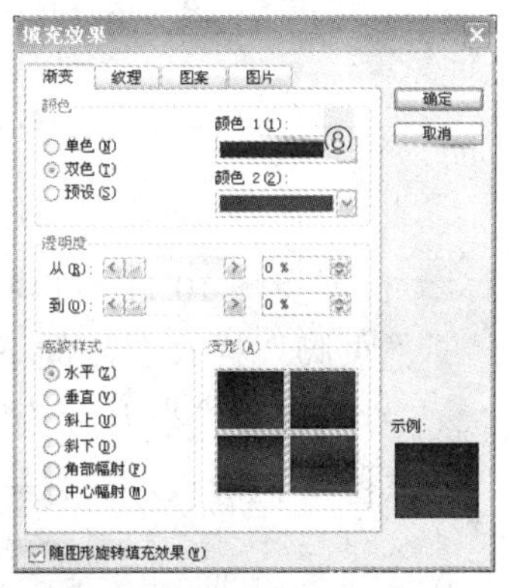

图 2.41 波形图填充的设置

步骤9 在“线条”选项区中设置线条颜色为“无线条颜色”，如图 2.42 所示。单击“确定”按钮，回到页眉编辑区。此时需要对波形图案的弯曲度进行调节，使用鼠标向左拖动图案下方的黄色菱形，形成有高有低的波形。然后调整波形图案，图案要大一些，使其能覆盖整个页面。

在页眉中输入文字“宁夏秋季人才交流大会邀请函”，文字将自动套用“页眉”样式。此时，页眉已经初具模样了，如果在波形图案左上方插入小图案加以修饰，页眉就会更加美观。

步骤10 单击“插入”|“图片”|“来自文件”命令，如图 2.43 所示。选择“邀请函图片”文件夹中的 2.2.1.gif 图片并确认，图片的默认环绕方式为嵌入式，要想将其移到左上方的位置，就需要更改图片的版式。

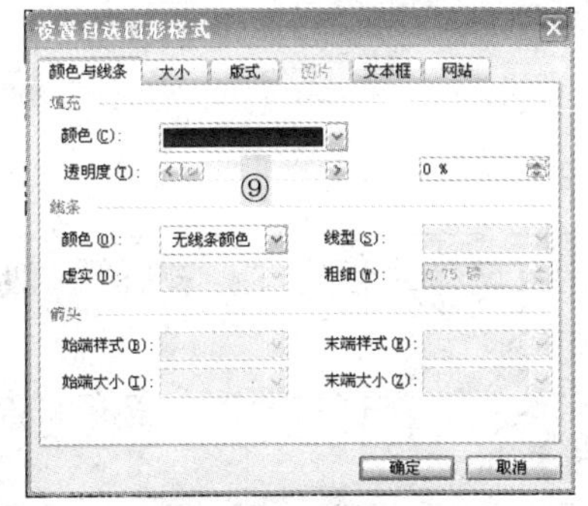

图 2.42 线条颜色的设置

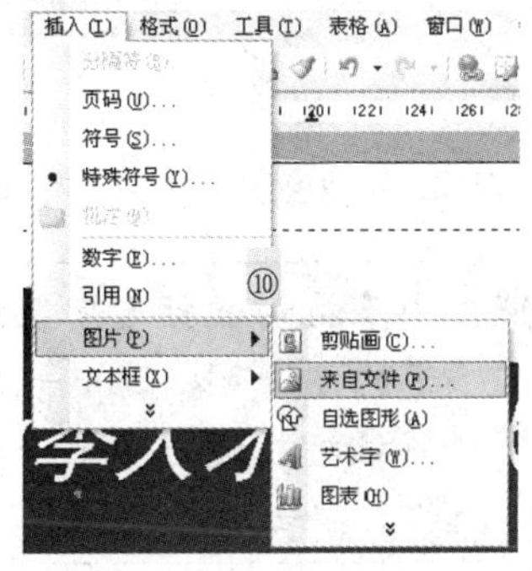

图 2.43 插入图片

步骤 11　双击该图片，在弹出的对话框中打开“版式”选项卡，在其中将图片的环绕方式设置为“浮于文字上方”，单击“确定”按钮回到页眉编辑区，将图片放置到合适的位置，效果如图 2.44 所示。

图 2.44　页眉的效果

步骤 12　根据步骤 10.11 可以将同样的图案插入到页脚，在“样式和格式”窗格中单击“页脚”样式右侧的下拉按钮，可以修改样式。这里修改“字体”格式，将字号设置为“小五”，字体颜色为 RGB（102，102，153），如图 2.45 所示；修改“段落”格式，设置字符左缩进 6 个字符。

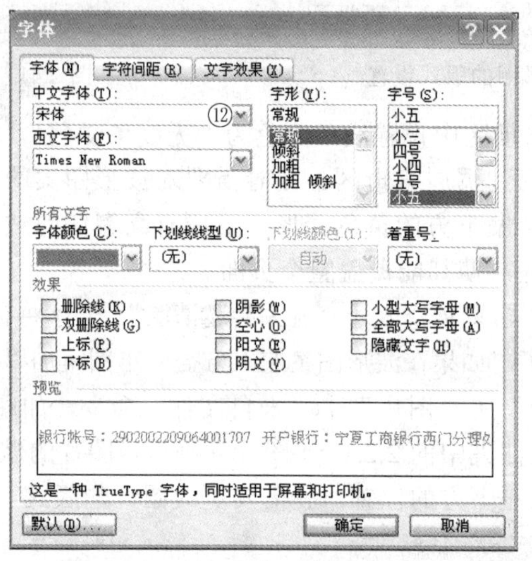

图 2.45　页脚字体的设置

4. 宣传和介绍此次大会

情景模拟： 小王拖动鼠标选中某一行文本的时候，他觉得这样做有些笨拙，有没有简单的方法可以选中一行文本呢？

解决方法： 将鼠标指针移至某一行文本左边的空白处，鼠标指针将变成向右箭头状，此时单击鼠标左键，可以直接选定该行文本。

步骤 1 在输入宣传词之前，先创建“正文醒目”样式。单击“样式和格式”窗格中的“新样式”按钮，弹出“新建样式”对话框，输入样式名称“正文醒目”，设置样式类型为“段落”，设置样式基于“正文”，如图 2.46 所示。

步骤 2 单击“格式”|“字体”命令，设置中文字体为黑体、加粗、倾斜、小四号、梅红，如图 2.47 所示。单击“确定”按钮，返回到“新建样式”对话框。

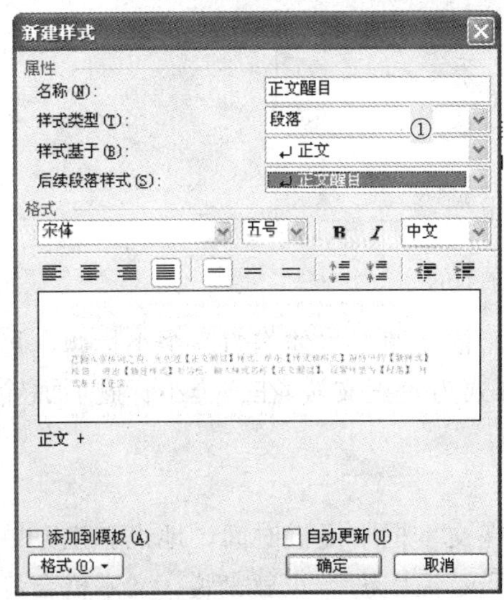

图 2.46 “正文醒目”样式的创建

图 2.47 “正文醒目”样式字体的设置

步骤 3 单击“格式”|“段落”命令，在“缩进和间距”选项卡中，设置段后间距为 1.5 行，行距为固定值 20 磅，如图 2.48 所示。

步骤 4 单击“样式和格式”窗格中的“标题 1”样式右侧的下拉按钮，在弹出的下拉菜单中选择“修改”命令，弹出“修改样式”对话框。修改样式的段落格式：段前间距为 0.5 行，段后间距为 0.5 行，行距为 1.5 倍行距，如图 2.49 所示。

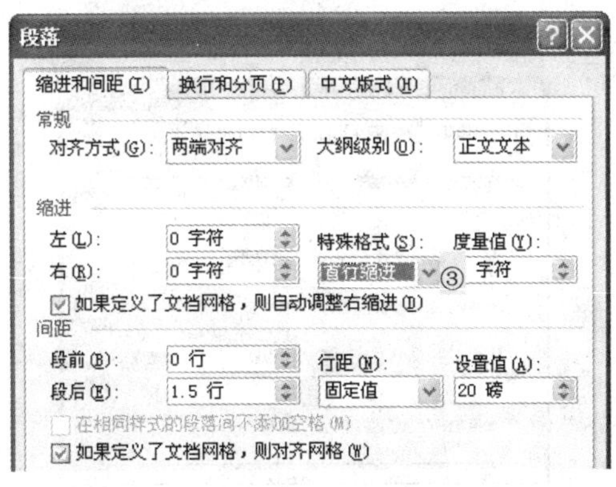

图 2.48 “正文醒目”样式段落格式的设置

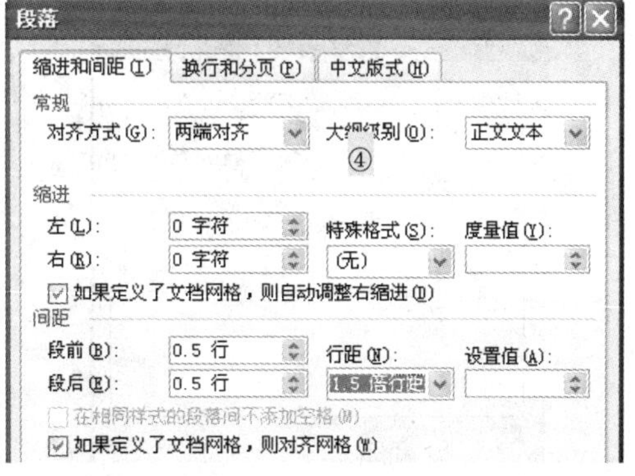

图 2.49 标题 1 段落格式的设置

步骤 5 修改样式的边框格式。在“边框和底纹”对话框中，切换到“底纹”选项卡，在其中设置底纹颜色为“淡蓝”，如图 2.50 所示。

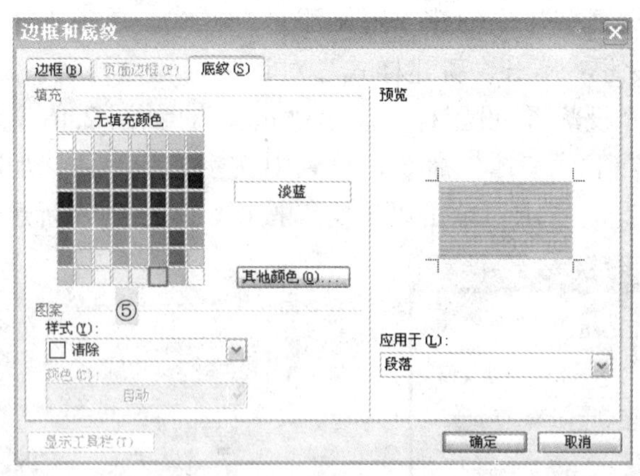

图 2.50 边框和底纹的设置

步骤 6 返回到页面，确认当前样式为“标题 1”，依次输入主体作为三个小标题，每输入一个主题按一下 Enter 键。确认当前样式为“正文”，在三个小标题后面输入相关文字。

5. 发布会议信息

可以在宣传页右侧增加一个装饰性的文本框，在文本框中提供时间、地点和主办单位等信息。不过，新增加的文本框的默认版式是“浮于文字上方”，也就是说，文本框会遮盖三个小标题后面的文字，怎么办呢？可以新建一个“正文窄栏”样式，将该样式应用于三个小标题后面的文字，使其右缩进一段距离，这样就可以为文本框腾出位置。

步骤 1 单击“样式和格式”窗格中的“新样式”按钮，弹出“新建样式”对话框，输入样式名称“正文窄栏”，设置样式基于“正文”，如图 2.51 所示。

步骤 2 单击“格式”按钮，在弹出的下拉菜单中选择“段落”命令，弹出“段落”对话框，在“缩进和间距”选项卡的“缩进”选项区中，设置右缩进量为 20 字符，如图 2.52 所示。

图 2.51 “正文窄栏”样式的创建

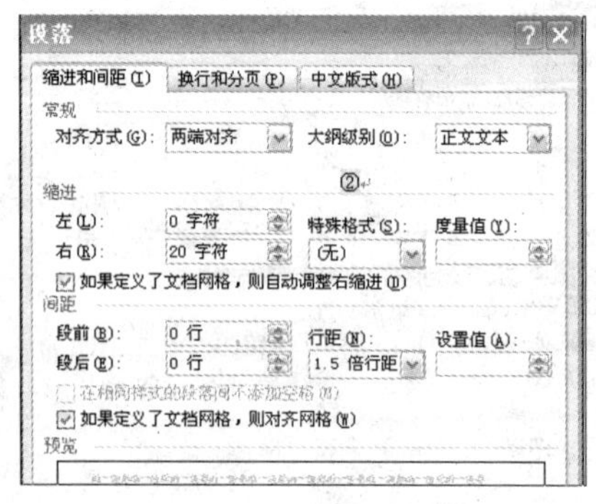

图 2.52 “正文窄栏”段落格式的设置

步骤 3 返回到页面，选中第四个小标题下面的文字，单击“样式和格式”窗格中的“正文窄栏”样式套用到这几段文字上，效果如图 2.53 所示。

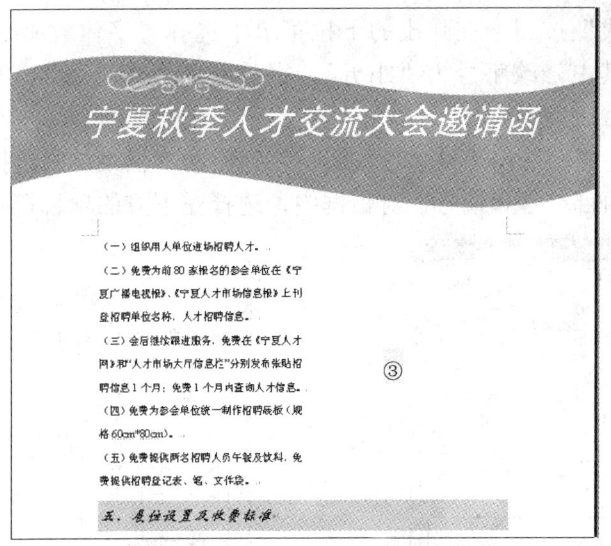

图 2.53　正文窄栏效果图

步骤4 这样，就可以顺理成章的增加文本框了。单击“绘图”工具栏（如果找不到“绘图”工具栏，可以在任意工具栏上单击鼠标右键，在弹出的快捷菜单中选择“绘图”命令）上的“文本框”按钮，如图 2.54 所示。与前面绘制页眉中的波形图案类似，Word 也会自动创建一个绘图画布，这里不使用绘图画布，按 Delete 键删除画布，直接在文档右侧绘制一个文本框，并适当调整大小。

图 2.54　绘制文本框

步骤5 单击“绘图”工具栏上的“线条颜色”按钮右边的下拉按钮，在弹出的颜色框中选择淡蓝颜色块。单击线型按钮，在弹出的线型框中选择 6 磅的线型，如图 2.55 所示。下面在文本框中输入文字。

步骤6 先来创建“正文小字”样式。单击“格式和样式”窗格中的“新样式”按钮，弹出“新建样式”对话框，输入样式名称“正文小字”，设置样式基于“正文”，如图 2.56 所示。

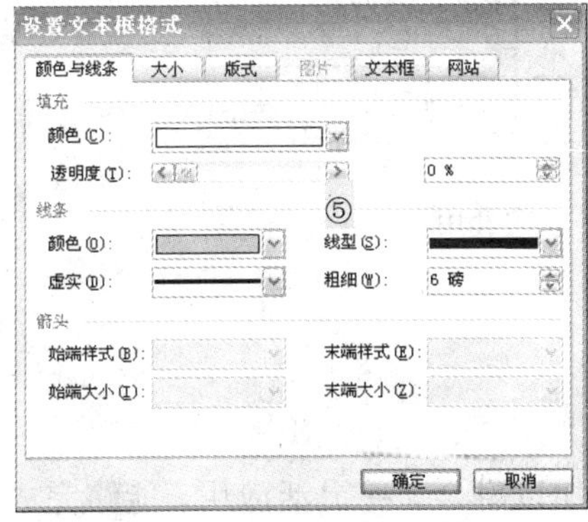

图 2.55　文本框的线条设置

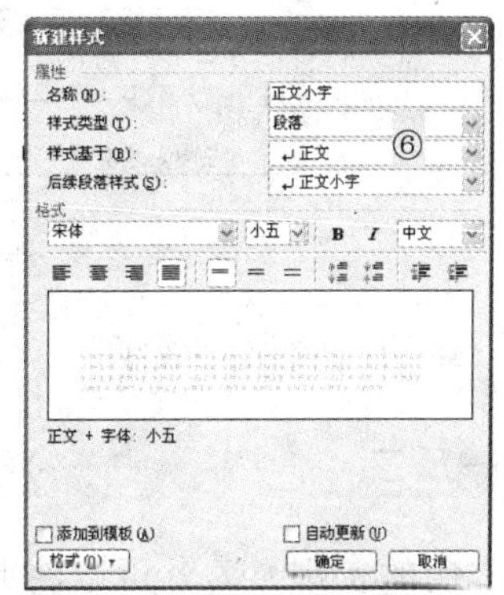

图 2.56　“正文小字”样式的创建

步骤7 单击“格式”按钮，在弹出的下拉菜单中选择“字体”命令，弹出“字体”对话框，在其中修改字号为“小五”，字体颜色为“靛蓝”，其余设置保持默认，如图 2.57 所示。

步骤8 设置编号格式，单击“格式”按钮，在弹出的下拉菜单中选择“编号”命令，在弹出的“项目符号和编号”对话框中，选择左下方的项目符号，如图 2.58 所示。

图 2.57 “正文小字”字体的设置

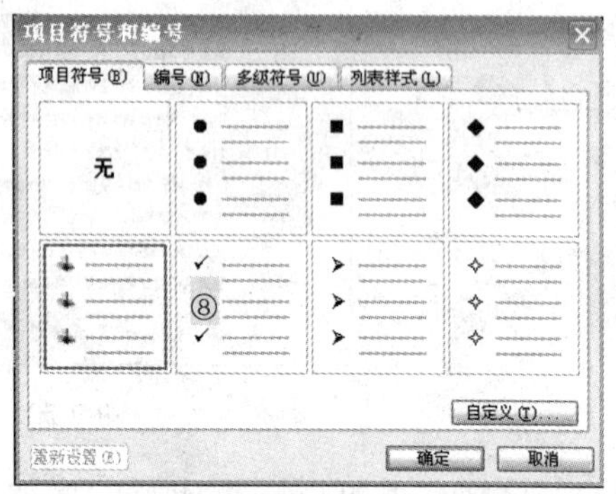

图 2.58 项目符号的设置

步骤9 完成“正文小字”样式的创建，回到页面。在文本框中分别输入“会议时间”、“会议地点”等，并套用“正文小字”样式，“正文小字”标题下面输入的内容套用“正文”样式，如图 2.59 所示。

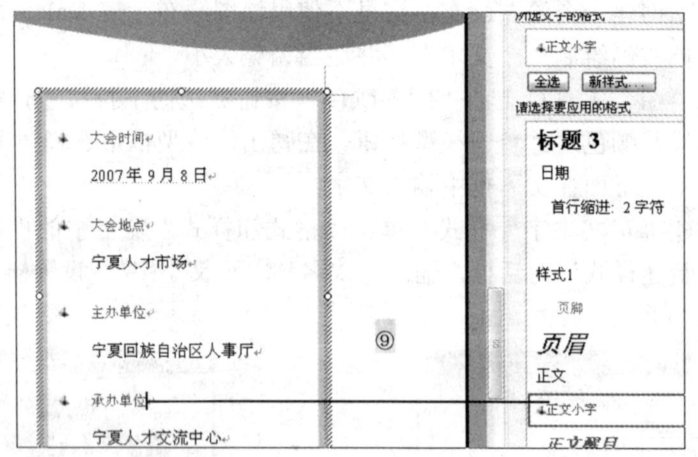

图 2.59 “正文小字”样式的套用

至此，邀请函制作完成了。

2.2.4 举一反三

通过本例的实现，读者可以将此设计的知识点加以融合，并灵活应用，能够完成诸如：公司产品宣传彩页、个人求职简历、企业促销单等等的设计与制作。

2.3 制作产品性能对比表

2.3.1 商务知识

许多公司在宣传产品时，都会利用第三方的评测数据，将自己的产品和竞争对手的产品进行比较，以突出产品的特长，吸引用户。

本案例要用 Word 制作一个产品性能对比表格，所关心的产品是智能搜索软件 3.0 版，我们将把该软件与 9 种同类软件产品进行横向比较。表格中用到的评测数据是虚构的。

用 Word 制作此类产品对比文档是需要注意：

（1）尽量客观、全面地列举事实和数据。

（2）尽量使用第三方提供的测评数据。

（3）在客观的基础上，可以利用 Word 提供的图表功能，突出产品自身的优势。

该产品性能对比表格的制作效果图如图 2.60 所示。

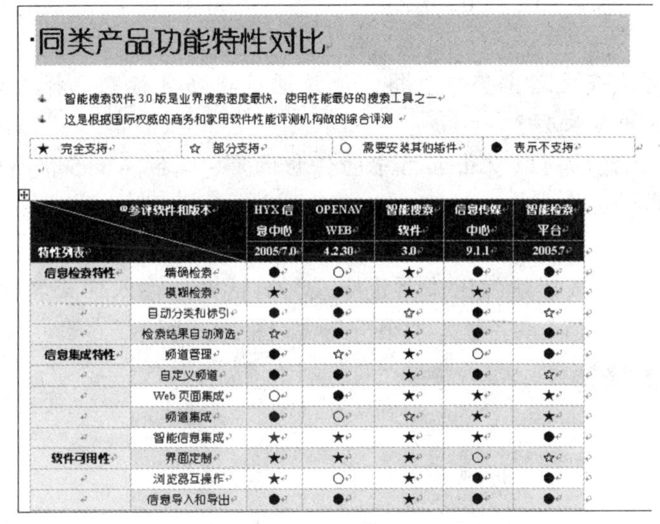

·同类产品功能特性对比

- 智能搜索软件 3.0 版是业界搜索速度最快，使用性能最好的搜索工具之一
- 这是根据国际权威的商务和家用软件性能评测机构做的综合评测

★ 完全支持	☆ 部分支持	○ 需要安装其他插件	● 表示不支持

参评软件和版本 / 特性列表		HYX 信息中心 2005/7.0	OPENAV WEB 4.2.30	智能搜索软件 3.0	信息传媒中心 9.1.1	智能检索平台 2005.7
信息检索特性	精确检索	●	○	★	●	●
	模糊检索	★	●	★	★	●
	自动分类和标引	●	●	☆	●	☆
	检索结果自动筛选	☆	●	★	●	●
信息集成特性	频道管理	●	☆	★	○	●
	自定义频道	●	●	★	●	☆
	Web 页面集成	○	●	★	★	★
	频道集成	●	○	☆	★	★
	智能信息集成	★	★	★	★	●
软件可用性	界面定制	★	★	★	○	☆
	浏览器互操作	★	○	★	●	●
	信息导入和导出	●	●	★	●	●

图 2.60 产品性能对比表格效果图

2.3.2 知识点

（1）创建表格。

（2）能够设计表格的大体框架。

（3）创建和使用表格样式。

（4）设计表格样式，使得表格能够快速套用样式，完成表格的创建。

（5）插入符号。

（6）插入脚注和尾注。

（7）对一些内容进行说明。

2.3.3 步骤分析

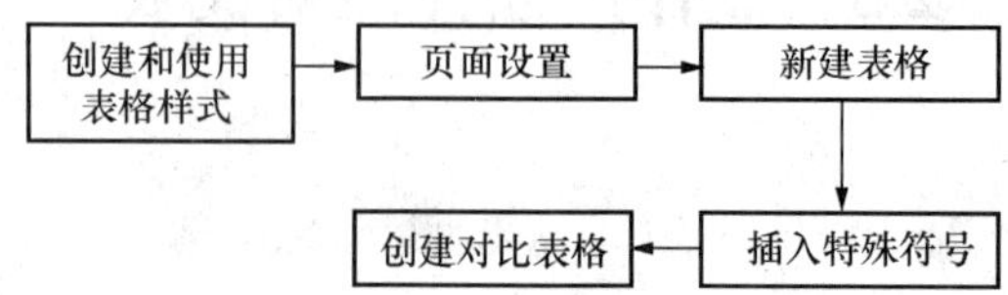

1. 创建和使用表格样式

在 Word 中，表格也有自己的样式，与字符样式、段落样式不同的是，表格样式是作用于表格的，表格的格式有 6 种：边框、底纹、条纹、字体、段落和制表位。

步骤 1 单击“表格”｜“表格自动套用格式”命令，如图 2.61 所示。

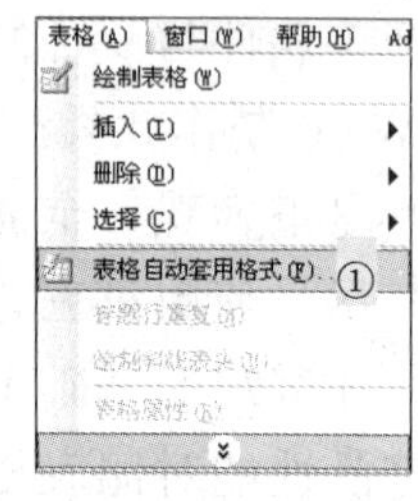

图 2.61 “表格自动套用格式”命令

步骤 2 此时弹出“表格自动套用格式”对话框，在“表格样式”列表框中可以看到 Word 自带的一些表格样式，如图 2.62 所示。

情景模拟：小张总是苦于选中整个表格，他是通过拖动鼠标来选择表格的，有没有简捷有效的方法呢？

解决方法：按住 Alt 键的同时双击表格中的任意位置，或按 Alt+5 快捷键，都可以快速选中整个表格。

步骤 3 单击“新建”按钮，弹出“新建样式”对话框，输入样式名称“对比表格”，修改字体为“黑体”，字号为“小五”，如图 2.63 所示。

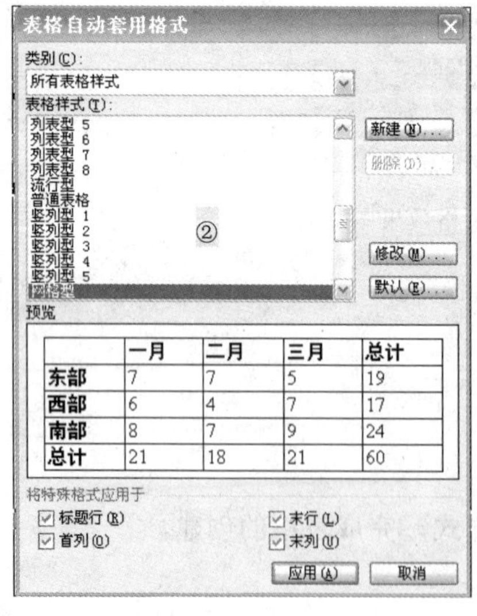

	一月	二月	三月	总计
东部	7	7	5	19
西部	6	4	7	17
南部	8	7	9	24
总计	21	18	21	60

图 2.62 “表格自动套用格式”对话框

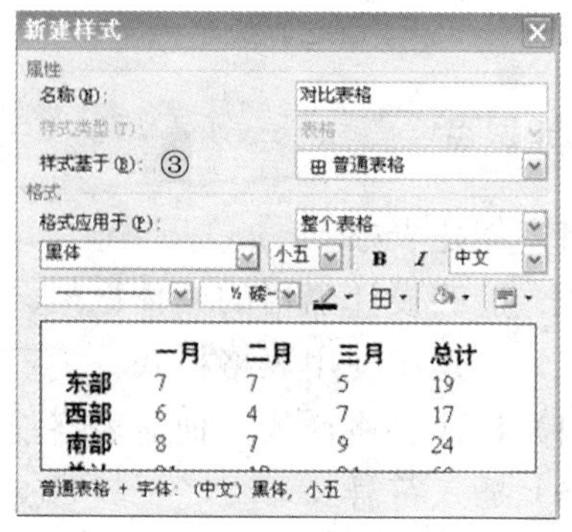

	一月	二月	三月	总计
东部	7	7	5	19
西部	6	4	7	17
南部	8	7	9	24

图 2.63 “对比表格”字体的设置

步骤4 单击“格式”|“边框和底纹”命令，弹出“边框和底纹”对话框，在“边框”选项卡中设置边框为“全部”，如图 2.64 所示。

步骤5 在“底纹”选项卡中，单击“其他颜色”按钮，弹出“颜色”对话框，打开“自定义”选项卡，设置颜色为“冰蓝”，其 RGB 值为（204，204，255），如图 2.65 所示。

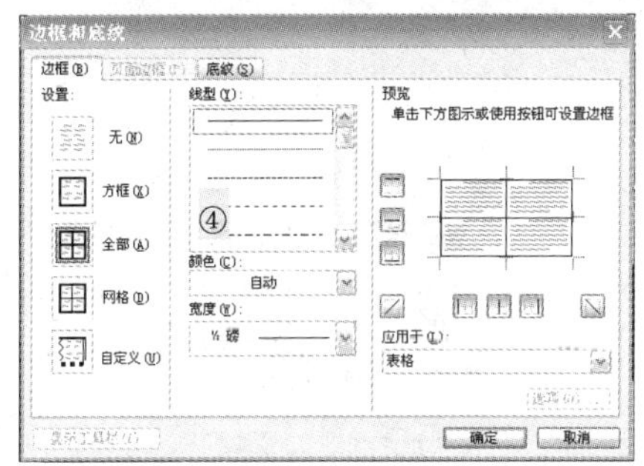

图 2.64 表格边框的设置

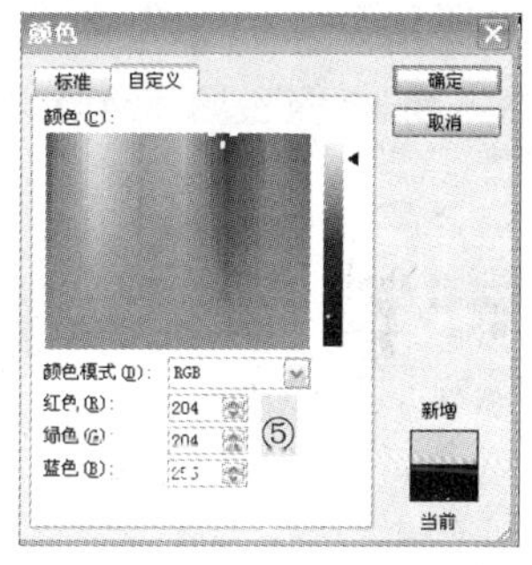

图 2.65 底纹颜色的设置

步骤6 返回到“新建样式”对话框，设置表格为“中部居中”对齐，如图 2.66 所示。以上设置都是针对整个表格的。在该对话框中，还可以选择表格中的标题行、末行、最左列等进行设置。

步骤7 在“格式应用于”下拉列表框中选择“标题行”选项，如图 2.67 所示。对标题行进行一些设置会达到醒目的目的。

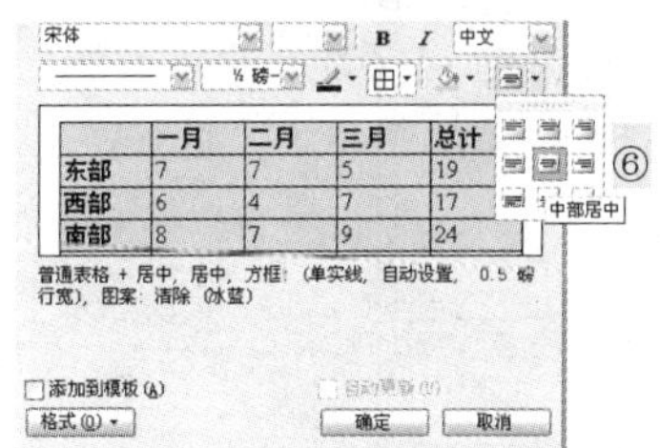

图 2.66 表格设置为“中部居中”对齐

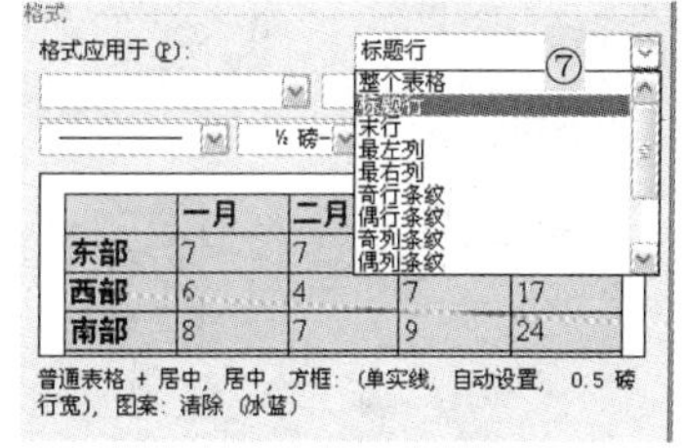

图 2.67 格式应用于标题行

步骤8 通过对话框中的工具栏，设置字体为加粗，单击“格式”|“边框和底纹”命令，弹出“边框和底纹”对话框，设置边框为无，如图 2.68 所示。

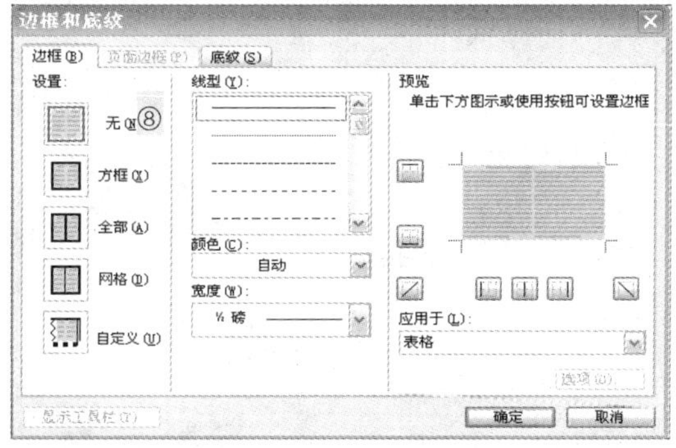

图 2.68 标题行边框的设置

步骤 9 切换到“底纹”选项卡，设置填充颜色为“深蓝”，如图 2.69 所示。返回到“新建样式”对话框，从预览区中可以看到，当标题行底色选择深蓝色后，Word 会自动将标题行内的文字显示为白色。

步骤 10 在“格式应用于”下拉列表框中选择“最左列”选项，设置字形加粗，如图 2.70 所示。

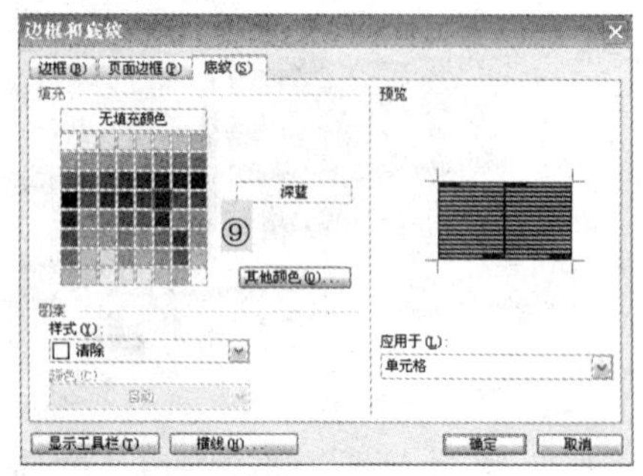

图 2.69　标题行底纹的设置

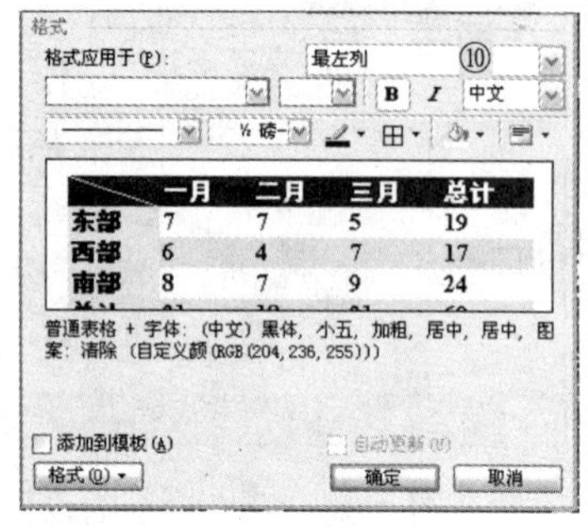

图 2.70　最左列格式的设置

步骤 11 设置边框为无，如图 2.71 所示。

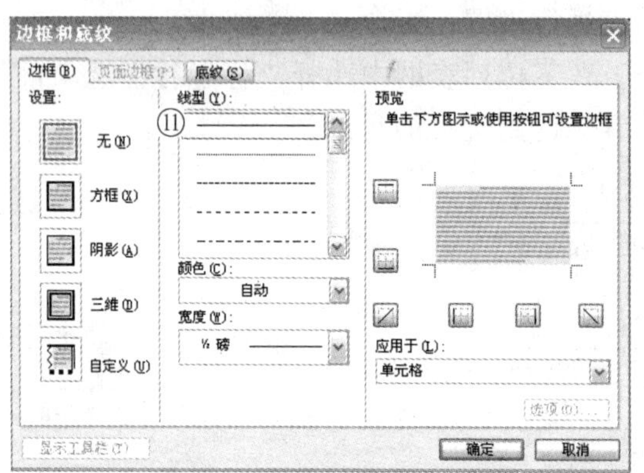

图 2.71　最左列边框的设置

步骤 12 设置底纹颜色为 RGB（204，236，255），如图 2.72 所示。

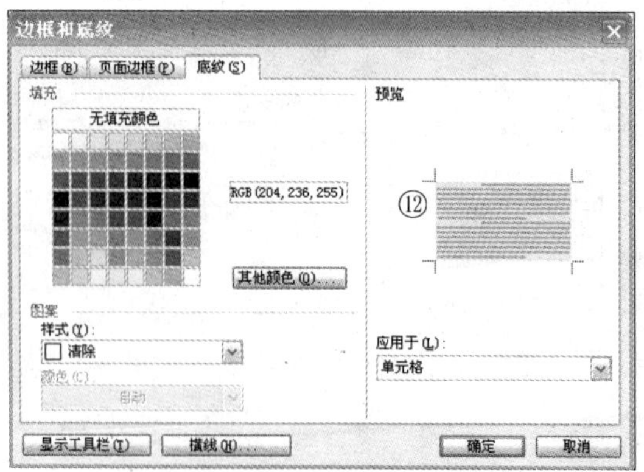

图 2.72　最左列底纹的设置

如果将表格奇数行底纹设置为一种颜色，偶数行底纹设置为另一种颜色，则整个表格就有了层次感，易于浏览。

步骤 13 在“格式应用于”下拉列表框中选择“奇行条纹”选项，设置底纹颜色为“白色”，如图 2.73 所示。

> **情景模拟：** 小鹏想在 Word 文档中插入 Excel 的工作表，但不知道该如何操作，有什么办法呢？
>
> **解决方法：** 在 Word 窗口的“常用”工具栏中单击▣工具按钮即可。

步骤 14 在“格式应用于”下拉列表框中选择“偶行条纹”选项，设置底纹颜色为“灰色-25%”，如图 2.74 所示。

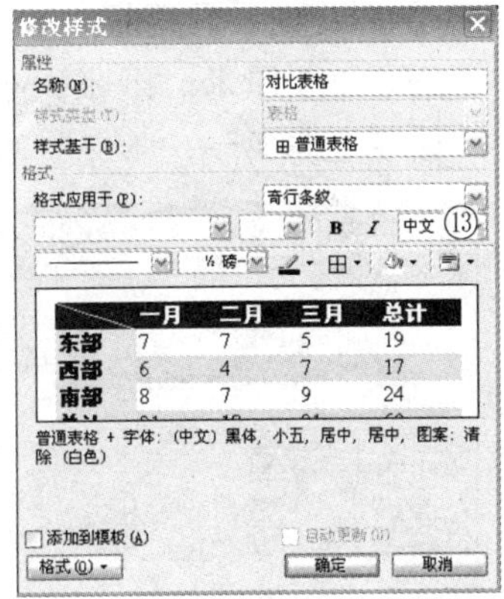

图 2.73 奇行条文样式的设置

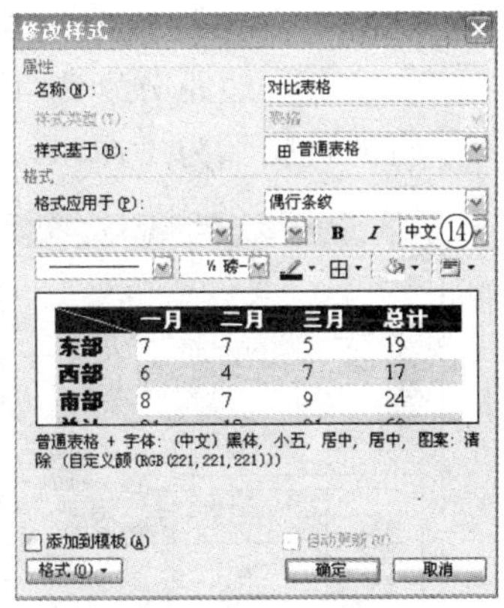

图 2.74 偶行条纹的设置

步骤 15 我们还需要在表格左上角的单元格中加一条斜线，以便在其中输入类别名称。在“格式应用于”下拉列表框中选择“左上角单元格”选项，然后打开“边框和底纹”对话框，在设置选项区中选择“自定义”选项，设置线条颜色为“冰蓝”，在“预览”区中单击“斜线”按钮，如图 2.75 所示，返回到“新建样式”对话框，完成“对比表格”样式的设置。

图 2.75 左上角单元格样式的设置

步骤16 用相同的方法，新建一个基于“网络型”样式的新表格样式“无框线表格”，在“新建样式”对话框中，对整个表格进行设置，设置字号为“小五”，单击“所有框线”按钮，在弹出的下拉菜单中选择“无框线”选项，如图2.76所示。

情景模拟：小孟在插入表格之前忘记了设置标题，而是将表格直接插入到了某页的第一行，要在表格前插入标题或文字，该怎么办呢？

解决方法：只需将光标定位在表格第1行的第1个单元格中，然后单击“表格”|“拆分单元格”命令，即可在表格上方插入一空行，就可以利用此行输入表格的标题了。

2. 页面设置

步骤1 单击“文件”|“页面设置”命令，弹出“页面设置”对话框，设置上、下、左、右页边距分别为4厘米、9厘米、2.5厘米、2.5厘米，纸张大小为A4，页眉、页脚都为1厘米，其余设置保持默认，如图2.77所示。

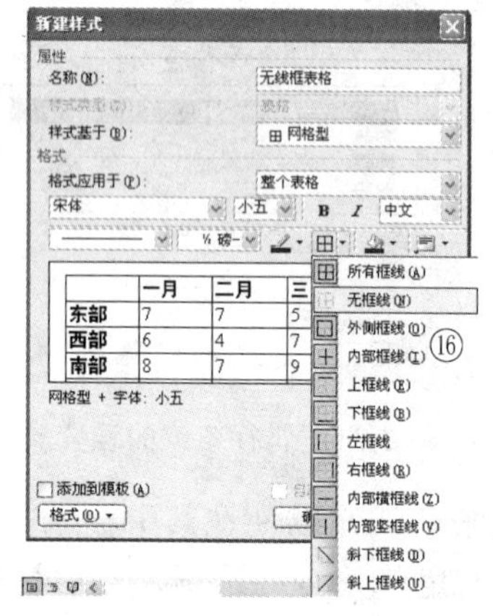

图2.76 “无线框表格”样式的创建

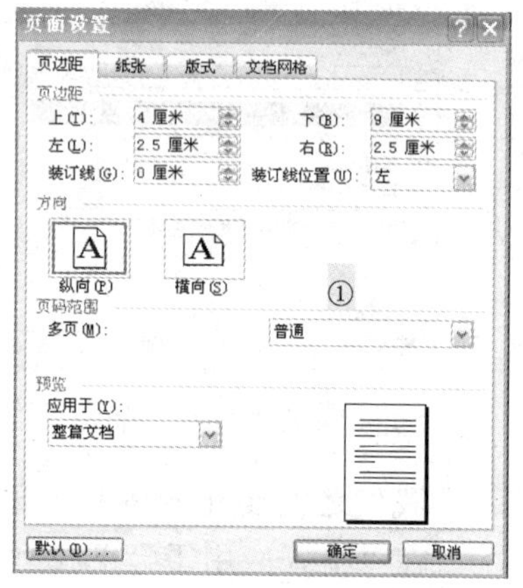

图2.77 文档页面的设置

步骤2 修改“正文”样式的字体为“幼圆”、字号为“五号”，如图2.78所示。

步骤3 修改“标题1”样式，设置该样式的底纹颜色为“淡蓝”，如图2.79所示。

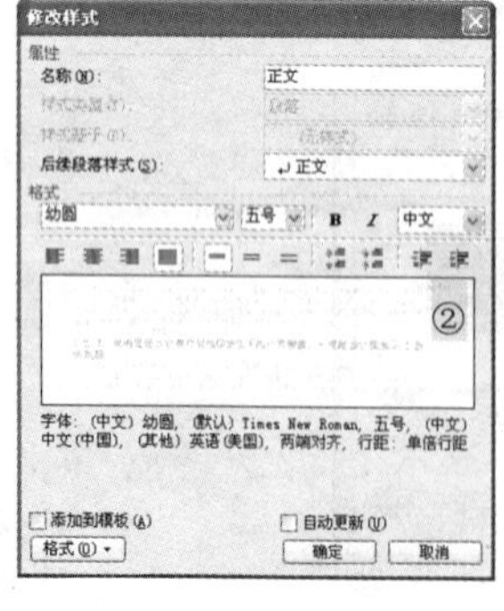

图2.78 正文样式的设置

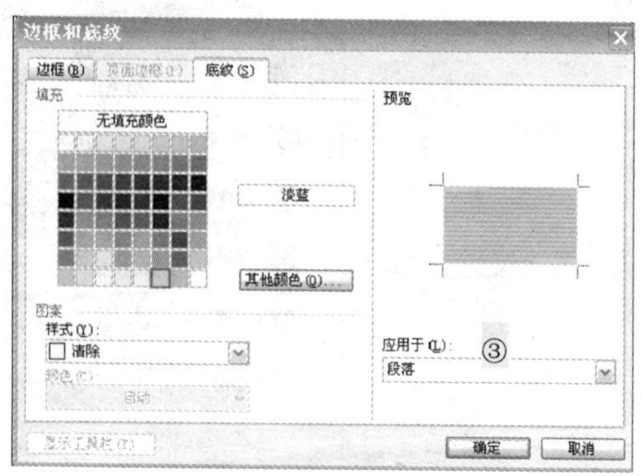

图2.79 标题1样式的设置

3. 新建表格

步骤 1 单击“表格”|“插入”|“表格”命令，弹出“插入表格”对话框，插入一个 14 行 7 列的表格，如图 2.80 所示。

步骤 2 选中左上角的四个单元格，单击鼠标右键弹出快捷菜单，选择“合并单元格”命令，将左上角的四个单元格合并，如图 2.81 所示。

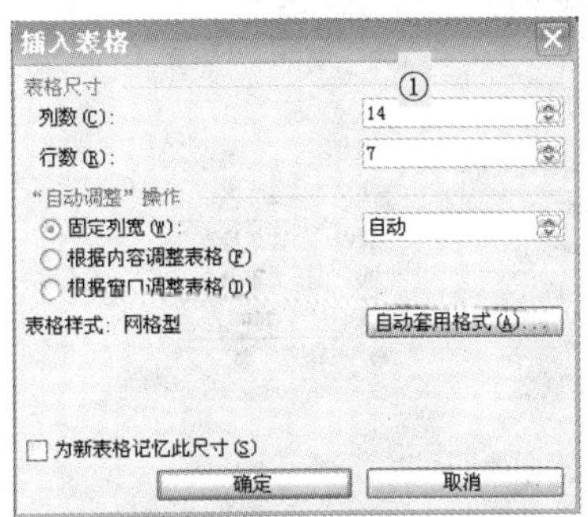

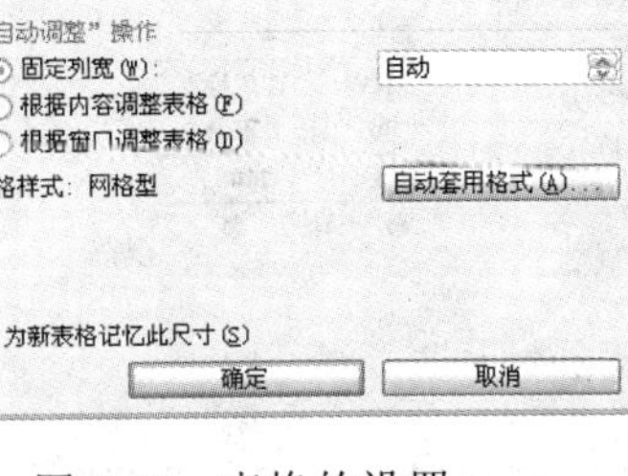

图 2.80 表格的设置

图 2.81 左上角单元格的合并

步骤 3 在表格中输入文字，表格左上角的四个单元格暂时不输入内容。单击“插入”|“特殊符号”命令，弹出“插入特殊符号”对话框，打开“特殊符号”选项卡，双击白色圆形，将其插入到文本中的相应位置，如图 2.82 所示。用同样的方法插入黑色圆形、白色五角星和黑色五角星。

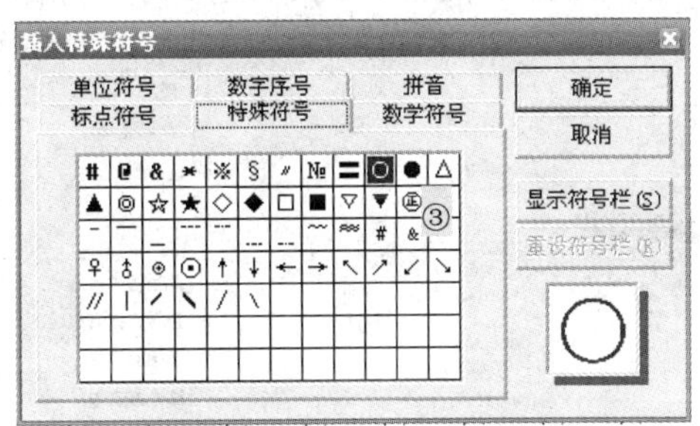

图 2.82 圆形符号的插入

步骤 4 选择表格，单击“格式和样式”窗格中的“对比表格”样式进行套用，如图 2.83 所示。

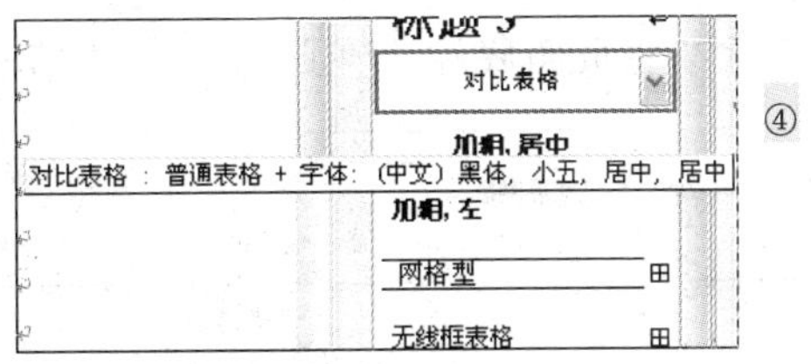

图 2.83 表格样式的套用

目前，应用了标题行样式的只有第一行，想让第二行也应用标题行样式。

步骤5 选中前两行，单击“表格”｜“标题行重复”命令，则前两行都应用了标题行的样式，如图 2.84 所示。使用“标题行重复”命令的另一个好处是：表格跨页时，下一页的表格也具有同样的表头。

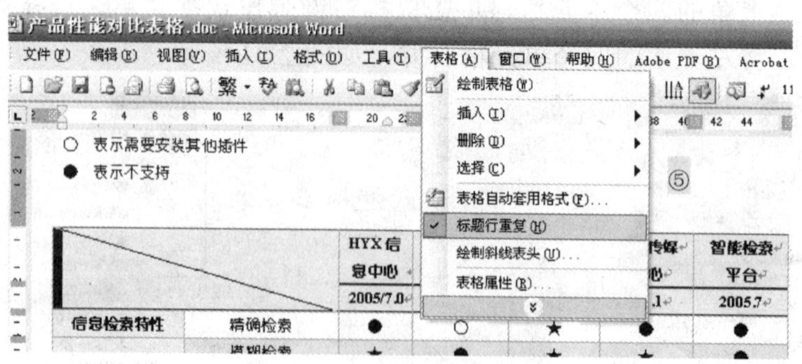

图 2.84 标题行重复的应用

步骤6 在左上角的单元格中输入“参评软件和版本”和“特性列表”字样，调出标尺，用鼠标拖动页面上方标尺上的“左缩进”控制标记，调整单元格中两段文字的水平位置，使它们位于斜线的两侧，如图 2.85 所示。

步骤7 表格部分完成后，为表格标题增加一个“脚注”，说明数据的来源。将光标定位于“同类产品功能特性对比”标题末尾，单击“插入”｜“引用”｜“脚注和尾注”命令，弹出“脚注和尾注”对话框，其设置如图 2.86 所示。

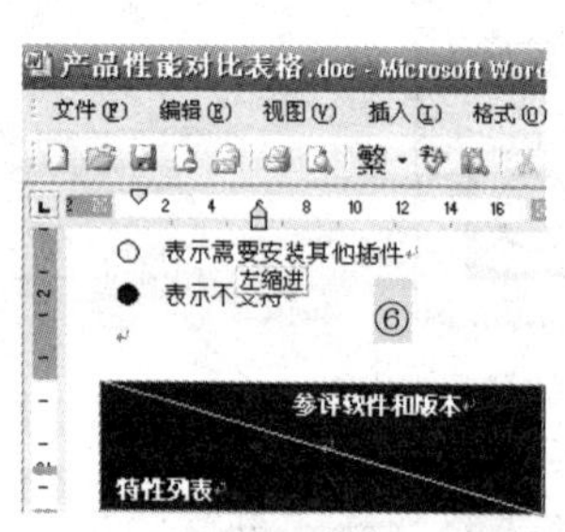

图 2.85 使用左缩进调整表格

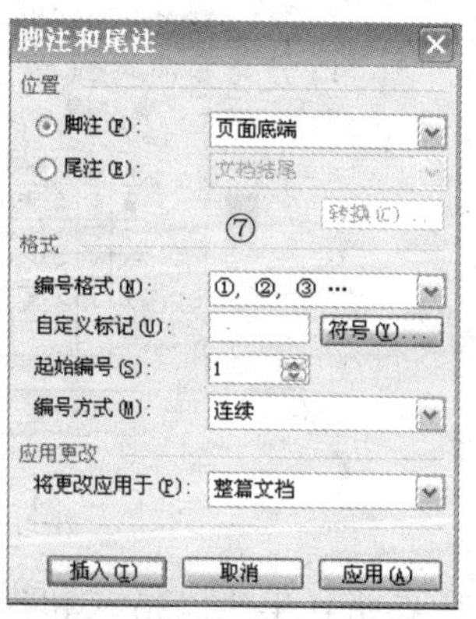

图 2.86 脚注的插入

步骤8 选择插入后，光标停在页面底端，在此输入脚注信息，效果如图 2.87 所示。

图 2.87 脚注的效果

步骤9 在表格上方要给出一个图示，说明四个小图标的含义。插入一个 1 行 4 列的表格，并套用“无线框表格”样式，在其中添加内容，如图 2.88 所示。

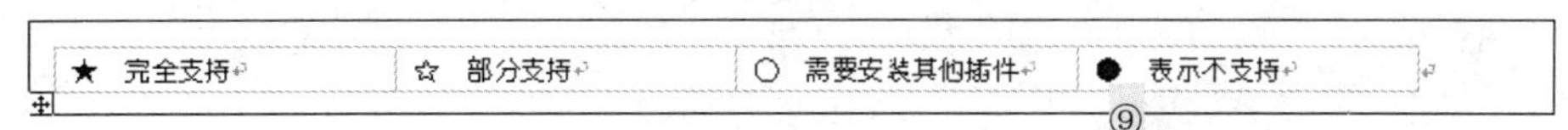

图 2.88 无线框表格的使用

至此，产品性能对比表格完成了。

2.3.4 举一反三

通过该案例的学习，读者可以将其运用到其他涉及到表格使用的商务应用中，如产品报价表格、员工工资表格、商品购买预算表格等。

2.4 制作产品说明书

2.4.1 商务知识

产品说明书是用户认识和熟悉产品的首选渠道，通常是与产品一起出售给最终用户的。本案例制作的是关于生意通产品的说明书。

产品说明书的作用有以下 3 个方面：

（1）传播知识，当说明书伴随着产品走向消费者群的时候，它所包含的新知识、新技术，也为群众所了解。

（2）指导消费，说明书对商品或服务内容进行客观的介绍、科学的解释，消费者可以了解产品的特性、掌握产品的操作程序，从而达到科学消费的目的。

（3）宣传企业，说明书在介绍产品的同时，也宣传了企业，因而兼有广告宣传的性质。

该产品说明书的封面和正文制作效果图如图 2.89（a）、（b）所示。

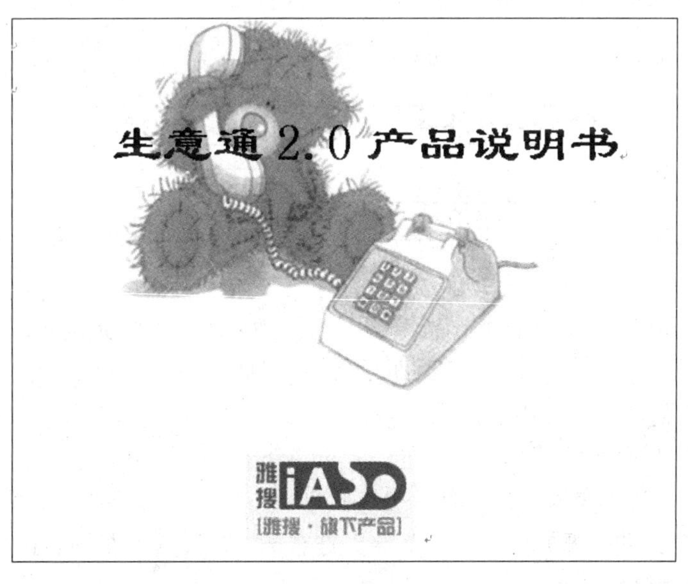

（a）

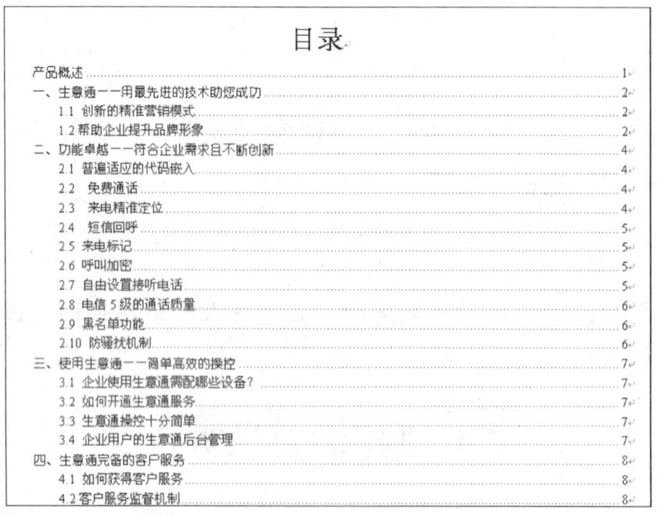

目录

（b）

图 2.89 产品说明书效果

2.4.2 知识点

（1）插入分页符。

（2）使得一页的内容确定，不自动更改。

（3）插入页码，使得文档有序。

（4）自动生成目录。

（5）有效地创建和更新目录。

（6）批注和修订。

（7）修改文档的有效工具。

2.4.3 步骤分析

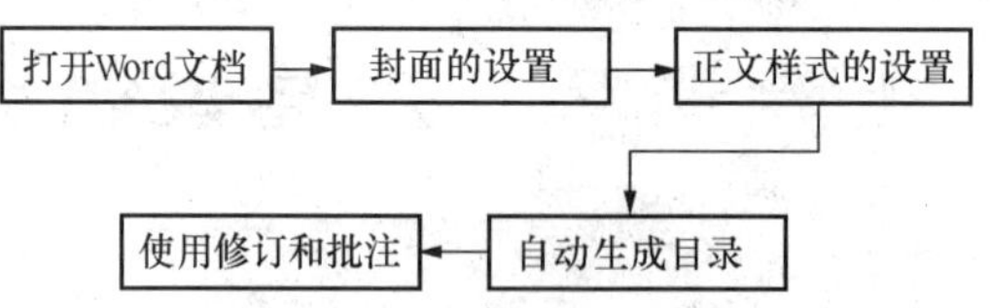

1. 打开 Word 文档并进行页面设置

步骤 1 打开 Word 文档，来自“产品说明书”文件夹的“原始文档.doc”。单击“文件”|“页面设置”命令，打开“页面设置”对话框。在“纸张”选项卡中选择“自定义大小”选项，并指宽度为 40 厘米、高度为 20 厘米，如图 2.90 所示。

步骤 2 切换到“页边距”选项卡，在“多页”下拉列表框中选择“书籍折页”。设置有页边距都为 1 厘米，装订线为 0.5 厘米，方向为“横向”。如图 2.91 所示。这样，Word 会自动在每页的内侧（奇数页是右侧，偶数页是左侧）留出 1.5 厘米的空白，以便进行装订。

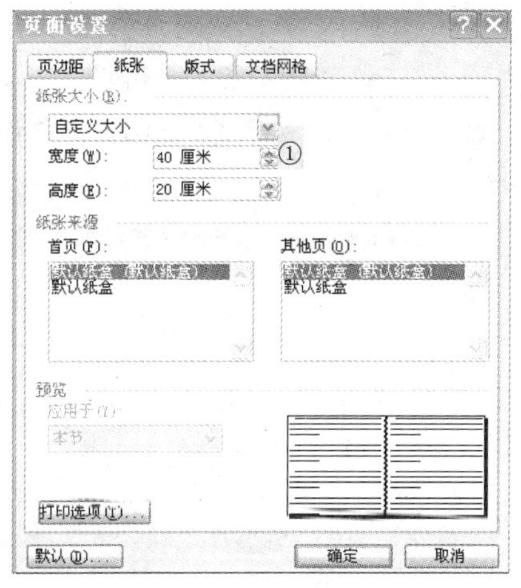

图 2.90　页面纸张的设置

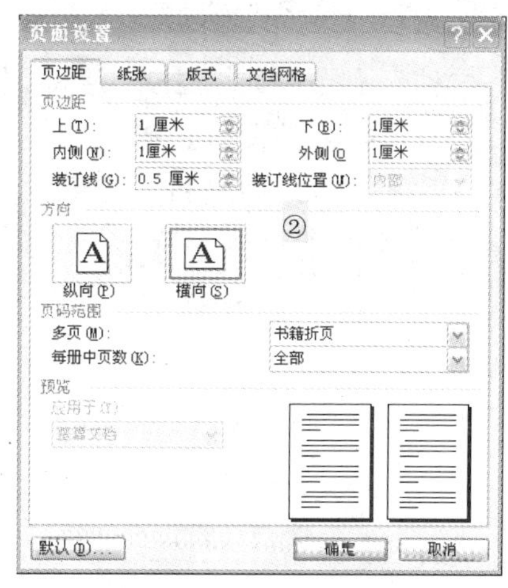

图 2.91　页边距的设置

步骤 3　切换到“版式”选项卡，选中“奇偶页不同”复选框。这是因为，每页页眉页脚的文字都向外侧对齐。而外侧对于奇偶页是不一样的，奇数页的外侧是右侧，而偶数页的外侧是左侧，然后设置页眉页脚距边界 1 厘米，如图 2.92 所示。

2. 封面的设置

步骤 1　将打开的文档前面空出一个空白页，输入“生意通 2.0 产品说明书”字样，选中该文本，单击鼠标右键弹出快捷菜单，选择“字体”命令，弹出“字体”对话框，将其设置为：隶书、加粗、小初，如图 2.93 所示。将其置于该空白页的合适位置。

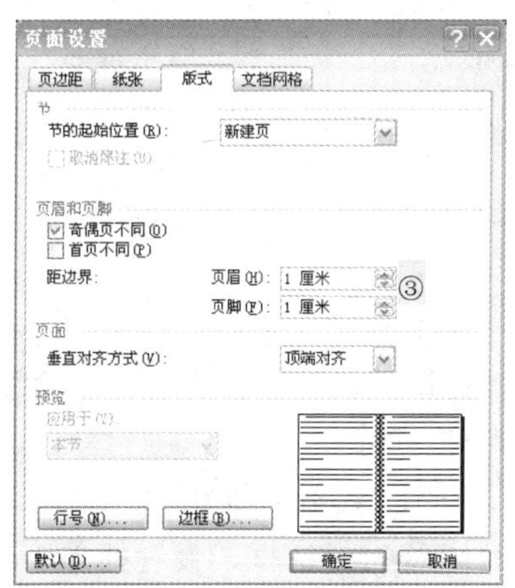

图 2.92　设置奇偶页不同版式

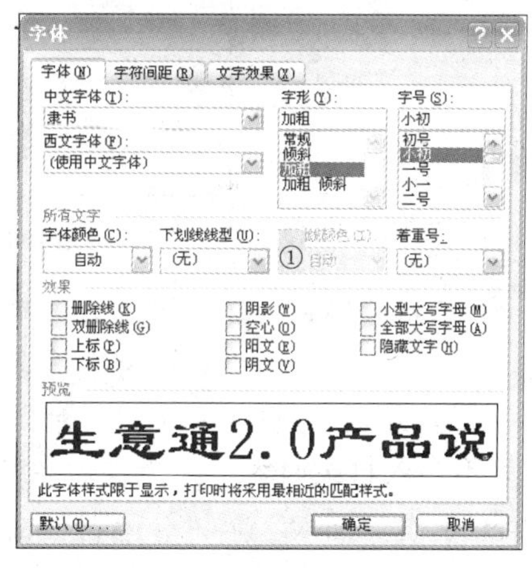

图 2.93　封面字体的设置

情景模拟： 小博经常制作公司的一些会议议程文档，每次都要重新设置文档的格式，有没有方法可以快速创建该类型的文档呢？

解决方法： Word 内置了一些固定样式的文档模板，使用这些模板可以快速创建文档。另外，还可以将经常需要使用的文档格式，如带有公司标记的页眉等，定义为模板。

步骤 2 在封面上插入图片可以吸引用户的注意。单击“插入”|“图片”|“来自文件”命令，如图 2.94 所示，图片来自于“产品说明书图片\2.4.1.jpg”。

步骤 3 双击插入的图片，弹出“设置图片格式”对话框，在“版式”选项卡中设置图片环绕方式为“衬于文字下方”，如图 2.95 所示。

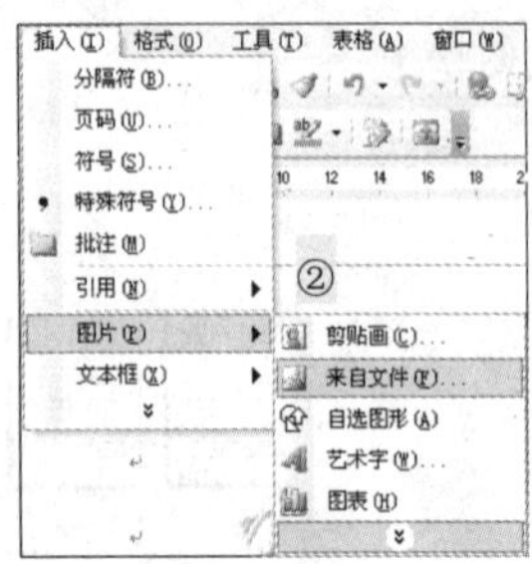

图 2.94 封面插入图片

图 2.95 设置图片的环绕方式

步骤 4 再次插入图片，来自于同样文件夹的 4.2.2.jpg，将其移动到该页的下部，如图 2.96 所示。

图 2.96 两张图片的位置确定

步骤 5 将光标移到封面的最下方，单击“插入”|“分隔符”命令，弹出“分隔符”对话框，选中“分页符”单选按钮，插入分页符，如图 2.97 所示。进入第 2 页（目录页），输入文字“目录”，并套用“标题”样式。

这里不输入目录内容，因为在做完整个说明书后，会让 Word 自动生成目录。

步骤 6 单击“插入”|“分隔符”命令，弹出“分隔符”对话框，设置插入一个到下一页的分节符，如图 2.98 所示。

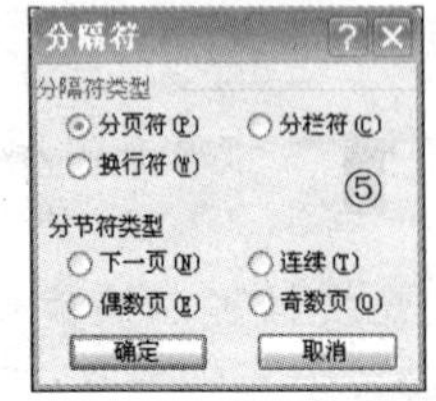

图 2.97 分页符的插入

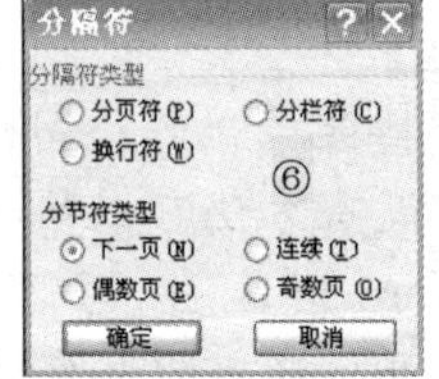

图 2.98 分节符的插入

读者或许会问：为什么不直接插入一个分页符，而使用分节符呢？因为不希望封面和目录也出现页眉、页脚，只希望后续页面出现页眉、页脚信息，且希望后续页面的页码从1开始编排，要达到这两个目的，最简单的方法就是使用分节符。

在对正文部分进行编排前，先设计正文部分的页眉和页脚。切换到页眉和页脚视图，因为此前在页面设置中选择了“奇偶页不同”，因此需要分别设置奇数页和偶数页的页眉和页脚。

步骤7 首先在第3页中设置奇数页的页眉页脚。单击“页眉和页脚”工具栏中的“链接到前一个”按钮，使其处于非选中状态，如图2.99所示。这样可以使得本节的页眉与上一节（封面和目录所在节）的奇数页页眉设置不同。

图2.99 取消“链接到前一个”按钮的使用

步骤8 修改“样式和格式”窗格中的“页眉”样式，设置字体格式：蓝色、黑体、小五号，如图2.100所示。

步骤9 设置其段落格式，对齐方式为右对齐，如图2.101所示。然后输入文字。

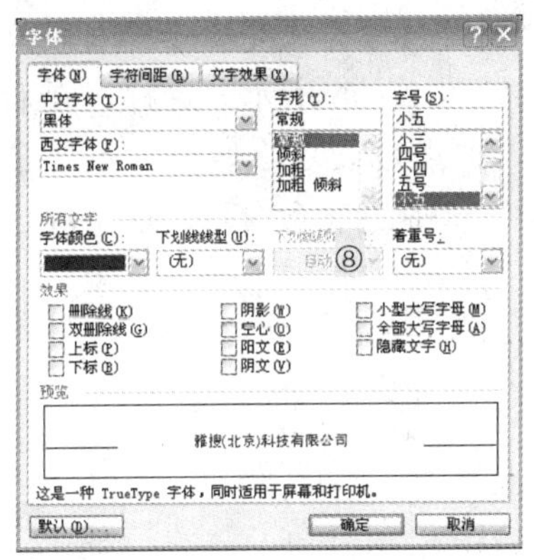

图2.100 奇数页页眉字体的设置

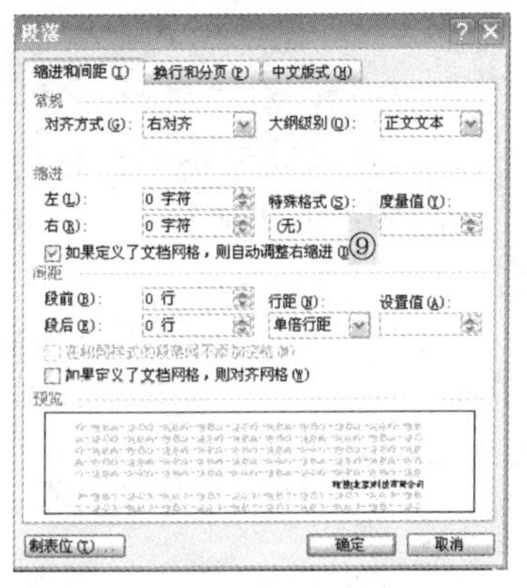

图2.101 奇数页页眉段落的设置

步骤10 切换到第3页页脚，单击“页眉和页脚”工具栏上的“设置页码格式”按钮，如图2.102所示。

步骤11 在弹出的对话框中设置起始页码为1，如图2.103所示。

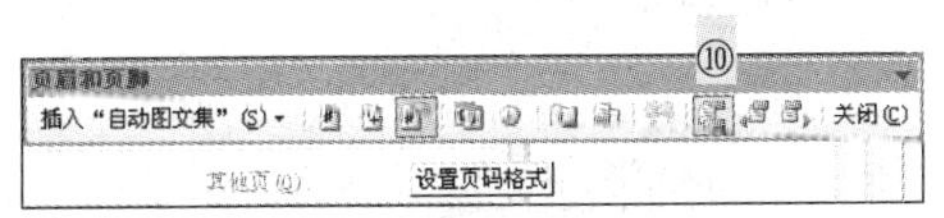

图2.102 设置页码格式

图2.103 起始页码的设置

步骤 12 按 Ctrl+Enter 快捷键插入分页符，进入第 4 页，切换到“页眉和页脚”视图，设置偶数页的页眉页脚。取消“页眉和页脚”工具栏中的“链接到前一个”按钮，如图 2.104 所示。这样可以使得本节的页眉与上一节（封面和目录所在节）偶数页页眉设置不同。

图 2.104　偶数页的设置

步骤 13 在页眉上插入图片，单击“插入”|“图片”|“来自文件”命令，选择“产品说明图片”文件夹中的 2.4.3.jpg 图片，将图片置于页眉的左边，如图 2.105 所示。

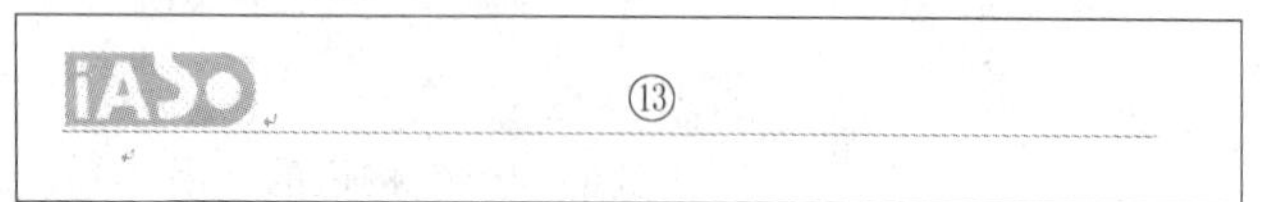

图 2.105　偶数页页眉图片的位置

3. 正文样式的设置

从第 3 页开始，就可以进行正文的编排了。

步骤 1 修改“标题”样式，设置其与在目录页的“标题 1”样式完全一样（段落对齐方式居中），对“目录”套用“标题”样式，如图 2.106 所示。这样，在后续页面里，就可以为小标题使用“标题”样式了，之所以要这么区分，主要是因为用 Word 自动生成目录时，不希望生成的目录信息中还包含“目录”这个项目。

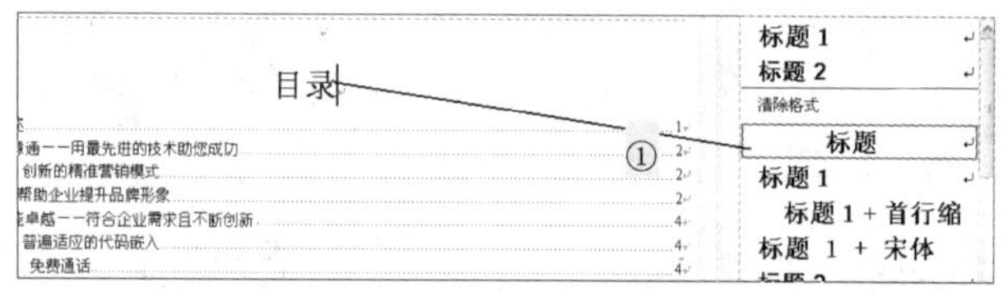

图 2.106　“目录”套用标题样式

步骤 2 修改“标题 1”样式，将其设置为：宋体、二号、加粗，如图 2.107 所示。

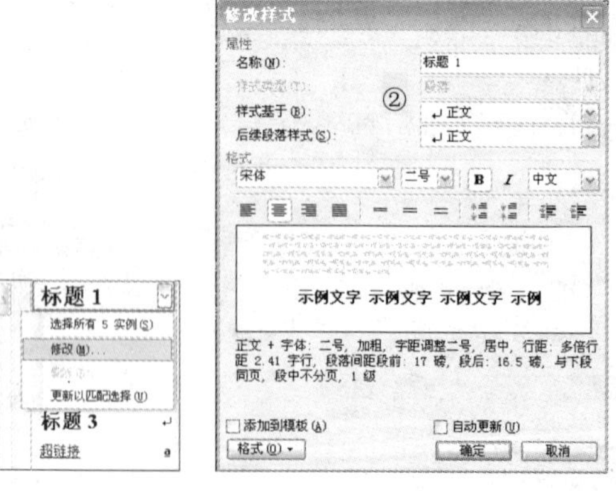

图 2.107　“标题 1”样式的修改

步骤3 修改“标题 2”样式，将其设置为：黑体、三号、加粗，如图 2.108 所示。

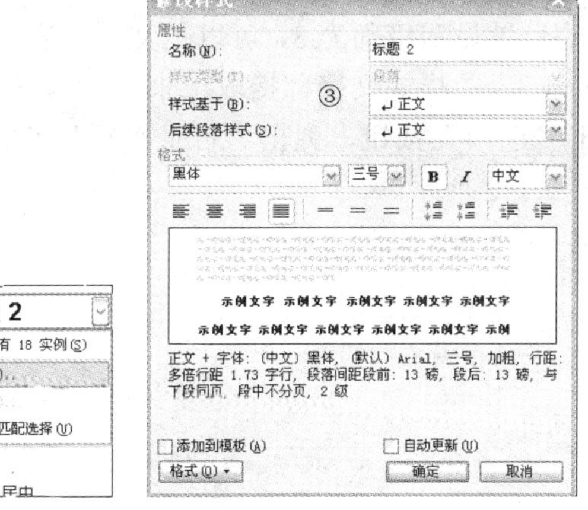

图 2.108 “标题 2”样式的修改

步骤4 修改“正文”样式，将其设置为：宋体、五号、首行缩进 2 字符，如图 2.109 所示。

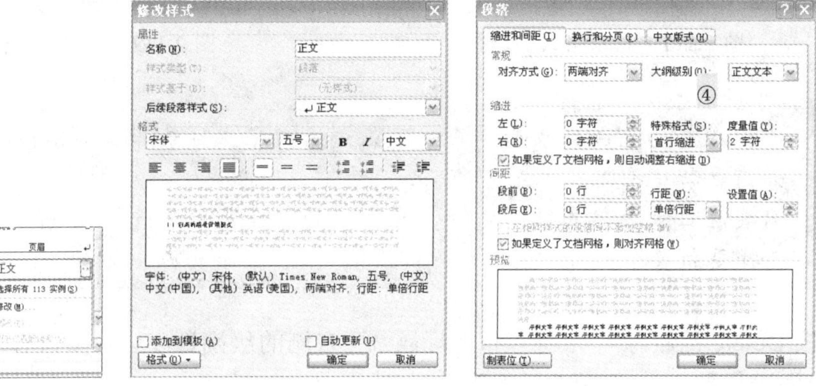

图 2.109 正文样式的修改

4. 自动生成目录

众所周知，目录的作用是列出文档中的各级标题以及每个标题所在的页码，并能使读者通过目录了解书中讨论了哪些主题。Word 可以自动生成文档的目录。

步骤1 将光标定位于目录页，单击“插入”|“引用”|“索引和目录”命令，如图 2.110 所示。

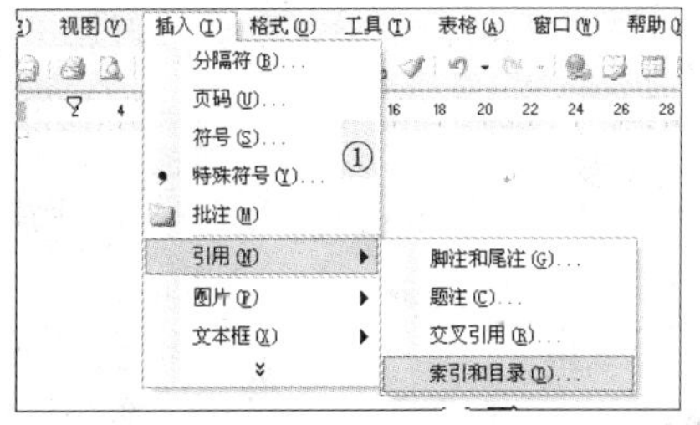

图 2.110 插入目录

步骤 2 此时弹出“索引和目录”对话框，切换到“目录”选项卡，在“格式”下拉列表框中选择“来自模板”选项，如图 2.111 所示。

步骤 3 Word 默认的目录显示级别为 3，可以把文档所有套用了“标题”、“标题 1”、“标题 2”、“标题 3”的样式文字都提取出来。在这里，不希望提取“标题”样式的文字，单击“选项”按钮，弹出“目录选项”对话框，在其中可以对目录进行设置，如图 2.112 所示。

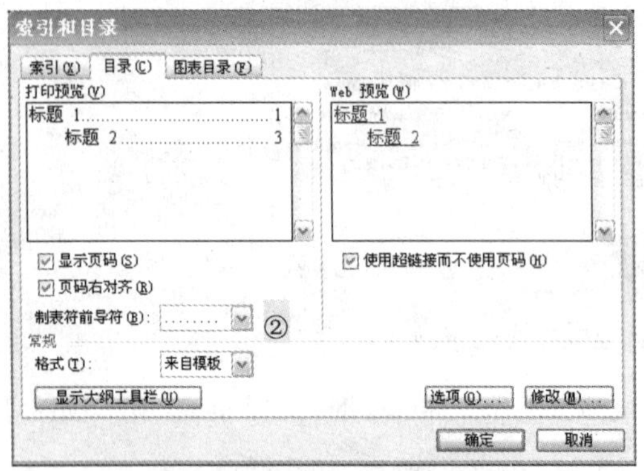

图 2.111　目录格式的选择

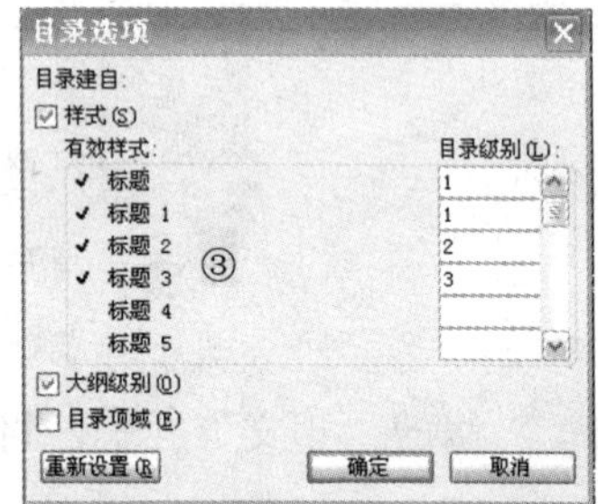

图 2.112　目录选项的初始状态

情景模拟： 小贾在自动生成目录后，修改了正文的内容，目录和正文不匹配了，他该如何更新目录呢？

解决方法： 只要在目录上单击鼠标右键，在弹出的快捷菜单中选择“更新域”命令，选择更新整个目录即可。

步骤 4 按 Delete 键删除“标题”和“标题 3”右侧的级别数字，只保留有效样式“标题 1”、“标题 2”，如图 2.113 所示。

步骤 5 单击“确定”按钮，返回到上一级对话框，然后单击“修改”按钮，弹出“样式”对话框，如图 2.114 所示。

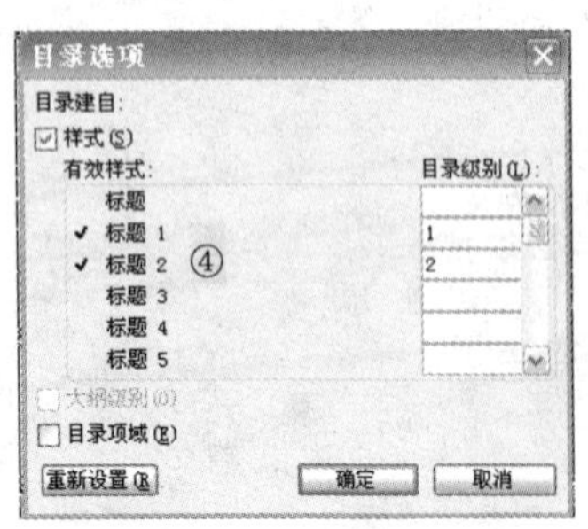

图 2.113　目录选项的修改

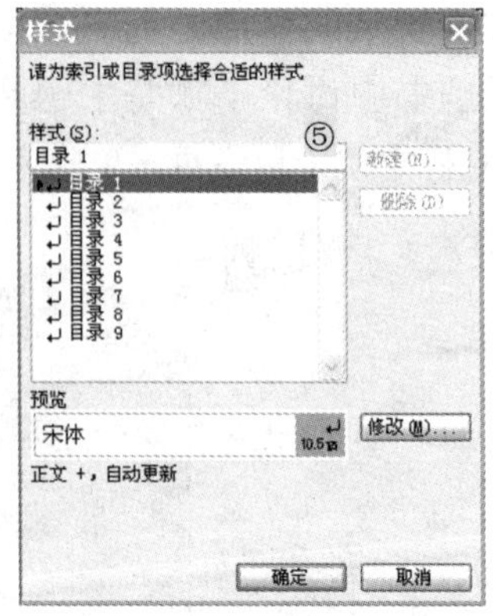

图 2.114　样式对话框

步骤6 修改“目录1”样式。设置字体格式：字体为“幼圆”，字号为“五号”；设置段落格式：行间距为“单倍行距”，如图2.115所示。

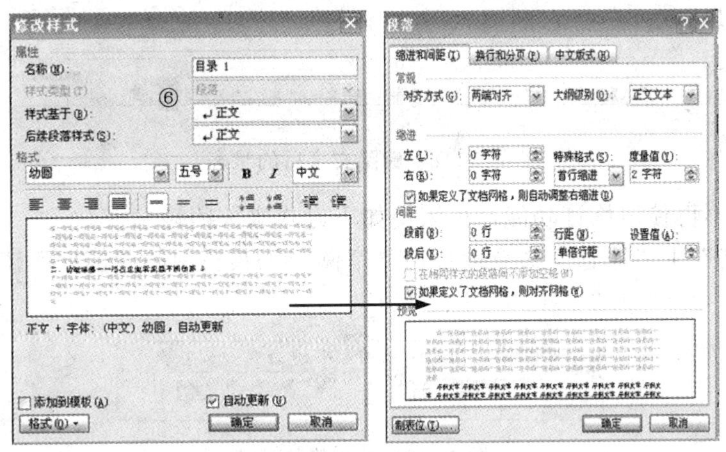

图2.115 目录样式的修改

情景模拟：小姚在阅读某一说明书时，他想阅读后面的章节，而每次都需要滚动鼠标滚轮找到他所需要的章节，能不能迅速地找到所阅读的章节呢？

解决方法：按住Ctrl键的同时，单击目录中相应的标题，可以快速跳转到该标题所在的页面。

5. 修订与批注

前面的文档都是以第一作者的角度进行讲述的，但文档可能经过许多人的手，每个人都可能参与意见，并做出修改。如果这些修改掺杂在原文档中，不特别标出，原作者或他人就很难辨别。这时，提供一种跟踪修订过程的记录手段就显得十分必要了，同时在汇总这些修改意见时，还可以选择接受或拒绝这些修订信息。下面以修订“二、功能卓越——符合企业需求且不断创新”为例来介绍修订和批注的相关功能。

步骤1 单击“工具”|“修订”命令启动修订功能，如图2.116所示；或者单击“视图”|“工具栏”|“审阅”命令，打开“审阅”工具栏，然后单击工具栏中的“修订”按钮。

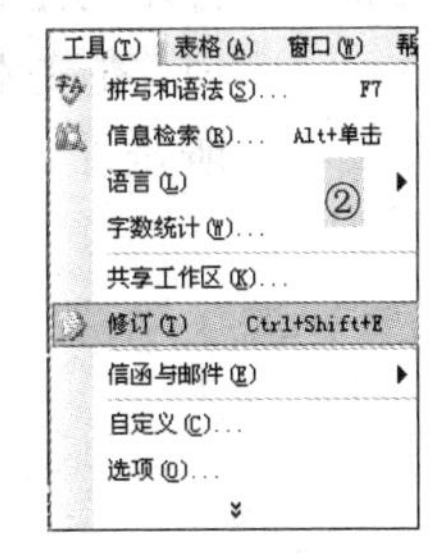

图2.116 修订功能的启用

步骤2 在“审阅”工具栏中，“修订”按钮呈按下状态，默认情况下该工具栏停靠于文档编辑区上方，在适当位置输入文字，输入后，文本立即以不同颜色显示，并在首行的空白处加上竖线，如图2.117所示。

图2.117 修订的默认状态

步骤 3 选择需要删除的文字，按 Delete 键将其删除，则被删除的内容会显示在批注框内，并用指示线指到删除的位置，同时，被删除文字所在行的行首是竖线，如图 2.118 所示。

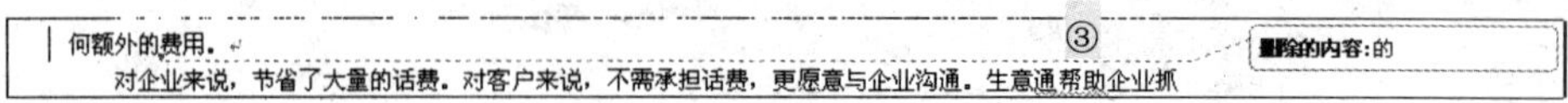

图 2.118　删除文字后的状态

步骤 4 如果不再使用修订功能，可采用如下方式来关闭该功能。

单击“工具”|“修订”命令或单击“审阅”工具栏中的“修订”按钮，如图 2.119 所示。

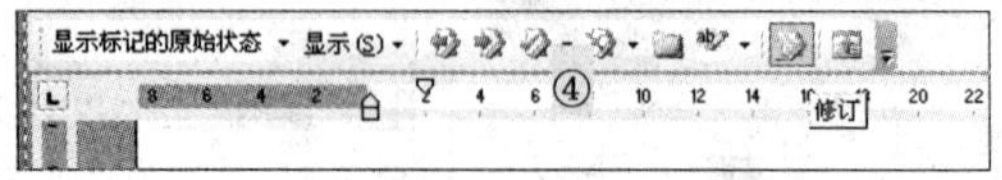

图 2.119　关闭修订功能

步骤 5 选取要插入批注的文字或位置，单击“插入”|“批注”命令，或者单击“审阅”工具栏中的“插入批注”按钮，如图 2.120 所示。

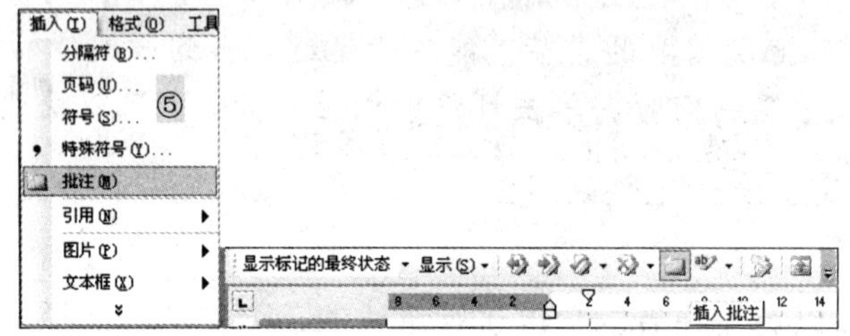

图 2.120　插入批注的方式

步骤 6 行尾的空白处会出现批注文本框，并用连线指到选取的文字，这些文字包含在括号内。在文本框中输入相关内容，按照同样的方法在文档中添加各种批注，如图 2.121 所示。

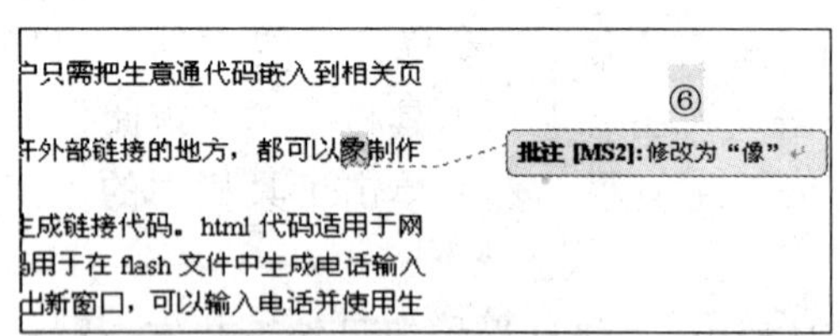

图 2.121　批注的输入

步骤 7 如果输入的内容有错误，可以将光标移到该批注框内，用常规的编辑方法即可修改批注内容。如果要删除该批注，则首先选择该批注框，然后单击“审阅”工具栏中的“删除批注”按钮，或单击鼠标右键，在弹出的快捷菜单中选择“删除批注”命令，即可删除批注，如图 2.122 所示。

步骤8 插入太多的批注会让人眼花缭乱，如果想要使版面显得干净一些，不妨将它暂时隐藏起来。单击“视图”|“标记”命令以取消选择该命令，如图 2.123 所示。再次执行该命令，可以将标记重新显示。

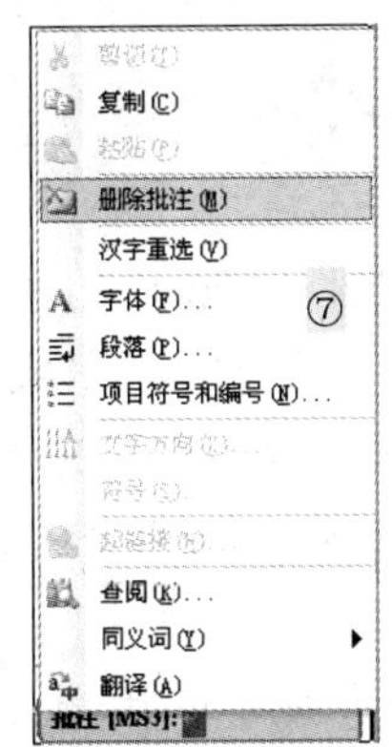

图 2.122 删除批注

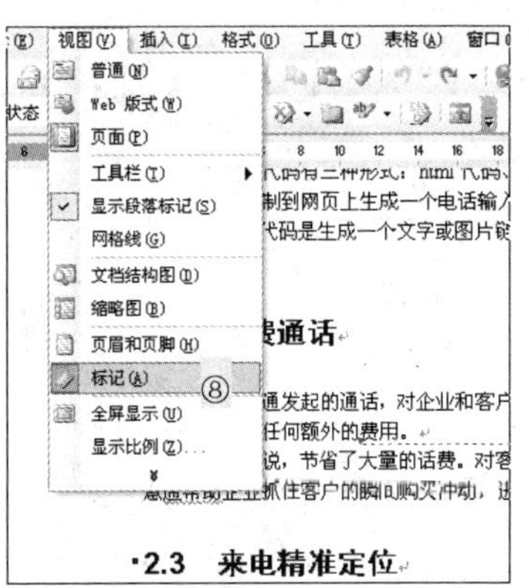

图 2.123 隐藏批注标记

2.4.4 举一反三

通过该案例的学习，读者可以将所学知识运用到其他涉及到长文档编排的商务应用中，如拟定汇报材料、制作公司员工手册、制作员工培训材料等等。

第 3 章 Office Excel 2003 高级应用技术

Excel 是微软公司出品的 Office 系列办公软件中的一个组件，Excel 的中文含义就是“超越”。确切地说，它是一个电子表格软件，可以用来制作电子表格、完成许多复杂的数据运算、进行数据的分析和预测，并且具有强大的图表制作功能。由于 Excel 具有十分友好的人机界面和强大的计算功能，它已成为国内外广大用户管理公司和个人财务、统计数据、绘制各种专业化表格的得力助手。

本章主要是针对办公人员实现高效办公而编撰的，全面地介绍了创建基本工作表，利用 Excel 中的公式和函数完成各种数据资料的统计、计算、分析和汇总处理的方法，具有很强的实用性和可操作性。

3.1 客户档案的建立与管理

3.1.1 商务知识

客户档案管理是企业营销管理的重要内容，是营销管理的重要基础。建立完善的客户档案管理系统和客户管理规程，对于提高营销效率、扩大时常占有率、与交易伙伴建立长期稳定的业务联系，具有重要的意义。

归纳起来，将客户档案管理的基本内容包括以下几项：

（1）客户基础资料。即企业所掌握的客户的最基本的原始资料，是档案管理应最先获取的第一手资料。客户基础资料主要包括客户的名称、地址、电话；所有者、经营管理者、法人（这三项应包括其个人性格、嗜好、家庭、学历、年龄、能力等方面）；创业时间、与本公司交易时间、企业组织形式、业种、资产等方面。

（2）客户特征。服务区域、销售能力、发展潜力、经营观念、经营方针与政策、企业规模（职工人数、销售额等）、经营管理特点等。

（3）业务状况。主要包括目前及以往的销售实绩、经营管理者和业务人员的素质、与其他竞争公司的关系、与本公司的业务联系及合作态度等。

（4）交易活动现状。主要包括客户的销售活动状况、存在的问题、保持的优势、未来的对策；企业信誉与形象、信用状况、交易条件、以往出现的信用问题等。

以上四方面构成了客户档案管理的重点内容，客户档案管理基本上是围绕着这四方面展开的。

现在就利用上述知识来建立一个简单的客户档案表，如图 3.1 所示。

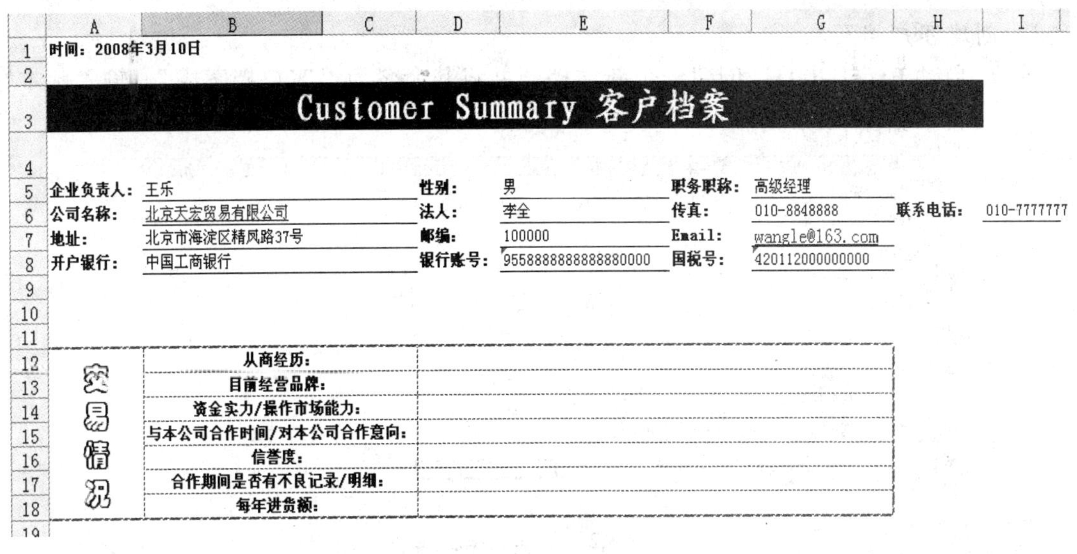

图 3.1 客户档案

3.1.2 知识点

本章主要介绍了表格的格式化、数据的输入以及建立超链接的方法。

（1）格式化工作表。这部分包括设置列宽、合并单元格、设置单元格背景和颜色、使用格式刷、文字竖排、添加边框等内容。

（2）添加超链接。主要介绍了添加网页的超链接。

（3）重命名工作表标签。更改工作表标签名。

3.1.3 步骤分析

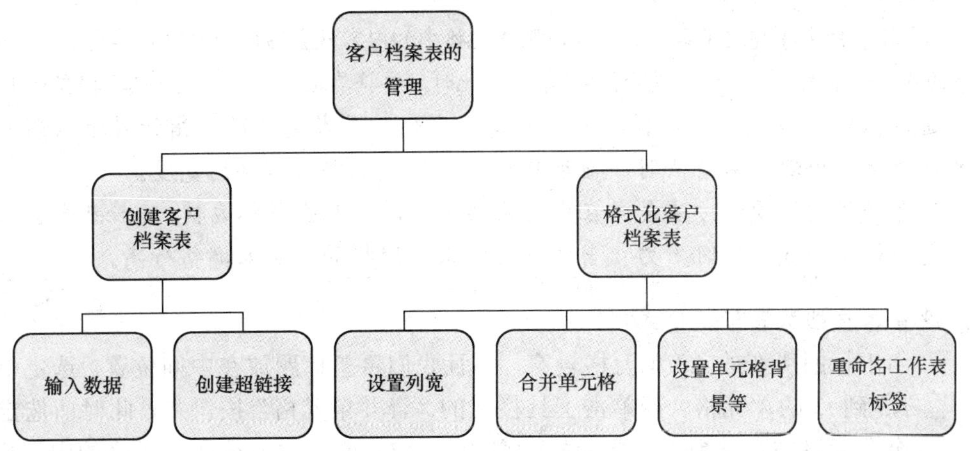

3.1.4 具体操作

1. 创建客户档案表

步骤1 启动 Excel 2003，创建一个新文档，并将其命名为“客户档案表”。输入基本数据，如图 3.2 所示。

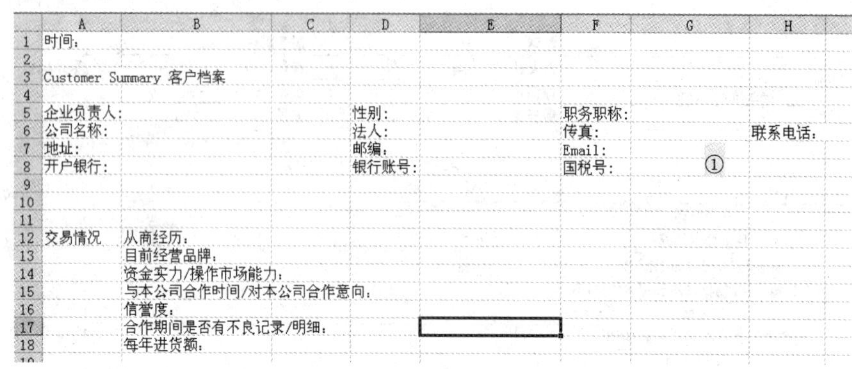

图 3.2 基本工作表

步骤2 调整列宽（如图 3.3 所示），使数据能够正常显示。

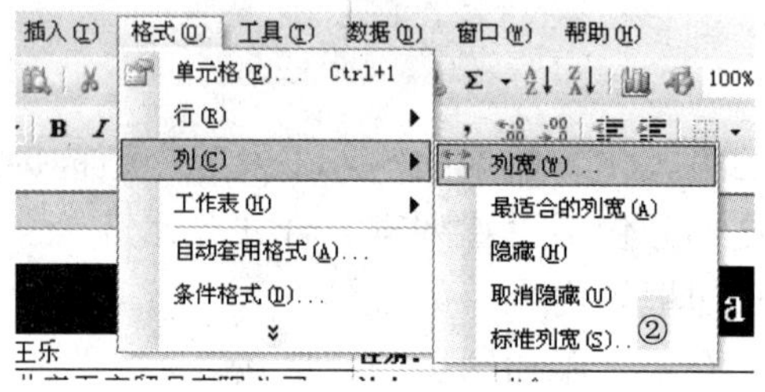

图 3.3 调整列宽

调整列宽

如果输入的文字超过了默认的宽度，则单元格中的内容就会溢出到右边的单元格内。或者单元格的宽度如果太小，单元格就会被#号填满，此时只要将单元格加宽，就可使数据显示出来。

通过执行“格式”｜“列”｜“列宽”命令，或者是将鼠标指针置于两列列标中间的格线上，出现左右箭头时，拖动鼠标，将列宽调整为需要的宽度。

还有一种更简便的方法是，在出现左右箭头时，双击鼠标左键，Excel 会自动将该列调整为最适列宽，省时省力。当然也可以采用同样的方法来调整行高。

2. 设置客户档案表标题格式

步骤1 由于标题所在的 A3 单元格较窄，并且我们希望标题放在中间位置。选定单元格 A3 到 I3 的单元格，再单击工具栏上的“合并单元格”按钮，此时所选定的几个单元格被合并为一个单元格，名称是 A3，文字也被放在单元格的中间位置，如图 3.4 所示。

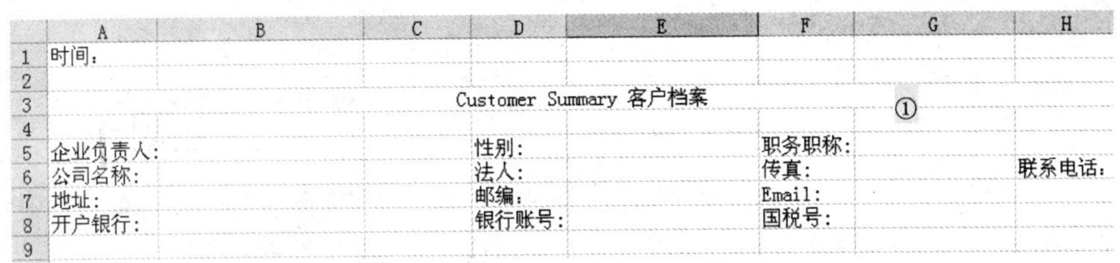

图 3.4　合并单元格

下面进一步设置标题格式：

步骤 2　选定单元格 A3，单击鼠标右键，在弹出的快捷菜单中选择“设置单元格格式”命令（如图 3.5 所示），或者单击“格式”菜单中的“单元格”命令，都会弹出“单元格格式”对话框（如图 3.6 所示）。

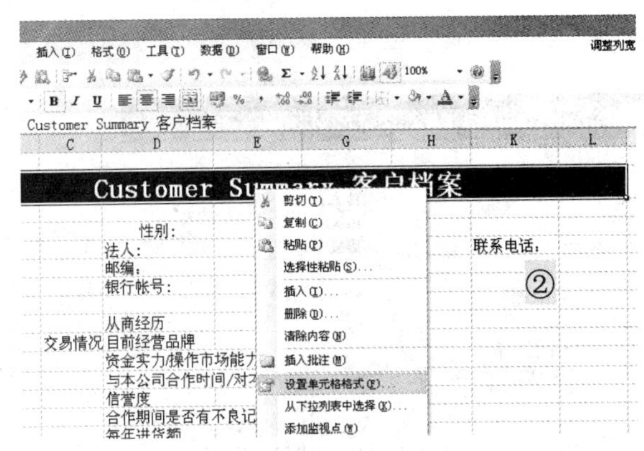

图 3.5　选择“单元格格式”命令

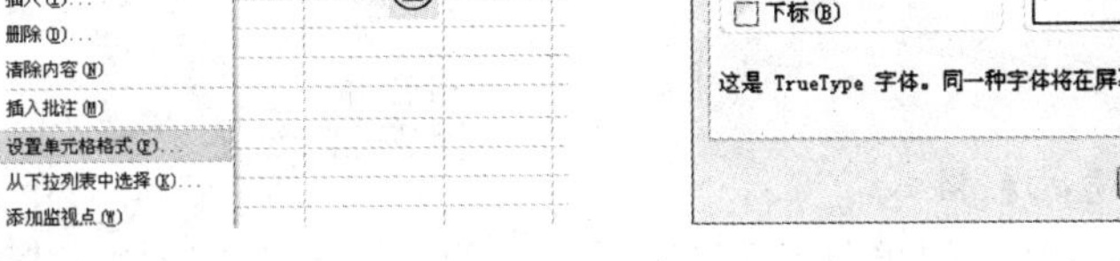

图 3.6　“单元格格式”对话框

步骤 3　在“字体”选项卡中，将字体设置为“楷体_GB2312”，字形为“加粗”，字号为 22，并将颜色设置为白色；在“图案”选项卡中，设置“单元格底纹”颜色为黑色，设置结果如图 3.7 所示。

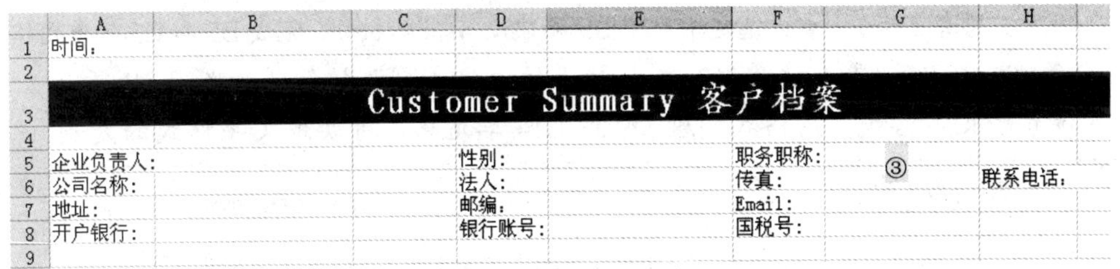

图 3.7　设置标题格式

另外，如果读者对 Excel 的“格式”工具栏比较熟悉，可以直接利用其上的命令按钮，操作更加简便，如图 3.8 所示。

思考：

（1）请读者按同样方法，对档案表中的其他内容进行格式设计，均设置为宋体、加粗、10 号字。

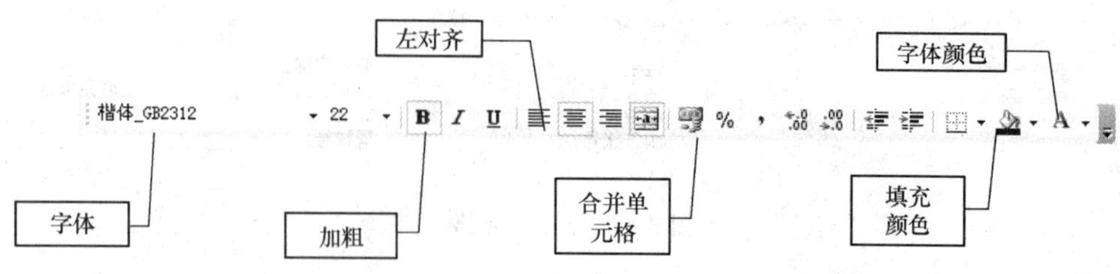

图 3.8 “格式”工具栏

（2）完成上一步操作后，结果如图 3.9 所示，现将单元格 B5 和 C5、B6 和 C6、B7 和 C7、B8 和 C8 分别进行单元格合并。

	A	B	C	D	E	F	G
1	时间：						
2							
3	Customer Summary 客户档案						
4							
5	企业负责人：			性别：		职务职称：	
6	公司名称：			法人：		传真：	
7	地址：			邮编：		Email:	
8	开户银行：			银行账号：		国税号：	
9							
10							

图 3.9 单元格合并

3. 设置交易情况表格式

在前面的思考 1 中，如果是分别对每个单元格进行字体设置，或者在前面的思考 2 中，如果每一次合并单元格都是通过单击▣命令按钮来实现，无疑大大加重了建表的负担。我们可以使用“格式刷”命令按钮来使操作简化。

格式刷

（1）以思考 2 为例，首先选定单元格 B5 和 C5，单击▣按钮，完成 B5 和 C5 的单元格合并。

（2）选定 B5，单击“常用”工具栏上的“格式刷”按钮（如图 3.10 所示），取出所在位置的文字格式，用格式刷刷 D9 到 E14 单元格，可实现文字格式的复制。

图 3.10 “常用”工具栏

刷完一次后，格式刷就不可用了，如果所需要格式化的区域不连贯，可以通过双击格式刷，将选定格式复制到多个位置。若要关闭连续使用格式刷状态，则按 Esc 键或再次单击格式刷即可（此方法同样适用于 Word）。

步骤 1 将单元格 B12 和 C12、B13 和 C13、B14 和 C14、B15 和 C15、B16 和 C17、B18 和 C18、D12 和 G12、D13 和 G13、D14 和 G14、D15 和 G15、D16 和 G16、D17 和 G17、D18 和 G18 分别进行合并，如图 3.11 所示。

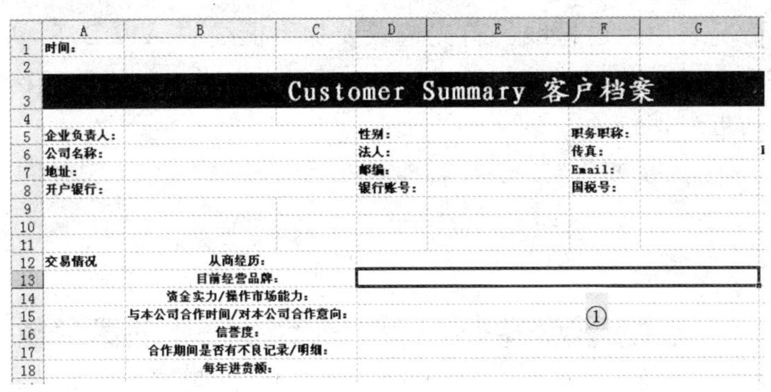

图 3.11 合并单元格

步骤 2 选定单元格 B12:B18，单击工具栏上的“左对齐”按钮≡，将其左对齐，如图 3.12 所示。

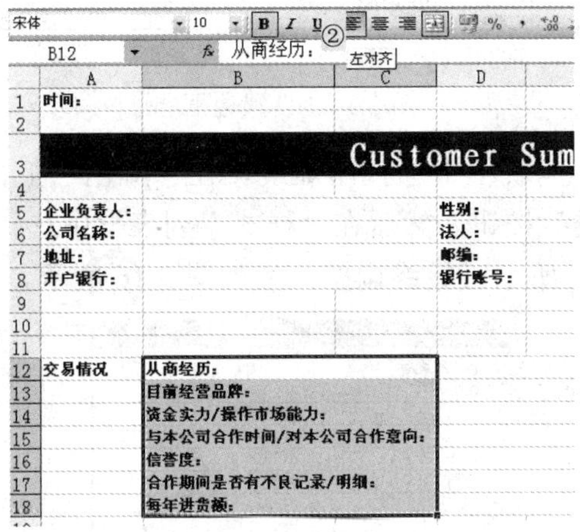

图 3.12 左对齐

步骤 3 将 A12:A18 单元格合并，并将文本“交易情况”竖排。单击鼠标右键，在弹出的快捷菜单选择“设置单元格格式”命令，弹出“单元格格式”对话框，在“对齐”选项卡的“方向”选项区单击“文本”，再单击“确定”按钮，如图 3.13 所示。

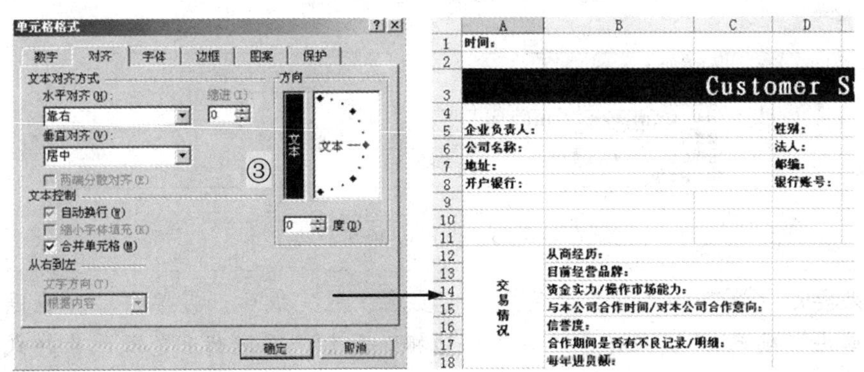

图 3.13 文字竖排

步骤4 为交易情况表加上边框线。首先选取要加上框线的 A12:D18 单元格区域。单击“格式”|“单元格”命令，如图 3.14 所示。在弹出的“单元格格式”对话框中打开“边框”选项卡。

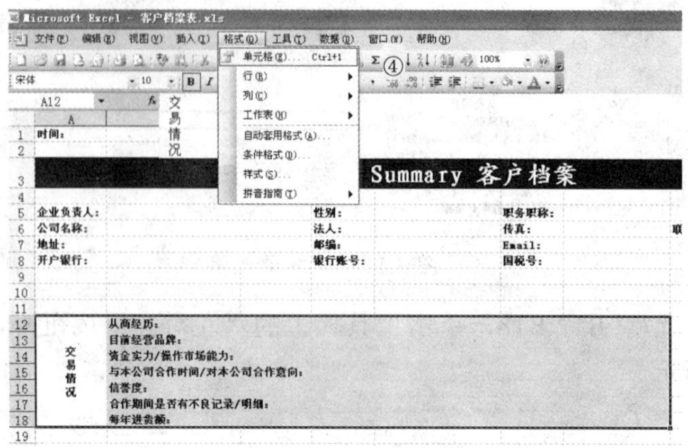

图 3.14 设置边框

步骤5 首先在“样式”列表框中选择粗虚线，在“颜色”下拉列表框中选择深灰色，再单击“外边框”按钮。然后在“样式”列表框中选择细虚线，再单击“内部”按钮，如图 3.15 所示。最终调整效果如图 3.16 所示。

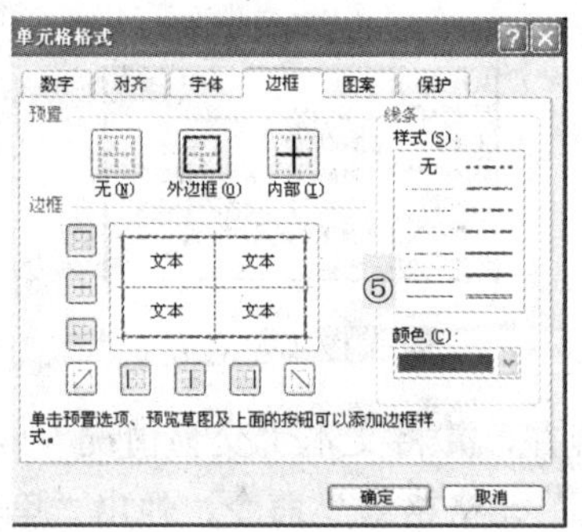

图 3.15 设置边框线条颜色

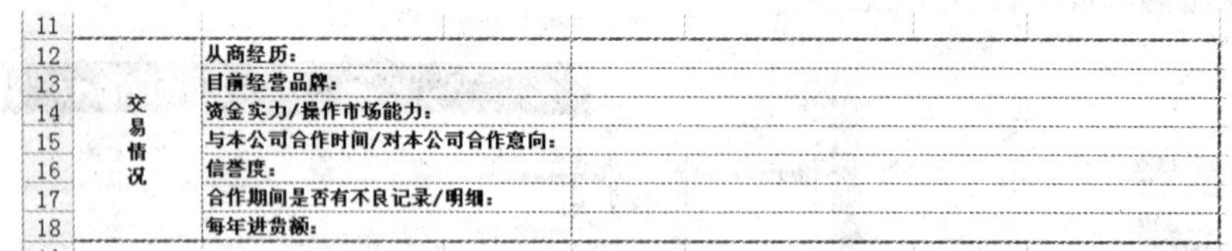

图 3.16 设置边框效果

注意

如果要设置线条样式及其颜色，一定要在设置完成后，再单击“外边框”按钮，最后再单击“确定”。如果是先单击“外边框”按钮，再进行颜色及线条样式的设置，最后单击“确定”按钮，设置是无效的，边框仍是 Excel 默认的黑色细线条。

另外，也可以利用“格式”工具栏上的“边框”按钮快速为表格添加边框：选中需要添加边框的单元格区域，单击“格式”工具栏上的“边框”按钮，在随后弹出的下拉列表中（如图 3.17 所示），选择一种框线样式（如“外围框线”）即可。

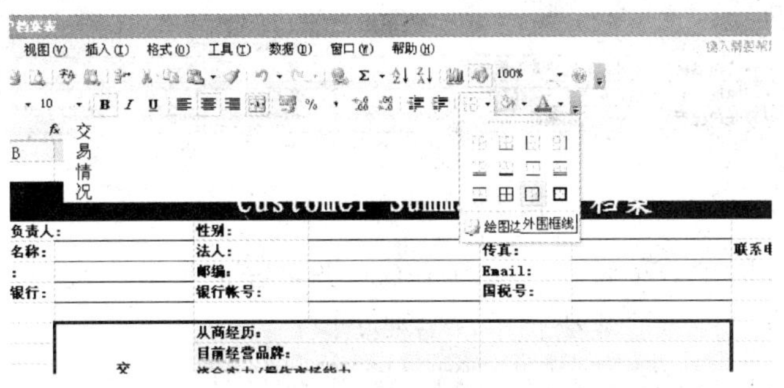

图 3.17 设置边框

4. 填写客户档案表

在设计好基本表格之后，即可进行数据的填写。如果直接在 Excel 表格中输入邮编“100000”，或者输入银行账号“9558888888888880000”，Excel 会默认邮编和账号为数字，并将较长的账号按科学记数法记数（如图 3.18 所示）。这显然不符合要求，需要更改单元格类型。

图 3.18 邮编和银行账号录入

步骤1 选中单元格 E7 和 E8，单击鼠标右键，在弹出的快捷菜单中选择“设置单元格格式”命令，如图 3.19 所示，打开“单元格格式”对话框。

步骤2 在“数字”选项卡中选定“文本”类别，如图 3.20 所示，再单击“确定”按钮，结果如图 3.21 所示。

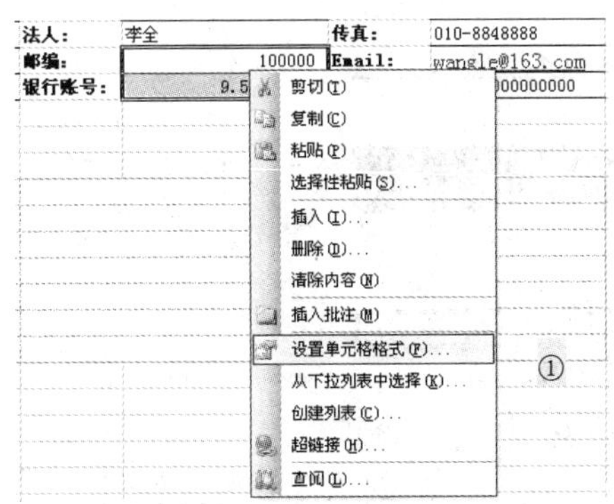

图 3.19 设置单元格格式

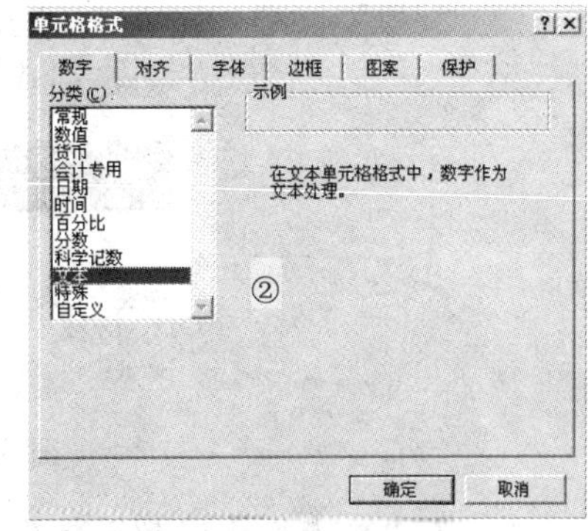

图 3.20 数字分类设置

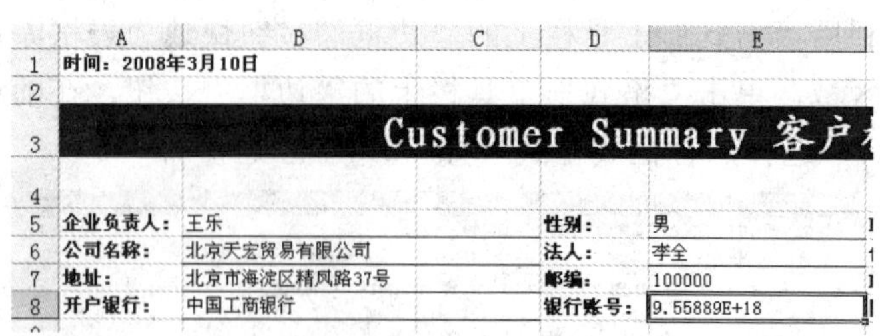

图 3.21　调整后的账号

在 Excel 中，默认文本左对齐，而数字右对齐，在调整后，我们发现邮编和账号左对齐了，但是账号仍然用科学记数法表示，需要更改。

步骤 3　用鼠标左键双击 E7、E8 单元格“编辑栏”中的任意位置，E7、E8 单元格就会最终调整成如图 3.22 所示的效果。

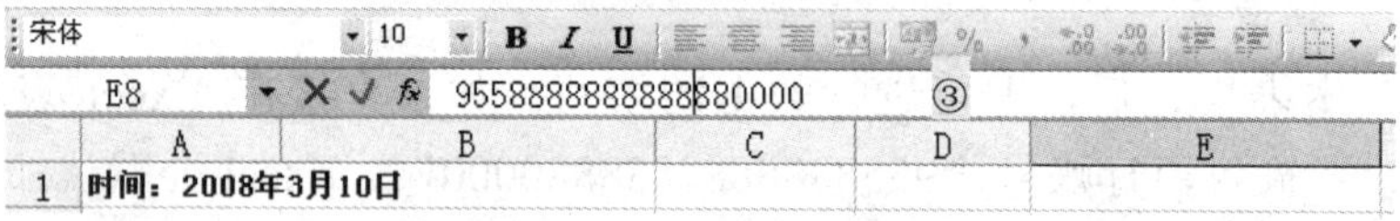

图 3.22　设置银行账号格式

> 小王听了小张对银行账号输入的介绍，不由得皱了眉头：“有简单点儿的办法吗？”
>
> 小张晃晃头，得意地说：“当然有啦！你可以在输入数据前，先把 E7 单元格设为文本类型，然后直接输入就没问题了！”
>
> 一直在边上听着的老李插了句话：“也可以在输入数字前，加一个英文状态下的单引号，也就是在 E7 单元格里直接输入'9558888888888880000 就可以了！”

5. 设置公司名称超链接

在完成基本信息输入之后，要完成对公司的超链接，超链接由“热”映射或蓝色的带有下划线的文本表示。单击超链接，即可跳转至相应位置。

步骤 1　选定作为超链接显示的单元格 B6（如图 3.23 所示）。

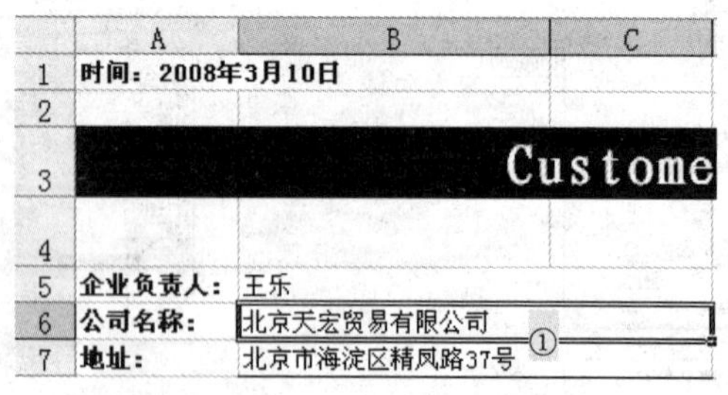

图 3.23　选定公司名称

步骤 2　单击“插入”｜“超链接”命令，如图 3.24 所示；或者单击鼠标右键，在弹出的快捷菜单中选择“超链接”命令，均可以打开“插入超链接”对话框。

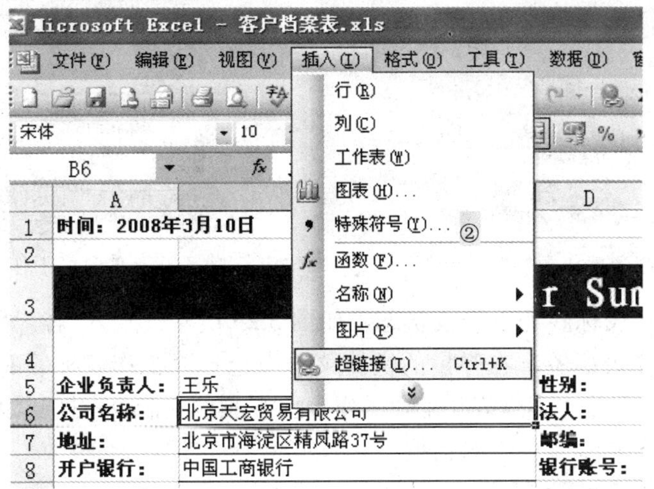

图 3.24 超链接

步骤3 在“插入超链接”对话框的“地址”下拉列表框中输入北京天宏贸易有限公司的网址，如图 3.25 所示，单击“确定”按钮，可以看到如图 3.26 所示的结果，建立超链接的单元格内容下有下划线同时用蓝色显示。此时，单击 B6 单元格“北京天宏贸易有限公司”，就可以直接打开北京天宏贸易有限公司的网页。

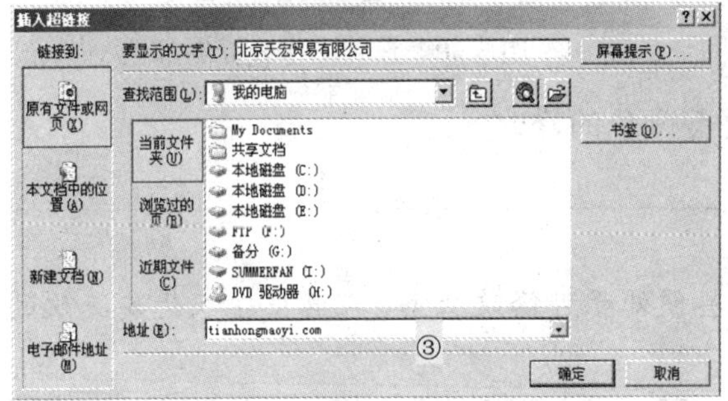

图 3.25 输入链接地址

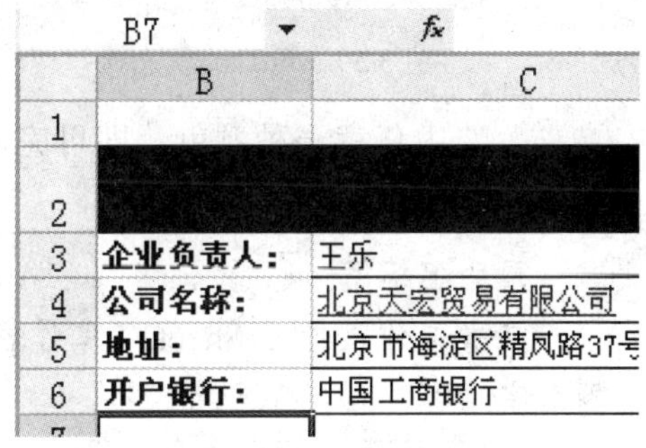

图 3.26 超链接

注意

单击创建了超链接的单元格并不能将其选中，而只能将该链接激活。选中超链接所在单元格的方法有两种：一种是在创建了超链接的单元格上按住鼠标左键不放，直到鼠标指针由手形变为十字状时释放鼠标左键，此时单元格即被选中；另一种方法是先选中相邻的单元格，然后再用方向键选中创建了超链接的单元格。

6. 更改工作表标签

步骤1 将鼠标指针置于工作表左下方的标签处，单击鼠标右键，在弹出的快捷菜单中选择“重命名”命令，如图 3.27 所示；或者单击“格式”｜“工作表”｜“重命名”命令，如图 3.28 所示。

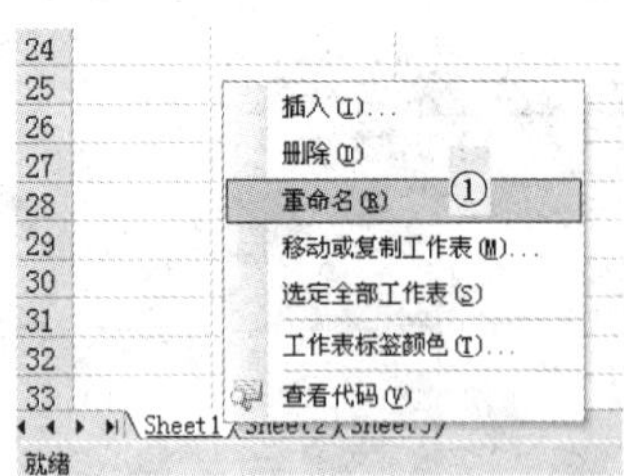

图 3.27　重命名工作表标签（一）

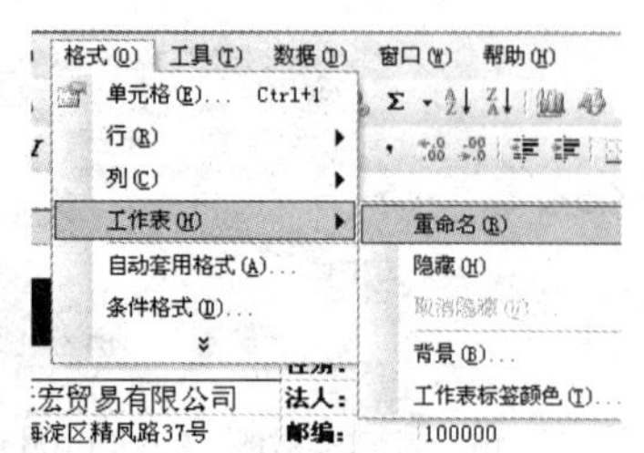

图 3.28　重命名工作表标签（二）

步骤 2　此时工作表标签处于修改状态，如图 3.29 所示。输入“客户档案”即可。

步骤 3　右击工作表标签，在弹出的快捷菜单中选择“工作表标签颜色”命令，或者单击“格式”|“工作表”|“工作表标签颜色”命令，打开如图 3.30 所示的“设置工作表标签颜色”对话框。

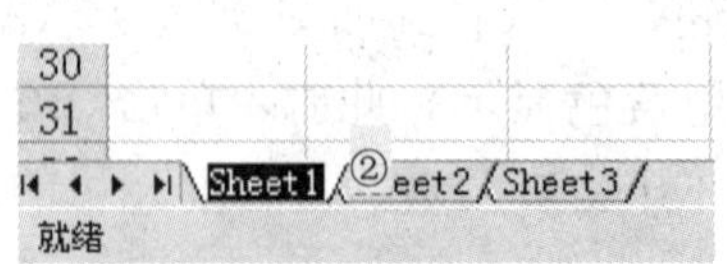

图 3.29　可修改状态

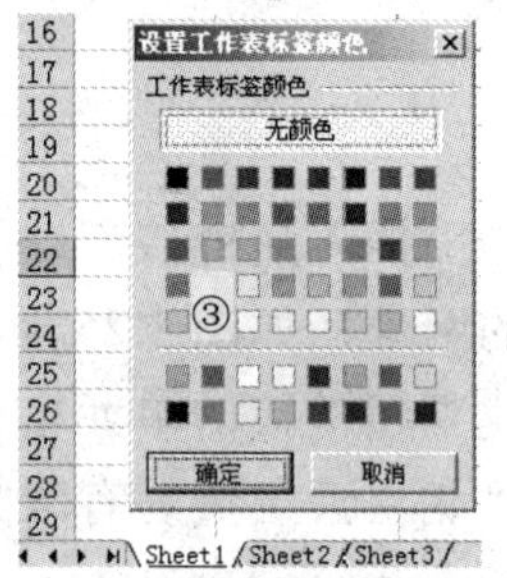

图 3.30　设置工作表标签颜色

步骤 4　选中任意一种颜色，即可完成标签颜色的修改。

重命名标签

双击工作表标签 Sheet1，工作表标签便处于可修改状态，在其中输入想要更改的标签名字“客户档案”即可。

3.2　制作公司损益表图表

3.2.1　商务知识

损益表是指反映企业在一定会计期的经营成果及其分配情况的会计报表。企业的经营成果通常表现为某个时期收入与费用配比而得到的利润或亏损。为了正确地反映企业的利润和亏损，编入损益表的必须是按照收入确认原则确定的当期收入和按照配比原则确定的与之相应的费用。编制损益表的目的是把企业经营成果的信息提供给报表使用者。

损益表的作用主要有以下 4 方面：有助于解释、评价和预测企业的经营成果和获利能力；有助于解释、评价和预测企业的偿债能力；有助于企业管理人员进行决策；有助于考核企业管理人员的绩效。

在对损益表的分析中，图表的应用可以使数据变得直观、形象，更容易被接受和理解。

下面就利用上述知识来建立一个简单的公司损益表图表，如图 3.31 所示；图表制作如图 3.32 所示；添加趋势线如图 3.33 所示。

	A	B	C	D	E	F
1	交通银行损益表　单位：亿元					
2	项目\年份	2004	2003	2002	2001	2000
3	一、营业收入	407.54	320.66	245.16	282.32	272.86
4	利息收入	282.86	220.12	153.58	175.01	174.52
5	金融机构往来收入	42.29	37.39	36.77	54.71	60.80
6	手续费收入	19.35	13.92	10.67	9.00	6.90
7	汇兑收益	7.18	6.02	4.21	3.79	3.08
8	债券投资收益	54.38	40.70	38.36	37.00	25.71
9	证券买卖差价收入		0.55	0.68	1.16	1.04

图 3.31　交通银行损益表

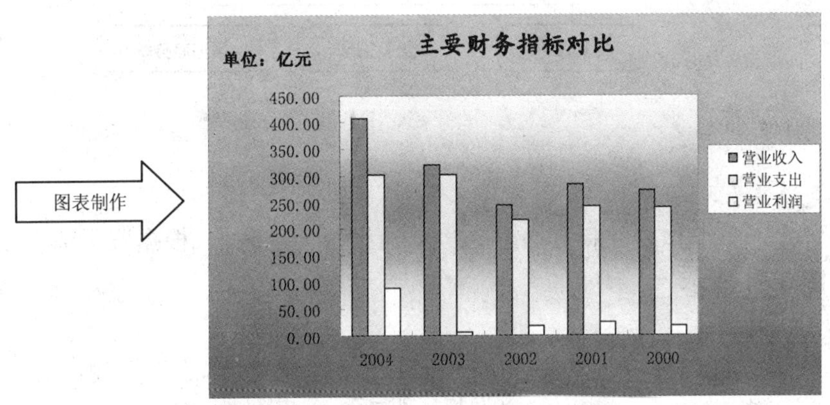

图 3.32　主要财务指标对比图

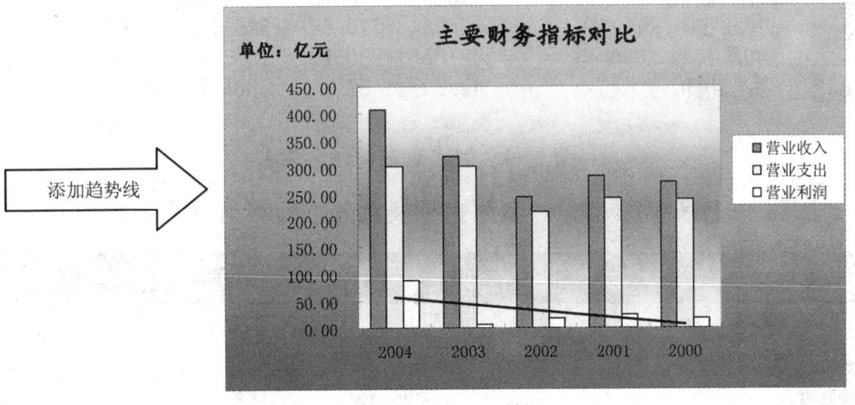

图 3.33　添加营业利润趋势线

3.2.2　知识点

本章主要介绍如何创建、美化和更新图表。

（1）建立基本图表。创建图表时主要按照 Excel 所提供的图表向导来进行创建，本章主要以柱形图为例，建立了“主要财务指标对比”图表。

（2）美化图表。图表初步创建完成后，可以设置图例、图表区、数值轴等的格式，以使图表更为美观。

（3）更新图表。由于图表在创建完成后可能会有添加或删除系列的需要，本章介绍了简单又实用的增删系列的方法。

（4）添加趋势线。

3.2.3 步骤分析

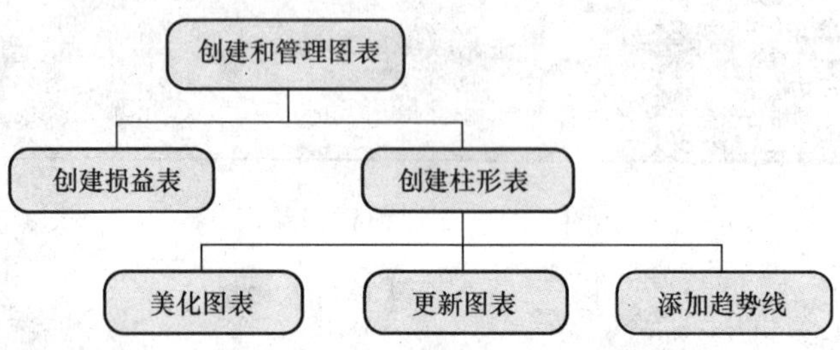

3.2.4 具体操作

1. 创建损益表

步骤 1 新建一个工作表并将其命名为“交通银行损益表”，根据实际情况填写数据，如图 3.34 所示。

	A	B	C	D	E	F
1		交通银行损益表		单位：亿元	①	
2	项目\年份	2004	2003	2002	2001	2000
3	一、营业收入	407.54	320.66	245.16	282.32	272.86
4	利息收入	282.86	220.12	153.58	175.01	174.52
5	金融机构往来收入	42.29	37.39	36.77	54.71	60.8

图 3.34　创建交通银行损益表

步骤 2 利用上一节所学知识，对字体大小及单元格背景进行设置，如图 3.35 所示。

交通银行损益表　　单位：亿元					
项目\年份	2004	2003	2002	2001	②000
营业收入	407.54	320.66	245.16	282.32	272.86
利息收入	282.86	220.12	153.58	175.01	174.52
金融机构往来收入	42.29	37.39	36.77	54.71	60.8
手续费收入	19.35	13.92	10.67	9	6.9
汇兑收益	7.18	6.02	4.21	3.79	3.08

图 3.35　格式化交通银行益损益表

步骤3 设置小数位数。由于表中数值的小数位数不一致，因此选中数据区域，单击鼠标右键，在弹出的快捷菜单中选择“设置单元格格式”命令，在“单元格格式”对话框中打开“数字”选项卡，如图 3.36 所示。在“小数位数”下拉列表框中选择 2，单击“确定”按钮。

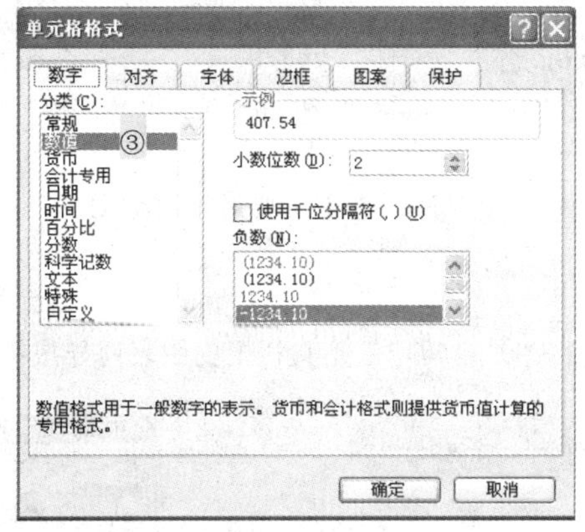

图 3.36 设置小数位数

步骤4 选择所有的数值区域，单击工具栏上的“右对齐”按钮，将数据右对齐，如图 3.37 所示。

Microsoft Excel - 交通银行损益表.xls

文件(F) 编辑(E) 视图(V) 插入(I) 格式(O) 工具(T) 数据(D) 窗口

宋体 10 B I U ④ 右对齐

B3 fx 407.54

	A	B	C	D
1		交通银行损益表	单位，亿元	
2	项目\年份	2004	2003	2002
3	一、营业收入	407.54	320.66	245.16
4	利息收入	282.86	220.12	153.58
5	金融机构往来收入	42.29	37.39	36.77
6	手续费收入	19.35	13.92	10.67

图 3.37 数据右对齐

2. 制作主要财务指标对比柱状图

由于图表具有直观及美观的特点，如果把损益表中的数据以图表的形式来展示，会更容易被接受和理解。图表以工作表中的数据为依据，数据的变化会同时反映到图表中。图表建立后，还可以对其进行修饰，使图表更加美观。下面使用 Excel 提供的图表向导来建立企业中常用的营业收入支出分析柱状图。

步骤1 选中 A3:F3 单元格区域，选中营业收入，按住 Ctrl 键，再选中营业支出 A12:F12 单元格区域，如图 3.38 所示。

步骤2 单击“常用”工具栏上的图表向导按钮，如图 3.39 所示；或者单击“插入”|“图表”命令，如图 3.40 所示，打开“图表向导-4 步骤之 1-图表类型”对话框，如图 3.41 所示。

	A	B	C	D	E	F
1	交通银行损益表　单位：亿元					
2	项目\年份	2004	2003	2002	2001	2000
3	一、营业收入	407.54	320.66	245.16	282.32	272.86
4	利息收入	282.86	220.12	153.58	175.01	174.52
5	金融机构往来收入	42.29	37.39	36.77	54.71	60.8
6	手续费收入	19.35	13.92	10.67	9	6.9
7	汇兑收益	7.18	6.02	4.21	3.79	3.08
8	债券投资收益	54.38	40.70	38.36	37	25.71
9	证券买卖差价收入		0.55	0.68	1.16	1.04
10	租赁收益		0.04	0.07	0.52	0.22
11	其他营业收入	1.48	1.92	0.82	1.13	0.59
12	二、营业支出	302.24	300.90	217.16	243.11	240.26
13	利息支出	123.23	97.17	86.64	105.05	111.42

图 3.38　选中所要展示的数据

图 3.39　“常用”工具栏上的图表向导按钮

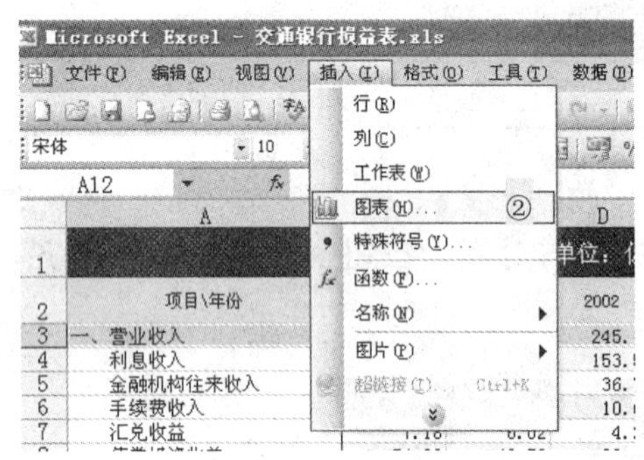

图 3.40　打开图表向导

图 3.41　“图表向导-4 步骤之 1-图表类型”对话框

步骤 3　在“图表类型”列表框中，Excel 提供了多种图表形式：柱形图、条形图、折线图、饼图、散点图等等。在这里不更改 Excel 的默认设置，即选择“簇状柱形图”，单击“下一步”按钮，打开“图表向导-4 步骤之 2-图表源数据”对话框，如图 3.42 所示。

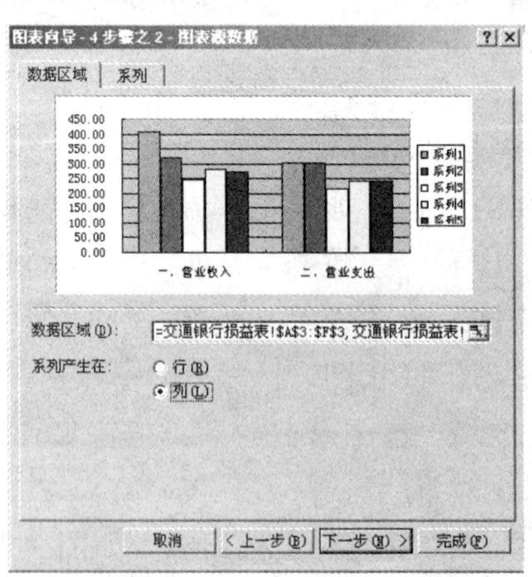

图 3.42　“图表向导-4 步骤之 2-图表源数据”对话框

步骤4 在“系列产生在”选项区中选中“行”单选按钮，如图 3.43 所示。修改后，Excel 所显示的预览图会自动变化，如图 3.44 所示。

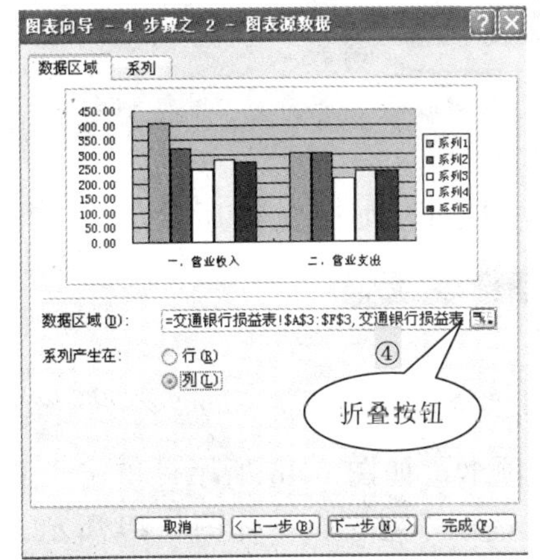

图 3.43 “图表向导-4 步骤之 2-图表源数据”对话框

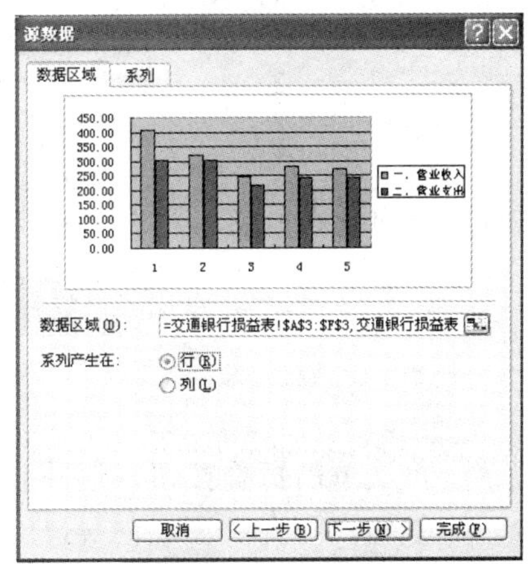

图 3.44 系列产生在行

注意 由于我们之前已经选择好了作图所需的数据，并且数据系列产生在“行”，此时在“图表向导-4 步骤之 2-图表源数据”对话框中，不需要对“数据区域”文本框进行修改。但如果起初并被没有选择数据源区域或者需要修改数据源区域，则可以单击“数据区域”文本框右侧的折叠按钮，进行数据区域的选择。

步骤5 在图 3.44 中可以看到 Excel 已经初步制作出了营业收支的柱形图，但是它的 X 轴是 1、2、3、4、5，这里希望显示的是年份，在“图表向导-4 步骤之 2-图表源数据”对话框中打开“系列”选项卡，如图 3.45 所示。

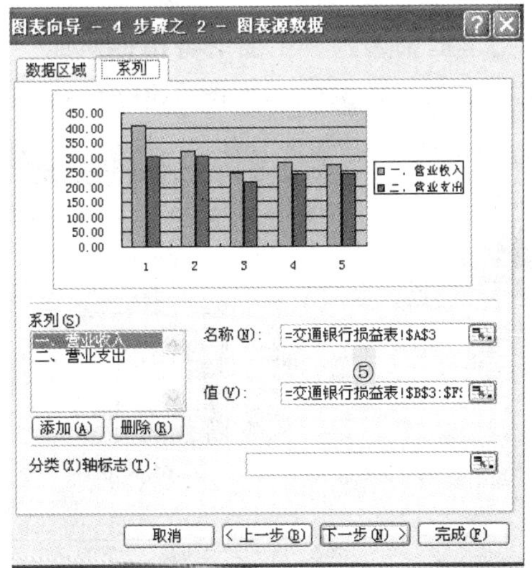

图 3.45 “系列”选项卡

步骤 6 单击“分类（X）轴标志”文本框右侧的折叠按钮，打开一个新的对话框（如图 3.46 所示），在损益表中选定年份，也就是 B2:F2 单元格区域。

图 3.46　分类轴标志设置

Excel 会自动在此文本框中显示所选择的单元格地址，如图 3.47 所示。

图 3.47　选择的单元格

步骤 7 再次单击折叠按钮，返回到“系列”选项卡，如图 3.48 所示。单击“下一步”按钮，打开“图表向导-4 步骤之 3-图表选项”对话框，如图 3.49 所示。

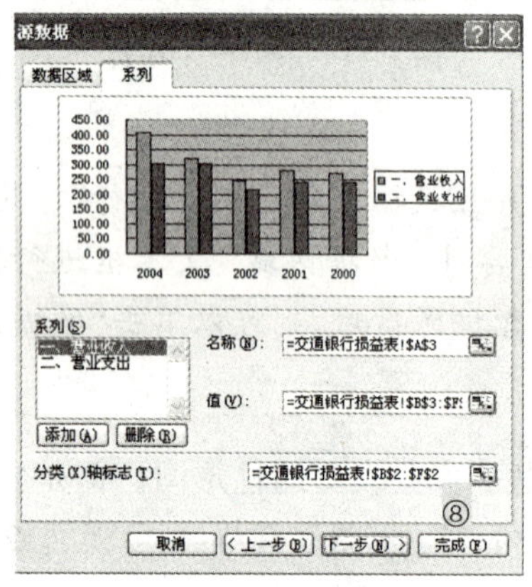

图 3.48　完成源数据设置

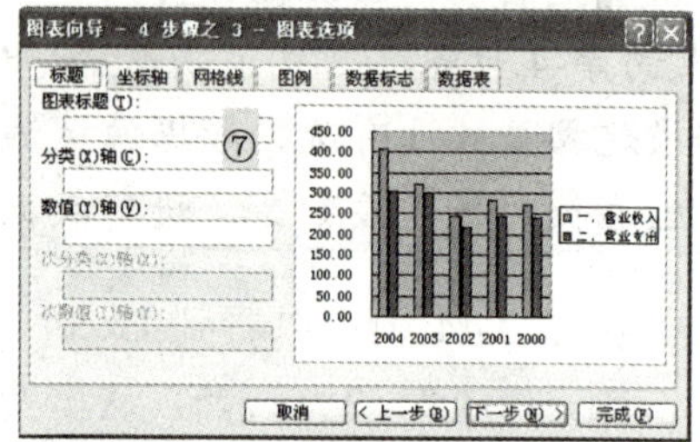

图 3.49　“图表向导-4 步骤之 3-图表选项”对话框

步骤 8 在“图表标题”文本框中输入“主要财务指标对比”，在“数值（Y）轴”文本框中输入“单位：亿元”，其显示如图 3.50 所示。

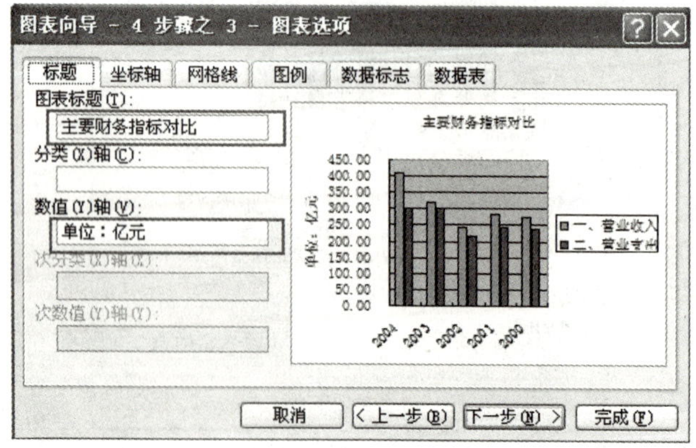

图 3.50　“图表向导-4 步骤之 3-图表选项”对话框

步骤9 打开“网格线”选项卡，如图 3.51 所示。在“数值（Y）轴”选项区中取消选择“主要网格线”复选框，即将☑中的“√”去掉，如图 3.52 所示。再单击“下一步”按钮。

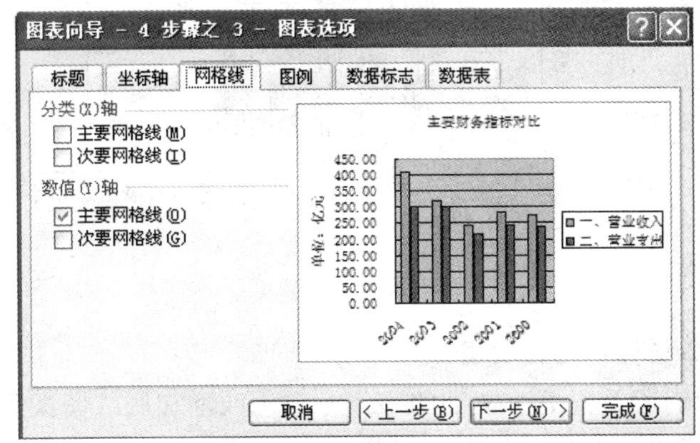

图 3.51 “网格线”选项卡

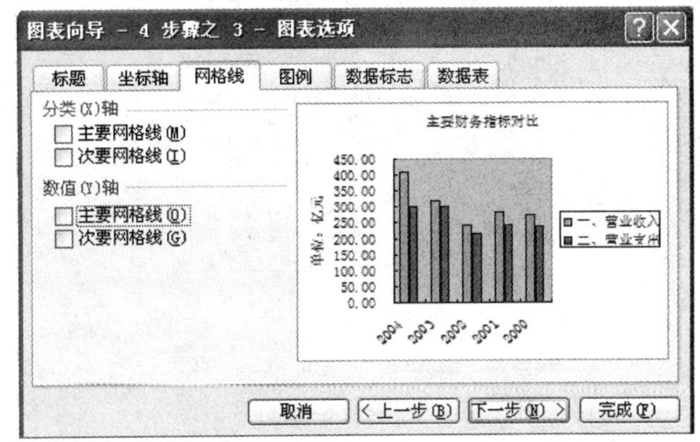

图 3.52 去除网格线显示效果

步骤10 此时打开“图表向导-4 步骤之 4-图表位置”对话框，如图 3.53 所示。

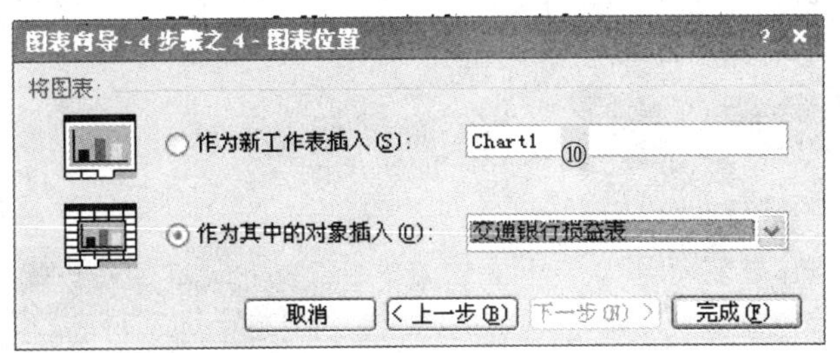

图 3.53 “图表向导-4 步骤之 4-图表位置”对话框

Excel 可将建立的图表放在一个单独的工作表中，也可以与所用数据放在同一个工作表中，默认选择“作为其中的对象插入”，采用默认设置，单击“完成”按钮。

效果如图 3.54 所示。

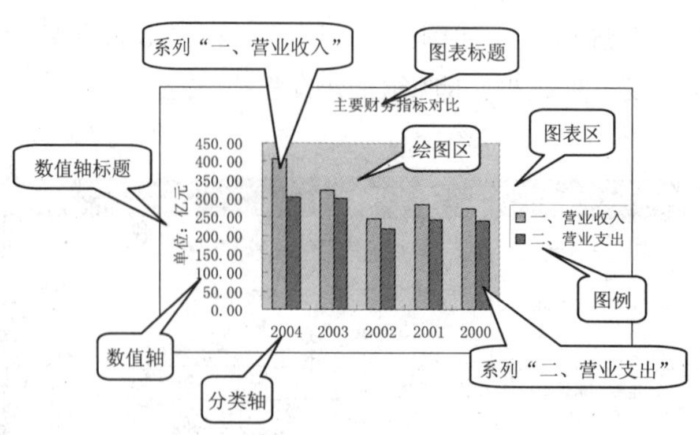

图 3.54 图表效果

3. 美化主要财务指标对比柱状图

建立图表后，我们还希望更改文字的字体、颜色或增加底纹图案等，以美化图表。

步骤 1 在图表上空白处双击鼠标左键，弹出"图表区格式"对话框，如图 3.55 所示。

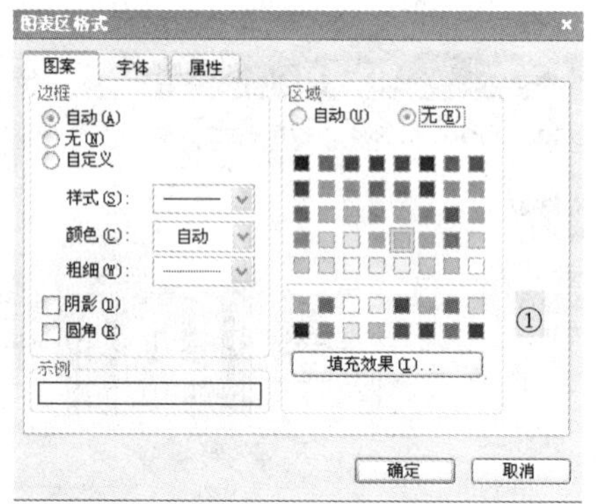

图 3.55 "图表区格式"对话框

步骤 2 将颜色选为浅蓝色，再单击"填充效果"按钮，弹出"填充效果"对话框（如图 3.56 所示），选中"底纹样式"选项区中的"水平"样式，并选择上浅下深效果，再单击"确定"按钮，返回"图表区格式"对话框，再次单击"确定"按钮，最终效果如图 3.57 所示。

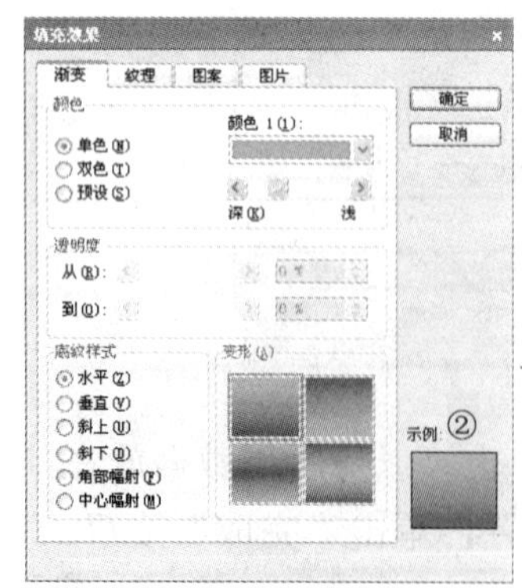

图 3.56 "填充效果"对话框

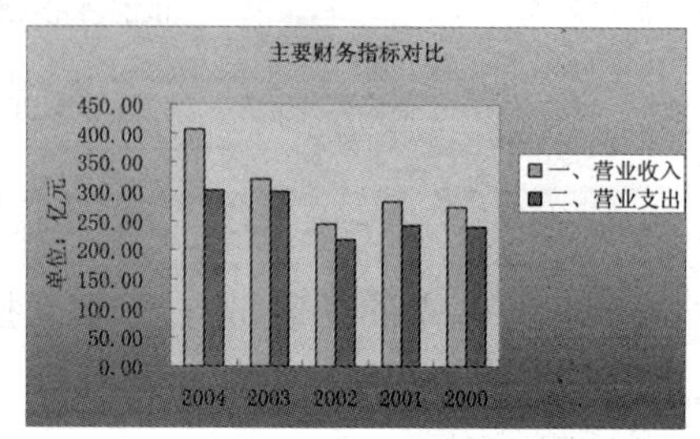

图 3.57 主要财务指标对比图

思考：

（1）在主要财务指标对比表中，用鼠标左键双击绘图区，打开“绘图区格式”对话框，选择浅蓝色作为填充颜色，并将“底纹样式”设为上下浅中间深的样式。

（2）双击系列“一、营业收入”，打开“坐标系列格式”对话框，将该系列设为深蓝色。

（3）将系列“二、营业支出”设为黄色。

步骤3 双击图例，打开“图例格式”对话框，打开“字体”选项卡，将字体设为10号，调整后效果如图3.58所示。

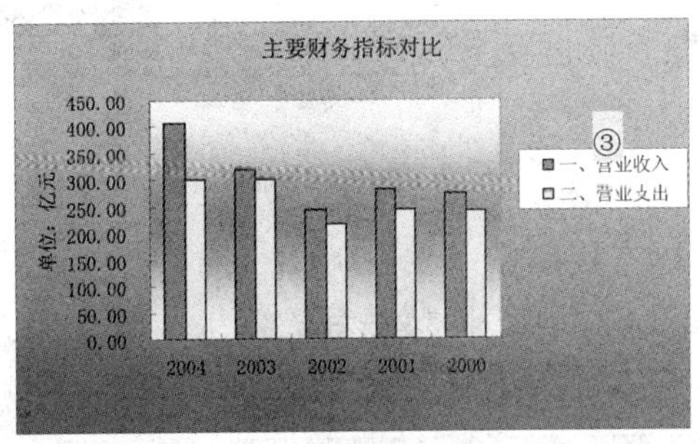

图3.58 主要财务指标对比图

思考：

如何将分类轴和数值轴设为9号字，将标题设为楷体、加粗、14号字，将数值轴标题设为加粗、9号字？

步骤4 由于数值轴标题“单位：亿元”的文字方向是90度，如图3.58所示，需要进行调整。在“坐标轴标题格式”对话框中，打开“对齐”选项卡，将文字方向改为0度，如图3.59所示，修改完成后，单击“确定”按钮。单击数值轴标题，即“单位：亿元”，将其拖至绘图区上方，最终调整结效果如图3.60所示。

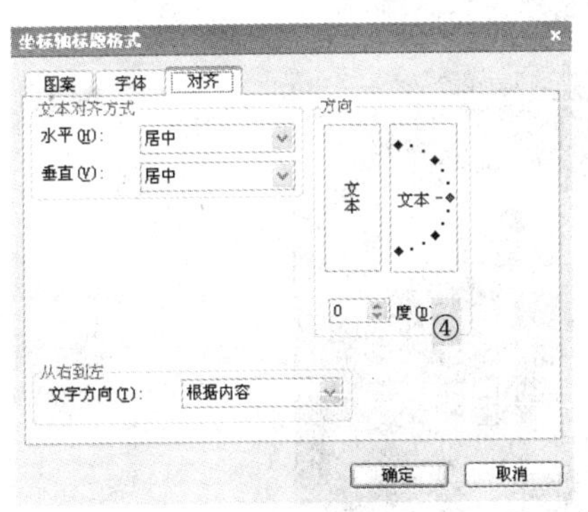

图3.59 “坐标轴标题格式”对话框

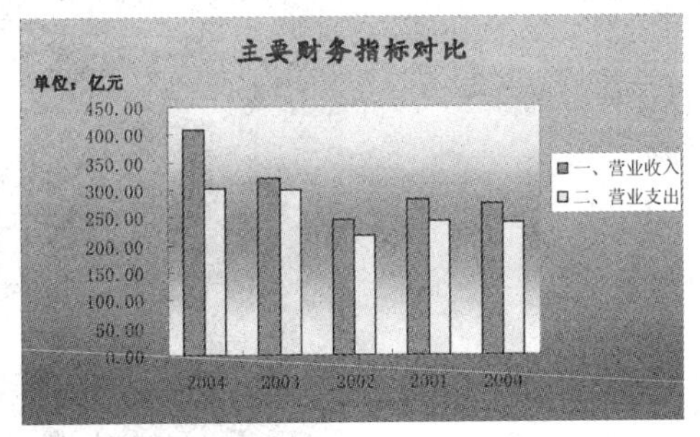

图3.60 主要财务指标对比图

4. 更新图表

在完成图3.60之后，由于需要，我们要在图表中增添一个新的系列，即“营业利润”。

步骤1 选中B22:F25单元格区域，并按Ctrl+C快捷键对其进行复制，如图3.61所示。

	A	B	C	D	E	F	G
1	交通银行损益表　单位：亿元						
2	项目\年份	2004	2003	2002	2001	2000	
3	一、营业收入	407.54	320.66	245.16	28		
4	利息收入	282.86	220.12	153.58	17		
5	金融机构往来收入	42.29	37.39	36.77	5		
6	手续费收入	19.35	13.92	10.67			
7	汇兑收益	7.18	6.02	4.21			
8	债券投资收益	54.38	40.70	38.36	3		
9	证券买卖差价收入		0.55	0.68			
10	租赁收益		0.04	0.07			
11	其他营业收入	1.48	1.92	0.82			
12	二、营业支出	302.24	300.90	217.16	24		
13	利息支出	123.23	97.17	86.64	10		
14	金融机构往来支出	8.92	7.77	8.77	1		
15	手续费支出	3.09	2.85	2.45			
16	汇兑损失	1.48	0.65	0.41			
17	营业费用	115.98	74.81	67.51	6		
18	固定资产折旧		13.13	11.77	1		
19	呆帐准备支出		100.87	36.31	4		
20	其他营业支出	49.54	3.65	3.30	2.84	0.48	
21	三、营业税金及附加	16.39	12.60	10.50	12.98	13.97	
22	四、营业利润	88.91	7.16	17.50	26.23	18.63	①
23	加：股权投资收益		0.66	0.63	0.56	9.01	

图 3.61　选中要添加的系列

步骤 2　在图表区，用鼠标右键单击主要财务指标对比表，在弹出的快捷菜单中选择“粘贴”命令（如图 3.62 所示），粘贴后的效果如图 3.63 所示。

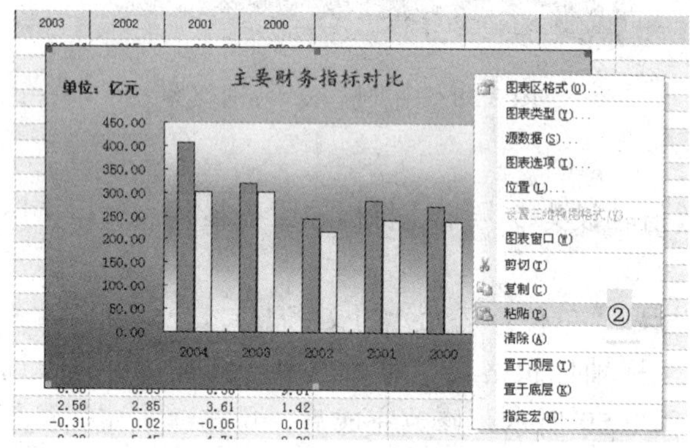

图 3.62　增添新系列

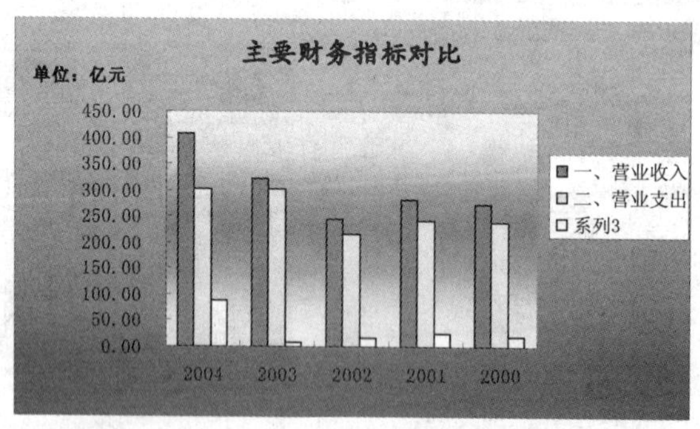

图 3.63　主要财务指标对比

步骤 3　由于第三个数列在图中并未命名，因此系统自动显示为“系列 3”。在图表区单击鼠标右键，在弹出的快捷菜单中选择“源数据”命令（如图 3.64 所示），弹出“源数据”对话框，如图 3.65 所示。

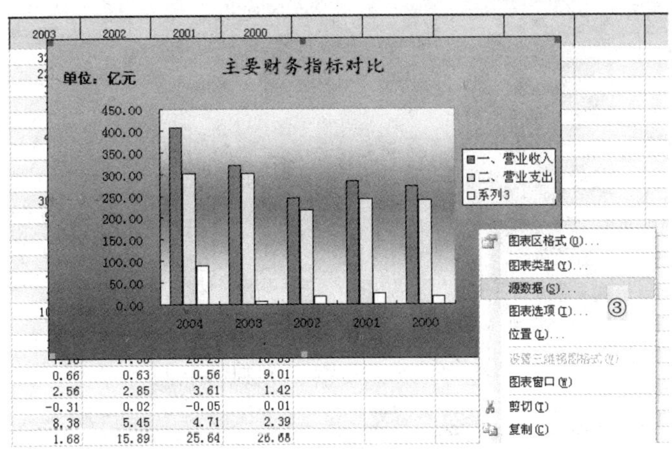

图 3.64　更改系列名

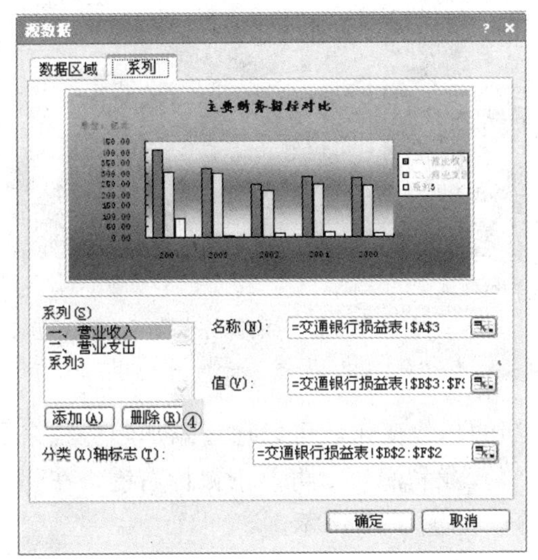

图 3.65 “源数据”对话框

步骤 4 统一更改系统名称，需要将“一、营业收入”改为“营业收入”，具体操作如下：在“名称”文本框中将“=交通银行损益表！$A$3”清除，直接输入“营业收入”，再单击“确定”按钮。

思考：

请读者用同样的方法去掉“二、营业支出”中的“二、”两个字符，并将“系列 3”的名称改为“营业利润”。

最终调整后的图表如图 3.66 所示。可以从图中直观地看出 2004 年的营业利润增长较为迅猛。

技巧

如果要删除某个系列，最简便的方法便是在图表上用鼠标右键单击需要删除的系列，在弹出的快捷菜单中选择“清除”即可，如图 3.67 所示。

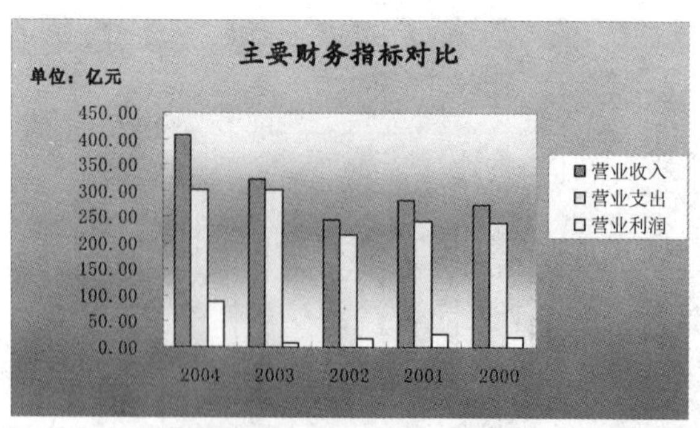

图 3.66 增添新系列

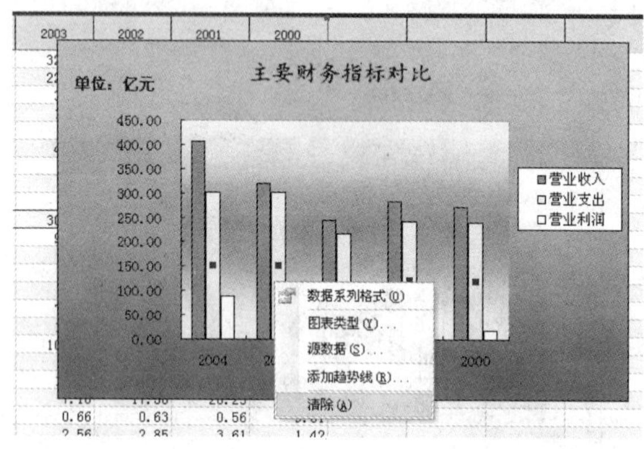

图 3.67 清除系列

5. 添加趋势线

如果需要看到营业利润的趋势变化，可以通过添加趋势线来实现。

步骤 1 选中数据系列 “营业利润”，再单击鼠标右键，在弹出的快捷菜单中选择“添加趋势线”命令，如图 3.68 所示。

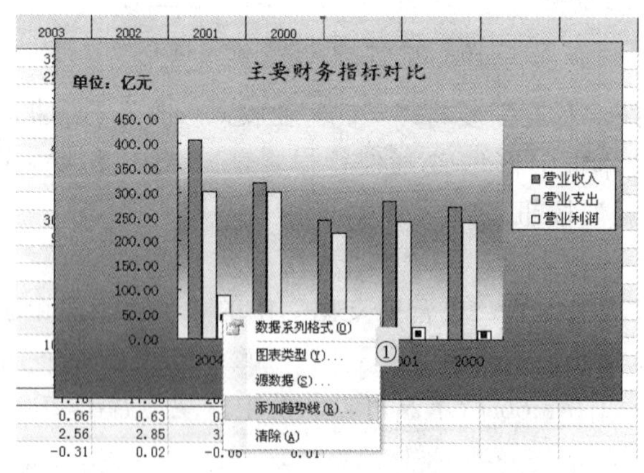

图 3.68 添加趋势线

步骤 2 此时弹出“添加趋势线”对话框，如图 3.69 所示，可以看出有 6 种趋势线可供选择。根据需要，这里选择“线性”类型，然后单击“确定”按钮，结果如图 3.70 所示。

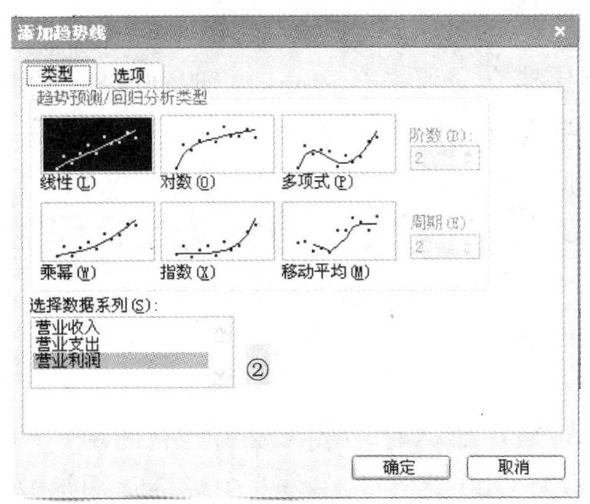

图 3.69　选择类型

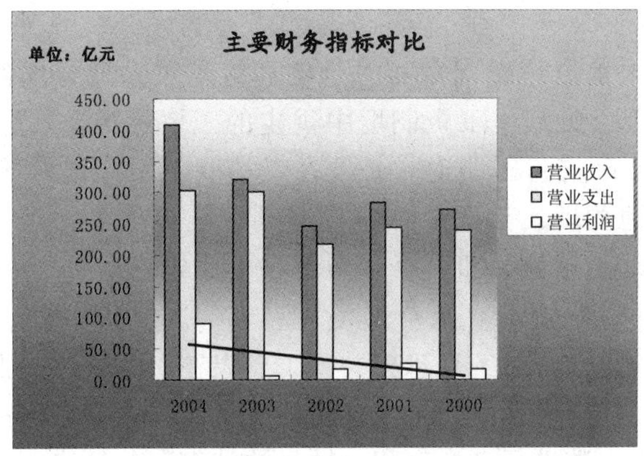

图 3.70　添加趋势线

步骤3 可以看出，添加趋势线后，图例字体被放大，最下边的“营业利润”未显示出来，如图 3.71 所示，单击图例，将鼠标指针放在图例下方正中的红点上，出现一个上下箭头，按住鼠标左键向下拖动，便可将图例完全显示。

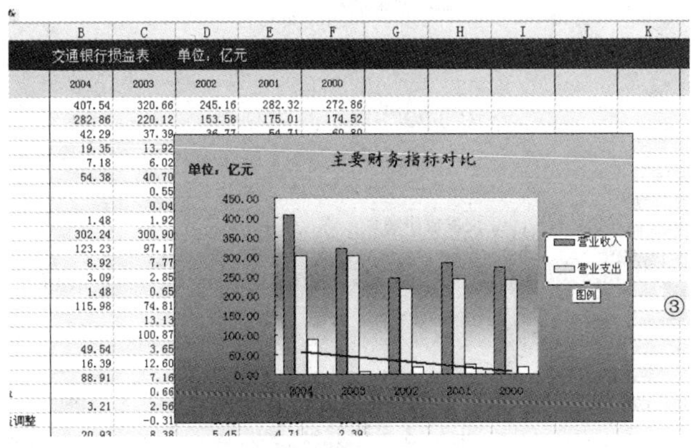

图 3.71　调整图例

思考：

（1）如何利用图表向导建立交通银行 2000 年到 2004 年净利润的散点图？

（2）如何利用图表向导建立交通银行 2000 年营业收入大项下各项收入的饼图？

3.3 工资表的建立与管理

3.3.1 商务知识

在使用 Excel 制作表格整理数据时，常常要用到它的函数功能来自动统计处理表格中的数据。Excel 的内置函数有 300 多个，在公式中灵活运用这些函数可以提高运用公式解决问题的能力，从而轻松完成各种复杂的计算任务。

本章整理了 Excel 中使用频率较高的函数的功能、使用方法，并结合工资表的制作，进行实例剖析。

所谓工资是指用人单位依据国家有关规定和劳动关系双方的约定，以货币形式支付给员工的劳动报酬。在企业基本工资制度中规定的工资标准，只是对职工提供的定额劳动所支付的报酬。在实际支付工资时，必须在考核职工实际提供的劳动量后，运用不同的支付形式予以浮动地兑现。当职工在定额劳动之上提供了超额劳动时，除工资之外，还应另外支付超额劳动的报酬，即奖金；当其完不成定额劳动时，则要扣减相应部分的工资。

由于工资与企业的每一个员工息息相关，工资表在财务管理中占据着重要地位，我们可以根据企业的需要设计出一套既经济又实用的工资管理系统。工资表管理包括很多方面，本章主要介绍如何运用函数进行工资表相应项目的计算，并最终创建完整的工资表。创建过程如图 3.72～图 3.75 所示。

工资发放明细表

编号	姓名	所属部门	职工类别	基本工资	岗位工资	奖金	补贴	应发工资	应扣保险费
00001	王强	办公室	高层管理	7000	2000	1000	300		
00002	张东林	办公室	中级管理	5000	1000	500	300		
00003	杨洋	技术部	高层管理	7000	2000	800	300		
00004	唐涛	技术部	基层管理	4000	2000	800	300		
00005	黄晓雯	技术部	普通职工	2500	1500	800	300		

计算应发工资

图 3.72 填写基本项目

工资发放明细表

编号	姓名	所属部门	职工类别	基本工资	岗位工资	奖金	补贴	应发工资	应扣保险费	应税所得额	应扣所得税	请假扣款	实发工资
00001	王强	办公室	高层管理	7000	2000	1000	300	10300	1030	7270	1079	100	
00002	张东林	办公室	中级管理	5000	1000	500	300	6800	680	4120	493	0	
00003	杨洋	技术部	高层管理	7000	2000	800	300	10100	1010	7090	1043	33	
00004	唐涛	技术部	基层管理	4000	2000	800	300	7100	710	4390	533.5	0	
00005	黄晓雯	技术部	普通职工	2500	1500	800	300	5100	510	2590	263.5	0	

图 3.73 计算实发工资

工资发放明细表

编号	姓名	所属部门	职工类别	基本工资	岗位工资	奖金	补贴	应发工资	应扣保险费	应税所得额	应扣所得税	请假扣款	实发工资	签字
00001	王强	办公室	高层管理	7000	2000	1000	300	10300	1030	7270	1079	100	8091	
00002	张东林	办公室	中级管理	5000	1000	500	300	6800	680	4120	493	0	5627	
00003	杨洋	技术部	高层管理	7000	2000	800	300	10100	1010	7090	1043	33	8014	
00004	唐涛	技术部	基层管理	4000	2000	800	300	7100	710	4390	533.5	0	5856.5	
00005	黄晓雯	技术部	普通职工	2500	1500	800	300	5100	510	2590	263.5	0	4326.5	
00006	宋明泽	技术部	普通职工	2500	1500	800	300	5100	510	2590	263.5	333	3993.5	
00007	杨枫	技术部	普通职工	2500	1500	800	300	5100	510	2590	263.5	0	4326.5	

图 3.74　完成工资表制作

员工工资条

月份	编号	姓名	所属部门	职工类别	基本工资	岗位工资	奖金	补贴	应发工资	应扣保险费	应税所得额
2008年3月	00001	王强	办公室	高层管理	7000	2000	1000	300	10300	1030	7270

员工工资条

月份	编号	姓名	所属部门	职工类别	基本工资	岗位工资	奖金	补贴	应发工资	应扣保险费	应税所得额
2008年3月	00002	张东林	办公室	高层管理	7000	2000	1000	300	10300	1030	7270

图 3.75　员工工资条

3.3.2　知识点

本章主要讲述了几种最常见的函数的概念及应用。

（1）SUM、SUMIF 和 AVERAGE 函数：利用这些函数可对工资表相关项目进行求和与求平均值的计算。

（2）MAX、MIN、LARGE、SMALL 和 RANK 函数：可用其进行相关项目的最值计算。

（3）IF、COUNTIF 函数：在判定条件满足或者不满足时，对相关项目进行逻辑计算，本章主要用于应扣所得税的计算。

（4）VLOOKUP 函数：可用其进行工资条的制作。

（5）简单的数学和时间函数。

3.3.3　步骤分析

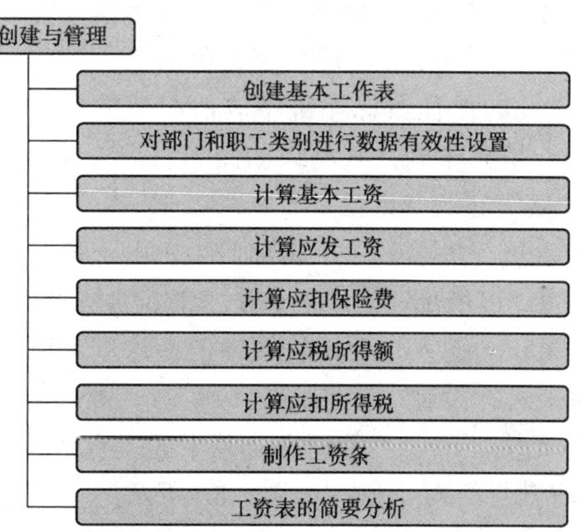

3.3.4 具体操作

1. 创建工资发放明细表

步骤 1 启动 Excel 2003，创建一个包含员工编号、姓名、所属部门、职工类别、基本工资、岗位工资、奖金、补贴、应发工资、应扣保险费、应税所得额、应扣所得税、请假扣款、实发工资的基本工资表，如图 3.76 所示。

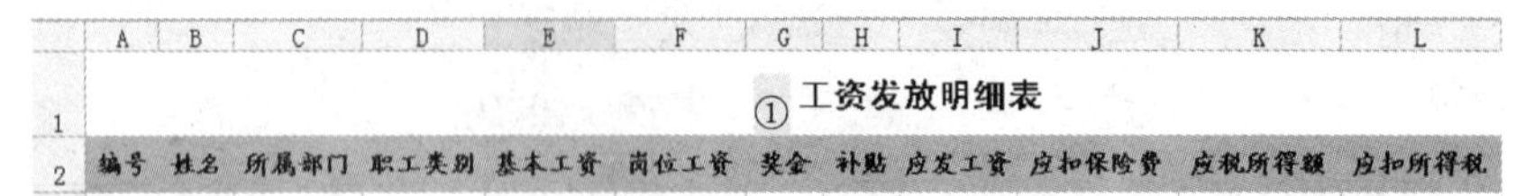

图 3.76　表头制作

步骤 2 输入员工编号。在输入员工编号时，可以利用自动填充功能来简化操作。由于员工编号以 0 开头，需要选中 A 列，将其设为文本格式，如图 3.77 所示。

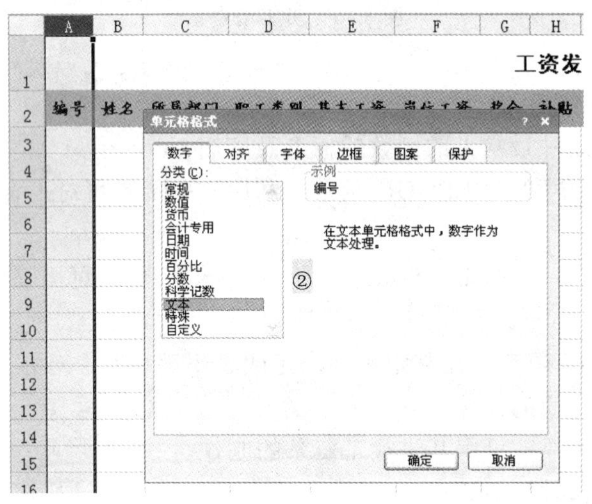

图 3.77　将编号设为文本格式

步骤 3 在 A3 单元格中输入“00001”后，将鼠标指针置于 A3 单元格的右下角，出现一个黑色的“十”字型填充柄，此时按住鼠标左键不放，向下拖动，Excel 会自动填充序列，其结果如图 3.78 所示。

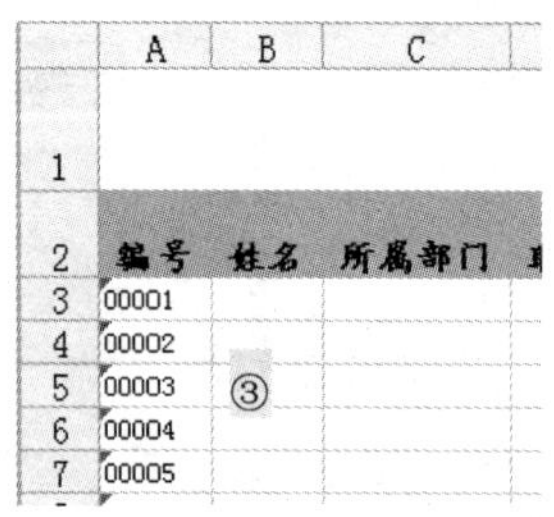

图 3.78　自动填充

2. 简便键入——数据有效性设置

接着在 B 列中输入员工姓名。在所属部门中，由于该公司的部门设置有办公室、市场部、生产部、技术部、人资部、行政部六个部门。如果一一键入，会比较繁琐，在这里可以巧妙利用数据有效性来进行设置。

步骤 1 选定 C3 单元格，单击“数据”菜单中的“有效性”命令（如图 3.79 所示），打开“数据有效性”对话框，如图 3.80 所示。

步骤2 在“有效性条件”选项区的“允许”下拉列表框中选择“序列”选项，对话框变为如图 3.81 所示的形式。

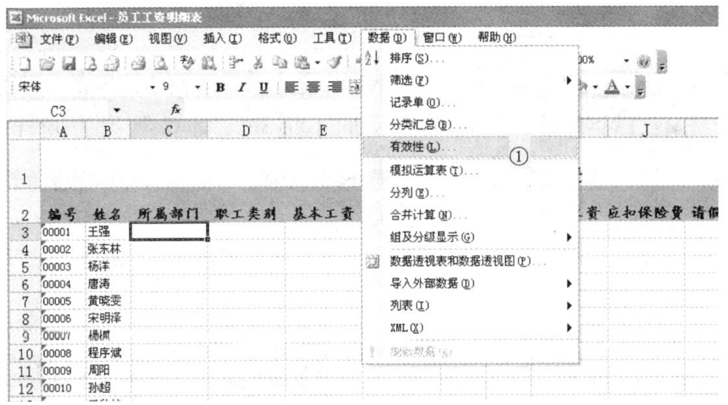

图 3.79 数据有效性设置

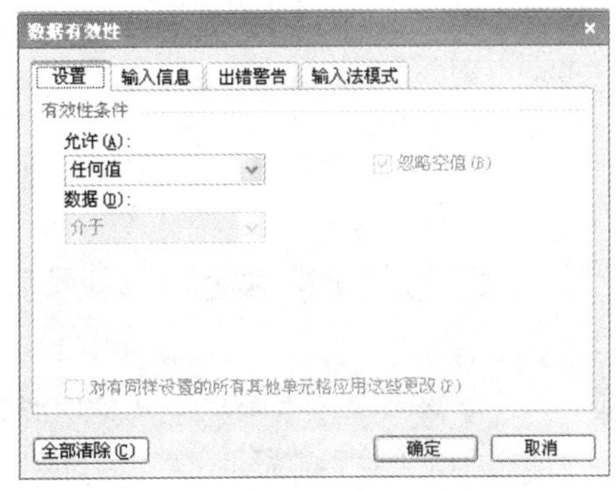

图 3.80 “数据有效性”对话框

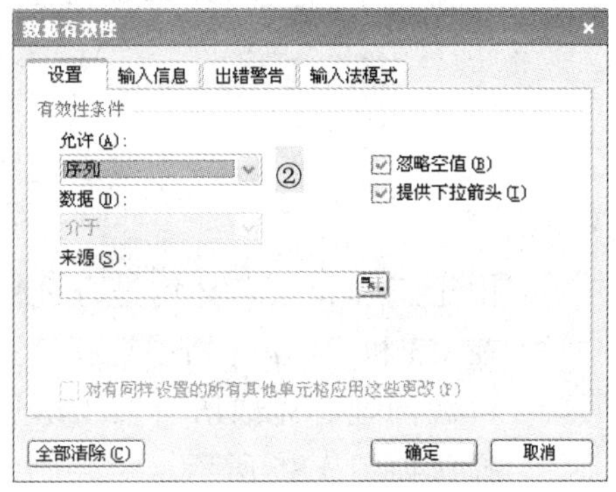

图 3.81 有效性条件设置

步骤3 在“来源”文本框中直接输入公司各部门名称，中间用逗号隔开，注意一定要用英文状态下的逗号，即输入“办公室，市场部，生产部，技术部，人资部，行政部”，如图 3.82 所示。再单击“确定”按钮，可以看到 C3 单元格右侧多了一个下拉按钮 ▼，如图 3.83 所示。

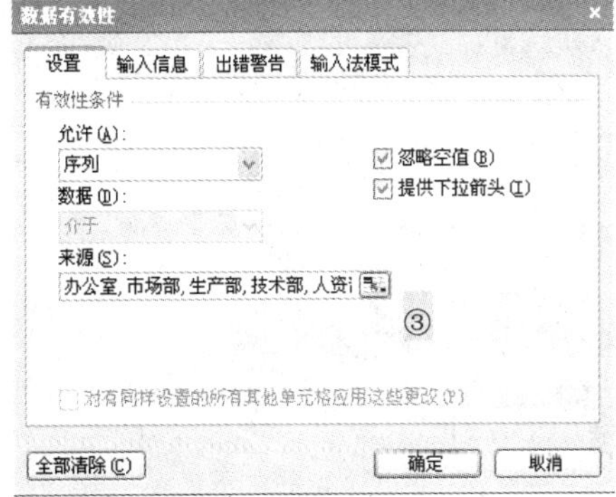

图 3.82 输入来源

图 3.83 所属部门设置

提示

在步骤 3 中，在“来源”文本框中输入公司各部门名称时，中间用逗号隔开，而逗号必须是英文状态下的。

步骤 4 单击下拉按钮，C3 单元格下方会出现一个各部门名单的下拉列表，如图 3.84 所示。先不进行选择，利用填充柄向下拖动，将 C 列设为同样的样式。

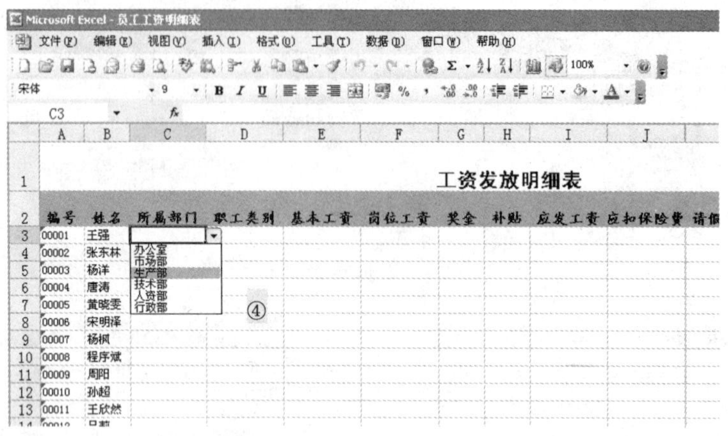

图 3.84 下拉列表

步骤 5 由于王强和张东林均是办公室的职员，在 C3 和 C4 单元格中选择“办公室”即可。同理，完成所有员工所属部门的选择，如图 3.85 所示。

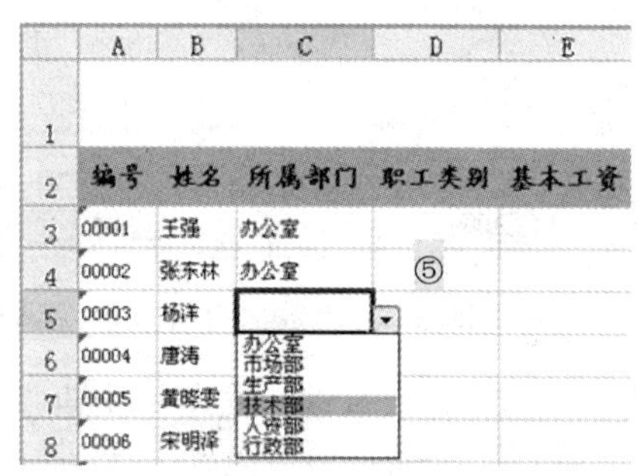

图 3.85 填写所属部门

思考：

如何在“职工类别”中利用数据有效性，将系列设置为“高级管理、中级管理、基层管理、普通职工”？

步骤 6 按照上述的数据有效性设置完成职工类别的设置，效果如图 3.86 所示。

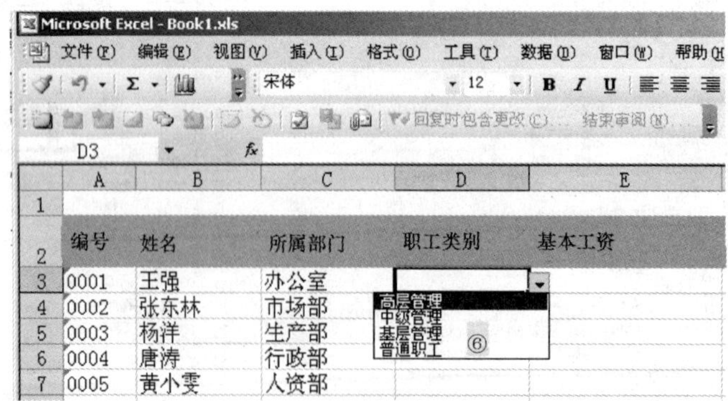

图 3.86 职工类别设置

3. 计算基本工资

现在需要完成员工“基本工资”的录入，如图 3.87 所示。

	A	B	C	D	E	F
1						
2	编号	姓名	所属部门	职工类别	基本工资	岗位工资
3	00001	王强	办公室	高层管理		
4	00002	张东林	办公室	中级管理		
5	00003	杨洋	技术部	高层管理		
6	00004	唐涛	技术部	基层管理		
7	00005	黄晓雯	技术部	普通职工		
8	00006	宋明泽	技术部	普通职工		
9	00007	杨枫	技术部	普通职工		

图 3.87　填写基本工资

假设该公司有如下规定：员工职位类别为“高层管理”，基本工资为 7000；员工职位类别为“中级管理”，基本工资为 5000；员工职位类别为“基层管理”，基本工资为 4000；员工职位类别为“普通职工”，基本工资为 2500。

如果人工录入，不仅费力费时，数据的精确性也不能得到保证。在这里只需在 E3 单元格中使用 IF 函数，便可轻松解决此问题。

所谓 IF 函数是指执行真假值判断，根据逻辑计算的真假值，返回不同结果的函数。其语法表达为 IF(logical_test,value_if_true,value_if_false)，其中 logical_test 参数用来表示进行判断的条件，它是计算结果为 TRUE 或 FALSE 的任意值或表达式。例如 D3="高层管理"就是就是一个逻辑表达式，也是用来判断的条件。如果单元格 D3 中的值的确是“高层管理”，表达式值即为 TRUE，否则为 FALSE。

value_if_true 参数是指 logical_test 为 TRUE 时返回的值。例如，这里输入 7000，也就是如果 logical_test 中 D3 确实为“高层管理”，那么 E3 所显示的结果便为 7000。

value_if_false 参数是指 logical_test 为 FALSE 时返回的值。在这里，也就是 D3="高层管理"为 FALSE，即 D3 不是“高层管理”时，E3 单元格所显示的值。

在进行更仔细的剖析前，必须了解并掌握单元格引用的概念。这样在接下来的函数使用过程中，才不至于理不清头绪。

单元格引用的作用在于标识工作表上的单元格或单元格区域，并指明公式中所使用的数据的位置。可以引用同一个工作簿中相同和不同工作表上的单元格和其他工作簿中的数据。而引用不同工作簿中的单元格称为链接。

单元格引用有三种形式：相对引用、绝对引用和混合引用。

公式中的相对单元格引用是指引用单元格的位置关系被记录下来，当把这种引用再复制到其他单元格时，这种位置关系也随之复制过来，公式中的相对引用随单元格的移动而修改，而原位移关系不变。

为了让读者更容易了解，这里在“基本工资”前插入新的一列，来说明相对引用。

步骤 1　用鼠标右键单击列标 E，选中 E 列，并弹出快捷菜单，在其中选择“插入”命令即可，如图 3.88 所示。但是这里存在一个问题，可以看到 E3 单元格右侧有一个下拉按钮，如图 3.89 所示。

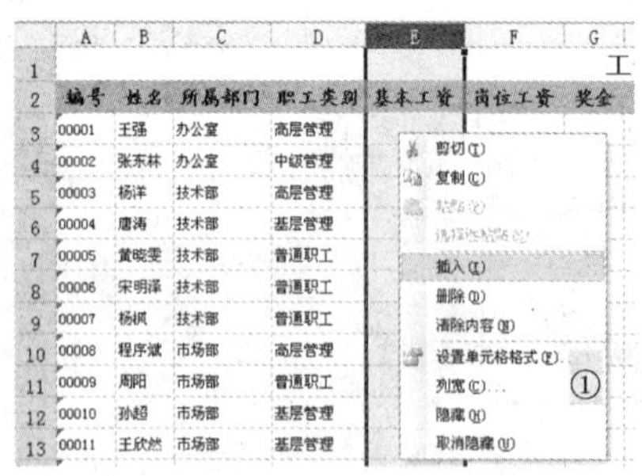

图 3.88　插入新列

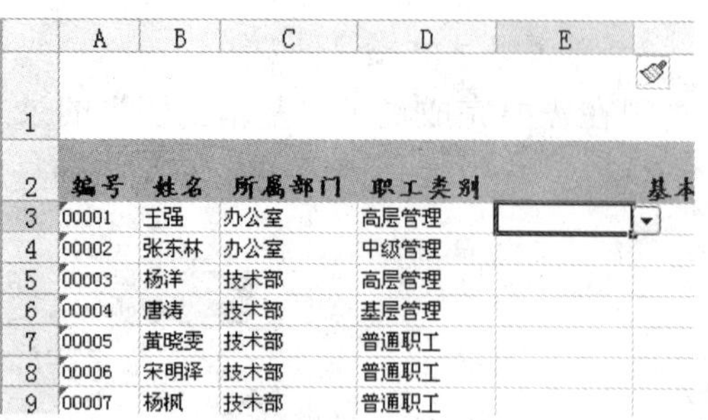

图 3.89　出现的问题

这是为什么呢？原来 Excel 默认插入的新列与左边列的格式相同。

步骤 2　单击列标 E 右下角的“插入选项”按钮，在弹出的下拉菜单中选中“与右边格式相同”单选按钮，便可以解决这个问题，如图 3.90 所示。

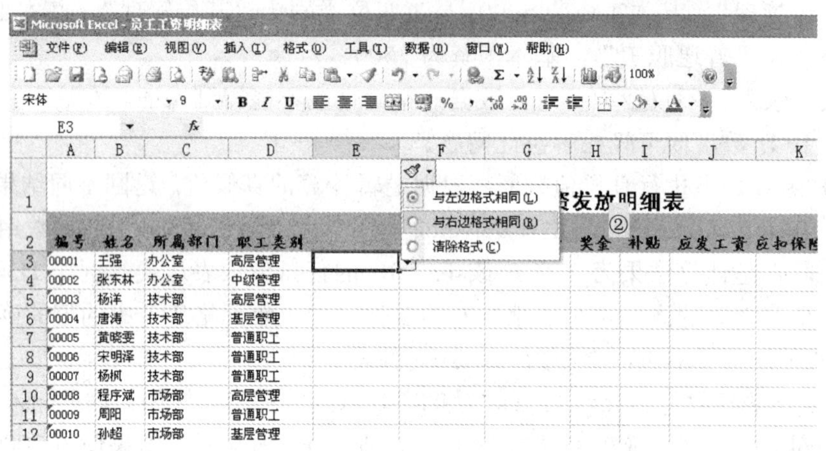

图 3.90　选中“与右边格式相同”单选按钮

由于公司员工较多，如果选中 E3 单元格再一直向下拖动选中 E 列会显得相当麻烦，在这里介绍一个快速选择区域的快捷键。

快速选择数据区域

首先选中单元格 E3，再同时按住 Ctrl、Shift 和向下的方向键↓，便可以选中 E 列中 E3 单元格下方的所有单元格。

请读者自行尝试 Ctrl+Shift+←、Ctrl+Shift+→、Ctrl+Shift+↑和另外一个相当重要的 Ctrl+Shift+*快捷键的用法。

继续介绍相对引用。如图 3.91 所示，在 E4 单元格中输入公式“=D4”，再按回车键，其结果显示为“中级管理”。

而如果将单元格 E4 中的相对引用复制到单元格 E5，或者使用填充柄自动填充，则公式将自动从“=D4”调整到“=D5”，则 E5 单元格最终显示的值为“高层管理”，如图 3.92 所示。

E4 =D4

	A	B	C	D	E
1					
2	编号	姓名	所属部门	职工类别	
3	00001	王强	办公室	高层管理	
4	00002	张东林	办公室	中级管理	中级管理
5	00003	杨洋	技术部	高层管理	
6	00004	唐涛	技术部	基层管理	
7	00005	黄晓雯	技术部	普通职工	
8	00006	宋明泽	技术部	普通职工	
9	00007	杨枫	技术部	普通职工	

图 3.91　相对引用（一）

E5 =D5

	A	B	C	D	E
1					
2	编号	姓名	所属部门	职工类别	
3	00001	王强	办公室	高层管理	
4	00002	张东林	办公室	中级管理	中级管理
5	00003	杨洋	技术部	高层管理	高层管理
6	00004	唐涛	技术部	基层管理	
7	00005	黄晓雯	技术部	普通职工	
8	00006	宋明泽	技术部	普通职工	

图 3.92　相对引用（二）

这是为什么呢？我们可以看到 E4 单元格中的公式是对 D4 单元格的引用，这两个单元格的位置同行相邻，在进行复制或者填充时，位置关系也一并复制过来，对 E5 单元格来说，同行相邻的便是 D5 单元格，而不是 D4 单元格，因而它最终的值为“高层管理”。

而单元格中的绝对引用（例如$B$3）总是在指定位置引用单元格。也就是说，即使公式所在单元格的位置改变，绝对引用也保持不变。多行或多列地复制公式时，绝对引用也不作调整。默认情况下，公式使用相对引用，要将它们转换为绝对引用，应在行号与列标左侧用“$”作为引导符。

例如，在 E4 单元格中输入“=$D$4”，再用填充柄填充至单元格 E5，则两个单元格中的公式一样，都是“=$D$4”，显示值均为“中级管理”，如图 3.93 所示。

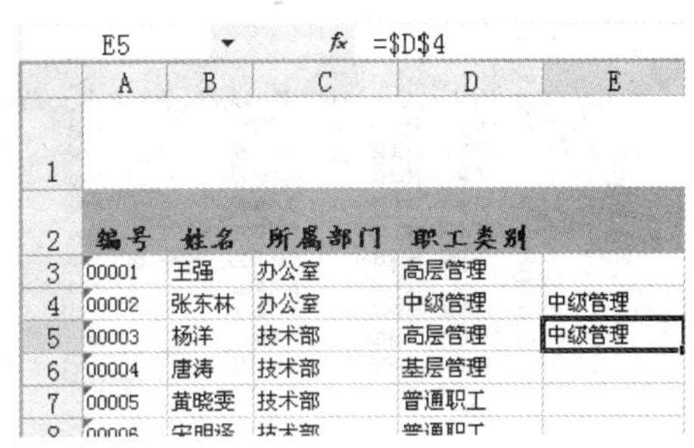

E5 =$D$4

	A	B	C	D	E
1					
2	编号	姓名	所属部门	职工类别	
3	00001	王强	办公室	高层管理	
4	00002	张东林	办公室	中级管理	中级管理
5	00003	杨洋	技术部	高层管理	中级管理
6	00004	唐涛	技术部	基层管理	
7	00005	黄晓雯	技术部	普通职工	

图 3.93　绝对引用

混合引用具有绝对列和相对行，或是绝对行和相对列。绝对引用列采用$A1、$B1 等形式，绝对引用行采用 A$1、B$1 等形式。如果公式所在单元格的位置改变，则相对引用改变，而绝对引用不变。如果多行或多列地复制公式，则相对引用自动调整，而绝对引用不做调整。

现在我们已经清楚了单元格引用这个最基本的概念用鼠标，右键单击列标 E，在弹出的快捷菜单中选择“删除”命令，删除 E 列，回到基本工资的计算中，继续介绍 IF 函数。

我们已经知道其语法表达为 IF(logical_test,value_if_true,value_if_false)，如果 logical_test 为 FALSE 且忽略了 value_if_false（即 value_if_true 后不输入条件不满足时显示的值），则会返回逻辑值 FALSE。

在 E3 单元格中输入“=IF(D3="高层管理", 7000)”，再利用填充柄填充 E 列，结果如图 3.94 所示。我们看出 E7 单元格由于 D7 不满足条件，返回了逻辑值 FALSE。在函数和引用的输入过程中，不区分大小写，即 IF 与 if 等价，D3 与 d3 等价。但有两点需要注意，一是在公式中对文本的引用一定要加上英文状态下的双引号，二是公式中所有对标点符号的使用都必须在英文状态下。

另外如果 logical_test 为 FALSE 且 value_if_false 为空（即 value_if_true 后有逗号，并紧跟着右括号），则参数返回 0（零）。value_if_false 也可以是其他公式。

在这里，只在单元格 E3 中输入“=IF，(D3="高层管理",7000)”，显然并不完整，不能完整地显示公司基本工资的分类情况。

那么在条件不满足，即 D3 并不是"高层管理"，该如何输入呢？我们可以嵌套多个 IF 函数。完整的 IF 语句是“=IF(D3="高层管理"，7000，IF(D3="中级管理"，5000，IF(D3="基层管理"，4000，IF(D3="普通职工"，2500))))”。

E7　　fx =IF(D7="高层管理",7000)

	A	B	C	D	E
1					
2	编号	姓名	所属部门	职工类别	基本工资
3	00001	王强	办公室	高层管理	7000
4	00002	张东林	办公室	中级管理	FALSE
5	00003	杨洋	技术部	高层管理	7000
6	00004	唐涛	技术部	基层管理	FALSE
7	00005	黄晓雯	技术部	普通职工	FALSE
8	00006	宋明泽	技术部	普通职工	FALSE
9	00007	杨枫	技术部	普通职工	FALSE
10	00008	程序斌	市场部	高层管理	7000

图 3.94　IF 函数的运用

再将 E 列进行自动填充，结果如图 3.95 所示。

E12　　fx =IF(D12="高层管理",7000,IF(D12="中级管理",5000,IF(D12="基层管理",4000,IF(D12="普通职工",2500))))

	A	B	C	D	E	F	G	H	I	J	K	L	M
1							工资发放明细表						
2	编号	姓名	所属部门	职工类别	基本工资	岗位工资	奖金	补贴	应发工资	应扣保险费	请假扣款	应扣所得税	实发工资
3	00001	王强	办公室	高层管理	7000								
4	00002	张东林	办公室	中级管理	5000								
5	00003	杨洋	技术部	高层管理	7000								
6	00004	唐涛	技术部	基层管理	4000								
7	00005	黄晓雯	技术部	普通职工	2500								
8	00006	宋明泽	技术部	普通职工	2500								
9	00007	杨枫	技术部	普通职工	2500								
10	00008	程序斌	市场部	高层管理	7000								
11	00009	周阳	市场部	普通职工	2500								
12	00010	孙超	市场部	基层管理	4000								

图 3.95　基本工资填充

4. 计算应发工资

将工资发放明细进一步完善，将岗位工资、奖金和补贴填写完整，如图 3.96 所示。

由于应发工资是对基本工资、岗位工资、奖金、补贴的汇总，这里需要使用 SUM 函数。

I3　　fx

	A	B	C	D	E	F	G	H	I
1							工资发放明细表		
2	编号	姓名	所属部门	职工类别	基本工资	岗位工资	奖金	补贴	应发工资
3	00001	王强	办公室	高层管理	7000	2000	1000	300	
4	00002	张东林	办公室	中级管理	5000	1000	500	300	
5	00003	杨洋	技术部	高层管理	7000	2000	800	300	
6	00004	唐涛	技术部	基层管理	4000	2000	800	300	
7	00005	黄晓雯	技术部	普通职工	2500	1500	800	300	
8	00006	宋明泽	技术部	普通职工	2500	1500	800	300	
9	00007	杨枫	技术部	普通职工	2500	1500	800	300	
10	00008	程序斌	市场部	高层管理	7000	2000	1000	400	
11	00009	周阳	市场部	普通职工	2500	1500	600	350	
12	00010	孙超	市场部	基层管理	4000	1500	1000	350	

图 3.96　工资表进一步完善

SUM 函数是一个求和函数，其语法表达式为 SUM(number1,number2,...)，其中 number1、number2 等为 1 到 30 个需要求和的参数。

如在 I3 单元格输入“=sum(h3,1000)”，则会对 H3 单元格和 1000 求和，最后返回值 1300。

步骤 1 根据实际情况，在 I3 单元格中输入“=sum(e3:h3)”，如图 3.97 所示，再按 Enter 键即可。或者选中 E3:I3 单元格区域，然后单击工具栏中的自动求和按钮 Σ，如图 3.98 所示。

SUM =sum(E3:H3)

	A	B	C	D	E	F	G	H	I
1						工资发放明细表			
2	编号	姓名	所属部门	职工类别	基本工资	岗位工资	奖金	补贴	应发工资
3	00001	王强	办公室	高层管理	7000	2000	1000	300	=sum(E3:H3)
4	00002	张东林	办公室	中级管理	5000	1000	500	300	
5	00003	杨洋	技术部	高层管理	7000	2000	800	300	
6	00004	唐涛	技术部	基层管理	4000	2000	800	300	①
7	00005	黄晓雯	技术部	普通职工	2500	1500	800	300	
8	00006	宋明泽	技术部	普通职工	2500	1500	800	300	
9	00007	杨枫	技术部	普通职工	2500	1500	800	300	
10	00008	程序斌	市场部	高层管理	7000	2000	1000	400	
11	00009	周阳	市场部	普通职工	2500	1500	600	350	

图 3.97 应发工资计算

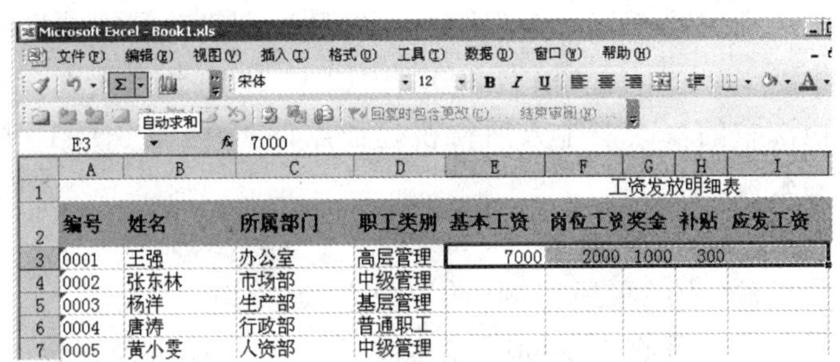

图 3.98 自动求和操作

步骤 2 单击单元格 I3，在其右下角的填充柄上按住鼠标左键不放，向下拖动，便可完成各员工的应发工资额计算，如图 3.99 所示。

I7 =SUM(E7:H7)

	A	B	C	D	E	F	G	H	I
1						工资发放明细表			
2	编号	姓名	所属部门	职工类别	基本工资	岗位工资	奖金	补贴	应发工资
3	00001	王强	办公室	高层管理	7000	2000	1000	300	10300
4	00002	张东林	办公室	中级管理	5000	1000	500	300	6800
5	00003	杨洋	技术部	高层管理	7000	2000	800	300	10100
6	00004	唐涛	技术部	基层管理	4000	2000	800	300	7100
7	00005	黄晓雯	技术部	普通职工	2500	1500	800	300	② 5100
8	00006	宋明泽	技术部	普通职工	2500	1500	800	300	5100
9	00007	杨枫	技术部	普通职工	2500	1500	800	300	5100

图 3.99 计算应发工资

5. 计算应扣保险费

假设企业规定应扣保险费为基本工资的 10%。那么只需在 J3 单元格中输入“=e3*0.1”，再按 Enter 键，即可完成对 J3 单元格的填写，然后利用自动填充功能，完成 J 列的计算，结果如图 3.100 所示。

J5 =I5*0.1

	A	B	C	D	E	F	G	H	I	J
1	工资发放明细表									
2	编号	姓名	所属部门	职工类别	基本工资	岗位工资	奖金	补贴	应发工资	应扣保险费
3	00001	王强	办公室	高层管理	7000	2000	1000	300	10300	1030
4	00002	张东林	办公室	中级管理	5000	1000	500	300	6800	680
5	00003	杨洋	技术部	高层管理	7000	2000	800	300	10100	1010
6	00004	唐涛	技术部	基层管理	4000	2000	800	300	7100	710
7	00005	黄晓雯	技术部	普通职工	2500	1500	800	300	5100	510
8	00006	宋明泽	技术部	普通职工	2500	1500	800	300	5100	510
9	00007	杨枫	技术部	普通职工	2500	1500	800	300	5100	510

图 3.100 计算应扣保险费

6. 计算应扣所得税

个人所得税的计算相对较为复杂。首先解释一下个人取得工薪所得应当如何缴纳个人所得税。

所谓个人取得的工薪所得，是指个人因任职或者受雇而取得的工资、薪金、奖金、年终加薪、劳动分红、津贴、补贴以及与任职或受雇有关的其他所得。在此处比较简单的工资发放明细表中，反映为 I 列的“应发工资”列。

首先需要了解何为应税所得额。应税所得额为每月取得工资收入后，先减去个人承担的基本养老保险金、医疗保险金、失业保险金，以及按省级政府规定标准缴纳的住房公积金，再减去费用扣除额 2000 元/月（根据 2007 年 12 月 29 日全国人大会常委会对《中华人民共和国个人所得税法》的修改，个人所得税起征点自 2008 年 3 月 1 日起由 1600 元提高到 2000 元），所得的余额。

计算公式是：

应纳个人所得税税额=应纳税所得额×适用税率-速算扣除数

例如：王某当月取得工资收入 9000 元，当月个人承担住房公积金、基本养老保险金、医疗保险金、失业保险金共计 1000 元，费用扣除额为 2000 元，则王某当月应税所得额=9000-1000-2000=6000 元。再按 5%至 45%的九级超额累进税率计算缴纳个人所得税：

应纳个人所得税税额=500*5%+1500*10%+3000*15%+1000*20%=825

个人所得税税率表（工资、薪金所得适用）

级数	月应纳税所得额	税率（%）	速算扣除数
1	不超过 500 元的	5	0
2	超过 500 元至 2000 元的部分	10	25
3	超过 2000 元至 5000 元的部分	15	125
4	超过 5000 元至 20000 元的部分	20	375
5	超过 20000 元至 40000 元的部分	25	1375
6	超过 40000 元至 60000 元的部分	30	3375
7	超过 60000 元至 80000 元的部分	35	6375
8	超过 80000 元至 100000 元的部分	40	10375
9	超过 100000 元的	45	15375

可以看出计算比较繁琐，尤其是个人工资收入越高，越难于计算。但是如果我们使用速算扣除数公式计算应纳所得税税额，就会相对简便：

应纳个人所得税税额=应纳税所得额×适用税率-速算扣除数

上例中，王某应纳所得税=6000*20%-375=825

步骤1 由于应税所得额=应发工资-应扣保险费-2000，在 K3 单元格中输入公式“=I3-J3-2000”，并按 Enter 键完成员工王强应税所得额的计算，并将 K 列填充完整，如图 3.101 所示。

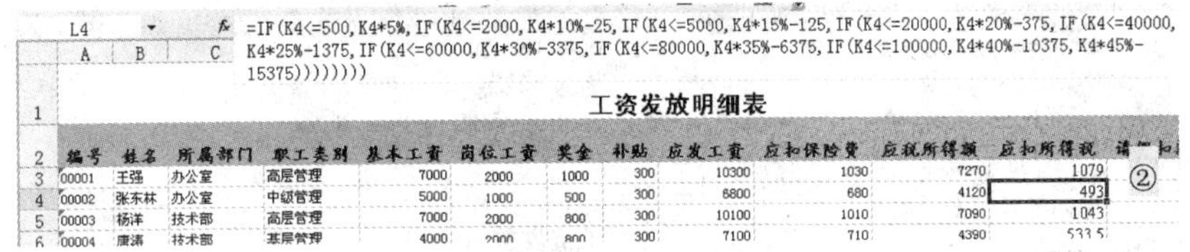

K7 　fx =I7-J7-2000

工资发放明细表

	A	B	C	D	E	F	G	H	I	J	K	L
2	编号	姓名	所属部门	职工类别	基本工资	岗位工资	奖金	补贴	应发工资	应扣保险费	应税所得额	应扣所得税
3	00001	王强	办公室	高层管理	7000	2000	1000	300	10300	1030	7270	
4	00002	张东林	办公室	中级管理	5000	1000	500	300	6800	680	4120	
5	00003	杨洋	技术部	高层管理	7000	2000	800	300	10100	1010	7090	
6	00004	唐涛	技术部	基层管理	4000	2000	800	300	7100	710	4390	
7	00005	黄晓雯	技术部	普通职工	2500	1500	800	300	5100	510	2590	①
8	00006	宋明泽	技术部	普通职工	2500	1500	800	300	5100	510	2590	
9	00007	杨枫	技术部	普通职工	2500	1500	800	300	5100	510	2590	
10	00008	程序斌	市场部	高层管理	7000	2000	1000	400	10400	1040	7360	
11	00009	周阳	市场部	普通职工	2500	1500	600	350	4950	495	2455	

图 3.101 计算应税所得额

步骤2 根据个人所得税税率表和前面求得的应税所得额来计算“应扣所得税”，在 L3 单元格中输入公式“=IF(K3<=500,K3*5%,IF(K3<=2000,K3*10%-25,IF(K3<=5000,K3*15%-125,IF(K3<=20000,K3*20%-375,IF(K3<=40000,K3*25%-1375,IF(K3<=60000,K3*30%-3375,IF(K3<=80000,K3*35%-6375,IF(K3<=100000,K3*40%-10375,K3*45%-15375))))))))。最终应扣所得税税额计算结果如图 3.102 所示。

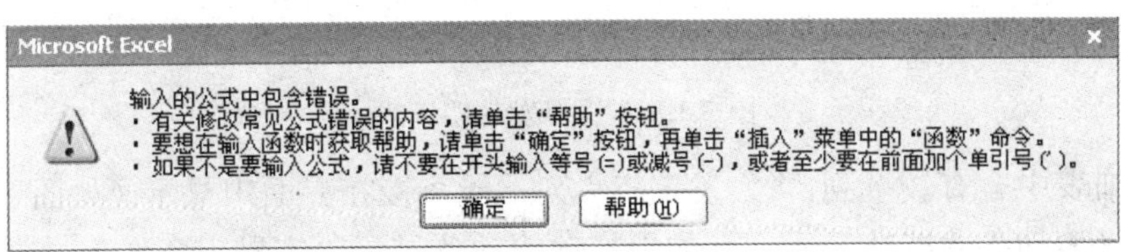

L4 　fx =IF(K4<=500,K4*5%,IF(K4<=2000,K4*10%-25,IF(K4<=5000,K4*15%-125,IF(K4<=20000,K4*20%-375,IF(K4<=40000,K4*25%-1375,IF(K4<=60000,K4*30%-3375,IF(K4<=80000,K4*35%-6375,IF(K4<=100000,K4*40%-10375,K4*45%-15375))))))))

工资发放明细表

	编号	姓名	所属部门	职工类别	基本工资	岗位工资	奖金	补贴	应发工资	应扣保险费	应税所得额	应扣所得税
3	00001	王强	办公室	高层管理	7000	2000	1000	300	10300	1030	7270	1079
4	00002	张东林	办公室	中级管理	5000	1000	500	300	6800	680	4120	493 ②
5	00003	杨洋	技术部	高层管理	7000	2000	800	300	10100	1010	7090	1043
6	00004	唐涛	技术部	基层管理	4000	2000	800	300	7100	710	4390	533.5

图 3.102 计算应扣所得税

由于 IF 函数最多能嵌套 7 层，而这里刚巧用到了 8 个 IF 函数，也刚刚把我国的九级超额累进税率计算个人所得税完整涵盖，读者可以自行尝试，如果在上述公式中，再另嵌套一个 IF 函数，即使公式表达完全正确，Excel 也必然弹出如图 3.103 所示的对话框。

Microsoft Excel

输入的公式中包含错误。
· 有关修改常见公式错误的内容，请单击“帮助”按钮。
· 要想在输入函数时获取帮助，请单击“确定”按钮，再单击“插入”菜单中的“函数”命令。
· 如果不是要输入公式，请不要在开头输入等号(=)或减号(-)，或者至少要在前面加个单引号(')。

确定　帮助(H)

图 3.103 公式错误

步骤 3　由于应税所得额只是辅助计算应扣所得税而添加的，这里用鼠标右键单击列标 K，选中 K 列，在弹出的快捷菜单中选择“隐藏”命令，如图 3.104 所示。可以看出 K 列被隐藏起来，并不能在当前视图上直接见到，如图 3.105 所示。

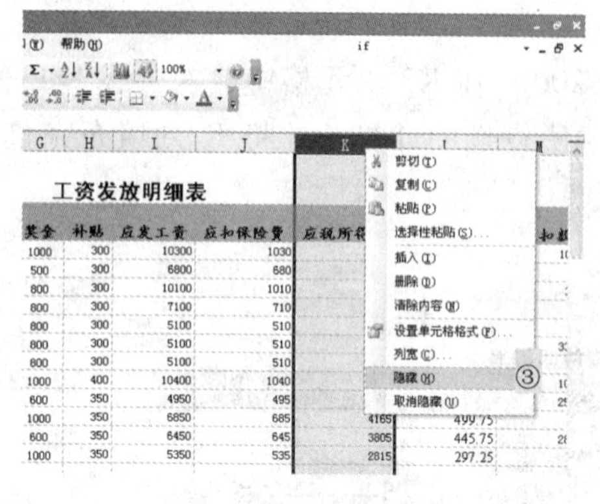

图 3.104　隐藏列

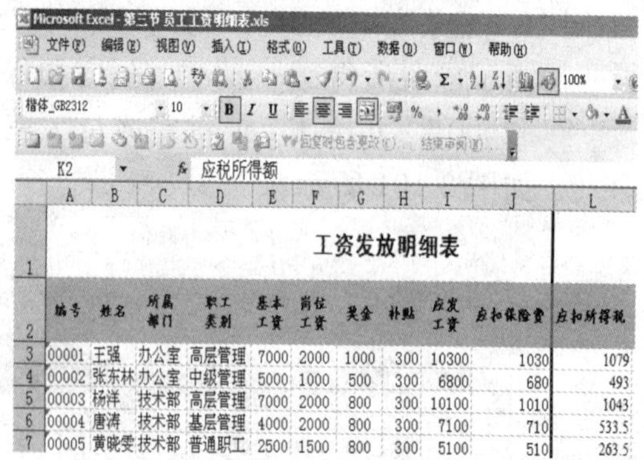

图 3.105　隐藏列

若要取消 K 列的隐藏，只需要将鼠标置于列标 J 和 L 交界线之间，出现拆分指针后，按住鼠标左键向右拖动，就可以将 K 列显示出来。

7. 计算实发工资

进一步把请假扣款填写完成，最后进行实发工资的计算。

在本例中，实发工资是由应发工资减去应扣保险费，再减去应扣所得税，最后与请假扣款项的差额。

在计算实发工资前，先简要介绍一下冻结窗格的应用。以如图 3.106 所示的表格为例。

工资发放明细表

编号	姓名	所属部门	职工类别	基本工资	岗位工资	奖金	补贴	应发工资	应扣保险费	应扣所得税	请假扣
00001	王强	办公室	高层管理	7000	2000	1000	300	10300	1030	1079	
00002	张东林	办公室	中级管理	5000	1000	500	300	6800	680	493	
00003	杨洋	技术部	高层管理	7000	2000	800	300	10100	1010	1043	
00004	唐涛	技术部	基层管理	4000	2000	800	300	7100	710	533.5	
00005	黄晓雯	技术部	普通职工	2500	1500	800	300	5100	510	263.5	
00006	宋明泽	技术部	普通职工	2500	1500	800	300	5100	510	263.5	
00007	杨枫	技术部	普通职工	2500	1500	800	300	5100	510	263.5	
00008	程序斌	市场部	高层管理	7000	2000	1000	400	10400	1040	1097	
00009	周阳	市场部	普通职工	2500	1500	600	350	4950	495	243.25	
00010	孙超	市场部	基层管理	4000	1500	1000	350	6850	685	499.75	
00011	王欣然	市场部	基层管理	4000	1500	600	350	6450	645	445.75	
00012	吕莉	市场部	普通职工	2500	1500	1000	350	5350	535	297.25	
00013											

图 3.106　工资发放明细表

由于明细表中含有较多列，“实发工资”列不能直接在界面中显示（如图 3.107 所示），必须拖动水平滚动条才能够显示。而如果拖动滚动条显示“实发工资”列时，又看不到职工的名字，所以需要使用到冻结窗格的命令。

	A	B	C	D	E	F	G	H	I	J	K	L	M
1						工资发放明细表							
2	编号	姓名	所属部门	职工类别	基本工资	岗位工资	奖金	补贴	应发工资	应扣保险费	应税所得额	应扣所得税	请假扣
3	00001	王强	办公室	高层管理	7000	2000	1000	300	10300	1030	7270	1079	
4	00002	张东林	办公室	中级管理	5000	1000	500	300	6800	680	4120	493	
5	00003	杨洋	技术部	高层管理	7000	2000	800	300	10100	1010	7090	1043	
6	00004	唐涛	技术部	基层管理	4000	2000	800	300	7100	710	4390	533.5	

图 3.107 “实发工资”列未显示

选定列 C 之后，单击“窗口”菜单，选择“冻结窗格”命令，如图 3.108 所示。

	A	B	C	D	E	F	G	H	I	J	K
1									明细表		
2	编号	姓名	所属部门	职工类别	基本工资	岗位工			工资	应扣保险费	应税所得额
3	00001	王强	办公室	高层管理	7000	2000	1000	300	10300	1030	7270
4	00002	张东林	办公室	中级管理	5000	1000	500	300	6800	680	4120
5	00003	杨洋	技术部	高层管理	7000	2000	800	300	10100	1010	7090
6	00004	唐涛	技术部	基层管理	4000	2000	800	300	7100	710	4390
7	00005	黄晓雯	技术部	普通职工	2500	1500	800	300	5100	510	2590
8	00006	宋明泽	技术部	普通职工	2500	1500	800	300	5100	510	2590
9	00007	杨枫	技术部	普通职工	2500	1500	800	300	5100	510	2590
10	00008	程序斌	市场部	高层管理	7000	2000	1000	400	10400	1040	7360
11	00009	周阳	市场部	普通职工	2500	1500	600	350	4950	495	2455
12	00010	孙超	市场部	基层管理	4000	1500	1000	350	6850	685	4165
13	00011	王欣然	市场部	基层管理	4000	1500	600	350	6450	645	3805

图 3.108 冻结窗格

此时可以发现，列 C 前多了一条黑色窗口冻结线，此时再拖动水平滚动条，发现编号和姓名栏始终可见，如图 3.109 所示。

	A	B	C	D	E	F
1						
2	编号	姓名	所属部门	职工类别	基本工资	岗位工资
3	00001	王强	办公室	高层管理	7000	2000
4	00002	张东林	办公室	中级管理	5000	1000
5	00003	杨洋	技术部	高层管理	7000	2000
6	00004	唐涛	技术部	基层管理	4000	2000
7	00005	黄晓雯	技术部	普通职工	2500	1500
8	00006	宋明泽	技术部	普通职工	2500	1500

图 3.109 冻结窗格

如果要取消冻结窗格，只需再次单击“窗口” | “冻结窗格”命令即可。

下面在 N3 单元格中输入“=I3-K3-L3-M3”，完成实发工资的计算。最终结果如图 3.110 所示。

工资发放明细表

编号	姓名	职工类别	基本工资	岗位工资	奖金	补贴	应发工资	应扣保险费	应扣所得税	请假扣款	实发工资
00001	王强	高层管理	7000	2000	1000	300	10300	1030	1079	100	8091
00002	张东林	中级管理	5000	1000	500	300	6800	680	493	0	5627
00003	杨洋	高层管理	7000	2000	800	300	10100	1010	1043	33	8014
00004	唐涛	基层管理	4000	2000	800	300	7100	710	533.5	0	5856.5
00005	黄晓雯	普通职工	2500	1500	800	300	5100	510	263.5	0	4326.5
00006	宋明泽	普通职工	2500	1500	800	300	5100	510	263.5	333	3993.5
00007	杨枫	普通职工	2500	1500	800	300	5100	510	263.5	0	4326.5
00008	程序斌	高层管理	7000	2000	1000	400	10400	1040	1097	100	8163
00009	周阳	普通职工	2500	1500	600	350	4950	495	243.25	250	3961.75

图 3.110　计算实发工资

8. 制作员工工资条

在工资表制作出来后，财务部门需要将工资表拆分，打印成工资条，发放给员工。在本例中，由工资表中的数据转入工资条，需要使用到 VLOOKUP 函数。在 VLOOKUP 中的 V 代表垂直。运用 VLOOKUP 函数，将大大简化数据转移的繁琐性。

VLOOKUP 函数在表格或数值数组的首列查找指定的数值，并由此返回表格或数组当前行中指定列处的数值。其语法表达式为 VLOOKUP(lookup_value,table_array,col_index_num, range_lookup)。

其中 lookup_value 为需要在第一列中查找的数值。table_array 为需要在其中查找数据的数据表。col_index_num 为 table_array 中待返回的匹配值的列序号。range_lookup 为逻辑值，指明函数 VLOOKUP 返回时是精确匹配还是近似匹配，如果为 TRUE 或省略，则返回近似匹配值，也就是说，如果找不到精确匹配值，则返回小于 lookup_value 的最大数值；如果 range_value 为 FALSE，函数 VLOOKUP 将返回精确匹配值；如果找不到，则返回错误值#N/A。

注意

如果 range_lookup 为 TRUE，则 table_array 的第一列中的数值必须按升序排列：…，-2，-1，0，1，2，…，-Z，FALSE，TRUE；否则，函数 VLOOKUP 不能返回正确的数值。如果 range_lookup 为 FALSE，table_array 不必进行排序。

步骤 1　启动 Excel 2003，制作基本工资条，如图 3.111 所示。

员工工资条

月份	编号	姓名	所属部门	职工类别	基本工资	岗位工资	奖金	补贴	应发工资	应扣保险费	应税所得额	应扣所得税

①

员工工资条

月份	编号	姓名	所属部门	职工类别	基本工资	岗位工资	奖金	补贴	应发工资	应扣保险费	应税所得额	应扣所得税

图 3.111　员工工资条

步骤 2　首先在单元格 A1 中输入“=today()”，显示月份，输入员工编号后，可在单元格 C3 中输入“=VKOOKUP(B3,工资表！A$1:N$245,2,FALSE,)”，其值显示为王强，再用鼠标左键按住填充柄，一直向右拖动，完成该工资条的制作，如图 3.112 所示。

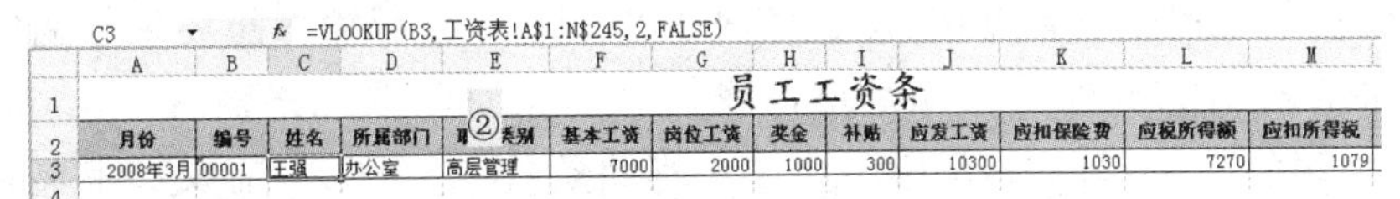

图 3.112 员工工资条

步骤3 对单元格 C3 中的公式进行复制，粘贴至 C7 单元格中，再次拖动填充柄，便能轻松地完成第二名员工的工资条制作，如图 3.113 所示。在这里，绝对引用 A$1:N$14 显得非常巧妙。

月份	编号	姓名	所属部门	职工类别	基本工资	岗位工资	奖金	补贴	应发工资	应扣保险费	应税所得额
2008年5月	00001	王强	办公室	高层管理	7000	2000	1000	300	10300	1030	7270

月份	编号	姓名	所属部门	职工类别	基本工资	岗位工资	奖金	补贴	应发工资	应扣保险费	应税所得额
2008年5月	00002	张东林	办公室	中层管理	5000	1000	500	300	6800	680	4120

图 3.113 填写工资条

9. 工资表的简要分析

利用 Alt+Enter 快捷键，即按住 Alt 键后再按 Enter 键，将字段名改为两行显示，如图 3.114 所示。

工资发放明细表

编号	姓名	所属部门	职工类别	基本工资	岗位工资	奖金	补贴	应发工资	应扣保险费	应税所得额	应扣所得税	请假扣款	实发工资	签字
00001	王强	办公室	高层管理	7000	2000	1000	300	10300	1030	7270	1079	100	8091	
00002	张东林	办公室	中级管理	5000	1000	500	300	6800	680	4120	493	0	5627	
00003	杨洋	技术部	高层管理	7000	2000	800	300	10100	1010	7090	1043	33	8014	
00004	唐涛	技术部	基层管理	4000	2000	800	300	7100	710	4390	533.5	0	5856.5	
00005	黄晓雯	技术部	普通职工	2500	1500	800	300	5100	510	2590	263.5	0	4326.5	
00006	宋明泽	技术部	普通职工	2500	1500	800	300	5100	510	2590	263.5	333	3993.5	
00007	杨枫	技术部	普通职工	2500	1500	800	300	5100	510	2590	263.5	0	4326.5	
00008	程序斌	市场部	高层管理	7000	2000	1000	400	10400	1040	7360	1097	100	8163	
00009	周阳	市场部	普通职工	2500	1500	600	350	4950	495	2455	243.25	250	3961.75	

图 3.114 工资表

下面介绍几个常用的函数。

（1）SUMIF。如果需要单独了解奖金≥800 的员工总的应发工资额，则需要使用 SUMIF 函数。

所谓 SUMIF 是根据指定条件对若干单元格求和的函数。其语法表达示为 SUMIF(range,criteria,sum_range)，其中 range 为用于条件判断的单元格区域；criteria 为确定哪些单元格将被相加求和的条件，其形式可以为数字、表达式或文本。例如，条件可以表示为 32、"32"、">32"或"applcs"。而 sum_range 则是需要求和的实际单元格。只有在区域中相应的单元格符合条件的情况下，sum_range 中的单元格才能求和。

在这里，G 列为用于条件判断的区域，因为要在此筛选中奖金≥800 的记录，而 SUMIF 函数中第二项要求填写条件，直接输入“>=800”即可，最后输入想要求和的实际单元格区域，即为“实发工资”列。也就是说，我们可以在 T6 单元格输入“=sumif(g3:g245,“>=800”，n3:n245)”，如图 3.115 所示。注意判断条件“>=800”需要加上英文状态下的双引号。

SUM =sumif(g3:g245,">=800",n3:n245

工资发放明细表

编号	姓名	奖金	补贴	应发工资	应扣保险费	应税所得额	应扣所得税	请假扣款	实发工资	签字
00001	王强	1000	300	10300	1030	7270	1079	100	8091	
00002	张东林	500	300	6800	680	4120	493	0	5627	
00003	杨洋	800	300	10100	1010	7090	1043	33	8014	
00004	唐涛	800	300	7100	710	4390	533.5	0	5856.5	
00005	黄晓雯	800	300	5100	510	2590	263.5	0	4326.5	
00006	宋明泽	800	300	5100	510	2590	263.5	333	3993.5	
00007	杨枫	800	300	5100	510	2590	263.5	0	4326.5	
00008	程序斌	1000	400	10400	1040	7360	1097	100	8163	
00009	周阳	600	350	4950	495	2455	243.25	250	3961.75	

工资表的简要分析

奖金>=800的员工总的实发工资额	=sumif(g3:g245,">=800",n3:n245
员工的平均工资	
员工的最高工资	
员工最低工资	SUMIF(range, criteria, [sum_range])

图 3.115 计算奖金不少于 800 的员工总实发工资额

思考：

如果要求出办公室、技术部、市场部各部门的各自应发工资总额，如何用 SUM 及 SUMIF 函数分别进行计算，并比较二者区别。

要知道所有姓张的员工的应发工资总额，该如何使用 SUMIF 函数？提示：=SUMIF(B3:B15,"张*",N3:N245)。

（2）AVERAGE。如果需要计算出公司员工的平均工资，则需要使用 AVERAGE 函数。

AVERAGE 是返回参数的平均值（算术平均值），其语法表达为 AVERAGE（number1,number2,...），其中 number1, number2,...为需要计算平均值的 1 到 30 个参数。这些参数可以是数字，或者是包含数字的名称、数组或引用。如果数组或引用参数包含文本、逻辑值或空白单元格，则这些值将被忽略；但包含零值的单元格将计算在内。由于此函数与 SUM 函数较为类似，这里不再赘述。

在 T7 单元格中输入“=average(n3:n245)”，如图 3.116 所示。

SUM =average(n3:n245)

编号	姓名	应扣保险费	应税所得额	应扣所得税	请假扣款	实发工资	签字
00001	王强	1030	7270	1079	100	8091	
00002	张东林	680	4120	493	0	5627	
00003	杨洋	1010	7090	1043	33	8014	
00004	唐涛	710	4390	533.5	0	5856.5	
00005	黄晓雯	510	2590	263.5	0	4326.5	
00006	宋明泽	510	2590	263.5	333	3993.5	
00007	杨枫	510	2590	263.5	0	4326.5	
00008	程序斌	1040	7360	1097	100	8163	

工资表的简要分析

奖金>=800的员工总的实发工资额	
员工的平均工资	=average(n3:n245)
员工的最高工资	
员工最低工资	

图 3.116 AVERAGE 函数的运用

（3）MAX 和 MIN。在工资发放明细表中，如果需要知道职工应发工资的最大值与最小值，需要使用 MAX 与 MIN 函数。

MAX 是返回一组值中的最大值的函数，其语法表达为 MAX(number1,number2,...)，而 MIN 是返回一组值中的最小值的函数，其语法表达为 MIN(number1,number2,...)，其中 number1、number2 等是要从中找出最大值的 1 到 30 个数字参数。如果参数不包含数字，函数 MAX 与 MIN 均返回 0（零）。

在 T8 单元格中输入“=max(n3:n245)”，如图 3.117 所示。

SUM ▾ ✕ ✓ fx =max(n3:n245)

	A	B	J	K	L	M	N	O
1								
2	编号	姓名	应扣保险费	应税所得额	应扣所得税	请假扣款	实发工资	签字
3	00001	王强	1030	7270	1079	100	8091	
4	00002	张东林	680	4120	493	0	5627	
5	00003	杨洋	1010	7090	1043	33	8014	
6	00004	唐涛	710	4390	533.5	0	5856.5	
7	00005	黄晓雯	510	2590	263.5	0	4326.5	
8	00006	宋明泽	510	2590	263.5	333	3993.5	
9	00007	杨枫	510	2590	263.5	0	4326.5	
10	00008	程序斌	1040	7360	1097	100	8163	

工资表的简要分析

奖金>=800的员工总的实发工资额

员工的平均工资

员工的最高工资 =max(n3:n245)

员工最低工资

图 3.117 MAX 函数的运用

在 T9 单元格中输入“=min(N3:N245)”，如图 3.118 所示。

SUM ▾ ✕ ✓ fx =min(N3: N245)

	A	B	J	K	L	M	N	O
1								
2	编号	姓名	应扣保险费	应税所得额	应扣所得税	请假扣款	实发工资	签字
3	00001	王强	1030	7270	1079	100	8091	
4	00002	张东林	680	4120	493	0	5627	
5	00003	杨洋	1010	7090	1043	33	8014	
6	00004	唐涛	710	4390	533.5	0	5856.5	
7	00005	黄晓雯	510	2590	263.5	0	4326.5	
8	00006	宋明泽	510	2590	263.5	333	3993.5	
9	00007	杨枫	510	2590	263.5	0	4326.5	
10	00008	程序斌	1040	7360	1097	100	8163	
11	00009	周阳	495	2455	243.25	250	3961.75	
12	00010	孙超	685	4165	499.75	0	5665.25	
13	00011	王欣然	645	3805	445.75	283	5076.25	
14	00012	吕莉	535	2815	297.25	0	4517.75	

工资表的简要分析

奖金>=800的员工总的实发工资额

员工的平均工资

员工的最高工资

员工最低工资 =min(N3: N245)

MIN(number1, [number2], ...)

图 3.118 MIN 函数的运用

（4）LARGE 和 SMALL。如果需要了解实发工资排名在第三位，或者倒数第四位的员工的实发工资额，MAX 与 MIN 函数不再适用，需要使用 LARGE 与 SMALL 函数。

LARGE 是返回数据集中第 k 个最大值的函数。使用此函数可以根据相对标准来选择数值。例如，可以使用函数 LARGE 得到第一名、第二名或第三名的应发工资额。LARGE 函数的语法表达为 LARGE(array,k)。其中 array 为需要找到第 k 个最小值的数组或数字型数据区域，k 为返回的数据在数组或数据区域里的位置。

SMALL 则是返回数据集中第 k 个最小值的函数，其语法表达为 SMALL(array,k)。

根据需要，确定 array 为 N3:N245，则可在单元格 H15 中输入“=large(n3:n245,3)”，或者输入“=small(n3:n245,4)”，结果分别如图 3.119 和图 3.120 所示。

SUM ▾ ✕ ✓ fx =large(n3:n245,3

	A	B	I	J	K	L	M	N	O	P–S	T
1			细表								
2	编号	姓名	应发工资	应扣保险费	应税所得额	应扣所得税	请假扣款	实发工资	签字		
3	00001	王强	10300	1030	7270	1079	100	8091			
4	00002	张东林	6800	680	4120	493	0	5627		工资表的简要分析	
5	00003	杨洋	10100	1010	7090	1043	33	8014			
6	00004	唐涛	7100	710	4390	533.5	0	5856.5		奖金>=800的员工总的实发工资额	
7	00005	黄晓雯	5100	510	2590	263.5	0	4326.5		员工的平均工资	
8	00006	宋明泽	5100	510	2590	263.5	333	3993.5		员工的最高工资	
9	00007	杨枫	5100	510	2590	263.5	0	4326.5		员工最低工资	
10	00008	程序斌	10400	1040	7360	1097	100	8163		排名第三的员工工资额	=large(n3:n245,3
11	00009	周阳	4950	495	2455	243.25	250	3961.75		排名倒数第四的员工工资	
12	00010	孙超	6850	685	4165	499.75	0	5665.25			LARGE(array, k)
13	00011	王欣然	6450	645	3805	445.75	283	5076.25			

图 3.119 LARGE 函数的运用

SUM ▾ ✕ ✓ fx =small(n3:n245,4)

	A	B	I	J	K	L	M	N	O	P–S	T
1			细表								
2	编号	姓名	应发工资	应扣保险费	应税所得额	应扣所得税	请假扣款	实发工资	签字		
3	00001	王强	10300	1030	7270	1079	100	8091			
4	00002	张东林	6800	680	4120	493	0	5627		工资表的简要分析	
5	00003	杨洋	10100	1010	7090	1043	33	8014			
6	00004	唐涛	7100	710	4390	533.5	0	5856.5		奖金>=800的员工总的实发工资额	
7	00005	黄晓雯	5100	510	2590	263.5	0	4326.5		员工的平均工资	
8	00006	宋明泽	5100	510	2590	263.5	333	3993.5		员工的最高工资	
9	00007	杨枫	5100	510	2590	263.5	0	4326.5		员工最低工资	
10	00008	程序斌	10400	1040	7360	1097	100	8163		排名第三的员工工资额	
11	00009	周阳	4950	495	2455	243.25	250	3961.75		排名倒数第四的员工工资	=small(n3:n245,4)
12	00010	孙超	6850	685	4165	499.75	0	5665.25			

图 3.120 SMALL 函数的运用

（5）RANK。与之对应的，如果需要知道在“实发工资”列中 5076 的工资排名第几，则需要使用 RANK 函数。RANK 是返回某一数值在一列数值中相对于其他数值的排位的函数。其语法表达为 RANK(number,ref,order)。number 为需要找到排位的数字。ref 为数字列表数组或对数字列表的引用，ref 中的非数值型参数会被忽略。order 为数字，指明排位的方式。如果 order 为 0（零）或省略，Microsoft Excel 对数字的排位是基于 ref 按照降序排列的列表。

在此例中，number 所对应的应该是 5076，而 ref 所对应的是 N 列，而在这里将 order 省略，即可以在 T12 单元格中输入“=rank(5076,n3:n245)”，如图 3.121 所示。

SUM ▾ ✕ ✓ fx =rank(5076,n3:n245)

	A	B	J	K	L	M	N	O	P–S	T
1										
2	编号	姓名	应扣保险费	应税所得额	应扣所得税	请假扣款	实发工资	签字		
3	00001	王强	1030	7270	1079	100	8091			
4	00002	张东林	680	4120	493	0	5627		工资表的简要分析	
5	00003	杨洋	1010	7090	1043	33	8014			
6	00004	唐涛	710	4390	533.5	0	5856.5		奖金>=800的员工总的实发工资额	
7	00005	黄晓雯	510	2590	263.5	0	4326.5		员工的平均工资	
8	00006	宋明泽	510	2590	263.5	333	3993.5		员工的最高工资	
9	00007	杨枫	510	2590	263.5	0	4326.5		员工最低工资	
10	00008	程序斌	1040	7360	1097	100	8163		排名第三的员工工资额	
11	00009	周阳	495	2455	243.25	250	3961.75		排名倒数第四的员工工资	
12	00010	孙超	685	4165	499.75	0	5665.25		5076的工资排名第几	=rank(5076,n3:n245)
13	00011	王欣然	645	3805	445.75	283	5076.25			

图 3.121 RANK 函数的运用

（6）COUNTIF。前面已经将应发工资进行了分级处理，现在需要分别统计工资级别属于A级、B级、C级或者D级的员工个数。可以使用COUNTIF函数来实现。

COUNTIF 是计算区域中满足给定条件的单元格的个数的函数。其语法表达为COUNTIF(range,criteria)，其中range为需要计算其中满足条件的单元格数目的单元格区域。在本例中，range即为I3:I14。criteria则为确定哪些单元格将被计算在内的条件，其形式可以为数字、表达式或文本。在这里，条件为“A”、“B”、“C”、“D”。

如图3.122所示，在单元格T13中输入=countif(n3:n245,“>=6000”)。

SUM ▾ ✕ ✓ fx =countif (n3:n245,">=6000")

	A	B	K	L	M	N	O	P–S	T
1									
2	编号	姓名	应税所得额	应扣所得税	请假扣款	实发工资	签字		
3	00001	王强	7270	1079	100	8091			
4	00002	张东林	4120	493	0	5627		工资表的简要分析	
5	00003	杨洋	7090	1043	33	8014			
6	00004	唐涛	4390	533.5	0	5856.5		奖金>=800的员工总的实发工资额	
7	00005	黄晓雯	2590	263.5	0	4326.5		员工的平均工资	
8	00006	宋明泽	2590	263.5	333	3993.5		员工的最高工资	
9	00007	杨枫	2590	263.5	0	4326.5		员工最低工资	
10	00008	程序斌	7360	1097	100	8163		排名第三的员工工资额	
11	00009	周阳	2455	243.25	250	3961.75		排名倒数第四的员工工资	
12	00010	孙超	4165	499.75	0	5665.25		5076的工资排名第几	
13	00011	王欣然	3805	445.75	283	5076.25		工资>=6000的员工个数	=countif (n3:n245,">=6000")
14	00012	吕莉	2815	297.25	0	4517.75			

图3.122 COUNTIF函数的运用

思考：

（1）使用COUNTIF函数计算“职位类别”为“普通职工”的员工个数。

（2）使用COUNTIF函数计算实发工资≤5500的员工个数。

10. 其他日期与时间函数

在Excel工作表中，有很多数学三角函数及日期与时间函数，这些函数相对而言比较简单，容易操作，由于篇幅限制，这里只能简略介绍，请读者自行领会。

ABS：求出参数的绝对值。

INT：将数值向下取整为最接近的整数。

MOD：求出两数相除的余数。

EXP：返回e的给定数字次幂。

LN：返回数字的自然对数。

LOG：按所指定的底数，返回数字的对数。

LOG10：返回数字的10为底的对数。

PI：返回pi的值。

ROUND：将数字按指定位数舍入。

TRUNC：将数字截尾取整。

SIN：返回给定角度的正弦值。

TAN：返回数字的正切。

SQRT：返回正平方根。

DATE：给出指定数值的日期。

YEAR：将序列号转换为年。

MONTH：求出指定日期或引用单元格中的日期的月份。

DAY：计算参数中指定日期或引用单元格中的日期天数。

HOUR：将序列号转换为小时。

MINUTE：将序列号转换为分钟。

SECOND：将序列号转换为秒。

DATEDIF：计算返回两个日期参数的差值。

NOW：给出当前系统日期和时间。

TODAY：给出系统日期。

WEEKDAY：给出指定日期的对应的星期数。

3.4 销售表分析

3.4.1 商务知识

在产品销售结束后，常常需要做大量的销售资料分析工作。所谓销售分析，就是衡量并评价实际销售情况与计划销售目标之间的差距，它通过对产品、销售地区以及其他方面的考察来分析未完成或者超额完成销售目标的原因，对照公司周期重点，进行整个销售环节的回顾与评估，分析哪些方面做得出色，哪些方面需要改进，进而寻找解决方案，并设定下期合理的业绩目标。

在此经常会用到销售额排序，从众多产品中筛选出某类产品进行分析，或者是根据不同标准对销售额进行汇总等 Excel 常用的数据管理功能。

这里以一个简单的销售表为例，来说明如何使用 Excel 进行数据分析，如图 3.123～图 3.126 所示。

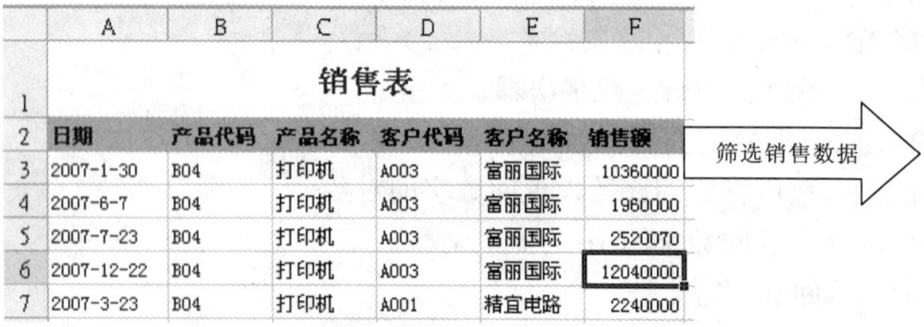

	A	B	C	D	E	F
1	销售表					
2	日期	产品代码	产品名称	客户代码	客户名称	销售额
3	2007-1-30	B04	打印机	A003	富丽国际	10360000
4	2007-6-7	B04	打印机	A003	富丽国际	1960000
5	2007-7-23	B04	打印机	A003	富丽国际	2520070
6	2007-12-22	B04	打印机	A003	富丽国际	12040000
7	2007-3-23	B04	打印机	A001	精宜电路	2240000

筛选销售数据

图 3.123 销售表

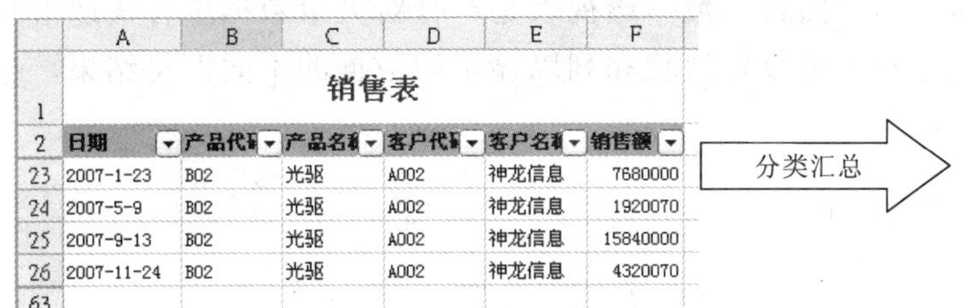

	A	B	C	D	E	F
1	销售表					
2	日期	产品代码	产品名称	客户代码	客户名称	销售额
23	2007-1-23	B02	光驱	A002	神龙信息	7680000
24	2007-5-9	B02	光驱	A002	神龙信息	1920070
25	2007-9-13	B02	光驱	A002	神龙信息	15840000
26	2007-11-24	B02	光驱	A002	神龙信息	4320070
63						

图 3.124　筛选对神龙信息公司的光驱销售数据

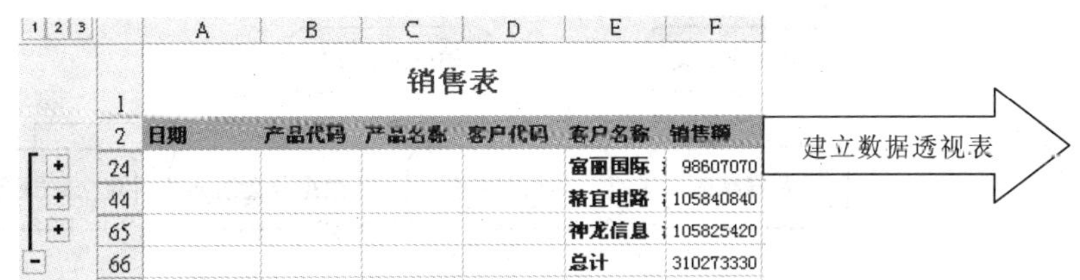

	A	B	C	D	E	F
1	销售表					
2	日期	产品代码	产品名称	客户代码	客户名称	销售额
24					富丽国际	98607070
44					精宜电路	105840840
65					神龙信息	105825420
66					总计	310273330

图 3.125　销售数据的分类汇总

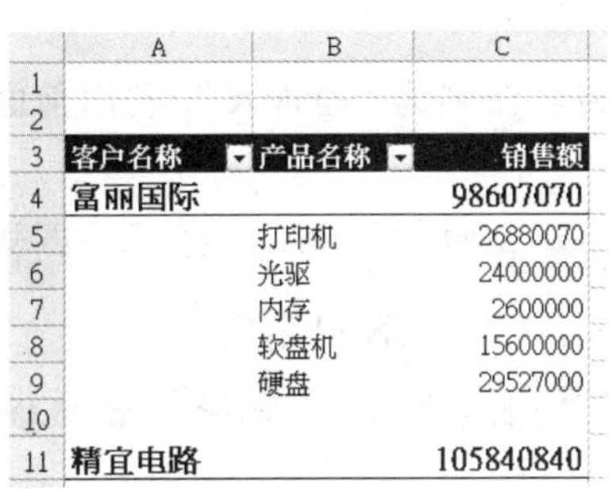

	A	B	C
1			
2			
3	客户名称	产品名称	销售额
4	富丽国际		98607070
5		打印机	26880070
6		光驱	24000000
7		内存	2600000
8		软盘机	15600000
9		硬盘	29527000
10			
11	精宜电路		105840840

图 3.126　数据透视表

3.4.2　知识点 

（1）筛选。如果要进行某种特定产品的分析，则需要从销售表中进行数据的筛选。筛选分为自动筛选和高级筛选两种，自动筛选每次只能从工作表中筛选出符合一组条件的记录；高级筛选是一种条件筛选，可以同时筛选出符合多组条件的记录。

（2）排序。当需要对销售表进行分析时，常常会按照某个特定标准对销售数据进行排序。排序分为使用工具按钮排序和使用菜单命令排序两种。使用工具按钮排序只有一个主关键字，但使用菜单命令可以设置主关键字、次要关键字和第三关键字，并能自定义序列。

（3）分类汇总。如果需要对销售表的各类产品的总销售额进行统计，则需要运用“分类汇总”功能。分类汇总是分析数据表的常用方法，在进行分类汇总时，注意必须先将数据清单按分类字段进行排序，然后才能进行分类汇总。

（4）数据透视表。数据透视表可以看做是一种特殊的分类汇总表，在按不同标准进行销售额的汇总时，如对某类产品的某个客户的销售情况进行分析，使用数据透视表会变得较为容易。具体而言，数据透视表是一种对大量数据进行快速汇总和建立交叉列表的交互式表格，它不仅可以转换行和列以显示源数据的不同汇总结果，也可以显示不同页面以筛选数据。

3.4.3 步骤分析

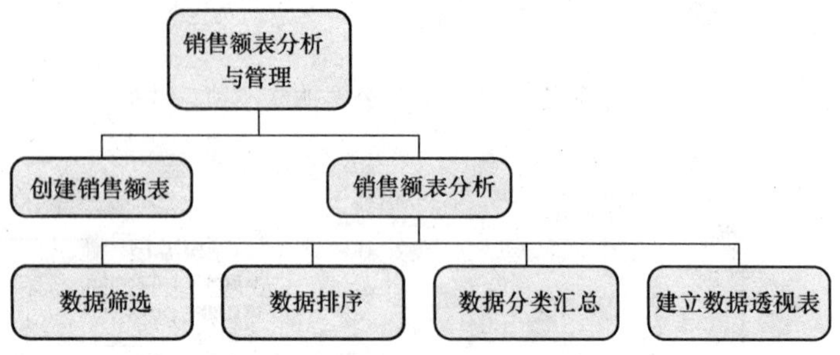

3.4.4 具体操作

1. 创建销售表

步骤 1 新建一个工作表并将其命名为“销售表”，利用前面所学知识对其格式进行设置，如图 3.127 所示。

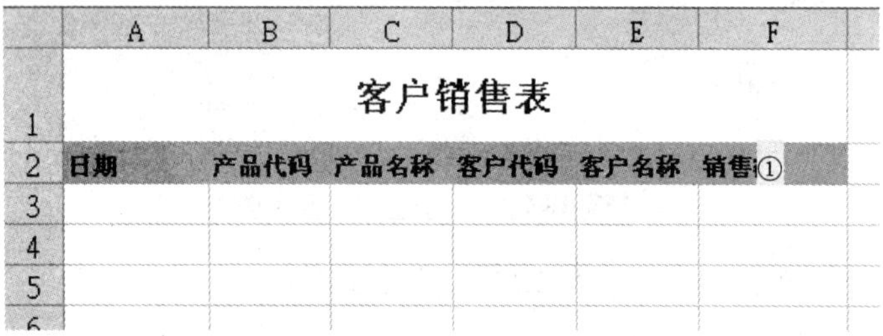

	A	B	C	D	E	F
1	客户销售表					
2	日期	产品代码	产品名称	客户代码	客户名称	销售①
3						
4						
5						

图 3.127　基本客户销售表

步骤 2 根据实际情况输入数据，由于产品代码从 B3:B13 均是“04”，可以直接选中单元格区域 B3:B13，输入“04”，按 Ctrl+Enter 快捷键后，用鼠标拖填充柄到 B13，便可完成 B3:B13 产品代码的录入，如图 3.128 所示。用同样的方式完成整张表的填写。

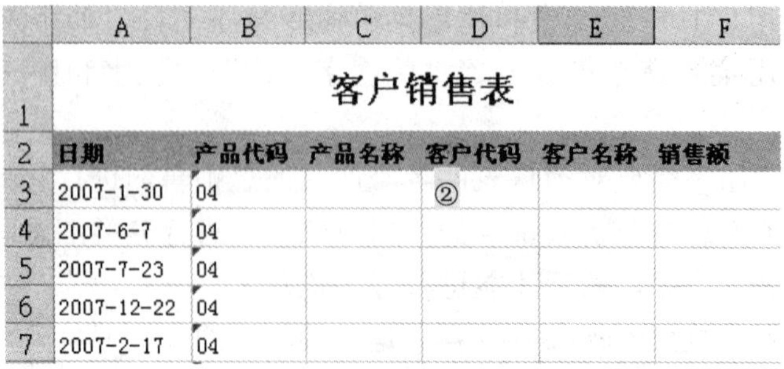

	A	B	C	D	E	F
1	客户销售表					
2	日期	产品代码	产品名称	客户代码	客户名称	销售额
3	2007-1-30	04		②		
4	2007-6-7	04				
5	2007-7-23	04				
6	2007-12-22	04				
7	2007-2-17	04				

图 3.128　输入产品代码

步骤3 由于我们希望区分产品销售的区域，如北方或者南方，可在产品代码前加一个“B”字符或者“N”字符，由于此表是北方区域销售情况的记录，在产品代码前添加“B”字符即可。显然一个单元格、一个单元格地更改会无比繁琐，其实一个简单的函数应用便可以解决这个问题。在单元格 G3 中，输入公式“="B"&B3”，如图 3.129 所示。“&”为文本型数据的连接符。

	A	B	C	D	E	F	G
1	客户销售表						
2	日期	产品代码	产品名称	客户代码	客户名称	销售额	
3	2007-1-30	04	打印机	003	富丽国际	10360000	="B"&B3
4	2007-6-7	04	打印机	003	富丽国际	1960000	③
5	2007-7-23	04	打印机	003	富丽国际	2520070	
6	2007-12-22	04	打印机	003	富丽国际	12040000	
7	2007-2-17	04	打印机	002	神龙信息	1960000	

图 3.129　添加区域标志

步骤4 此时 G3 单元格最后显示为“B03”，按住填充柄一直向下进行拖动，便可完成 G 列的修改，如图 3.130 所示。

	A	B	C	D	E	F	G
1	客户销售表						
2	日期	产品代码	产品名称	客户代码	客户名称	销售额	
3	2007-1-30	04	打印机	003	富丽国际	10360000	B04 ④
4	2007-6-7	04	打印机	003	富丽国际	1960000	B04
5	2007-7-23	04	打印机	003	富丽国际	2520070	B04
6	2007-12-22	04	打印机	003	富丽国际	12040000	B04
7	2007-2-17	04	打印机	002	神龙信息	1960000	B04
8	2007-4-24	04	打印机	002	神龙信息	10920070	B04
9	2007-7-18	04	打印机	002	神龙信息	1680000	B04
10	2007-11-19	04	打印机	002	神龙信息	2800000	B04

图 3.130　自动添加区域标志

步骤5 选中 G 列并复制，再选中 B 列，单击鼠标右键，在弹出的快捷菜单中选择“选择性粘贴”命令，如图 3.131 所示。

步骤6 此时弹出“选择性粘贴”对话框，如图 3.132 所示。在其中选择“数值”单选按钮，并单击“确定”按钮即可。

图 3.131　选择性粘贴

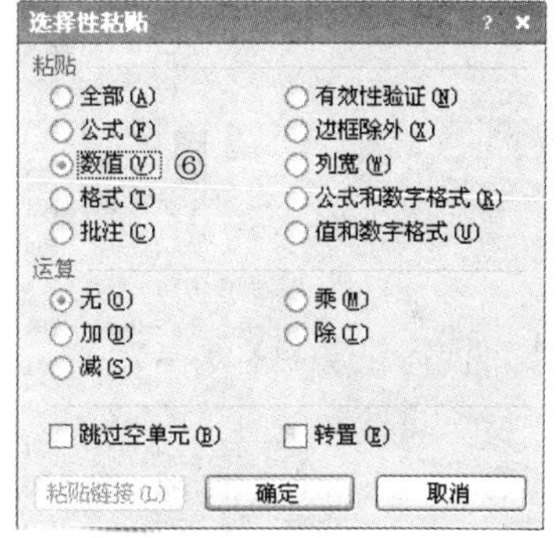

图 3.132　“选择性粘贴”对话框

思考：

若客户销售表前 100 个记录为经常往来的客户，后面的客户均属偶尔交易类型，如何在每一个客户代码前添加一个判别标识“A”（经常往来）或“B”（偶尔交易）字符？

2. 对销售数据进行筛选

我们已经有了图 3.123 所示的销售表，目前进行光驱产品的分析，需要在工作表中筛选出属于光驱的记录，在这里需要使用 Excel 中的数据筛选功能。

所谓筛选是查找和处理区域中数据子集的快捷方法。筛选区域仅显示满足条件的行，该条件由用户针对某列指定。Microsoft Excel 提供了两种筛选区域的方式：

自动筛选：包括按选定内容筛选，适用于简单条件。

高级筛选：适用于复杂条件。

需要注意的是，与排序不同，筛选并不重排区域。筛选只是暂时隐藏不必显示的行。因而 Excel 筛选行时，可对区域子集进行编辑、设置格式、制作图表和打印，而不必重新排列或移动。

（1）自动筛选。

步骤 1 单击“数据”|“筛选”|“自动筛选”命令，每个字段右侧会自动出现一个下拉按钮，如图 3.133 所示。

	A	B	C	D	E	F	G
1	销售表						
2	日期	产品代	产品名称	客户	客户名称	销售额	
3	2007-1-30	B04	打印机	A003	富丽国际	10360000	①
4	2007-6-7	B04	打印机	A003	富丽国际	1960000	

图 3.133　自动筛选

步骤 2 单击“产品名称”字段右侧的下拉按钮，在弹出的下拉列表中选择“光驱”选项，可根据要求筛选出“光驱”这一指定产品，如图 3.134 所示。

	A	B	C	D	E	F
1	销售表					
2	日期	产品代	产品名称	客户	客户名称	销售额
3	2007-1-30	B04	升序排列 降序排列	A003	富丽国际	10360000
4	2007-6-7	B04		A003	富丽国际	1960000
5	2007-7-23	B04	(全部) (前 10 个...)	A003	富丽国际	2520070
6	2007-12-22	B04	(自定义...) 打印机	A003	富丽国际	12040000
7	2007-2-17	B04	光驱 ② 内存	A002	神龙信息	1960000
8	2007-4-24	B04	软盘机 硬盘	A002	神龙信息	10920070
9	2007-7-18	B04	打印机	A002	神龙信息	1680000
10	2007-11-19	B04	打印机	A002	神龙信息	2800000
11	2007-3-23	B04	打印机	A001	精宜电路	2240000
12	2007-5-5	B04	打印机	A001	精宜电路	2240000
13	2007-8-15	B04	打印机	A001	精宜电路	11480000
14	2007-12-17	B04	打印机	A001	精宜电路	1400000
15	2007-3-24	B02	光驱	A003	富丽国际	1440000
16	2007-4-5	B02	光驱	A003	富丽国际	14880000

图 3.134　筛选“光驱”

现在需要单独对销售给神龙信息公司的光驱产品进行分析，需要进一步筛选。

步骤 3 单击“客户名称”字段右侧的下拉按钮，在弹出的下拉列表中选择“神龙信息”选项，如图 3.135 所示，所筛选出来的记录便是满足“产品名称”为“光驱”并且“客户名称”为“神龙信息”的记录，如图 3.136 所示。

	A	B	C	D	E	F
1			销售表			
2	日期	产品代	产品名称	客户	客户名称	销售额
15	2007-3-24	B02	光驱	A003		1440000
16	2007-4-5	B02	光驱	A003		14880000
17	2007-8-7	B02	光驱	A003		4800000
18	2007-10-22	B02	光驱	A003		2880000
19	2007-1-23	B02	光驱	A002		7680000
20	2007-5-9	B02	光驱	A002	神龙信息	1920070
21	2007-9-13	B02	光驱	A002	神龙信息	15840000
22	2007-11-24	B02	光驱	A002	神龙信息	4320070

升序排列
降序排列
(全部)
(前 10 个...)
(自定义...)
高丽国际
格宣电脑
神龙信息 ③

图 3.135 筛选数据

	A	B	C	D	E	F
1			销售表			
2	日期	产品代	产品名称	客户	客户名称	销售额
19	2007-1-23	B02	光驱	A002	神龙信息	7680000
20	2007-5-9	B02	光驱	A002	神龙信息	1920070
21	2007-9-13	B02	光驱	A002	神龙信息	15840000
22	2007-11-24	B02	光驱	A002	神龙信息	4320070

图 3.136 对神龙信息公司的光驱销售

注意

如果并不限制产品种类，而只筛选神龙信息的总购买量，则需要单击“产品名称”字段右侧的下拉按钮，在弹出的下拉列表中选择“(全部)”选项，如图 3.137 所示。

	A	B	C	D	E	F	G
1			销售表				
2	日期	产品代	产品名称	客户	客户名称	销售额	
19	2007-1-23	B02		A002	神龙信息	7680000	
20	2007-5-9	B02		A002	神龙信息	1920070	
21	2007-9-13	B02		A002	神龙信息	15840000	
22	2007-11-24	B02		A002	神龙信息	4320070	
63							
64							
65							

升序排列
降序排列
(全部)
(前 10 个...)
(自定义...)
打印机
光驱
内存
软盘机
硬盘

图 3.137 选择全部产品

若需整体撤销自动筛选功能，则需要再次打开“数据”|“筛选”子菜单，如图 3.138 所示，单击其中的“自动筛选”命令，会发现命令前方的“√”号隐藏起来，而整个工作表又恢复了最初的状态。

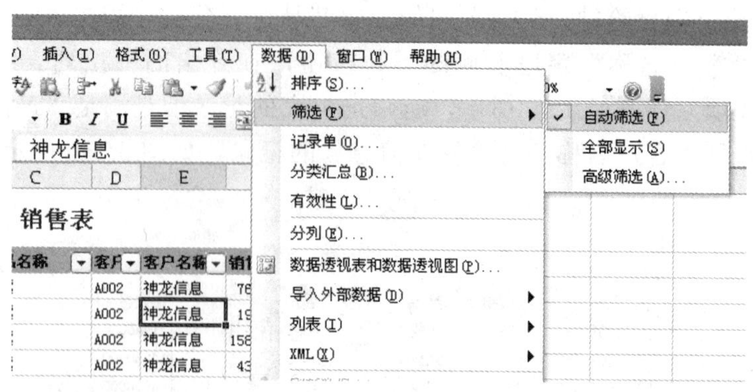

图 3.138　撤销自动筛选

思考：

如何使用“自动筛选”命令筛选出 2007 年下半年销售额不小于 10000000 的记录？

（2）高级筛选。对于刚才给读者的思考题，我们换一种方式来实现，即使用 Excel 所提供的高级筛选功能。

首先注意，与“自动筛选”不同的是，“高级筛选”一般用于条件较复杂的筛选操作，并且其筛选的结果既可以显示在原数据表格中，不符合条件的记录被隐藏起来；也可以在新的位置显示筛选结果，不符合条件的记录同时保留在数据表中而不会被隐藏起来，这样就更有利于进行数据的比较。

步骤 1　在单元格 H3:I3 中分别输入字段名，即“日期”和“销售额”，在其下一行对应位置输入条件，即在 H4 单元格中输入“>=2007-6-1”，在 I4 单元格中输入“>=10000000”，如图 3.139 所示。

注意

条件放在同一行表示“与”的关系，条件不在同一行表示“或”的关系。

	A	B	C	D	E	F	G	H	I
1			销售表						
2	日期	产品代码	产品名称	客户代码	客户名称	销售额			
3	2007-1-30	B04	打印机	A003	富丽国际	10360000		日期	销①额
4	2007-6-7	B04	打印机	A003	富丽国际	1960000		>=2007-6-1	>=10000000
5	2007-7-23	B04	打印机	A003	富丽国际	2520070			
6	2007-12-22	B04	打印机	A003	富丽国际	12040000			

图 3.139　输入条件

步骤 2　单击“数据”｜“筛选”｜“高级筛选”命令，如图 3.140 所示，打开“高级筛选”对话框。

步骤 3　在“列表区域”文本框中输入欲执行筛选操作的数据范围，一般来说，系统会将工作表中所有的数据区域设置到“列表区域”文本框中，若想选取特定的数据范围，可单击其右侧的折叠按钮，重新选取欲执行筛选的数据范围，如图 3.141 所示。

步骤4 单击“条件区域”右侧的折叠按钮，选择所要使用的条件区域，即 H3:I4，如图 3.141 所示。

步骤5 在“高级筛选”对话框的“方式”选项区中选中“将筛选结果复制到其他位置”单选按钮，并在“复制到”文本框中选择将最终筛选后的结果填入单元格 H6。单击“确定”按钮。

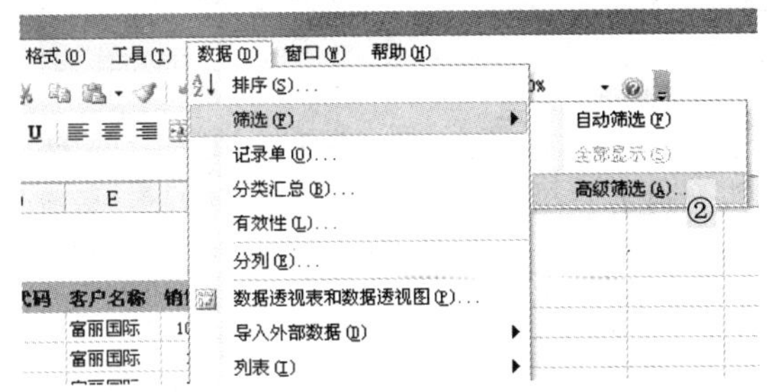

图 3.140 打开“高级筛选”对话框

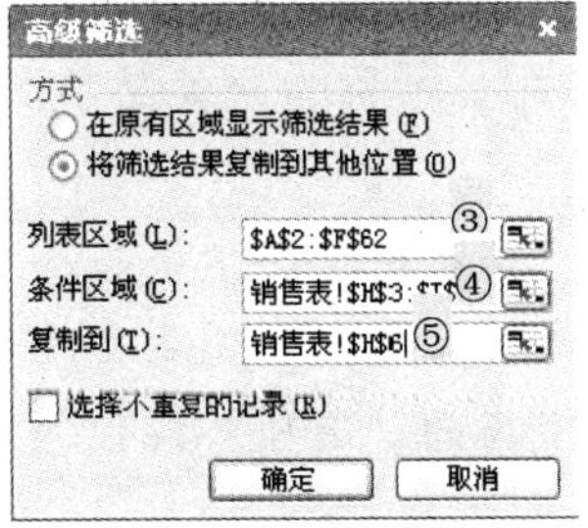

图 3.141 “高级筛选”对话框

若选中“在原有区域显示筛选结果”单选按钮，则会把筛选区域内不符合筛选条件的记录隐藏起来，只显示符合条件的记录。

最终结果如图 3.142 所示。

	A	B	C	D	E	F	G	H	I	J	K	L	M
1	销售表												
2	日期	产品代码	产品名称	客户代码	客户名称	销售额							
3	2007-1-30	B04	打印机	A003	富丽国际	10360000		日期	销售额				
4	2007-6-7	B04	打印机	A003	富丽国际	1960000		>=2007-6-1	>=10000000				
5	2007-7-23	B04	打印机	A003	富丽国际	2520070							
6	2007-12-22	B04	打印机	A003	富丽国际	12040000		日期	产品代码	产品名称	客户代码	客户名称	销售额
7	2007-2-17	B04	打印机	A002	神龙信息	1960000		2007-12-22	B04	打印机	A003	富丽国际	12040000
8	2007-4-24	B04	打印机	A002	神龙信息	10920070		2007-8-15	B04	打印机	A001	精宜电路	11480000
9	2007-7-18	B04	打印机	A002	神龙信息	1680000		2007-9-13	B02	光驱	A002	神龙信息	15840000
10	2007-11-19	B04	打印机	A002	神龙信息	2800000		2007-12-10	B02	光驱	A001	精宜电路	16800000
11	2007-3-23	B04	打印机	A001	精宜电路	2240000		2007-8-18	B05	软盘机	A001	精宜电路	10080000
12	2007-5-5	B04	打印机	A001	精宜电路	2240000		2007-6-6	B01	硬盘	A003	富丽国际	12007000
13	2007-8-15	B04	打印机	A001	精宜电路	11480000		2007-11-25	B01	硬盘	A002	神龙信息	12960000
14	2007-12-17	B04	打印机	A001	精宜电路	1400000		2007-7-15	B01	硬盘	A001	精宜电路	11040000
15	2007-3-24	B02	光驱	A003	富丽国际	1440000							

图 3.142 高级筛选结果

思考：

如果要筛选出 2007 年冬季，客户为“神龙信息”或者销售额超过平均值的记录，该如何运用 Excel 的高级筛选功能？

3. 对销售数据进行排序

由于整个客户销售表是按照客户代码的逆序排列的，但是生产部门需要按照产品名称来排序，那么就需要运用 Excel 的排序功能。

排序有两种方式：

（1）用排序工具排序。单击数据清单中需要排序的列中任意一个单元格，然后在“常用”工具栏单击“升序”按钮 A↓ 或者“降序”按钮 Z↓，则数据表的记录则按该指定顺序排列。

（2）用菜单命令排序。单击“数据”｜“排序”命令，弹出“排序”对话框，如图 3.143 所示。

排序的依据字段称为关键字，有时关键字不止一个。例如，产品名称相同，则将销售额高者排在前面。这里，实际上有两个关键字，第一个关键字是产品名称，称为“主要关键字”，而后一个关键字销售额仅当主关键字无法决定排列顺序时才起作用，故称为次关键字。

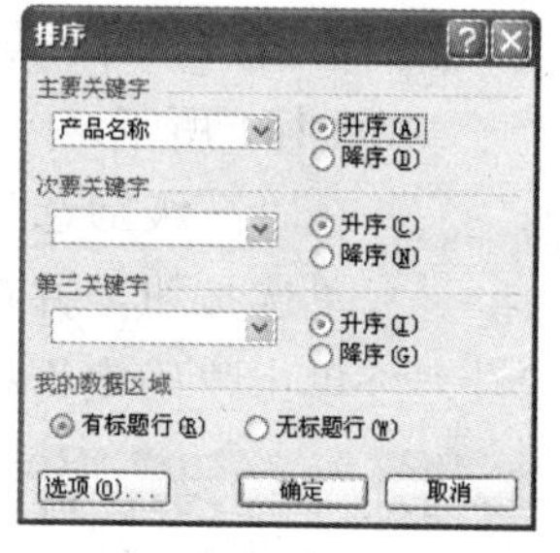

图 3.143 “排序”对话框

注意

要分清数据区域中是否含有标题行，“有标题行”表示标题行不参加排序，否则标题行也参加排序。本例中存在标题行，因而默认“有标题行”。另外，单击“排序”对话框左下角的“选项”按钮，可以设置排序次序。

4. 对销售数据进行分类汇总

如果需要对不同客户的各类产品的总销售额进行统计，则需要运用分类汇总功能。分类汇总是分析数据表的常用方法，在进行分类汇总时，必须先将数据清单按分类字段进行排序，然后才能进行分类汇总。

步骤 1 单击“客户名称”列的任意单元格，单击“常用”工具栏的“升序”按钮，将数据表按“客户名称”的升序排列，如图 3.144 所示。

产品名称	客户代码	客户名称	销售额
打印机	A003	富丽国际	10360000
打印机	A003	富丽国际	1960000
打印机	A003	富丽国际	2520070
打印机	A003	富丽国际	12040000

图 3.144 按客户名称排序

步骤 2 单击“数据”｜“分类汇总”命令（如图 3.145 所示），打开“分类汇总”对话框，如图 3.146 所示。

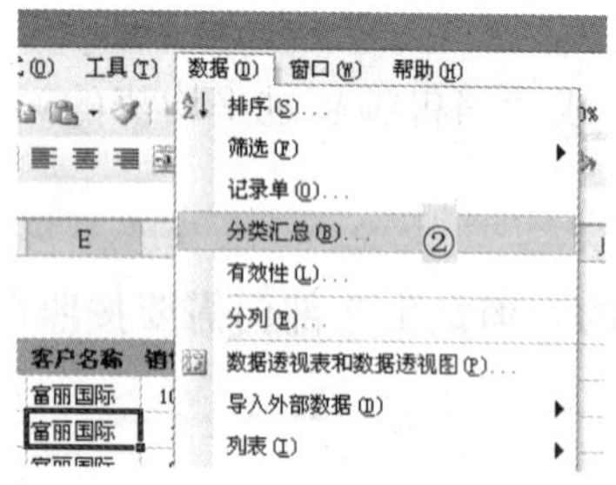

图 3.145 单击“分类汇总”命令

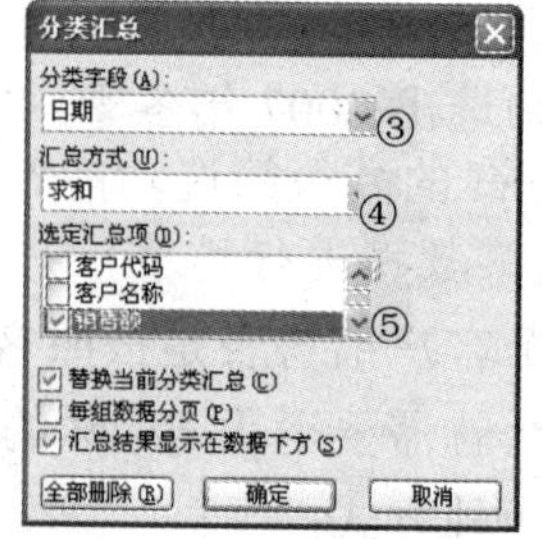

图 3.146 “分类汇总”对话框

步骤 3 在“分类字段”下拉列表框中选择排序依据，这里把默认的“日期”调整为“产品名称”。

步骤4 在“汇总方式”下拉列表框中选择“求和”方式。Excel 提供了求和、计数、平均值、最大值、最小值、乘积、数值计数、标准偏差、总体标准偏差、方差、总体方差 11 种方式，在这里选择默认的“求和”。

步骤5 在“选定汇总项”列表框中，一般只选择数值列，如果选择文本列，如“客户名称”，汇总结果会显示为 0，这里选择“销售额”，并单击“确定”按钮。最终结果如图 3.147 所示。

	A	B	C	D	E	F	G
1	销售表						
2	日期	产品代码	产品名称	客户代码	客户名称	销售额	
3	2007-1-30	B04	打印机	A003	富丽国际	10360000	
4	2007-6-7	B04	打印机	A003	富丽国际	1960000	
5	2007-7-23	B04	打印机	A003	富丽国际	2520070	
6	2007-12-22	B04	打印机	A003	富丽国际	12040000	
7	2007-3-24	B02	光驱	A003	富丽国际	1440000	
8	2007-4-5	B02	光驱	A003	富丽国际	14880000	
9	2007-8-7	B02	光驱	A003	富丽国际	4800000	
10	2007-10-22	B02	光驱	A003	富丽国际	2880000	
11	2007-1-24	B03	内存	A003	富丽国际	375000	
12	2007-6-19	B03	内存	A003	富丽国际	750000	
13	2007-9-8	B03	内存	A003	富丽国际	400000	
14	2007-11-7	B03	内存	A003	富丽国际	600000	
15	2007-12-13	B03	内存	A003	富丽国际	475000	
16	2007-2-20	B05	软盘机	A003	富丽国际	960000	
17	2007-6-7	B05	软盘机	A003	富丽国际	9360000	
18	2007-6-16	B05	软盘机	A003	富丽国际	2880000	
19	2007-11-1	B05	软盘机	A003	富丽国际	2400000	
20	2007-2-6	B01	硬盘	A003	富丽国际	4000000	
21	2007-4-16	B01	硬盘	A003	富丽国际	5760000	
22	2007-6-6	B01	硬盘	A003	富丽国际	12007000	
23	2007-12-2	B01	硬盘	A003	富丽国际	6960000	
24					富丽国际 汇总	98607070	

图 3.147 分类汇总结果

步骤6 单击列标左端的“分级显示符号”的“1”“2”或“3”符号，可以看到单独的汇总结果，如图 3.148 所示。

	A	B	C	D	E	F	G
1	销售表						
2	日期	产品代码	产品名称	客户代码	客户名称	销售[illegible]	
24					富丽国际 汇总	9860[illegible]70	
44					精宜电路 汇总	105840840	
65					神龙信息 汇总	105825420	
66					总计	310273330	
67							

图 3.148 销售表汇总

删除分类汇总的方法如下：选择分类汇总范围内的任意单元格，单击“数据”|“分类汇总”命令，在弹出的对话框中单击“全部删除”按钮，如图 3.149 所示。

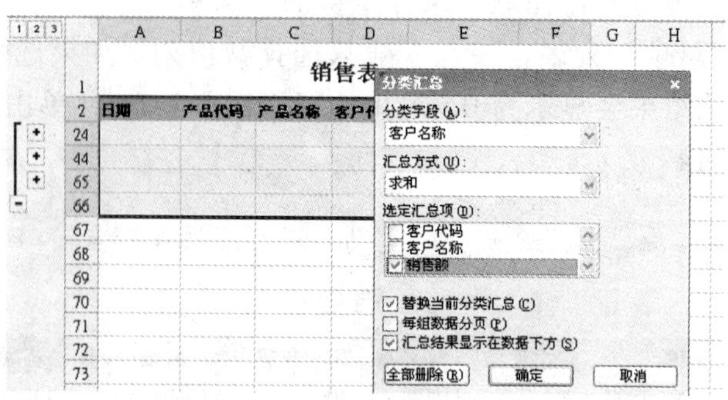

图 3.149　删除分类汇总

5. 数据透视表

如果需要完成如图 3.150 和图 3.151 所示的销售额分析表，那么最简单的方式便是使用 Excel 提供的数据透视表功能。

	A	B	C	D	E
1					
2	**销售额合计表**				
3		客户名称			
4	产品名称	富丽国际	精宜电路	神龙信息	总计
5	打印机	26880070	17360000	17360070	61600140
6	光驱	24000000	41520070	29760140	95280210
7	内存	2600000	1600000	1825000	6025000
8	软盘机	15600000	18000070	24000070	57600140
9	硬盘	29527000	27360700	32880140	89767840
10	总计	98607070	105840840	105825420	310273330

图 3.150　销售额合计表 1

销售额合计表

	产品名称					
日期	打印机	光驱	内存	软盘机	硬盘	总计
2007-1-6					7200700	7200700
2007-1-23		7680000				7680000
2007-1-24		13920070	375000			14295070
2007-1-30	10360000					10360000
2007-2-4				10800000		10800000
2007-2-6					4800000	4800000
2007-2-13					10080000	10080000
2007-2-17	1960000					1960000
2007-2-20				960000		960000
2007-3-12			300000			300000
2007-3-16			825000			825000
2007-3-21				2640000		2640000
2007-3-23	2240000					2240000
2007-3-24		1440000				1440000
2007-4-5		14880000				14880000
2007-4-16					5760000	5760000
2007-4-18			350000			350000

图 3.151　销售额合计表 2

而什么是数据透视表呢？数据透视表是一种对大量数据进行快速汇总的表格，它可以转换行和列以显示不同汇总的结果，如销售额合计表1行字段为产品名称，列字段为客户名称。而销售额合计表2行字段为日期，列字段为产品名称。

数据透视表还有一个优势在于对于已建立好数据透视表，也可以通过拖动项目来对行字段或者列字段进行修改，十分方便。

具体操作步骤如下：

步骤1 在销售表中选择任意一个非空单元格，然后在“数据”菜单中单击“数据透视表和数据透视图”命令（如图3.152所示），打开“数据透视表和数据透视图向导--3步骤之1”对话框，如图3.153所示，单击“下一步”按钮。

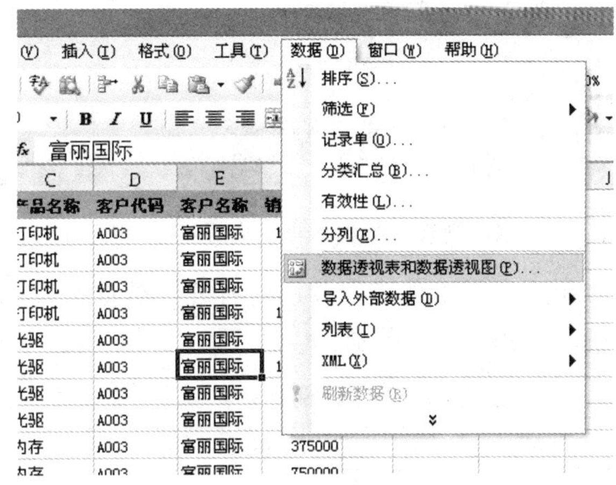

图3.152 打开数据透视表向导

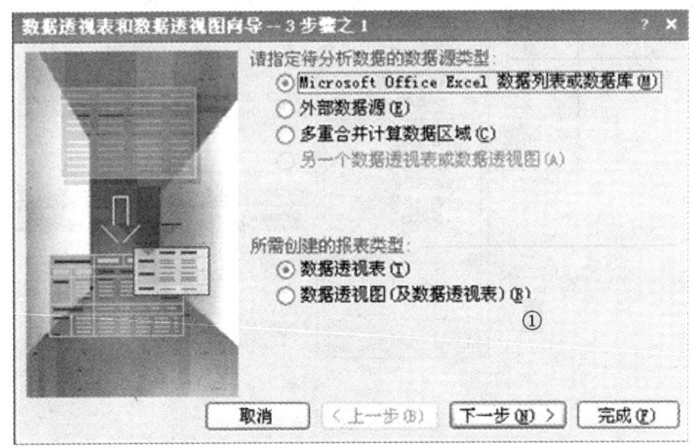

图3.153 “数据透视表和数据透视图向导--3步骤之1”对话框

步骤2 此时弹出“数据透视表和数据透视图向导--3步骤之2”对话框，对图3.154所示。此时需要检查一下系统自动选定的数据表的范围是否正确，也可以通过“选定区域”文本框右侧的折叠按钮进行手动选择。完成后单击“下一步”按钮。

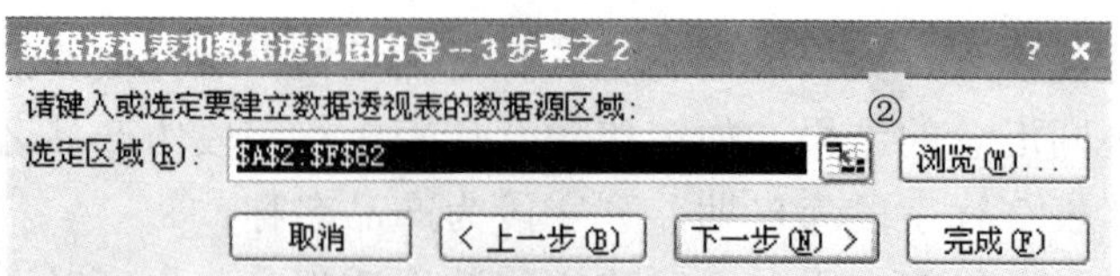

图 3.154 数据透视表和数据透视图向导--3 步骤之 2 对话框

步骤 3 此时弹出“数据透视表和数据透视图向导--3 步骤之 3”对话框，如图 3.155 所示。指定要将结果放在“新建工作表”中，单击“完成”按钮。

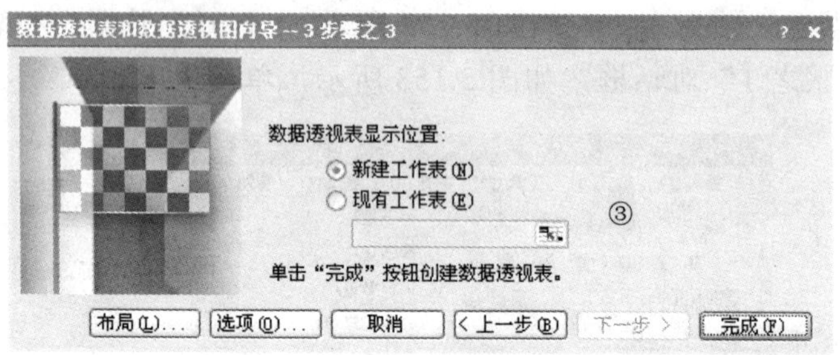

图 3.155 数据透视表和数据透视图向导--3 步骤之 3 对话框

此时会在原工作表前新建一个工作表，并同时打开“数据透视表”工具栏和“数据透视表字段列表”任务窗格，如图 3.156 所示。

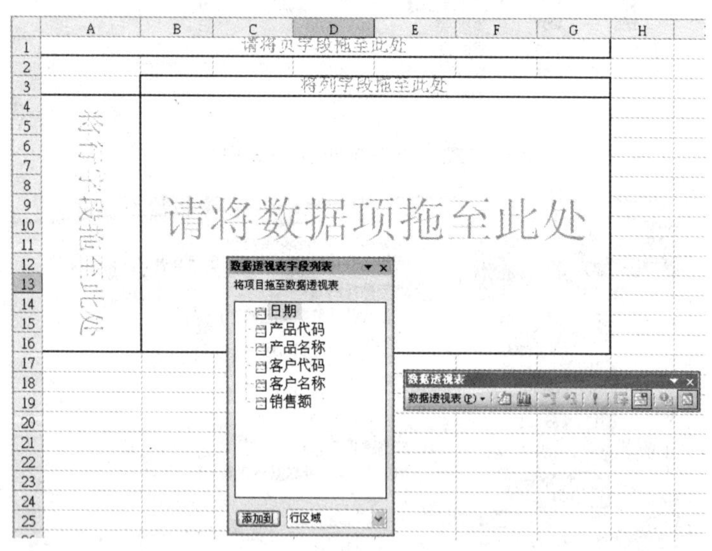

图 3.156 数据透视表

我们来看看数据透视表的具体运用。

步骤 4 对于图 3.150 中的销售额合计表 1 来讲，“将列字段拖至此处”便相当于“客户名称”，而“将行字段拖至此处”需要的则是“产品名称”，“请将数据项拖至此处”指的则是“销售额”。只需将“数据透视表字段列表”任务窗格中的所需字段拖动到图表的行和列中，并将汇总数据的字段即“销售额”拖动到数据区。

拖动完成后，结果如图 3.157 所示。可以看出，“数据透视表字段列表”任务窗格中对应字段已用粗体表示。

	A	B	C	D	E	F
1		请将页字段拖至此处				
2						
3	求和项:销售额	客户名称				
4	产品名称	富丽国际	精宜电路	神龙信息	总计	
5	打印机	26880070	17360000	17360070	61600140	
6	光驱	24000000	41520070	29760140	95280210	
7	内存	2600000	1600000	1825000	6025000	④
8	软盘机	15600000	18000070	24000070	57600140	
9	硬盘	29527000	27360700	32880140	89767840	
10	总计	98607070	105840840	105825420	310273330	

数据透视表字段列表
将项目拖至数据透视表
日期
产品代码
产品名称
客户代码
客户名称
销售额

数据透视表
数据透视表(P)

图 3.157　数据透视表结果

步骤 5　在完成初步设计后，需要对数据透视表进行一定程度的美化。单击“数据透视表”工具栏中的“设置报告格式”按钮，如图 3.158 所示。

图 3.158　设置报告格式对话框

步骤 6　此时弹出“自动套用格式”对话框，如图 3.159 所示。单击第一个格式，并单击“确定”按钮，效果如图 3.160 所示。

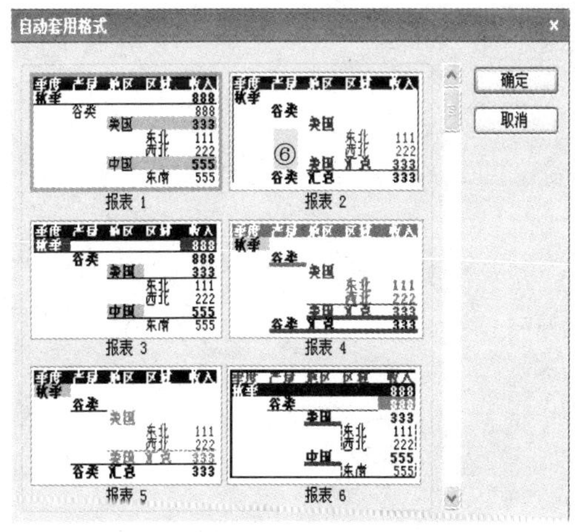

图 3.159　数据透视表美化

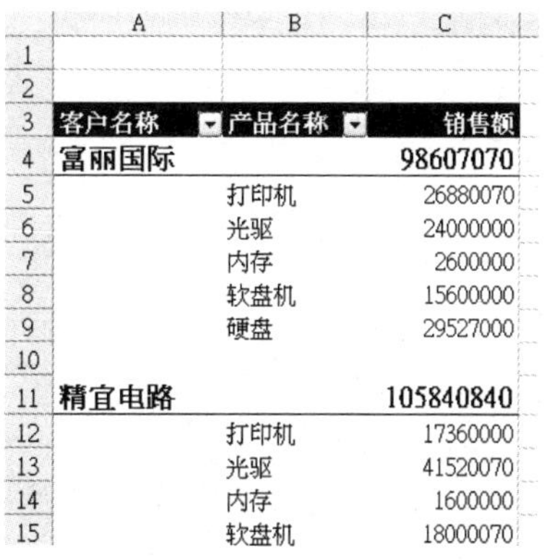

	A	B	C
1			
2			
3	客户名称	产品名称	销售额
4	**富丽国际**		**98607070**
5		打印机	26880070
6		光驱	24000000
7		内存	2600000
8		软盘机	15600000
9		硬盘	29527000
10			
11	**精宜电路**		**105840840**
12		打印机	17360000
13		光驱	41520070
14		内存	1600000
15		软盘机	18000070

图 3.160　美化后的数据透视表

注意

如果需要更改数据透视表的行字段或者列字段，只需要选中该字段，并将其拖动回“据透视表字段列表”任务窗格中任意位置即可，再重新从“数据透视表字段列表”任务窗格中选择合适的字段名并拖入，便可完成更改。对数据项的修改也是一样的操作。

如果要更改汇总方式，则单击“数据透视表”工具栏中的“数据透视表”下拉按钮，选择“字段设置”命令，如图 3.161 所示，打开“数据透视表字段”对话框，如图 3.162 所示。在此可以选择需要的汇总方式。

图 3.161　更改汇总方式

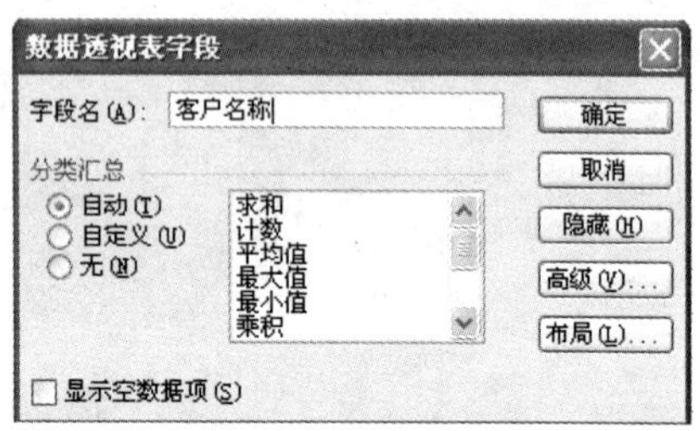

图 3.162　“数据透视表字段”对话框

思考：

请读者自行建立一个如图 3.151 所示的数据透视表，汇总方式为“求和”，基本表建成后，再对其进行美化。

第 4 章 Office PowerPoint 2003 高级应用技术

PowerPoint 是什么？有人说它是制作编写电子教案的工具，有人说它是撰写论文答辩的工具，也有人说它是进行产品介绍、技术交流的工具，还可以借助它进行学术讨论、个人介绍。总之，PowerPoint 的魅力在于它是记录和表达思想的最佳工具，也始终是我们在计算机上制作幻灯片时最可信赖的软件之一。

4.1 销售部年终总结报告

4.1.1 商务知识

假设你是一位销售部的经理，在一年的辛苦工作之后，要面对你的领导和员工进行一次年终工作总结，这个总结对你的重要性可想而知——如果你的报告不够精彩，销售部所有人员一年来的工作就可能无法得到高层的注意，你本人对下一年的工作设计也可能无法得到上级的认同。

若想在年底报告中表现出色，两个要素是必备的，一是丰富的内容，二就要借助 PowerPoint 工具增光添彩。图 4.1 以幻灯片浏览方式展示了最终效果图。

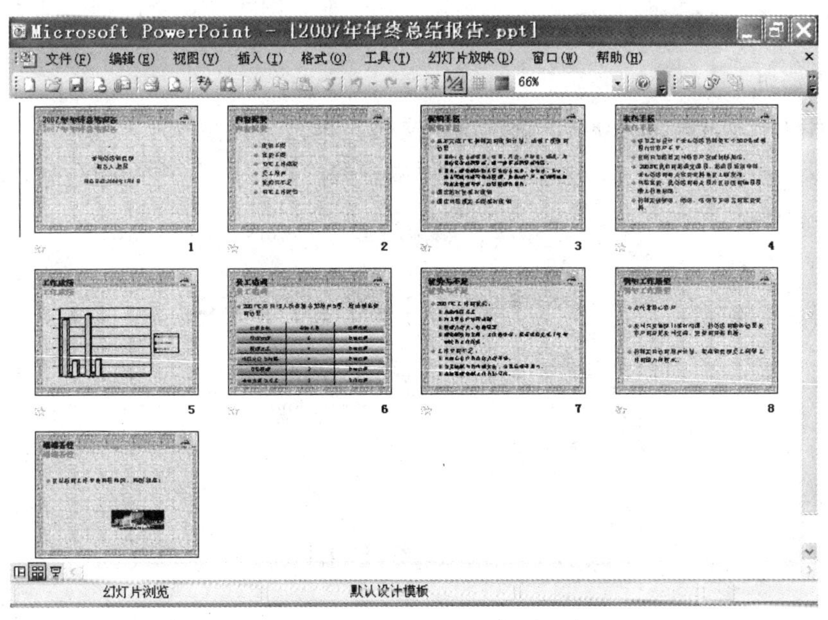

图 4.1　年终总结报告效果图

4.1.2 知识点

（1）母版。母版的设计是本案例的难点。所谓母版，就是幻灯片的“模子”，母版是统一管理幻灯片外观样式的工具。系统给出了许多可用的模板，我们可以根据不同的需求，设计不同效果的母版。设计了有效的母版，我们可以定义所有的幻灯片具有统一的外观。同时，对母版的任何修改都会反映到所有应用了该母版的幻灯片中，达到事半功倍的效果。

（2）表格的应用及格式调置。可以将在 Word 中学到的表格操作应用到 ppt 文件中，表格的最大优点是适用于罗列最基本的数据资料，用最少的文字和语言说明报告的内容。

（3）图表的应用及格式设置。可以将在 Excel 中学到的图表应用到 ppt 文件中，图表可以直观、形象地展示数据内容，提示隐藏在数据背后的规律。通过不同形状的图表简明直观地表达我们要报告的内容，让听众有更深刻的感受和记忆，使报告达到一个有新鲜感、个性化、直观性的效果。

4.1.3 设计思路

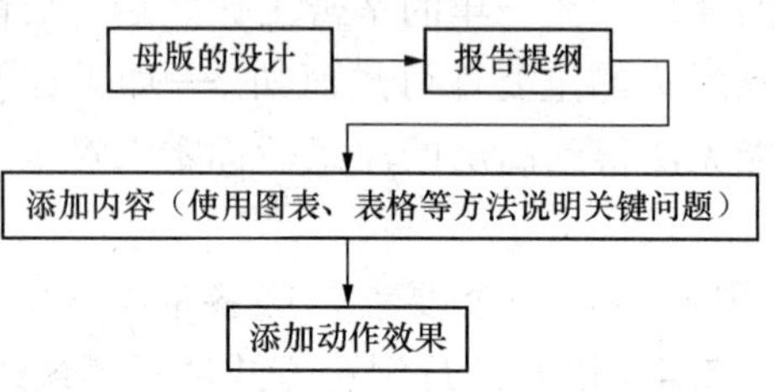

4.1.4 具体操作

1. 创建母版

步骤 1 启动 PowerPoint 2003，新建演示文稿，单击“视图”|“母版”|“幻灯片母版”命令，如图 4.2 所示。删除母版中的“日期区”、“页脚区”、“数字区”。

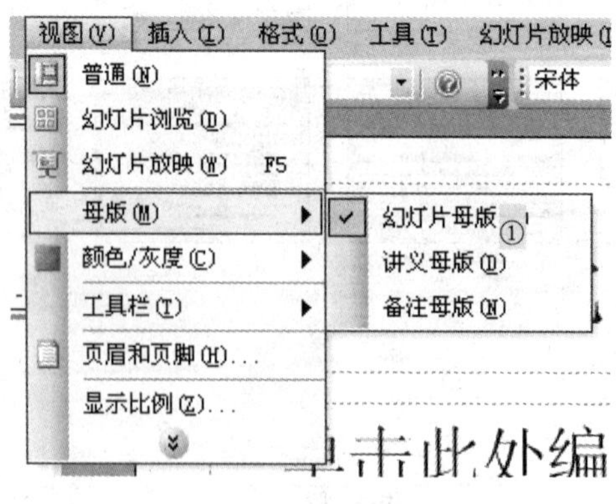

图 4.2 创建母版

步骤 2 单击“格式”|“背景”命令，在“背景”对话框的下拉列表框中选择“填充效果”选项。

步骤 3 打开“纹理”选项卡，选中第 4 行第 4 列的“编织物”纹理，单击“确定”按钮，在“背景”对话框中单击“全部应用”按钮，如图 4.3 所示。

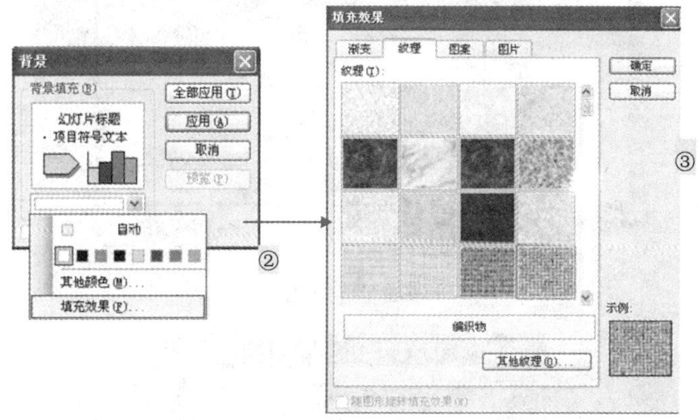

图 4.3 设置母版背景

步骤 4 双击母版中最大的矩形的外框，打开“设置自选图形格式”对话框。在“颜色和线条”选项卡中，单击“颜色”下拉列表框，选择“填充效果”选项。

步骤 5 此时弹出“填充效果”对话框，打开“纹理”选择卡，选中第 4 行第 2 列的“画布”纹理，如图 4.4 所示。调整矩形的大小和位置，使矩形距母版顶端的距离较大，底端的距离较小。将该矩形的叠放次序设为“置于底层”。这样，就构成了一个稳定、大方、典雅的母版布局，上方棕色的区域用于母版的标题，下方浅色的区域用于母版正文，效果图如图 4.5 所示。

步骤 6 选中标题文字，单击“格式”|“字体”命令，在“字体”对话框中的“字形”列表框中选择“加粗”选项，在“字号”列表框中选择 32，在“颜色”下拉列表框中选择“暗红色”，如图 4.6 所示。调整标题区域的大小和位置，使其摆放在母版上面深色区域中，使标题文字的下边缘正好接触到深浅两个区域的交界线上，效果图如图 4.7 所示。

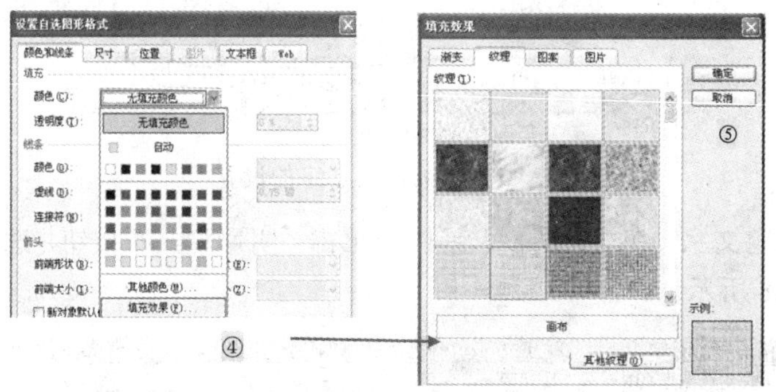

图 4.4 修饰母版

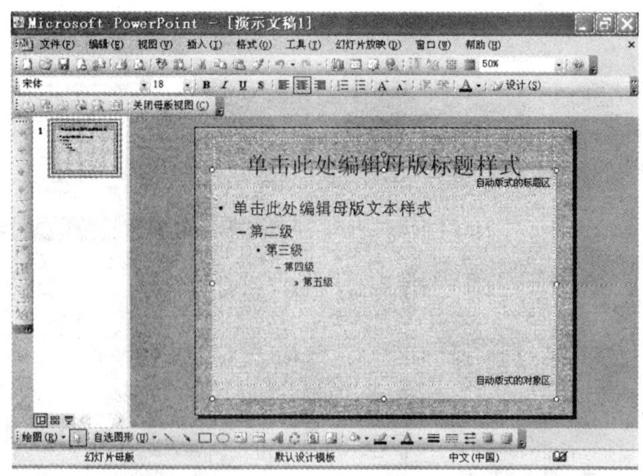

图 4.5　母版的修饰

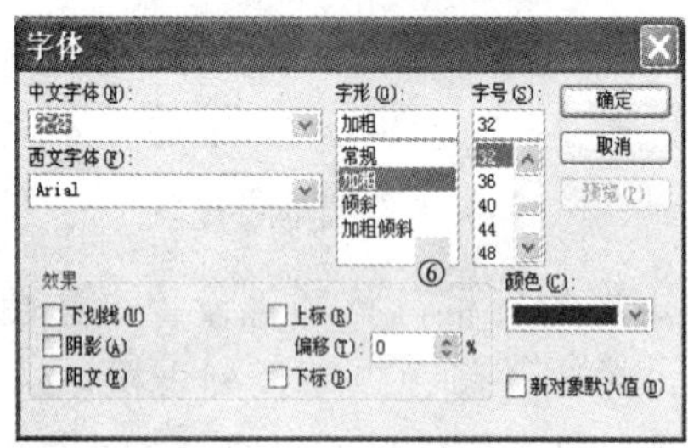

图 4.6　设置标题文字

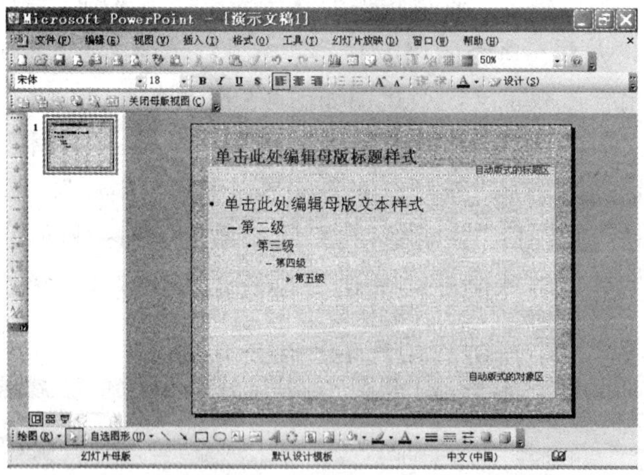

图 4.7　母版标题文字的设置

步骤 7　选中标题文字，在“绘图”工具栏中单击“阴影样式”按钮，选择“阴影样式 1”，如图 4.8 所示。

图 4.8　设置阴影

步骤 8 单击“绘图”工具栏中“阴影样式”按钮，选择“阴影设置”命令，弹出“阴影设置”工具栏，设置标题的阴影效果。取消“阴影颜色”中的“半透明阴影”，如图 4.9 所示。单击 和 按钮，向右和向下移动阴影位置，直到标题阴影和文字等高，且阴影中的文字完全移到标题文字的下部为止，两者正好在深浅区域的交界线上衔接，效果如图 4.10 所示。

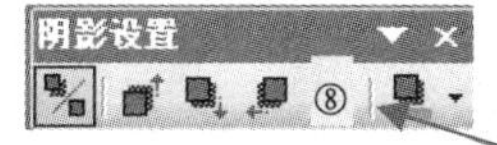

图 4.9 设置阴影效果工具栏

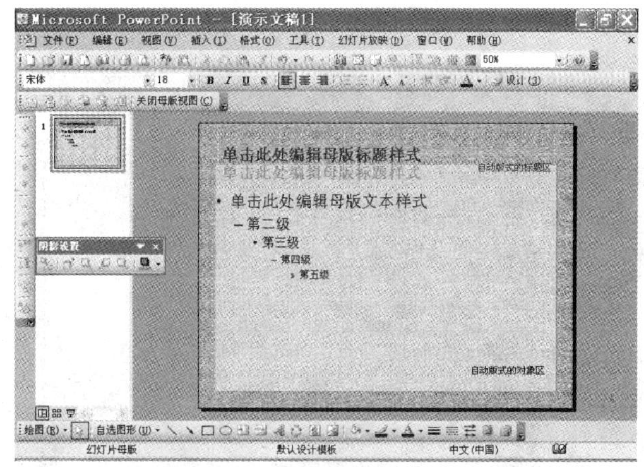

图 4.10 母版标题阴影的设置

步骤 9 适当调整各级文字的大小，第一级文字的字号为 28，第二级为 24，并将第一级文字的颜色设为褐色，其他各级文字设为黑色。为第一级文字选择“球状褐色”图片作为项目符号，为第二级文字选择“蓝白色”图片作为项目符号，如图 4.11 所示。

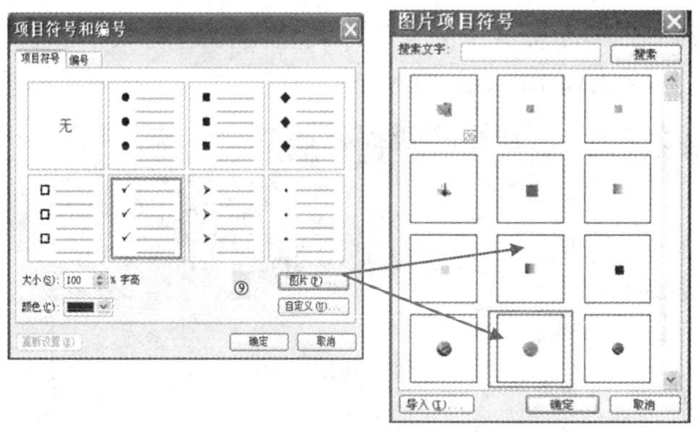

图 4.11 设置项目符号

步骤 10 单击“插入”｜“图片”｜“来自文件”命令，找到酒店四星级的图形标志，如图 4.12 所示。将标志插入到母版的右上角，并调整图片的位置和高度，使图片正好在深色区域内，效果如图 4.13 所示。

图 4.12 “插入图片”对话框

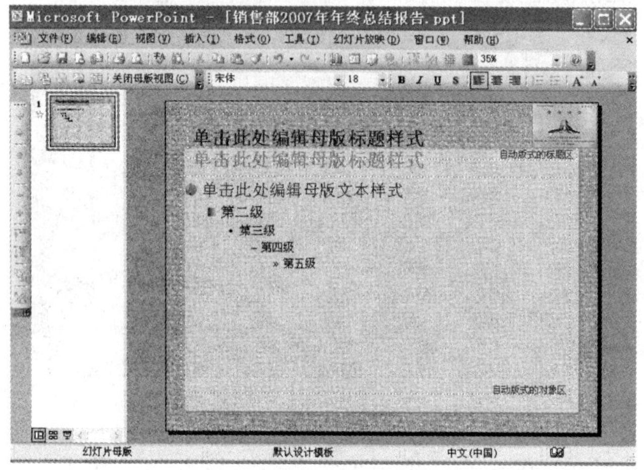

图 4.13 在母版中插入图片

步骤 11 在幻灯片母版视图的菜单栏中单击“插入”|“新标题母版”命令，调整标题母版中标题区域的大小和位置，并调整副标题的大小和位置，副标题的字号为28，效果如图 4.14 所示。

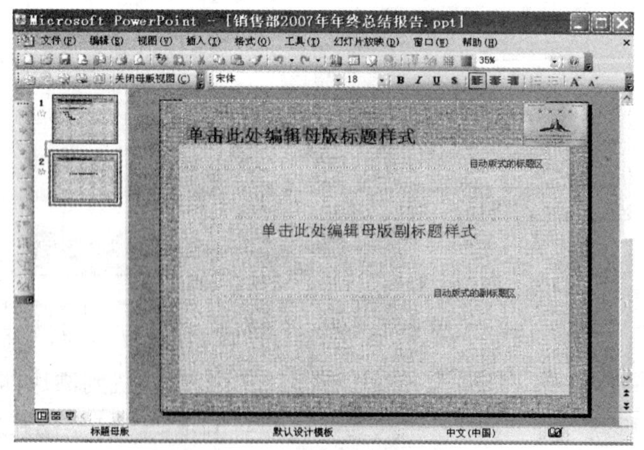

图 4.14 标题母版的设置

这样，母版的设计就完成了，关闭母版视图。

在第一张幻灯片上方区域输入“2007 年年终总结报告”，在中间的副标题区域输入单位、报告人、时间等内容，如图 4.15 所示。

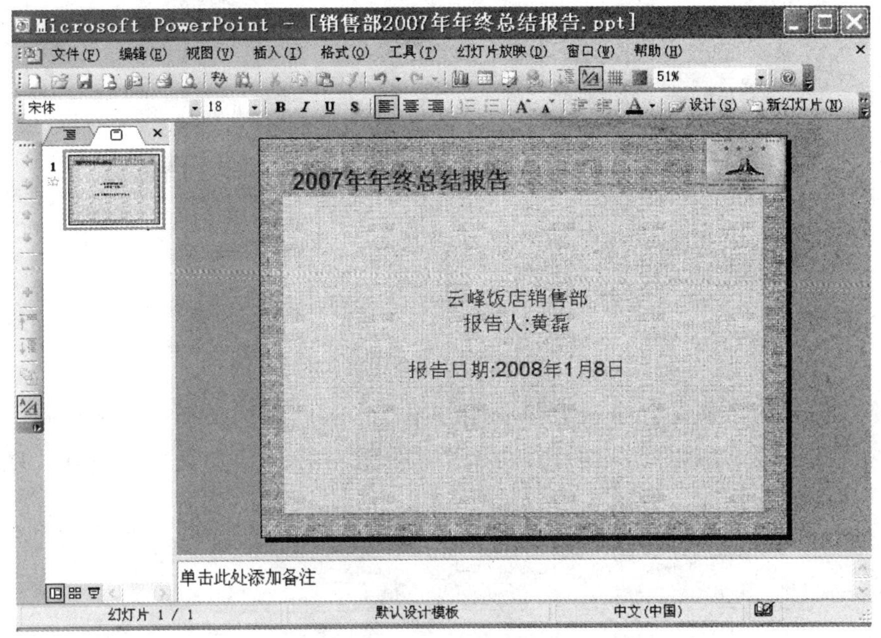

图 4.15　标题幻灯片

2. 报告提纲

插入第二张幻灯片，输入“内容提要”，正文内容包括：

（1）促销手段。

（2）宣传手段。

（3）工作成绩。

（4）员工培训。

（5）优势与不足。

（6）明年工作展望。

3. 添加内容

插入第三张幻灯片，作为“促销手段”页面，简要说明在促销方面的情况。

插入第四张幻灯片，作为“宣传手段”页面，以简单明了的语言说明酒店的宣传手段。

插入第五张幻灯片，作为“工作成绩”页面，为了使听众一目了然、记忆深刻、具有新鲜感，我们使用图表效果。在幻灯片上插入图表的方法很多。下面直接在幻灯片中创建图表对象，并在该对象的数据表中录入数据内容。

步骤 1　单击“插入”｜“图表”命令，即可看到创建了一个图表对象，并显示了该对象的数据表，如图 4.16 所示。

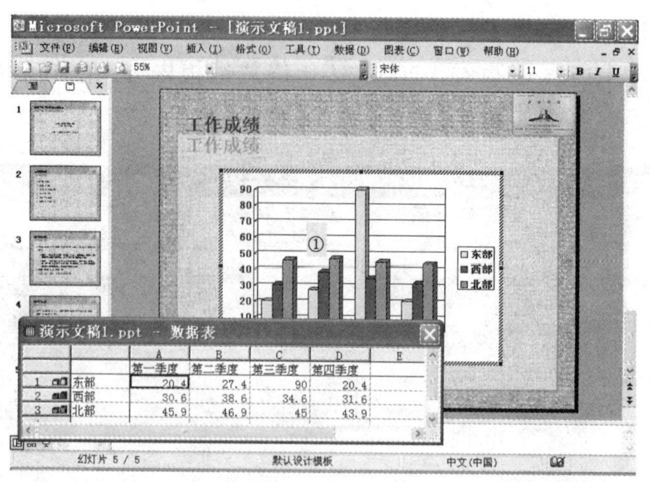

图 4.16　插入图表

步骤 2　该图表的类型是一个三维簇状柱型图，本例就用这个类型。如果想改成其他类型的图表，可以右击幻灯片上的图表，在弹出的快捷菜单中选择“图表类型”命令进行修改，如图 4.17 所示。

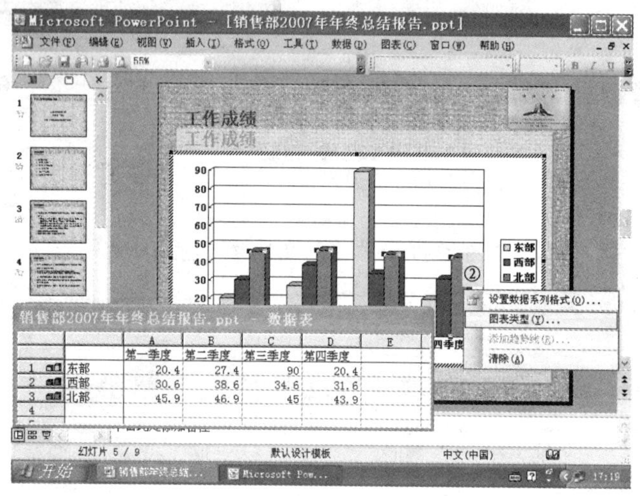

图 4.17　修改图表类型

步骤 3　在图表对象的数据表窗口中输入酒店工作成绩的数据（直接输入，替换原有数据即可），如图 4.18 所示。

步骤 4　在图表区以外单击鼠标左键，即可插入关于酒店全年工作成绩的图表，如图 4.19 所示。

现在看来，图表的显示效果还不够美观，我们可以对图表柱型的填充色进行修改。

步骤 5　双击图表进入图表的编辑状态，选中图表的“客房收入”浅蓝色的柱形，单击鼠标右键，在弹出的快捷菜单中选择“设置数据系列格式”命令，打开“数据系列格式”对话框，如图 4.20 所示。

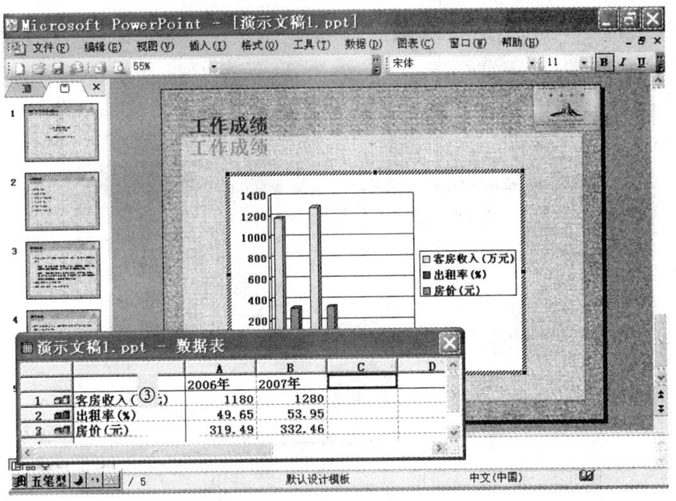

图 4.18　输入图表数据

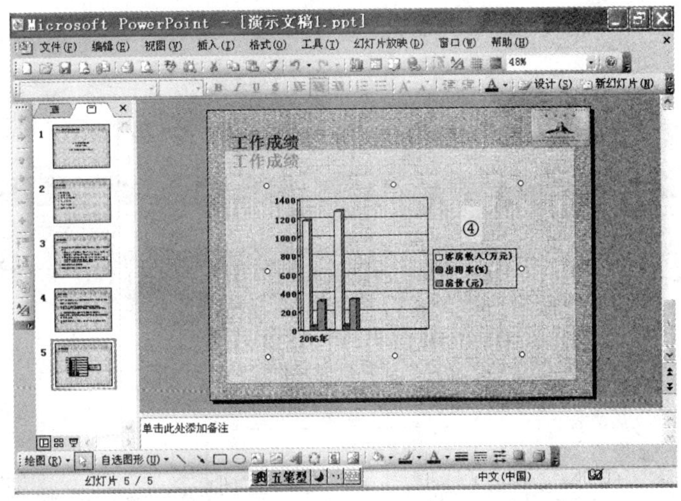

图 4.19　全年工作成绩图表

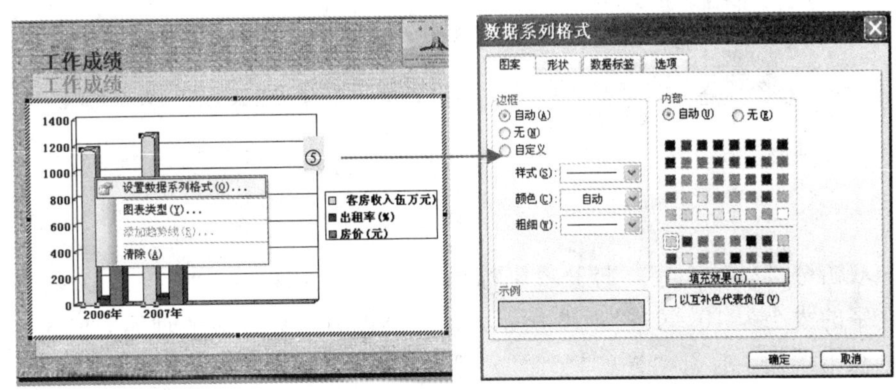

图 4.20　数据系列格式

步骤 6 在“图案”中单击“填充效果”按钮，弹出“填充效果”对话框，打开“纹理”选项卡，选择第三行第二列的“粉色面巾纸”效果，如图 4.21 所示。依次单击“确定”按钮。

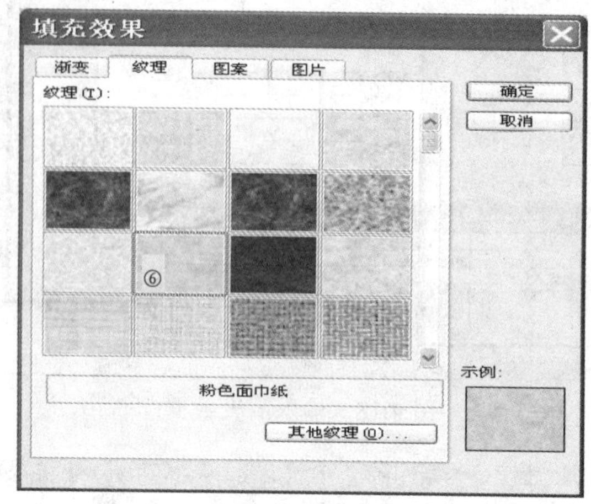

图 4.21 设置数据系列填充色

用同样的方法修改“出租率”柱形和“房价”柱形的填充色，效果如图 4.22 所示。

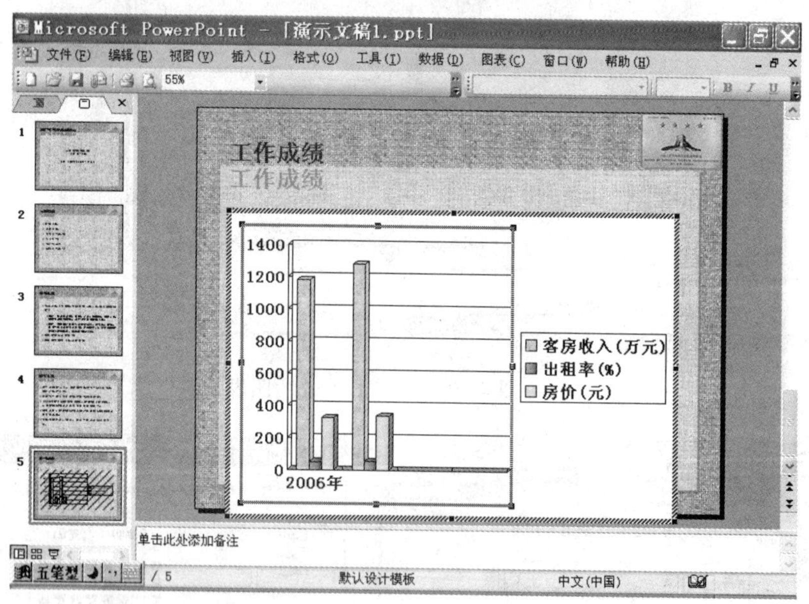

图 4.22 图表的修饰

步骤 7 双击分类轴的文字，打开“坐标轴格式”对话框，在“字体”选项卡中设置文字的大小为 10，如图 4.23 所示。用同样的方法设置数值轴的数据大小为 10。

步骤 8 双击图例，打开“图例格式”对话框，在“字体”选项卡中设置图例文字的大小为 12，如图 4.24 所示。修改完毕，在图表区以外单击鼠标左键，从图表的编辑状态切换到正常的显示状态。

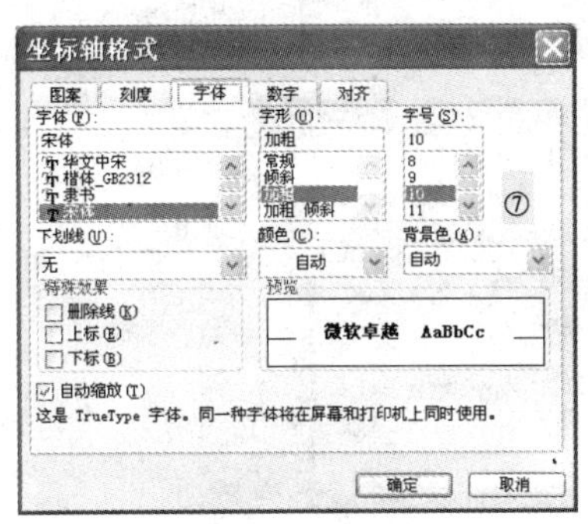

图 4.23 分类轴文字设置

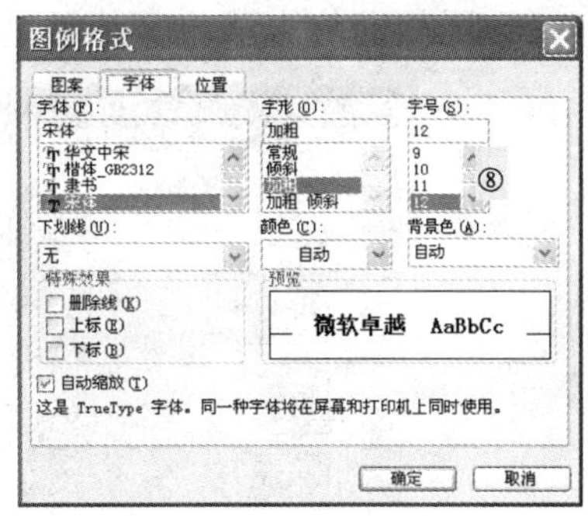

图 4.24 图例格式的设置

插入第六张幻灯片，作为“员工培训”页面，用表格来实现销售部全年的员工培训学习情况。

步骤 9 单击“插入”｜“表格”命令，插入一个3列6行的表格，如图4.25所示。

步骤 10 选中表格，单击鼠标右键，在弹出的快捷菜单中选择“边框和填充”命令，在弹出的对话框中打开“边框”选项卡，将表格的左右边框线取消，上、下边框线设为1磅单直线，如图4.26所示。

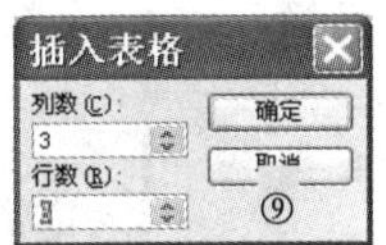

图 4.25 插入表格

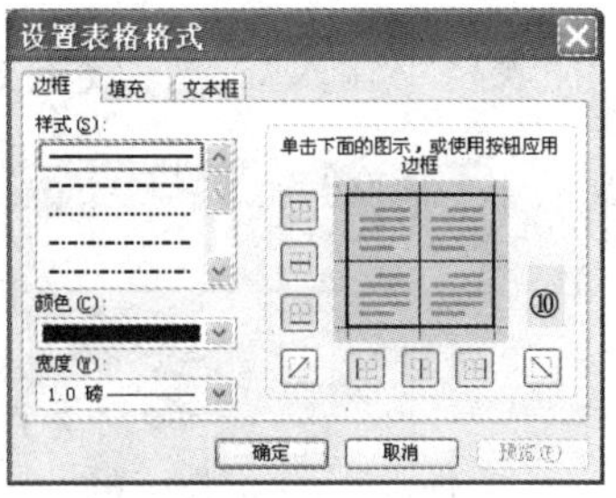

图 4.26 设置表格边框线

步骤 11 选中表头行，单击鼠标右键，在弹出的快捷菜单中选择“边框和填充”命令，在弹出的对话框中打开“填充”选项卡，在“填充颜色”下拉列表框中选择“填充效果”选项，在弹出的对话框中打开“渐变”选项卡，选择“单色”渐变，选择“颜色1”为“淡蓝色”、“底纹样式”为“水平”，并选择第一种效果，如图4.27所示。

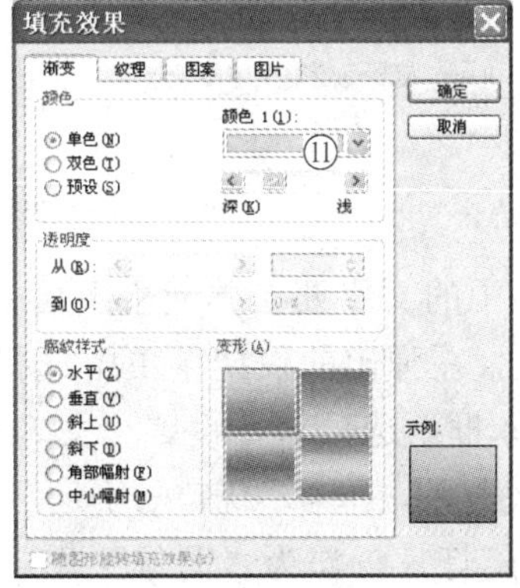

图 4.27 设置表格填充色

步骤 12　用相同的方法将其他各列的填充色填充好，效果如图 4.28 所示。

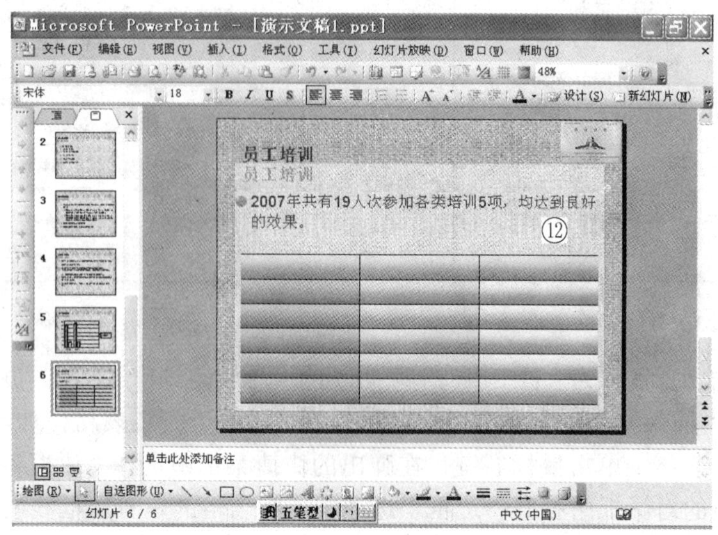

图 4.28　其他各列的填充色

步骤 13　在表格中输入数据，效果如图 4.29 所示。

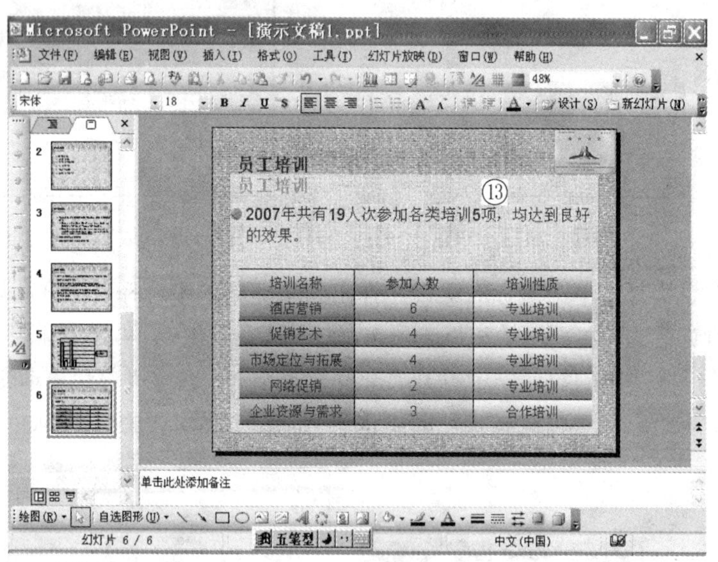

图 4.29　输入数据

步骤 14　表格中的文字要在单元格中居中对齐才更美观。选中表格中的文本，单击鼠标右键，在弹出的快捷菜单中选择“边框和填充”命令，在弹出的对话框中打开“文本框”选项卡，设置“文本对齐”为“中部居中”即可，如图 4.30 所示。

插入第七张幻灯片，作为“优势与不足”页面，简要总结出本年度的工作亮点和不足之处。

插入第八张幻灯片，作为“明年工作展望”页面，以简单的几句话概括出明年将要进行的工作要点及达到的目标。

最后，插入第 9 张幻灯片，对观众表示感谢，如图 4.31 所示。

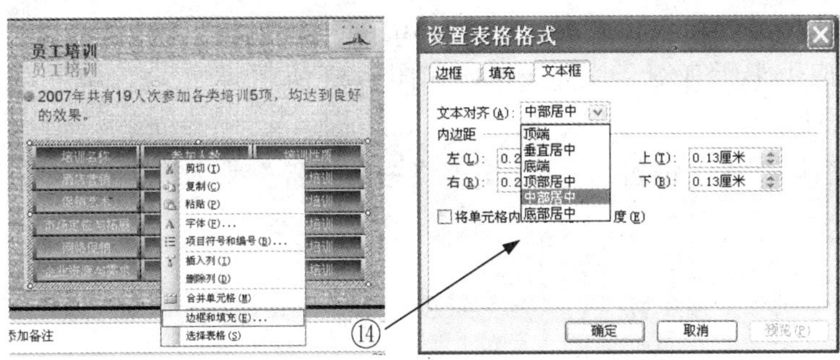

图 4.30　表格中文字居中

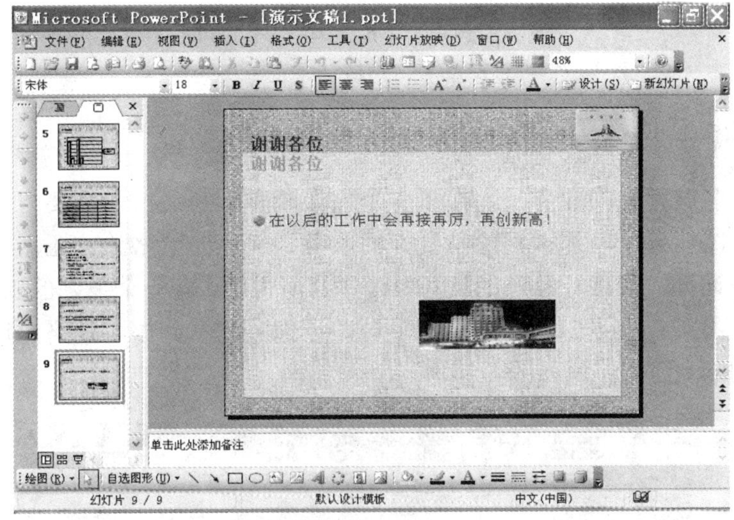

图 4.31　表达感谢

4. 添加动作效果

至此一个完整的报告做完了，为了演说时具有一定的动感，还要为每张幻灯片设计动作。因为本案例是一个“销售部的年终总结报告”，需要一个严肃的演说场景，所以在设计动作时不要过于花哨。

步骤 1　切换到“幻灯片浏览”视图，选中全部幻灯片，单击“幻灯片放映”|“幻灯片切换”命令，如图 4.32 所示。

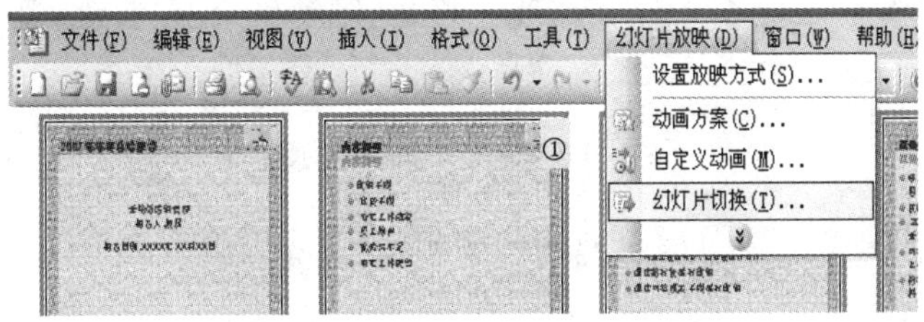

图 4.32　执行“幻灯片切换”命令

步骤 2 在右侧的“幻灯片切换”窗格中设置切换效果为“向下插入”、“快速”、“无声音”、“单击鼠标时”，最后单击“应用于所有幻灯片”按钮，如图 4.33 所示。

这样该报告就制作完成了。

最后，将该演讲稿以“销售部 2007 年年终总结报告”为名进行保存。

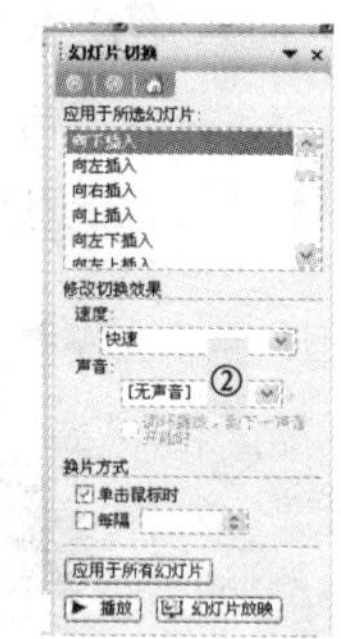

图 4.33 幻灯片切换动作

4.1.5 举一反三

制作一个企业季度市场总结报告。

4.2 竞 标 演 说

4.2.1 商务知识

如果你是一名旅行社的业务员，在下一个旅游旺季到来之前，需要与几家旅行社共同竞争一条旅游线路的订单。那么，除了良好的服务、优惠的价格外，还需要在竞标会上通过你的“慷慨陈词”赢得旅行总社的认可。在你的演说中，有一个很好的工具——ppt 文件可以助你一臂之力，让你走向竞标成功的平台，让你顺利拿到旅游线路的订单。

一个成功的 ppt 竞标演说如图 4.34 所示。

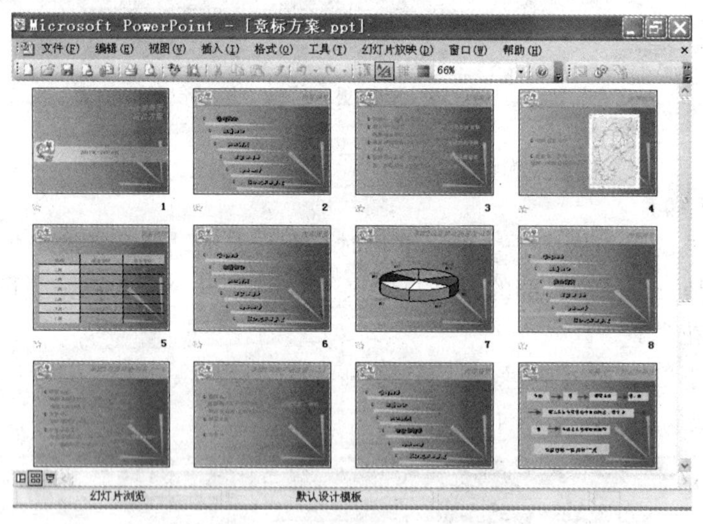

图 4.34 竞标演说展示

4.2.2 知识点

（1）幻灯片动画的设计。利用动画效果可在幻灯片播放时达到提醒和强调当前播放内容的目的。

（2）图形、图片的使用。ppt 文件中的图形、图片可以起到修饰、衬托作用，还可以把要表达的内容以图形方式简单明了地表达清楚，免去了枯燥的大篇幅文字的表达方式，达到了为 ppt 文件“瘦身”的目的。

4.2.3 设计思路

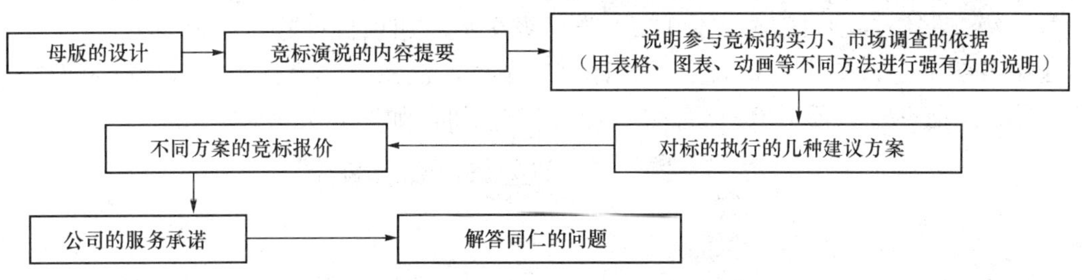

4.2.4 具体操作

1. 母版的设计

步骤1 启动 PowerPoint 2003，新建一个演示文稿，单击“视图”｜“母版”｜“幻灯片母版”命令，切换到母版视图，删除母版中的“日期区”、“页脚区”、“数字区”。

单击“格式”｜“背景”命令，在弹出的“背景”对话框的下拉列表框中选择“填充效果”选项，在弹出的对话框中打开“渐变”选项卡，选择“单色”渐变，“颜色 1”选择“青绿色”，“底纹样式”选择“垂直”，并选择第一种效果，依次单击“确定”、“全部应用”按钮，这样就设置了母版的背景。

在标题区域绘制一个矩形，与幻灯片等宽，比标题文字稍高，矩形的填充色为“青绿色”、“无线条颜色”，并设矩形的阴影为“阴影样式 14”，右击矩形，在弹出的快捷菜单中选择“叠放次序”｜“置于底层”命令，效果如图 4.35 所示。

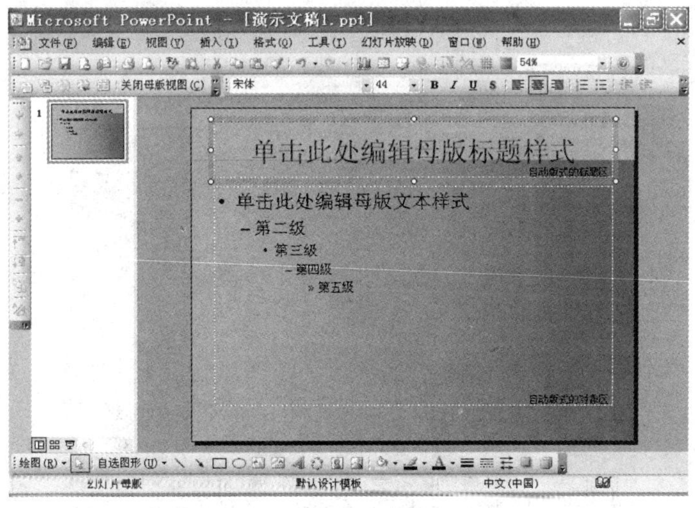

图 4.35 母版标题区

步骤2 在母版中选中“自动版式的标题区”，将标题区上移到矩形之上偏右的位置，单击“格式”|“字体”命令，在弹出的“字体”对话框中设置标题文字为黑体、36号、倾斜、右对齐、橙色。

选择“自动版式的对象区”，单击“格式”|“字体”命令，在弹出的“字体”对话框中设置一级文字为宋体、28号、加粗、橙色，二级文字为宋体、24号、黑色。

为一级文字添加项目符号“彩球”，为二级文字添加项目符号“彩色菱形”。

选中各级文字，单击“格式”|“行距”命令，在弹出的“行距”对话框中设置行距为1.2行、段前0行、段后0行，单击“确定”按钮，如图4.36所示。

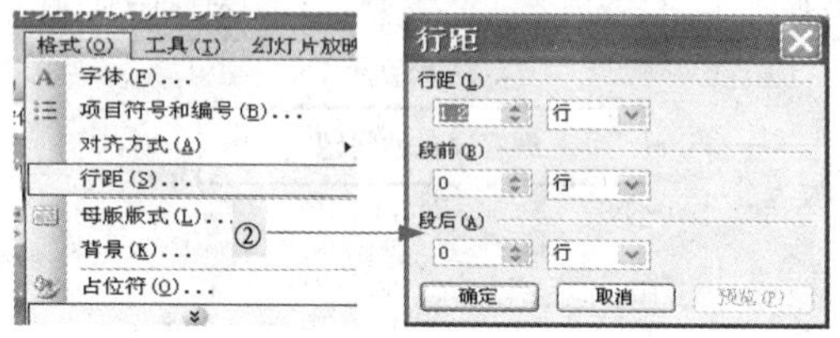

图4.36 设置各级文字行距

步骤3 单击“插入”|“图片”|“剪贴画”命令，如图4.37所示，将一个剪贴画作为旅行社标记插入到母版标题区的左侧，并调整图片高度正好与矩形等高，效果如图4.38所示。

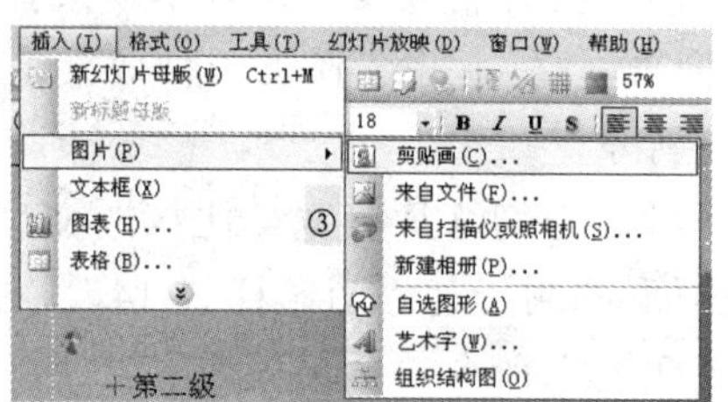

图4.37 插入剪贴画

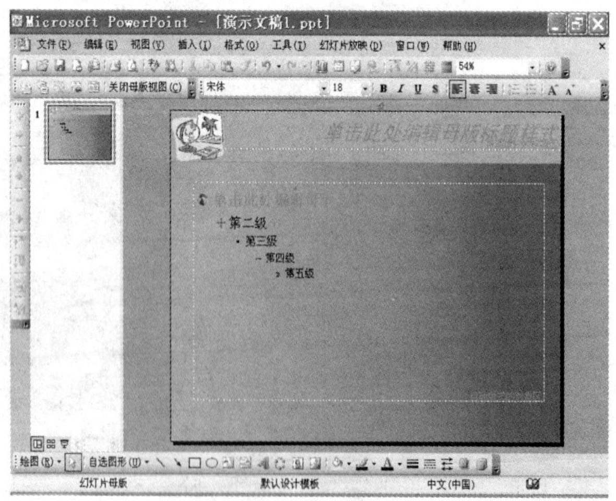

图4.38 插入旅行社图标

步骤4 此时右下角显得有些空，可以用简单的图形来修饰母版。选择“绘图”工具栏“自选图形”菜单中的“直角三角形”工具，在母版的右下角绘制出一个直角三角形，设置其填充色为“青绿色”、“无线条颜色”，如图 4.39 所示。

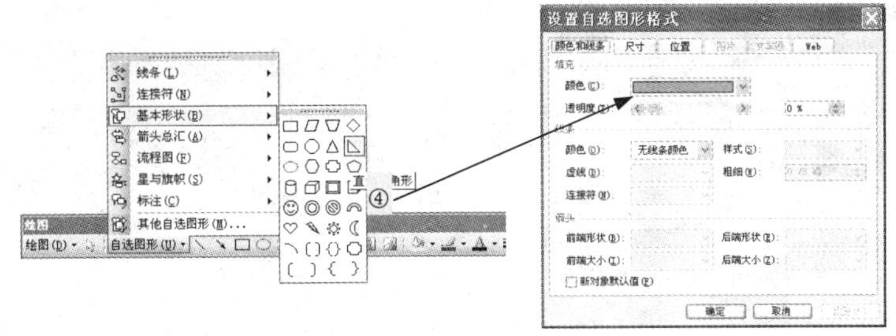

图 4.39　修饰母版

用同样的方法插入第二个直角三角形，将其旋转 180 度，效果如图 4.40 所示。

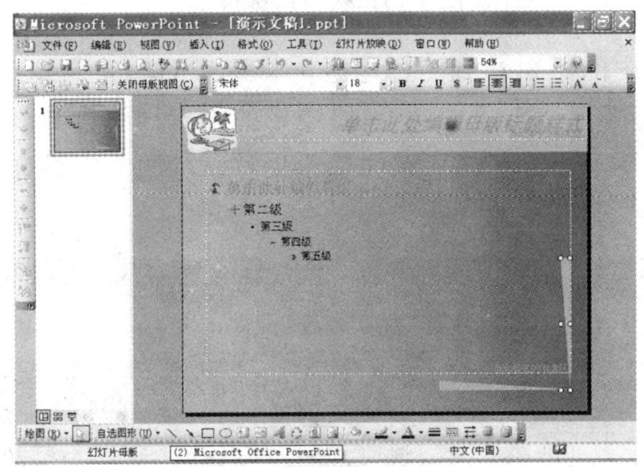

图 4.40　插入第二个三角形

同样，插入第三个三角形，将其旋转 135 度。将三个三角形的叠放次序均设置为“置于底层”，效果如图 4.41 所示。这样就达到了用简单的自选图形美化母版的目的。

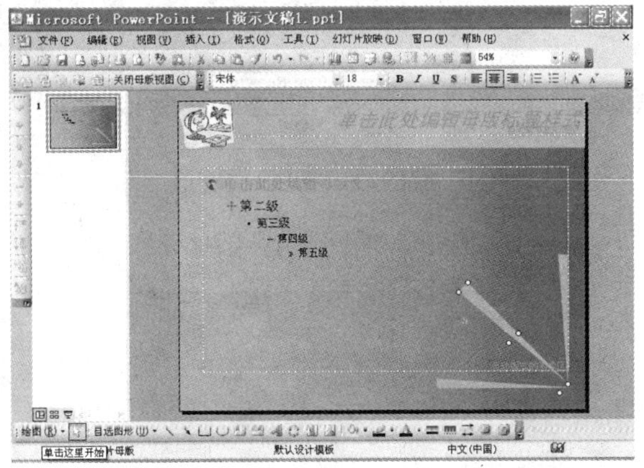

图 4.41　母版插入第三个三角形

步骤 5　右击 PowerPoint 界面左侧的“母版缩略图”窗格中设计好的母版，在弹出的快捷菜单中选择“新标题母版”命令，这样就新建了标题母版，如图 4.42 所示。

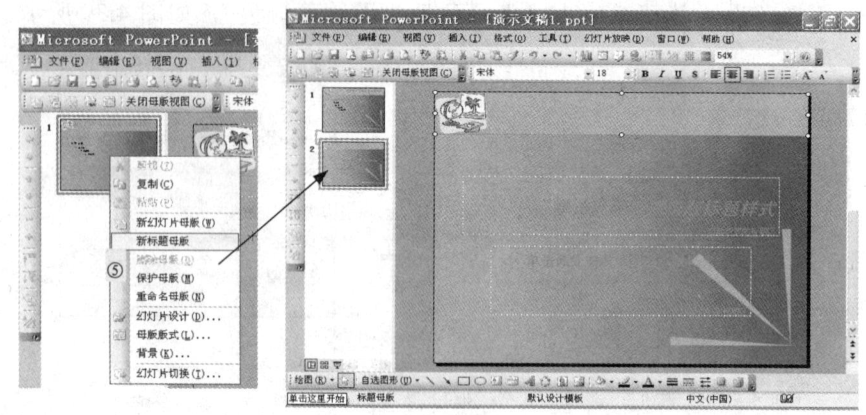

图 4.42　新建标题母版

步骤 6　把标题母版中的矩形移到副标题区，将矩形的填充色修改为双色渐变，颜色 1 为“淡蓝”，颜色 2 为“青色”；将矩形的阴影样式设为“无阴影”；将旅行社标记图片移到矩形块上；将标题区适当上移，标题文字设为 40 号，效果如图 4.43 所示。

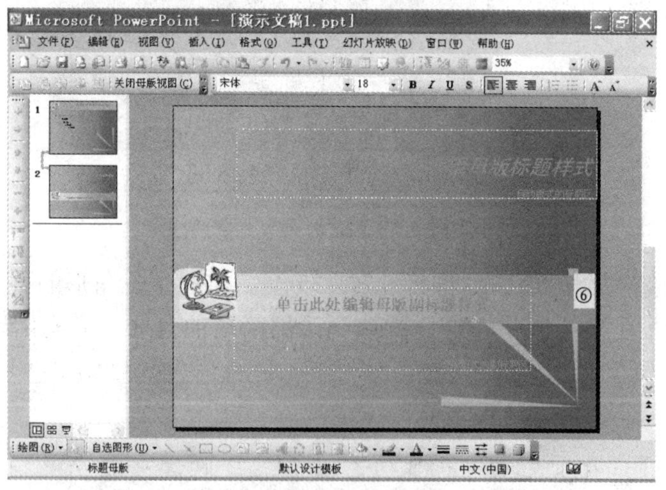

图 4.43　标题母版的设置

步骤 7　单击“关闭母版视图”按钮，返回到普通的幻灯片视图，如图 4.44 所示。

图 4.44　关闭母版视图

步骤 8 在第一张幻灯片中输入标题“神梦旅行社承接旅游团建议方案”，副标题“2007年10月15日”，竞标演说的封面就做好了，效果如图 4.45 所示。

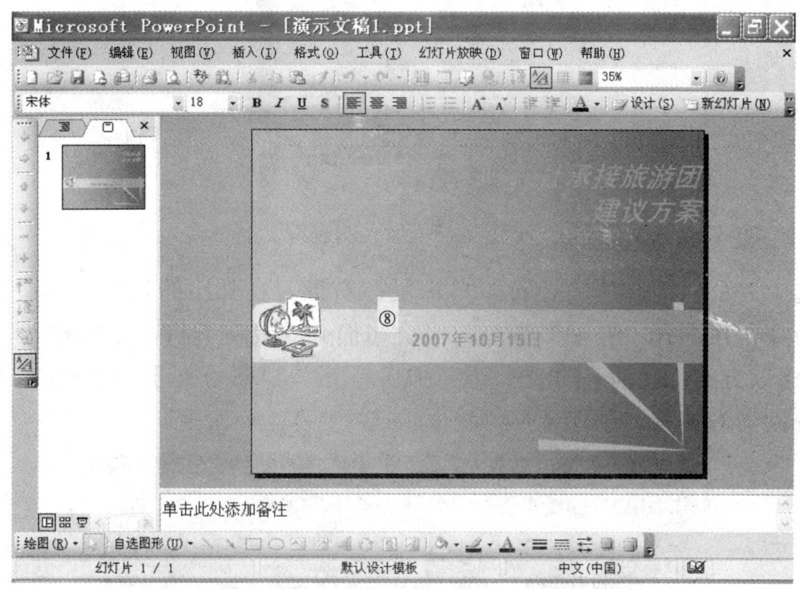

图 4.45 竞标演说的封面

2. 内容提要

步骤 1 单击“插入”｜“新幻灯片”命令，如图 4.46 所示。

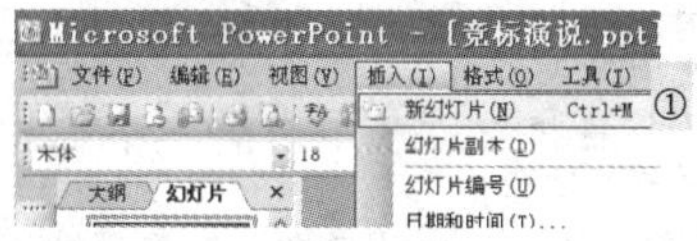

图 4.46 插入新幻灯片

该幻灯片用于输入竞标演说的内容提要。为了使这张幻灯片更实用、更美观，用如下方法实现。

步骤 2 输入“公司简介”，选中文字，利用“格式”工具栏上的 S 按钮将文字设为带有黑色阴影的效果，如图 4.47 所示。

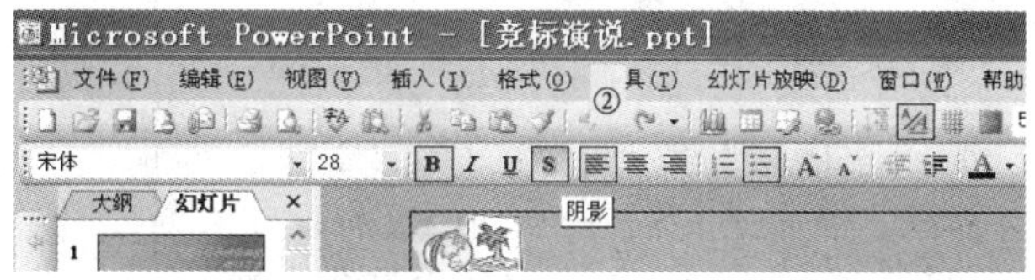

图 4.47 设置文字阴影

步骤 3 将鼠标指针移到项目符号和第一个文字“公”字之间，单击鼠标右键，在弹出的快捷菜单中选择“插入制表符”命令，让文字和项目符号之间更协调，如图 4.48 所示。

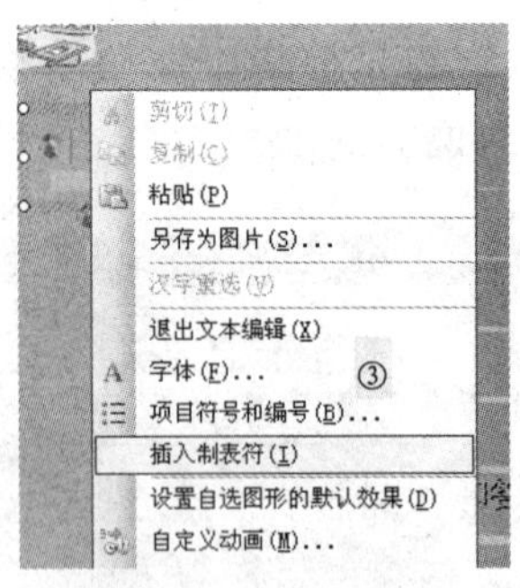

图 4.48 插入制表符

步骤 4 选中“公司简介”占位符，单击鼠标右键，在弹出的快捷菜单中选择“复制”命令，再选择“粘贴”命令将“公司简介”复制五份，分别输入“市场调查”、“建议方案”、“行程和报价”、“服务承诺”、“景点展示和答疑”，并将各占位符分别向右偏移，如图 4.49 所示。

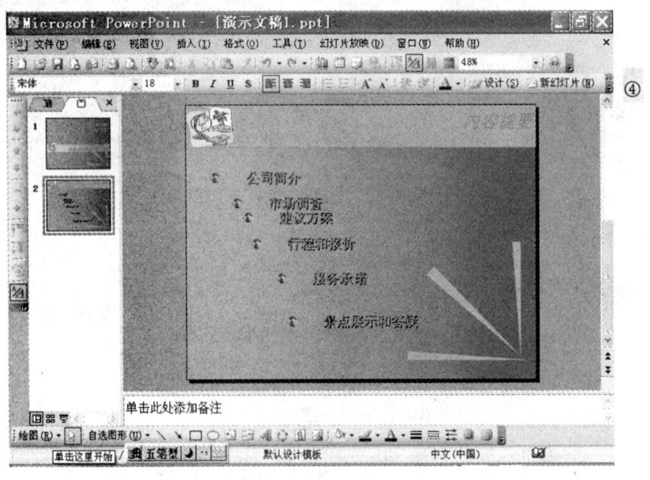

图 4.49 内容提要

步骤 5 选中这 6 个目录，在“绘图”工具栏中单击“绘图”|“对齐或分布”|“横向分布”命令（如图 4.50 所示），再执行“绘图”|“对齐或分布”|“纵向分布”命令，经过这两个操作后，目录项变得整齐多了，效果如图 4.51 所示。

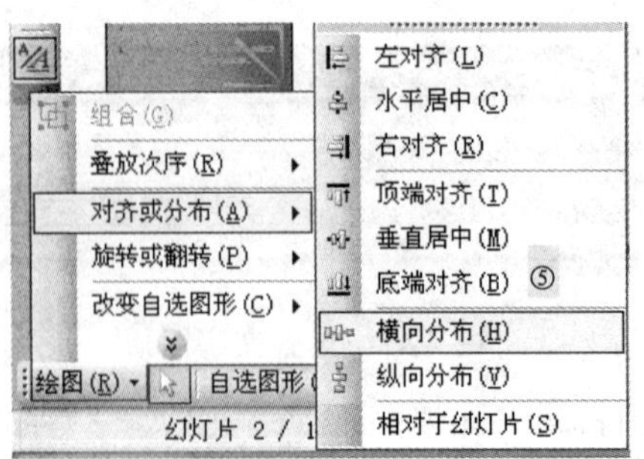

图 4.50 对齐设置

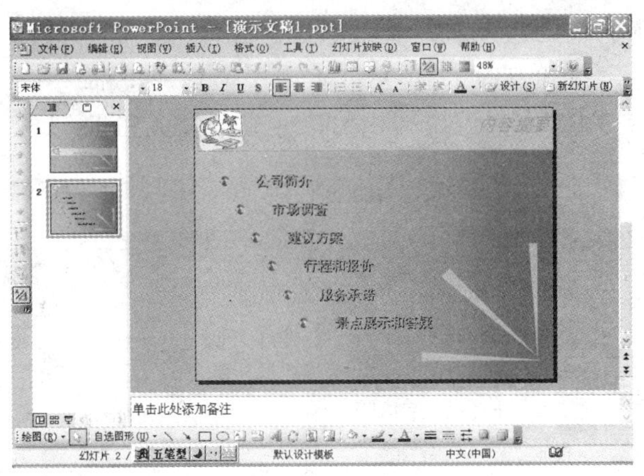

图 4.51　对齐目录项

在本案例中，为了竞标的成功，需要将目录项中的每一项逐一演说，在这一项演讲完毕，展示下一项时，如果有一个动画提示，把听众从上一节的注意力引导到下一节，那会让听众感到既重点突出又自然流畅，很是舒服。怎样才能让每一项前都有一个动画提示呢？我们就在“内容提要”这张幻灯片上做文章。

步骤6　选中六个目录项，单击“幻灯片放映”｜“自定义动画”命令，右侧出现“自定义动画”窗格。在“添加效果”下拉菜单中选择“进入”｜“切入”选项，设置“开始”为“之前”、“方向”为“自右侧”、“速度”为“非常快”。在“自定义动画”窗格的中部选择第一个对象“公司简介”，单击其右侧的下拉按钮，在弹出的下拉菜单中选择“从上一项开始”选项，依次选择其他各对象，单击右侧的下拉按钮，在弹出的下拉菜单中选择“从上一项之后开始”选项。这样就可以使目录项在需要时逐一切入屏幕，如图 4.52 所示。

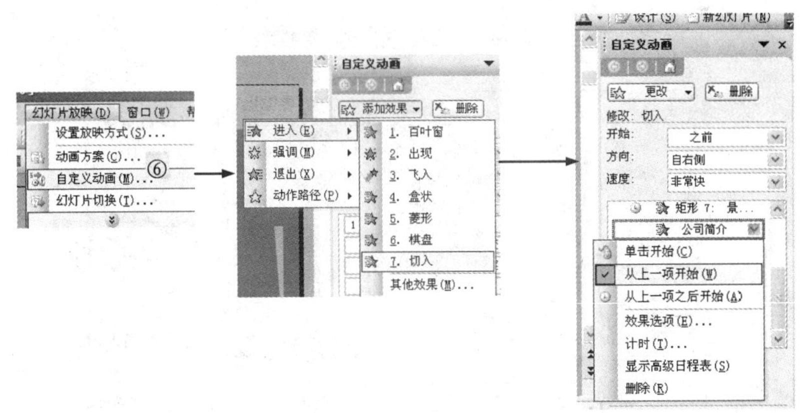

图 4.52　设置动画

浏览这张幻灯片，从动作及内容上已经很好了，但还不够完美。为了让各目录项显得更加突出，在演说时的提醒意义更加强烈，可以在每个目录项的下面插入一些装饰线。

步骤7 每个目录项的下面绘制一个无线条颜色、填充色为“青绿”、“高度”为 0.6cm、“宽度”为 14cm 的直角三角形。将六个三角形全部选中，利用“横向分布”和“纵向分布”功能将它们排列均匀，效果如图 4.53 所示。

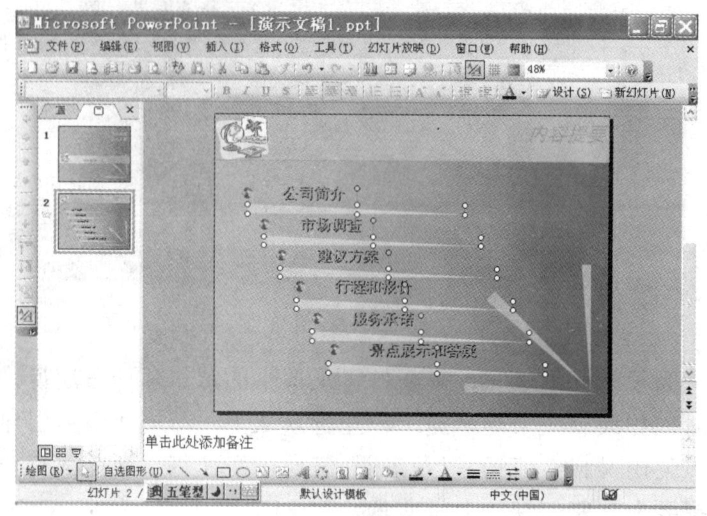

图 4.53 目录项的美化

如果在整个演说的每一节，都重复一次内容提要的页面，就能让听众把注意力从上一节自然地转向下一节，引起对下一节的重视，同时视觉上也不会显得枯燥。这样我们需要 6 张内容提要。

步骤8 在左侧“幻灯片”窗格选择第二张幻灯片，用“常用”工具栏上的“复制”按钮和“粘贴”按钮复制五次得到六张同样的“内容提要”幻灯片，如图 4.54 所示。

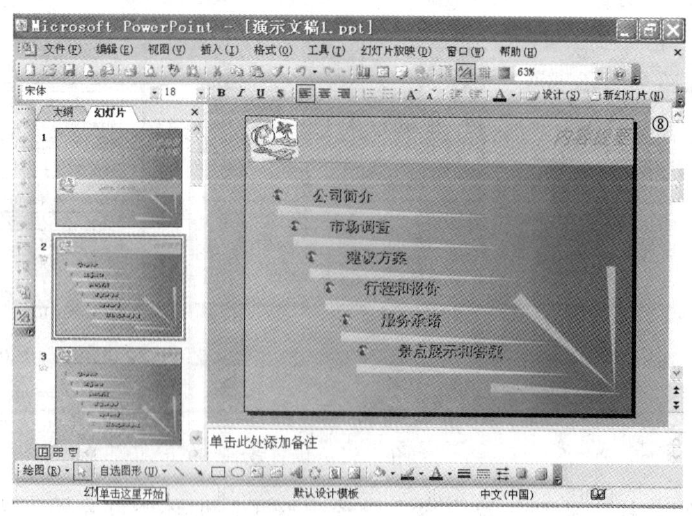

图 4.54 复制目录幻灯片

步骤9 前面已对每个目录项的动作做了设置，均自右侧切入，如果想让第一张“内容提要”后面的幻灯片更省时间，选择第二张“内容提要”幻灯片，执行“幻灯片放映”|“自定义动画”命令，在右侧窗格中依次选择动画列表中的后面五个对象，单击右侧的下拉按钮，在弹出的下拉菜单中选择“从上一项开始”选项，这样可以使这6个目录同时切入，如图4.55所示。

用同样的方法，将第三张、第四张、第五张、第六张的“内容提要”制作成相同的效果。现在我们一共有6张“内容提要”，除第一张是动画方案的逐项切入，后面五个都是一次性切入。在每张“内容提要”出现时，如果有相应颜色的目录项和它对应，岂不是更好？

步骤10 选择第一张“内容提要”，利用“格式”工具栏将“公司简介”颜色改为“粉红”；选择第二张“内容提要”，将“市场调查”改为“粉红”。依次将第三张中的“建议方案”、第四张中的“行程和报价”、第五张中的“服务和承诺”和第六张中的“景点展示和答疑”设为“粉红”，如图4.56所示。

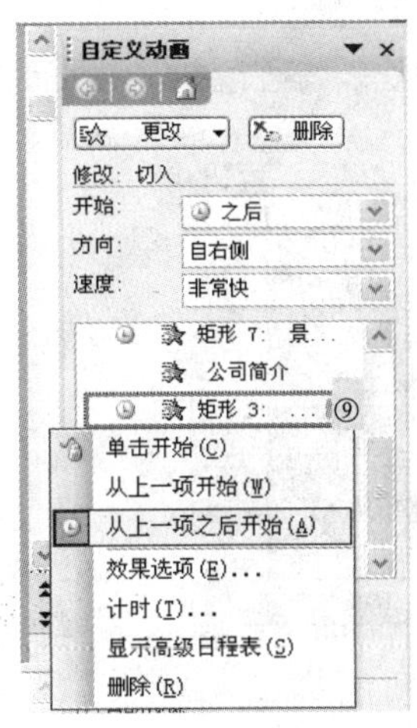

图4.55 设置其他五项的动作

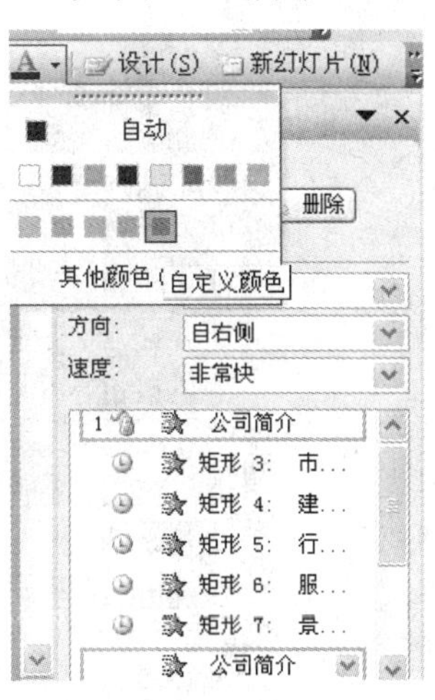

图4.56 设置每项文字颜色

3. 参与竞标的实力和市场调查依据

在第一张“内容提要”（即第2张幻灯片）之后插入一张新幻灯片（第3张幻灯片），输入公司的概况。

步骤1 公司的大体情况并不能说明公司的规模和业务量，要想表现公司的实力有必要在“公司简介”后面再插入两张幻灯片，着重表明公司的机构设置规模，并以表格方式展示公司的业绩，效果如图4.57及图4.58所示。

步骤2 在第二张“内容提要”后插入一张新幻灯片（第7张幻灯片），用于展示竞标的依据。本次竞标主题是“承德2日游”，一定要对游客有所了解，对旅游景点的实际情况有所调查，将反馈的信息以图表的形式展现出来，以便让总社的领导明确一点，那就是“订单非我莫属”。图4.59中展示的饼图是在Excel中通过调查数据而制作的，将制作好的图表复制到当前幻灯片。

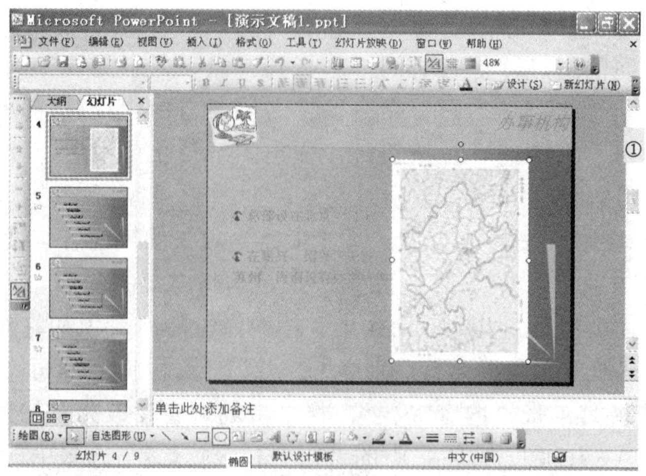

图 4.57　办事机构

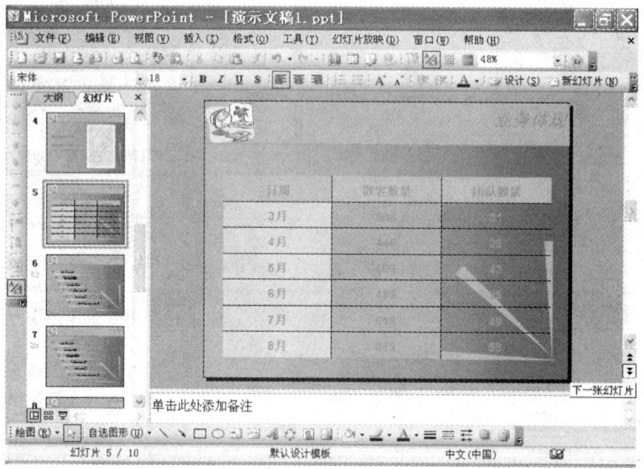

图 4.58　业务体现

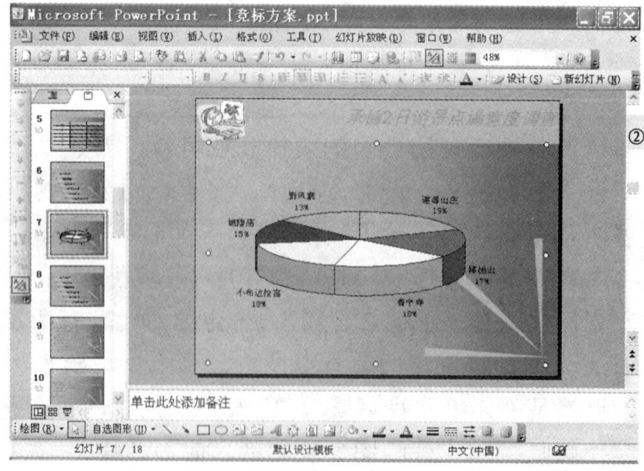

图 4.59　景点调查信息

一张图表足以说明公司对市场的了解程度，如果加上文字就是画蛇添足了。

4. 建议方案

在第三张“内容提要”后面插入两张新幻灯片（第 9、第 10 张幻灯片），在这两张幻灯片中提出竞标成功后的建议方案。

5. 竞标报价

建议提出后，是否可行？人们最关心的还是行程和费用问题，在第四张“内容提要”后面插入两张幻灯片，提出两种方案，并以图示的方式给出行程和报价，让观众一目了然。其中方案一的效果如图 4.60 所示。

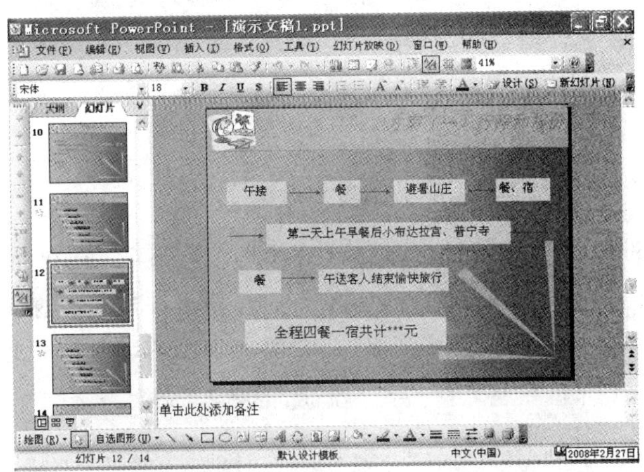

图 4.60　方案一的行程和报价

6. 服务承诺

步骤 1　在第五张“内容提要”后插入一张新幻灯片（第 15 张幻灯片），表明公司的经营理念及热线电话。为了突出重点，这里用一个反差强烈的文本框来表示电话，如图 4.61 所示。

图 4.61　插入文本框

步骤 2　在最后一份“内容提要”后插入第 17 张幻灯片，用 6 张景点图片展示游客即将游览的风景，使整个演说更有魅力，效果如图 4.62 所示。

图 4.62　景点图片展示

7. 解答疑问

因为是一个竞标演说，在演说的最后往往要给人们留下答疑的时间，在这张幻灯片上可以用简短的文字“现在是答疑时间，欢迎各位同仁积极提问，谢谢大家！”作为结束语。这里用了艺术字的效果，既大方又实用，给人们留下强烈的印象，效果如图 4.63 所示。

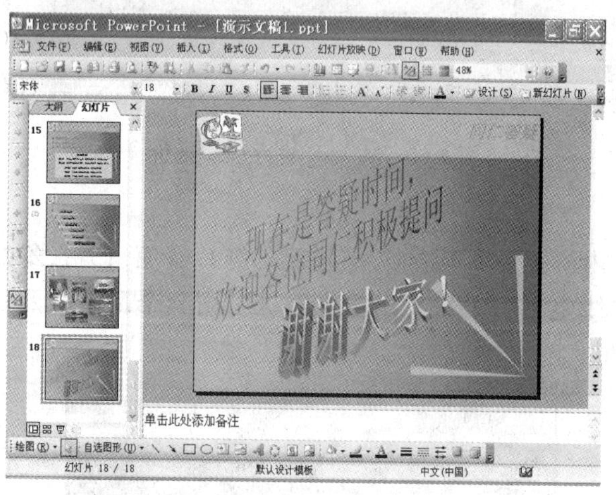

图 4.63　同仁提问

制作完成后，以“竞标演说”为名保存文件。

4.2.5　反复练习

假如你是一位软件设计公司的工程师，明天你就要代表公司去招标现场竞标一份软件设计的大单，你如何通过自己的精彩演讲为公司拿到这个大单呢？

第 5 章 综 合 应 用

经过前几章的实例介绍，读者对于实际工作中 Office 软件的应用已有了充分的了解。本章将以撰写并展示“商务计划书”为例，综合前面所学的知识，灵活地使用 Office 软件。

5.1 商 务 知 识

商业计划书（Business Plan）是一份全方位的项目计划。商业计划书主要是展示给投资商，以便于他们能对企业或项目做出评判，从而使企业获得融资。商业计划书有相对固定的格式，它几乎包括投资商感兴趣的所有内容，从企业成长经历、股权结构、组织人事、管理团队、产品服务、市场营销、财务、运营到融资方案。只有内容翔实、数据丰富、体系完整、装订精致的商业计划书才能吸引投资商，让他们看懂项目商业运作计划，才能使融资需求成为现实。商业计划书的质量对企业项目融资至关重要。

一份成功的商业计划书，需要综合考虑多方面的内容，如表 5.1 所示。

表 5.1 商业计划书考虑要素

要　素	要素细则
企业负责人的眼光是什么	➢ 公司要解决什么问题？服务对象是谁？ ➢ 公司的长远打算是什么？
产品与服务的独特性和可盈利性	➢ 公司的产品或服务是什么？ ➢ 解决用户的什么问题？ ➢ 产品或服务有什么特别之处？ ➢ 如何盈利？
用户是谁	➢ 谁是现在的用户？ ➢ 谁是目标的用户？ ➢ 理想的用户是什么样的？ ➢ 谁会付费？
竞争致胜	➢ 竞争对手状况 ➢ 公司的优势和弱点
市场分析与前景	➢ 目标的市场有多大？发展有多快？ ➢ 这个市场成熟程度如何？ ➢ 针对这个市场应制定何种销售策略？

续表

要　　素	要 素 细 则
如何销售	➢ 销售程序是什么？ ➢ 周期有多长？ ➢ 你的销售和市场方针是什么？ ➢ 你当前的销售链是什么？
公司的管理团队有谁	➢ 公司的管理团队有谁？ ➢ 他们有什么经验？
投资说明与风险分析	➢ 项目所需资金数额以及资金来源渠道 ➢ 投资者介入公司管理的程度说明 ➢ 投资回报与退出 ➢ 各种风险
经营预测与财务分析	➢ 创业企业应详尽描述投资后 3～5 年企业的销售数量、销售额、毛利率、成长率、投资报酬率预估及计算依据

商业计划书的起草与创业一样是一个复杂的系统工程，不但需要对本行业和市场进行充分的调研，而且还需要对于搜集的材料进行分类、加工和总结。对于正在发展中的企业，专业而且吸引人的商业计划书是寻找投资的必备材料。商业计划书的书写是否规范将会对于企业的发展具有重大影响。

如何向投资商展示商业计划呢？第一，需要提供给投资商一份商业计划书的打印稿；第二，越来越多的投资商需要你以演讲的方式向其陈述，那么制作一份幻灯片就非常重要了。同时，为了更清晰明了地展示一些数据，必要的图表是不可或缺的。

5.2　商业计划书的打印稿制作

5.2.1　步骤分析

制作流程如下：

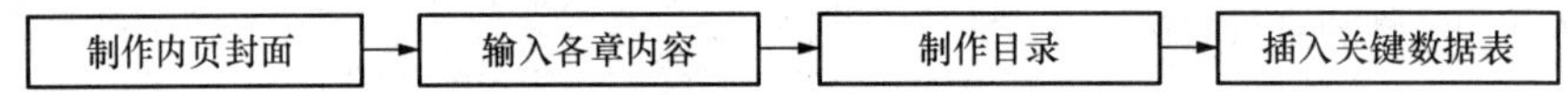

除此以外，包装也很重要，打印稿最后需要加上一个外封面。外封面用纸要坚硬耐磨，尽量使用彩色纸张，这样可以使文件外观更具吸引力，但颜色不要过于耀眼。当然为了方便保存，还可以使用透明胶片加装在封面上。

5.2.2　具体操作

1. 内页封面的制作

商业计划的内页封面，也是要遵循一定的规范的。

（1）标题文字：商业计划的内页封面首先需要将“商业计划”主题鲜明地表现出来。商业计划 4 个字一般采用隶书，初号字，居中显示。

（2）将公司名称在商业计划上方写明，出版时间在标题的下方标明。

（3）联系人相关信息；这些信息一般是左对齐，每条信息列一行，这样看起来一目了然，比较清晰。

（4）保密须知；将商业计划书的保密协议公示在此。

（5）最后列出公司的简要信息。

图 5.1 是一份商业计划书内页封面的设计样张。

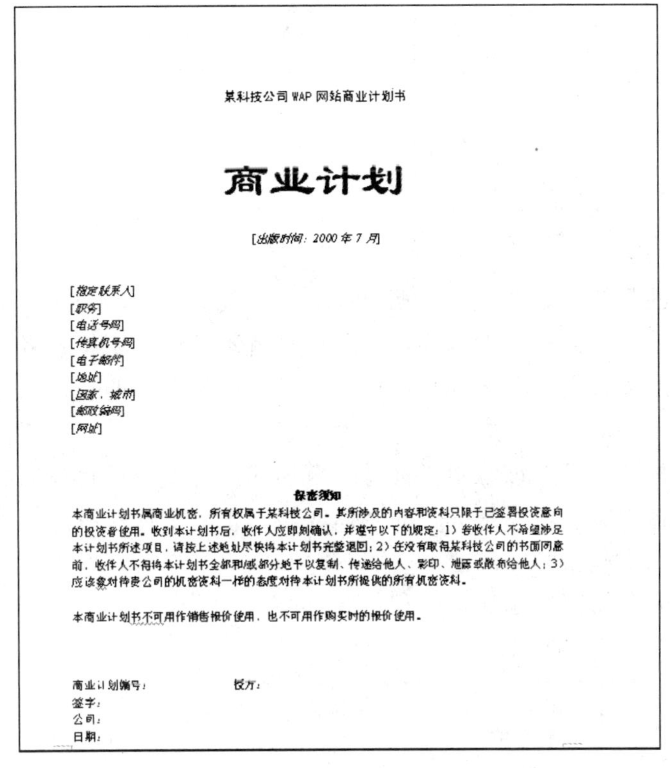

某科技公司 WAP 网站商业计划书

商业计划

[出版时间：2000 年 7 月]

[指定联系人]
[职务]
[电话号码]
[传真机号码]
[电子邮件]
[地址]
[国家，城市]
[邮政编码]
[网址]

保密须知

本商业计划书属商业机密，所有权属于某科技公司。其所涉及的内容和资料只限于已签署投资意向的投资者使用。收到本计划书后，收件人应即刻确认，并遵守以下的规定：1）若收件人不希望涉足本计划书所述项目，请按上述地址尽快将本计划书完整退回；2）在没有取得某科技公司的书面同意前，收件人不得将本计划书全部和/或部分地予以复制、传递给他人、影印、泄露或散布给他人；3）应该象对待贵公司的机密资料一样的态度对待本计划书所提供的所有机密资料。

本商业计划书不可用作销售报价使用，也不可用作购买时的报价使用。

商业计划编号： 　　　　　投方：
签字：
公司：
日期：

图 5.1　内页封面样张 1

商业计划内页封面制作完成后，下面需要将详细的内容置于后页。为了使结构清晰，需要插入分隔符将内封面与详细内容分隔开来，具体步骤如下：

步骤 1 单击“插入”菜单中的“分隔符”命令。

步骤 2 在“分隔符”对话框中选中“分节符类型”选项区中的“下一页”单选按钮，如图 5.2 所示。

2. 输入商业计划书的各章节

为了将商业计划书有条理地组织起来，首先需要深入调查，之后将材料认真整理，可将计划书划分为八章内容。第一章：摘要，主要将全文信息的概要总结出来；第二章：市场分析，对于产品定位的市场的当前状况和未来形势进行分析；第三章：公司介绍，说明公司的宗旨和特色；第四章：竞争性分析，将公司的竞争者以及潜在竞争者的情况进行分析；第五章：产品与服务，介绍公司的主打产品以及相关服务；第六章：市场与销售，简述市场与销售的策略；第七章：财务计划；第八章：附录。

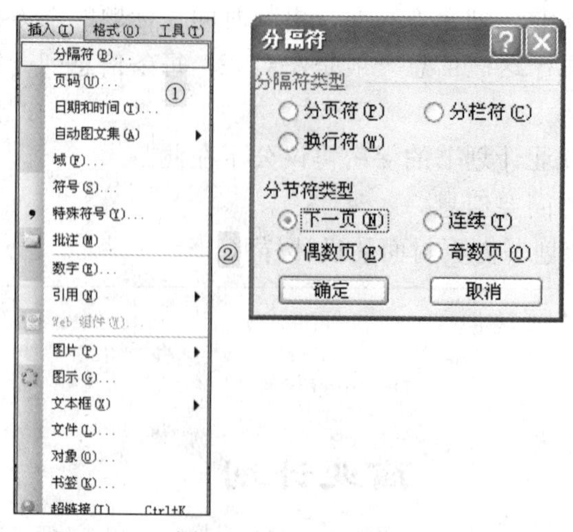

图 5.2 插入分隔符

首先需要编辑的是第一章的内容：摘要部分。摘要部分大约 2～3 页，它应该概述企业全部计划的基本框架。没有好的摘要，商业计划就不可能吸引投资者。摘要的基本功能是吸引投资者的注意力，所以摘要部分不要过长，最好不超过两页，越简练越好。编辑摘要要注意以下几点：

（1）第一章的标题文字应该应用“标题一”样式，方便以后目录的制作；

（2）在输入具体内容时，注意标题的字体应该与正文字体有所区别，将标题的字体设置为黑体或粗体，以引起读者的注意。

（3）从内容部分开始需要添加页眉和页脚。

图 5.3 是第一章的设计样张。

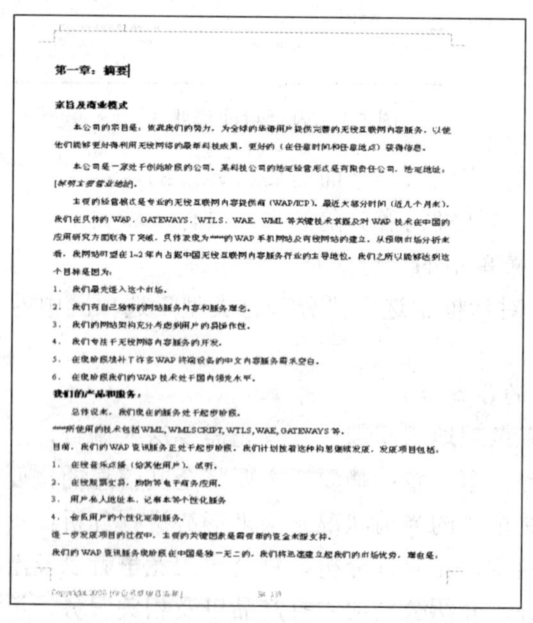

第一章：摘要

宗旨及商业模式

本公司的宗旨是：依靠我们的努力，为全球的华语用户提供完善的无线互联网内容服务，以使他们能够更好得利用无线网络的最新科技成果，更好的（在任意时间和任意地点）获得信息。

本公司是一家处于创始阶段的公司。某科技公司的法定经营形式是有限责任公司，法定地址：[*说明主要营业地址*]。

主要的经营模式是专业的无线互联网内容提供商（WAP/ICP）。最近大部分时间（近几个月来），我们在具体的 WAP、GATEWAYS、WTLS、WAE、WML 等关键技术掌握及对 WAP 技术在中国的应用研究方面取得了突破，具体表现为****的 WAP 手机网站及有线网站的建立。从预期市场分析来看，我网站可望在 1~2 年内占据中国无线互联网内容服务行业的主导地位，我们之所以能够达到这个目标是因为：

1．我们最先进入这个市场。
2．我们有自己独特的网站服务内容和服务理念。
3．我们的网站架构充分考虑到用户的易操作性。
4．我们专注于无线网络内容服务的开发。
5．在现阶段填补了许多 WAP 终端设备的中文内容服务需求空白。
6．在现阶段我们的 WAP 技术处于国内领先水平。

我们的产品和服务：

总体说来，我们现在的服务处于起步阶段。

****所使用的技术包括 WML, WMLSCRIPT, WTLS, WAE, GATEWAYS 等。

目前，我们的 WAP 资讯服务正处于起步阶段，我们计划按着这种构思继续发展，发展项目包括：

1．在线音乐点播（给其他用户），试听。
2．在线股票交易，购物等电子商务应用。
3．用户私人地址本，记事本等个性化服务
4．会员用户的个性化定制服务。

进一步发展项目的过程中，主要的关键因素是需要新的资金来源支持。

我们的 WAP 资讯服务现阶段在中国是独一无二的，我们将迅速建立起我们的市场优势，理由是：

图 5.3 摘要样张

开始书写商业计划的主题部分后，需要加上页眉和页脚。内页封面的页眉与页脚和后文每页是不一致的，内页封面不需要页眉和页脚，而内容部分页眉需要标注公司名称和内容主题，页脚需要输入页码信息以及制作日期等信息。

内页封面之外的其他页上的页眉和页脚如图 5.4 所示。

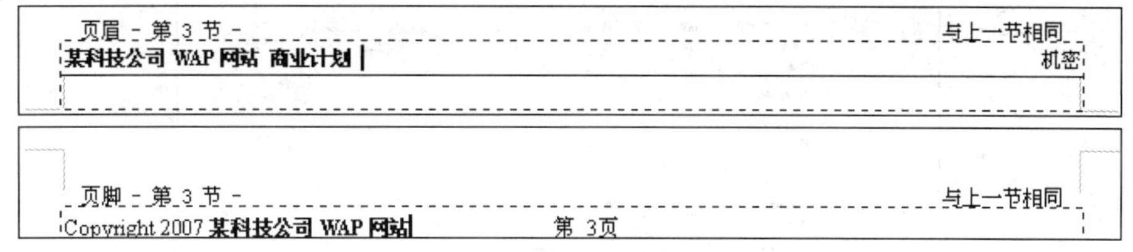

图 5.4　页眉和页脚样张

具体操作如图 5.5 所示，步骤如下：

步骤 1　单击“文件”｜“页面设置”命令，打开“页面设置”对话框。

步骤 2　在“页面设置”对话框中，单击“版式”选项卡，选中“首页不同”复选框，并设置页眉、页脚与边界的距离。

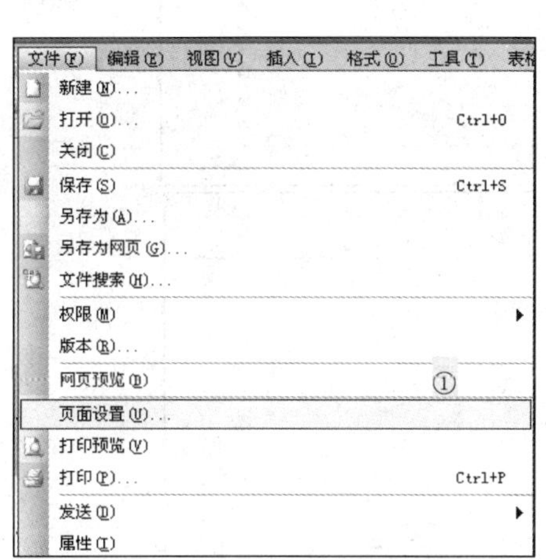

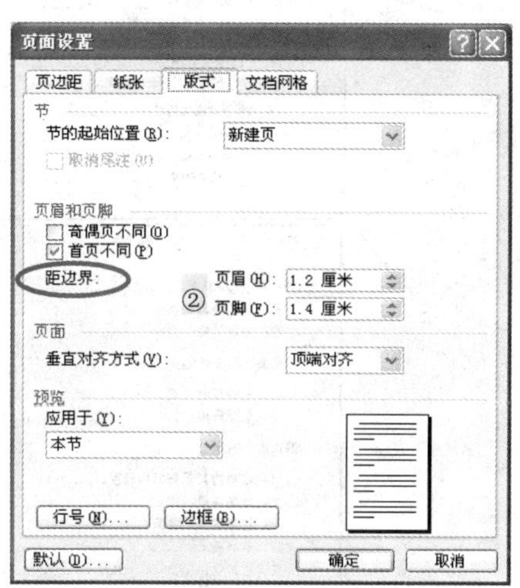

图 5.5　页眉、页脚的版式设置

之后，按照上述章节结构将各章内容逐一细化，将材料填充进来。注意章的题目设置为一级标题样式，节的题目设置为二级标题样式，节中要点设置为三级标题样式，以方便后期制作目录。

3. 目录的制作

最后就是细心检查校对所有的内容，在第一章摘要之前插入统一的目录，如图 5.6 所示。

目录在商务计划书中具有非常重要的作用，起到提纲挈领的效果，能让投资方对企业的商务计划一目了然。目录是标题的列表，因为我们在输入整个内容时设置了标题级别，所以利用 Word 提取目录非常方便。

具体操作如图 5.7 所示，步骤如下：

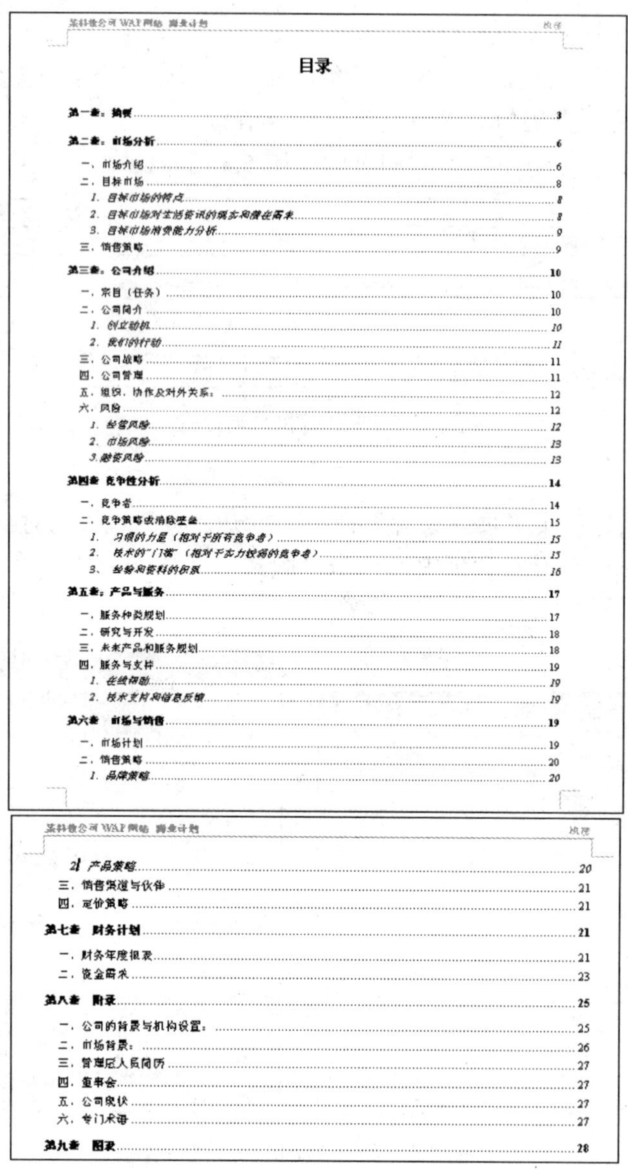

某科技公司 WAP网站 商业计划　　机密

目录

第一章：摘要……3

第二章：市场分析……6

一、市场介绍……6
二、目标市场……8
1. 目标市场的特点……8
2. 目标市场对生活资讯的现实和潜在需求……8
3. 目标市场消费能力分析……9
三、销售策略……9

第三章：公司介绍……10

一、宗旨（任务）……10
二、公司简介……10
1. 创立动机……10
2. 我们的行动……11
三、公司战略……11
四、公司管理……11
五、组织、协作及对外关系：……12
六、风险……12
1. 经营风险……12
2. 市场风险……13
3. 融资风险……13

第四章　竞争性分析……14

一、竞争者……14
二、竞争策略或消除壁垒……15
1.　习惯的力量（相对于所有竞争者）……15
2.　技术的"门槛"（相对于实力较弱的竞争者）……15
3、　经验和资料的积累……16

第五章：产品与服务……17

一、服务种类规划……17
二、研究与开发……18
三、未来产品和服务规划……18
四、服务与支持……19
1. 在线帮助……19
2. 技术支持和信息反馈……19

第六章　市场与销售……19

一、市场计划……19
二、销售策略……20
1. 品牌策略……20

某科技公司 WAP网站 商业计划　　机密

2. 产品策略……20
三、销售渠道与伙伴……21
四、定价策略……21

第七章　财务计划……21

一、财务年度报表……21
二、资金需求……23

第八章　附录……25

一、公司的背景与机构设置：……25
二、市场背景：……26
三、管理层人员简历……27
四、董事会……27
五、公司现状……27
六、专门术语……27

第九章　图表……28

图 5.6　目录样张

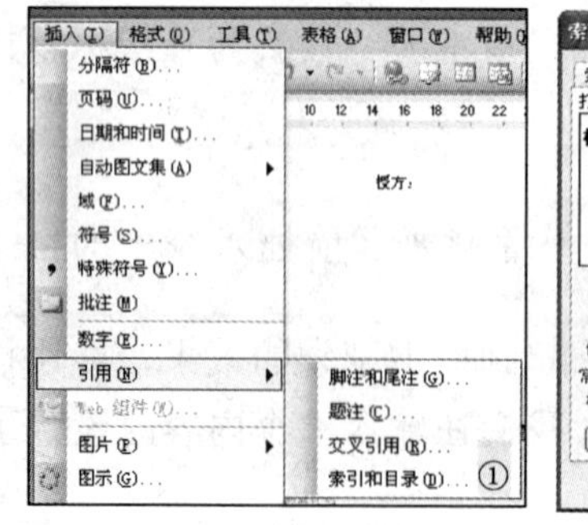

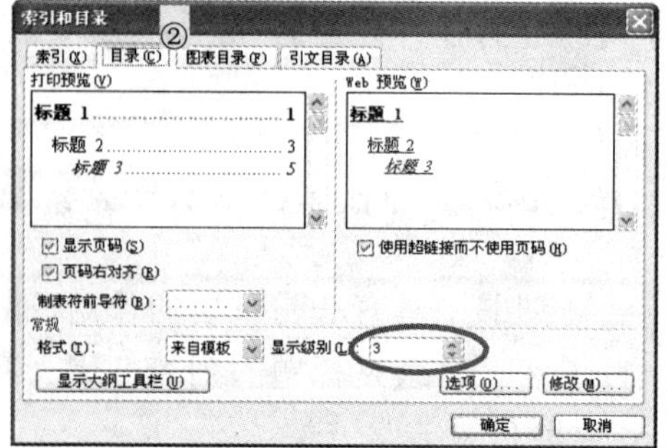

图 5.7　插入目录

步骤1 单击“插入”|“引用”|“索引和目录”命令。

步骤2 在“索引和目录”对话框中设置目录需要的标题级别。

至此商务计划的初稿大致完成了。下面需要将此商务计划书进行一次加工，也就是要使商务计划书更加简明清晰。可将一些文字内容做成图表形式，具有增强说服力的效果。

4. 收益预测表制作

新创办企业的商业计划书还需要包含个人财务资料、创办成本和详细的财务规划等部分。对于成本与收入的计算、开支等财务资料，可以使用 Excel 2003 来统计和分析相关数据。

商业计划中最重要的就是收益预测表，未来的资产收益是不确定的，公司的预期收益是影响公司资本成本的主要因素，关系到公司是否能够得到更多的融资资本。这种收益预测表可以使用模板来直接创建，如图 5.8 所示为某科技公司三年的收益预测表。

	A	B	D	F	H	J	L
1	三年收益预测表						
2	某科技公司						
3	单位：万元						
4							
5		2001	%	2002	%	2003	%
6							
7	**销售额**	¥ 10,530	100.00%	¥ 27,378	100.00%	¥ 53,387	100.00%
8	成本	4,000	37.99%	5,600	20.45%	7,840	14.69%
9	**毛利**	¥ 6,530	62.01%	¥ 21,778	79.55%	¥ 45,547	85.31%
10							
11	**运营费用**						
12	工资	¥ 180	1.71%	¥ 280	1.02%	¥ 350	0.66%
13	津贴	20	0.19%	40	0.15%	80	0.15%
14	劳务费	100	0.95%	150	0.55%	250	0.47%
15	补助	-	0.00%	-	0.00%	-	0.00%
16	维修	20	0.19%	30	0.11%	60	0.11%
17	广告	200	1.90%	200	0.73%	250	0.47%
18	差旅费	-	0.00%	-	0.00%	-	0.00%
19	审计	-	0.00%	-	0.00%	-	0.00%
20	租金	-	0.00%	-	0.00%	-	0.00%
21	电话	-	0.00%	-	0.00%	-	0.00%
22	保险	-	0.00%	-	0.00%	-	0.00%
23	税金	-	0.00%	-	0.00%	-	0.00%
24	利息	-	0.00%	-	0.00%	-	0.00%
25	折旧	-	0.00%	-	0.00%	-	0.00%
26	(其他)	-	0.00%	-	0.00%	-	0.00%
27	**费用合计**	¥ 520	4.94%	¥ 700	2.56%	¥ 990	1.85%
28							
29	**税前利润**	6,010		21,078		44,557	
30	**所得税**	300		600		900	
31	**税后利润**	5,710		20,478		43,657	
32	**所有人权益**	500		800		1,600	
33	**收入总计**	¥ 5,210		¥ 19,678		¥ 42,057	

图 5.8 收益预测表样张

在输入表格数据时需要依下面流程进行制作：

输入基本数据 → 输入计算公式 → 设置单元格格式 → 加入工作表保护

数据输入完成后，需要设置单元格的格式。标题单元格设置紫色背景，文字设置跨列居中，字体设置方正姚体，并加粗；输入 A、B、F 和 J 列数据，并且设置为彩色背景，方便用户核对数据；输入公式，计算得出 D、H 和 L 列数据，最后统计得到 33 行的汇总数据。为了保证数据得以有效安全的处理，还可以加上工作表保护，对于计算得到的数据列禁止用户更改。

为工作表的指定单元格加上保护，具体操作步骤如下。

步骤1 选中目标单元格，然后单击“工具”|“保护”|“保护工作表”命令。

步骤 2 在打开的“保护工作表”对话框中设置“允许此工作表的所有用户进行”的操作，则对于锁定的单元格，其他操作（包括修改数据）将会被禁止，如图 5.9 所示。

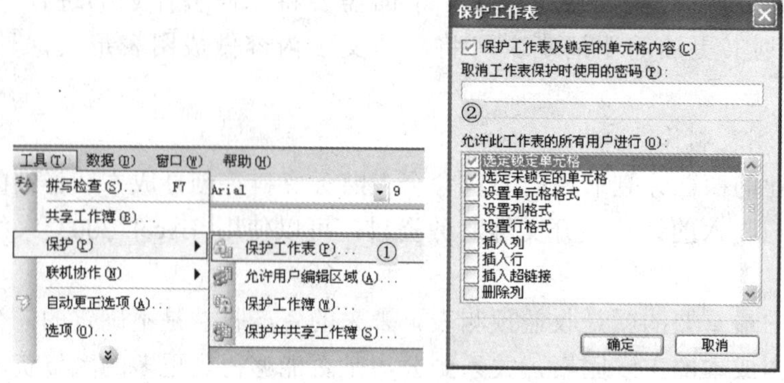

图 5.9 保护工作表设置

5. 工作表的链接

为使工作更加轻松，Microsoft Office 提供了几种便利的方法可以将叙述性的商业计划书与财务信息结合起来，也就是将 Excel 中的表格链接入 Word 中的商业计划书文档中。

具体操作如下：

首先，打开包含商业计划书的 Word 文档，并滚动到想要显示财务信息的部分；然后打开 Excel 电子表格，选择想要粘贴到商业计划书的单元格区域，在“编辑”菜单中单击“复制”命令。然后，返回到 Word 文档，单击“编辑”｜“粘贴”命令，把表格粘贴到商业计划书文档中。粘贴的数据表的右下方有一个图标。单击下拉按钮，打开下拉菜单并选中“保留源文件格式并链接到 Excel”选项单选按钮，如图 5.10 所示。

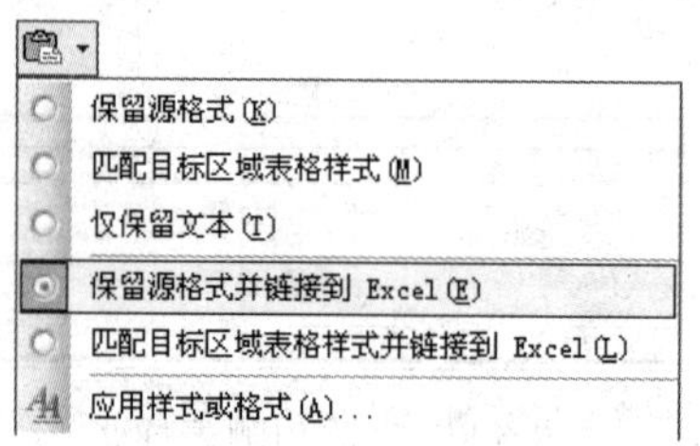

图 5.10 智能粘贴菜单

此后，无论何时更改或更新电子表格，这些更改也将在商业计划书文档中反映出来，这可以使商业计划书得到及时更新。当收入和成本改变时，以最小的工作量就可以在商业计划书中反映这些变化。

5.3 商业计划书的演示文稿制作

如今，PowerPoint 正迅速成为商业通用语言。不管在什么岗位上工作，利用 PowerPoint 进行演讲演示，几乎已经成为每个经理人的必修课程。尤其是在公司的融资计划宣传上，PowerPoint 能够帮助你将图片、文字和数据结合于一体，生动并且直观地向听众表达你的意图。

制作演示文稿时，可根据上面做好的 Word 文稿内容，重新整理。PowerPoint 演示文稿从来都不应该是一个提议或方案的全部内容，它只是思考成熟的长篇内容的一个简单总结。另外，商业计划书的演示文稿设计需要有一个完整的整体形象，不但要吸引人，而且还要表现出企业的文化。

5.3.1 步骤分析

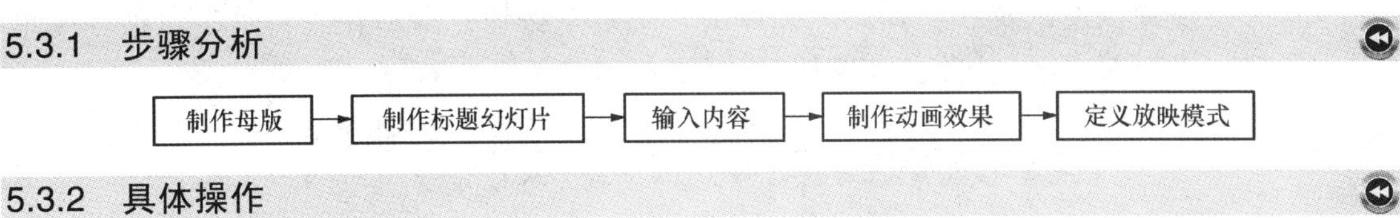

5.3.2 具体操作

1. 制作风格统一的母版

首先，快速确定演示文稿的风格。

（1）针对自己公司的定位选择一些自制的母版背景。

（2）标题与文字的大小要适当。

（3）增加一些企业的标志，做到别出心裁。

下面的母板样张采用了合适的背景图片，以适合公司的主营方向，然后将 Home、Back、Next、Last 和 End 按钮制作为超链接，使得它们可以直接链接到首页、回翻、下一页、最后一页等，如图 5.11 和图 5.12 所示。

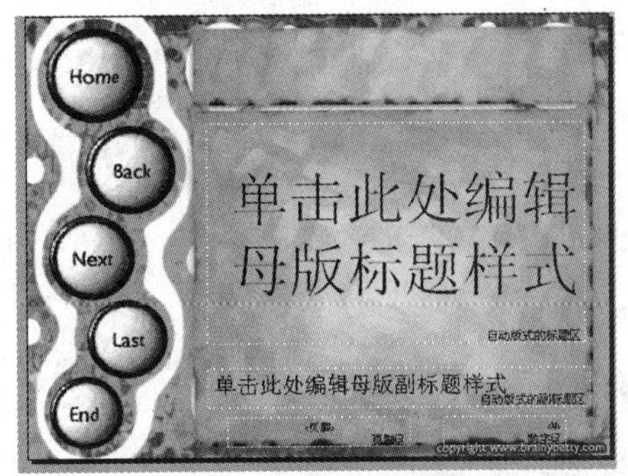

图 5.11 艺术幻想强调自我创新的母版

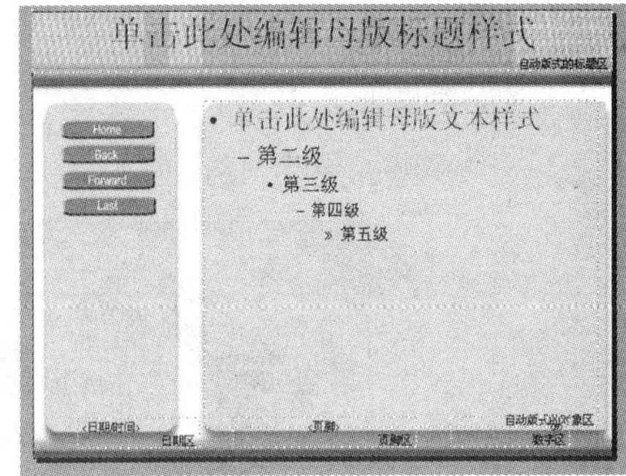

图 5.12 简单朴实的平民服务母版

下面是一个科技公司商务计划的演示文稿母版的设计，标题母版样张如图 5.13 所示。

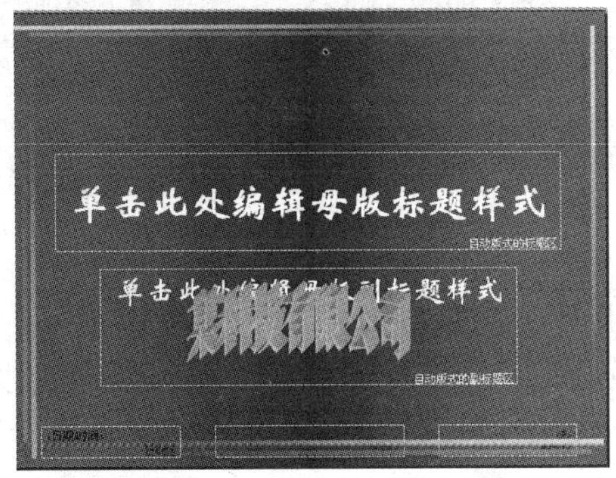

图 5.13 编辑标题母版视图

具体操作步骤如下：

步骤1 打开母版编辑视图，然后设置深绿色的渐变色作为标题母版以及幻灯片母版的背景色。首先，单击“格式”|“背景”命令；接着，在打开的“背景”对话框的下拉列表框中选择“填充效果”选项；然后在弹出的“填充效果”对话框中设置颜色以及底纹样式，并单击“确定”按钮；最后在“背景”对话框中单击“全部应用”按钮。步骤图解如图 5.14 所示。

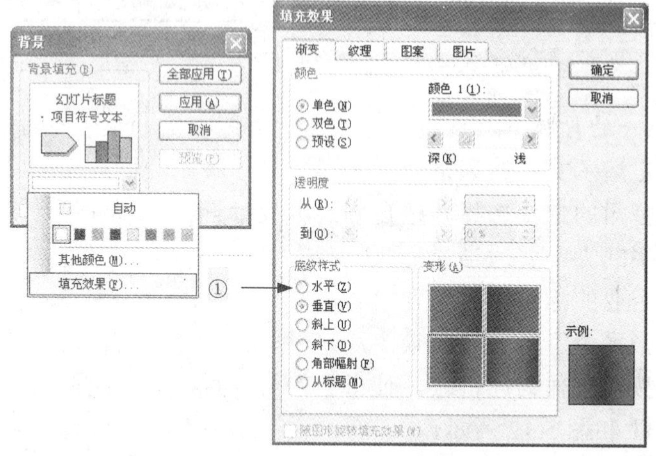

图 5.14 设置背景色步骤详解

步骤2 设置主标题和子标题的字体为“华文新魏”且加粗显示，文字颜色为白色，主标题字号为 48，副标题字号为 36，效果如图 5.15 所示。

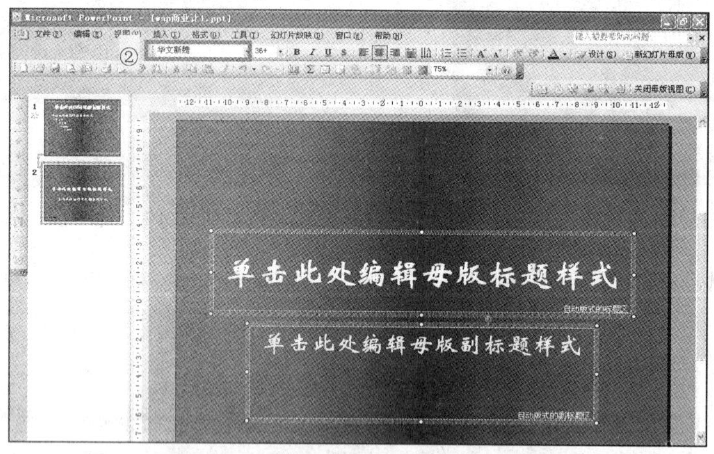

图 5.15 设置字体

步骤3 插入艺术字：某科技有限公司，效果如图 5.16 所示。

步骤4 为母版添加装饰效果。单击“绘图”工具栏上的矩形按钮，在母版最上方绘制一个长条形状的图形，如图 5.17 所示。

步骤5 右击长条形图形，在弹出的快捷菜单中选择“设置自选图形格式”命令，如图 5.18 所示。

图 5.16 插入艺术字后标题母版样张

图 5.17 绘制长方形

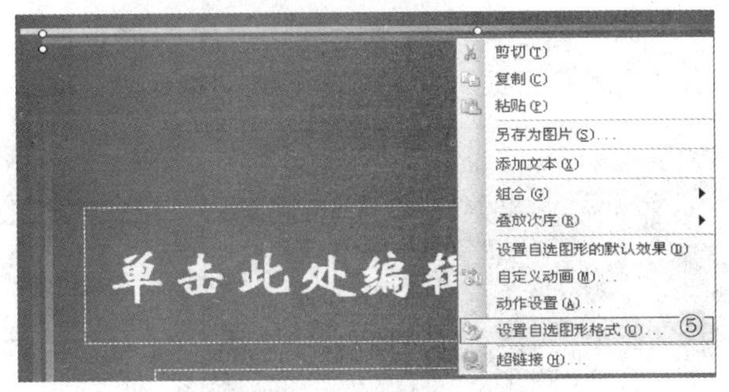

图 5.18 选择“设置自选图形格式”命令

步骤 6 在“设置自选图形格式”对话框的“颜色”下拉列表框中选择“填充效果”选项，在弹出的“填充效果”对话框中设置颜色的透明度变化为从 0%至 100%，如图 5-19 所示。

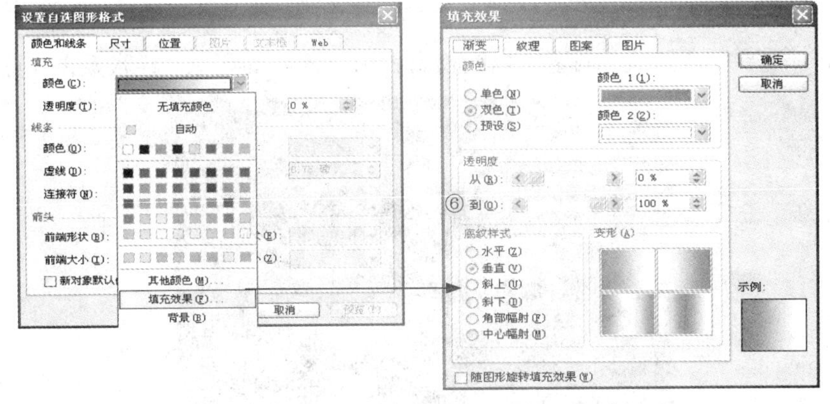

图 5.19 填充效果

步骤 7 按照上述步骤分别在母版的底部、左侧和右侧绘制 6 个长条形，并设置组合。

首先将左侧的两个长线条组合，名称为“组合 6”，然后组合幻灯片最底端的两个长线条，名称为“组合 12”，接着组合幻灯片最右侧的两个长线条，名称为“组合 9”，最后组合幻灯片最顶部两个长线条，名称为“组合 15”，如图 5.20 所示。

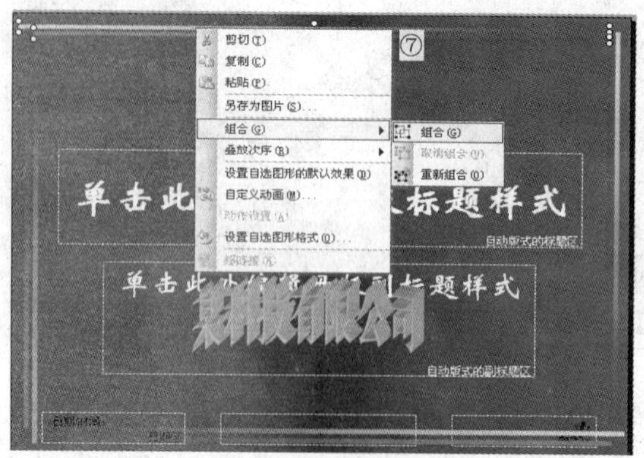

图 5.20　组合自选图形

步骤 8　为组合的图形添加动画效果。首先，选中四个图形组合，设置自定义动画效果为“进入”｜“飞入”；然后，设置自定义动画选项，如图 5.21 所示。

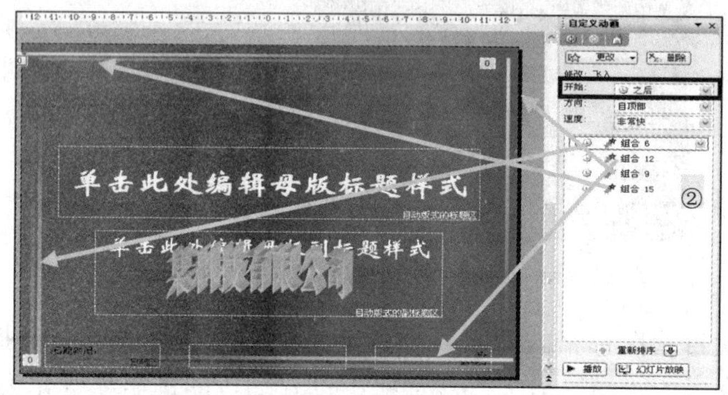

图 5.21　设置自选图形的动画效果

2. 制作标题幻灯片

首张幻灯片需要加入醒目的标题，以给投资者留下深刻的印象。样张效果如图 5.22 所示。

图 5.22　标题幻灯片

制作步骤如下：

步骤1 单击“绘图”工具栏上的“自选图形”按钮，选择“流程图”子菜单中的“多文档”图形，如图5.23所示。

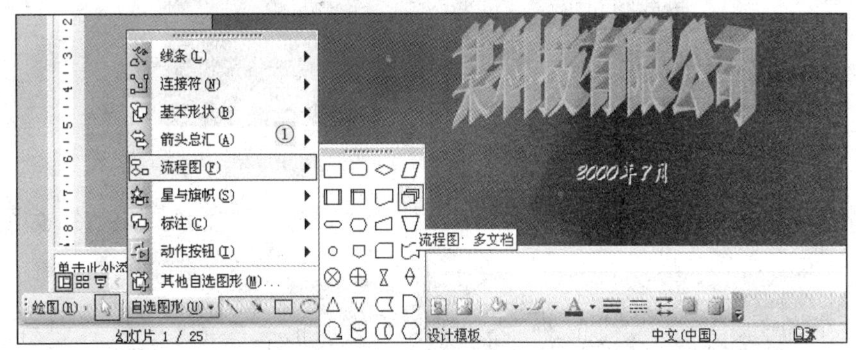

图5.23 选择“多文档”图形

步骤2 在文档中绘制“多文档”图形，并为其填充颜色，具体步骤参考图5.24。

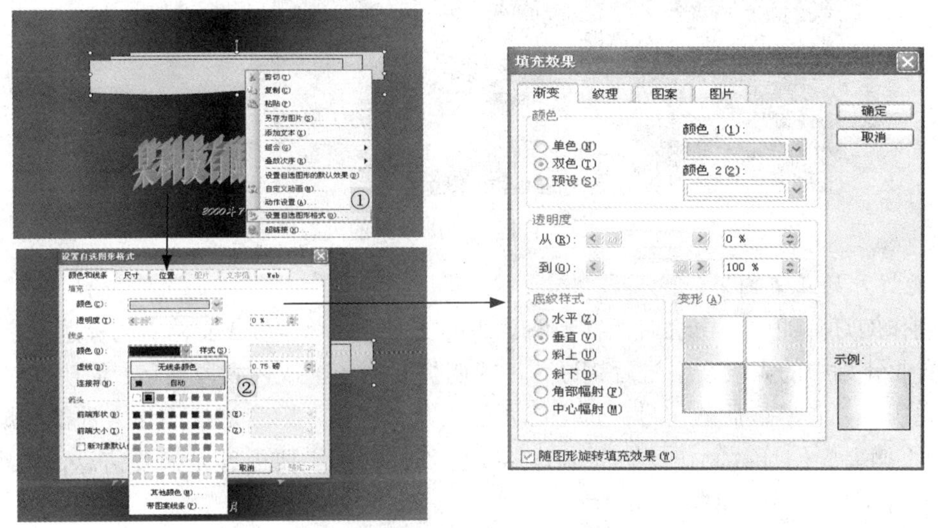

图5.24 为多文档图形填充颜色

步骤3 以上面绘制的自选图形为背景，加入文本框，输入标题文字，设置字体为“华文彩云”，颜色为黄色，并为文字添加阴影效果，如图5.25所示。

图5.25 标题文字样张

步骤4 标题上方插入三角形形状的自选图形，并设置填充效果为“绿色大理石”纹理，然后为自选图形添加阴影，效果如图5.26所示。

图 5.26　三角形自选图形效果

步骤 5 将布局确定后，对标题加入自定义动画效果："进入" | "渐变式缩放"，如图 5.27 所示。

图 5.27　自定义动画效果的设置

3. 幻灯片的正文内容

在制作幻灯片的中心内容时，需要注意下面的问题：将 Word 文档中的标题文字复制过来；对商业计划中的大段文字进行缩减，以简明扼要的句子取代大段文字；简明地对重点部分进行说明，并省略最后的句号；每个标题列出几个要点，因为这样不让人觉得厌烦。

（1）"摘要" 幻灯片制作。首先制作第二张幻灯片，主要内容是摘要信息，内容清晰、简练，一目了然，样张如图 5.28 所示。

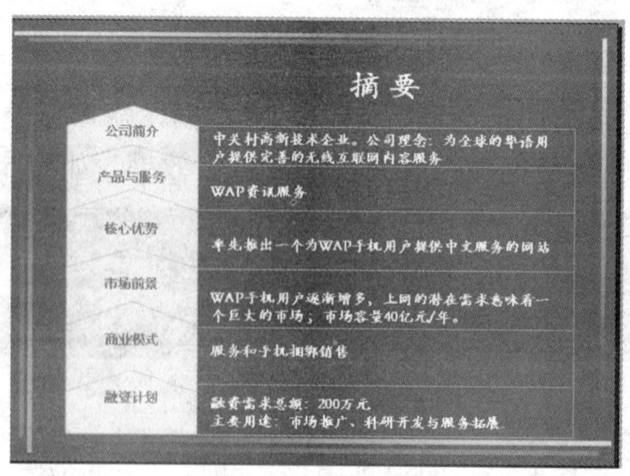

图 5.28　摘要幻灯片样张

制作步骤如下：

步骤1 在“绘图”工具栏中选择“自选图形”｜“箭头汇总”子菜单中的“五边形”图形，在Word文档中绘制一个五边形，如图5.29所示。

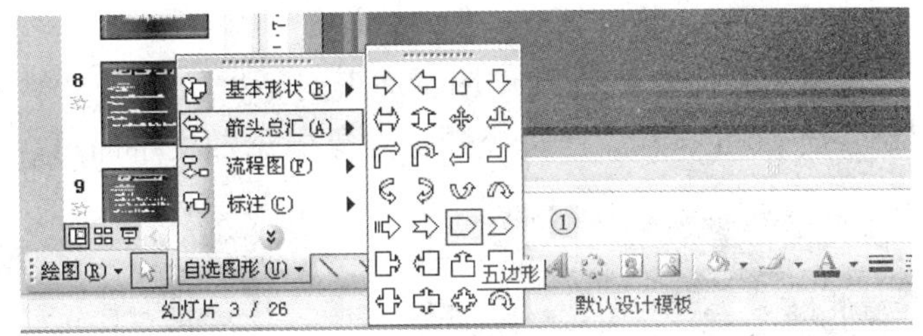

图5.29 绘制五边形

步骤2 双击绘制好的五边形，弹出“设置自选图形格式”窗口，在“尺寸”选项卡中设置“旋转”270°，如图5.30所示。然后设置自选图形的填充颜色为浅绿色，线条颜色为绿色，五边形效果如图5.31所示。

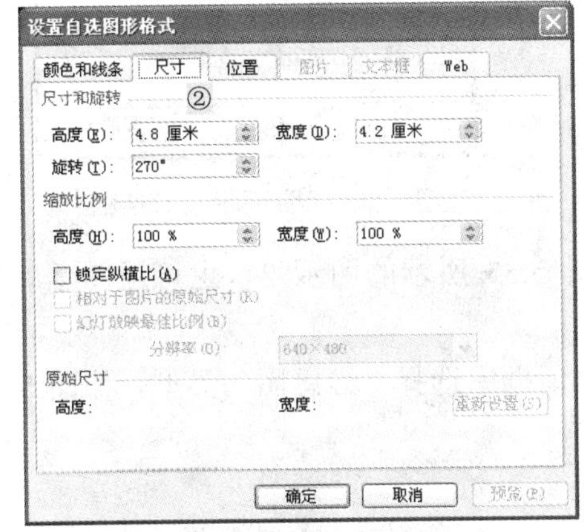

图5.30 设置五边形旋转

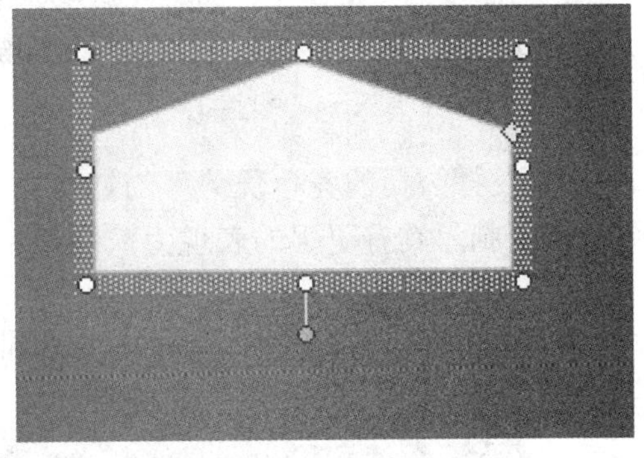

图5.31 五边形效果图

步骤3 依照上述步骤制作6个五边形图形，并将它们组合，最后在自选图形内部加入文字，效果如5.32所示。最后插入表格以及解释文字，得到了摘要幻灯片。

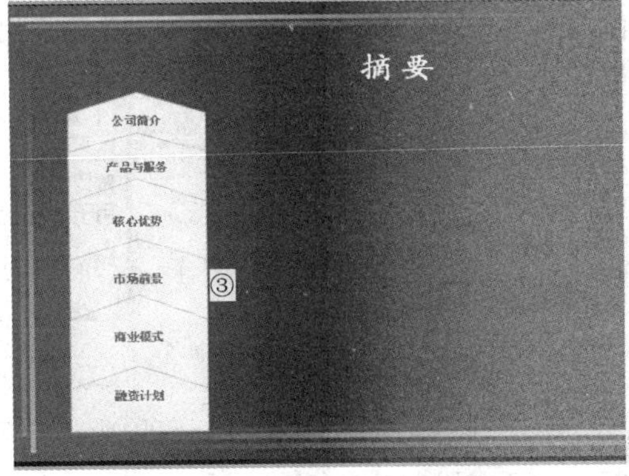

图5.32 6个五边形组合

接下来，将一些文本内容重新组织，以图示或者图表的形式进行表达，这样做可以使内容的描述更加清晰。

（2）“市场与客户”幻灯片制作。如图 5.33 所示的图示 1，可以用以下方法制作出来。

单击“插入”｜“图示”命令，打开“图示库”对话框，选择“射线图”类型，如图 5. 34 所示，单击“确定”按钮。然后在每个圆形对象中添加文字即可。

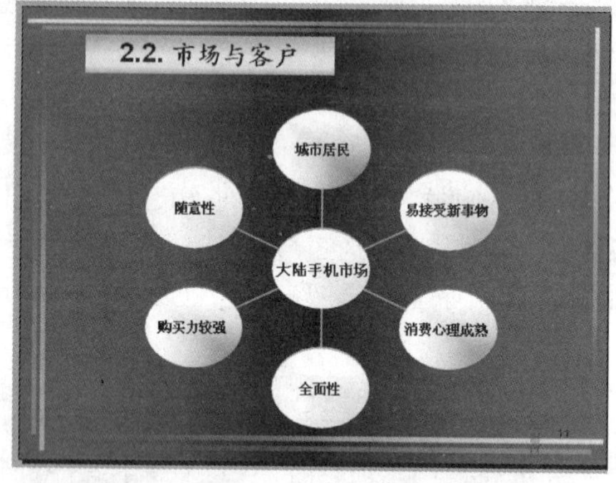

图 5.33　图示 1

图 5.34　“图示库”对话框

（3）“发挥公司的竞争优势”幻灯片制作。如图 5.35 所示的图示 2，也可用图示库中的图示来绘制，具有更强的表现力。

单击“插入”｜“图示”命令，在“图示库”对话框中选择“维恩图”类型，如图 5.36 所示。然后在每个圆形对象中添加文字即可。

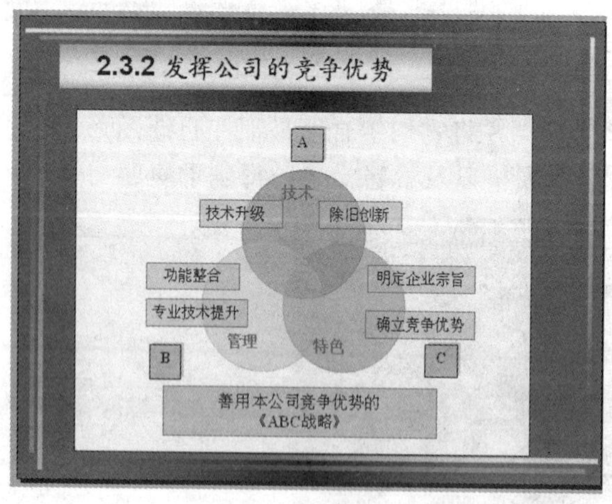

图 5.35　图示 2

图 5.36　“图示库”对话框

（4）“商业模式分述”幻灯片制作。如图 5.37 所示的图示 3 可以用的“绘图”工具栏中的工具完成。

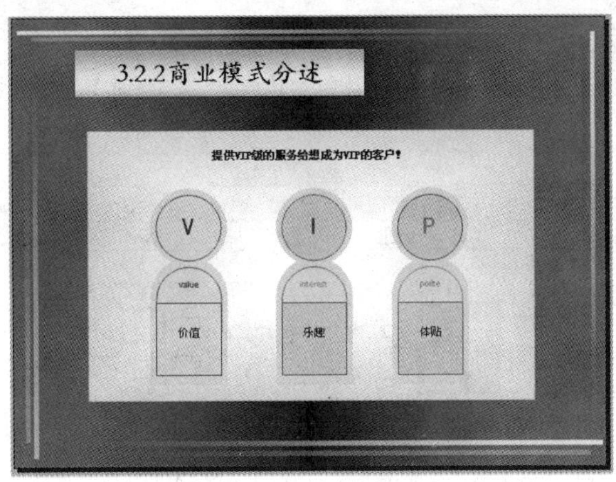

图 5.37 图示 3

首先，插入圆形、半圆形和矩形形状的自选图形，如图 5.38 所示；然后，将半圆形旋转 270 度，将三个对象调整到合适的位置，组合成为新的对象，并将该组合对象复制两次，再分别添加文字即可。

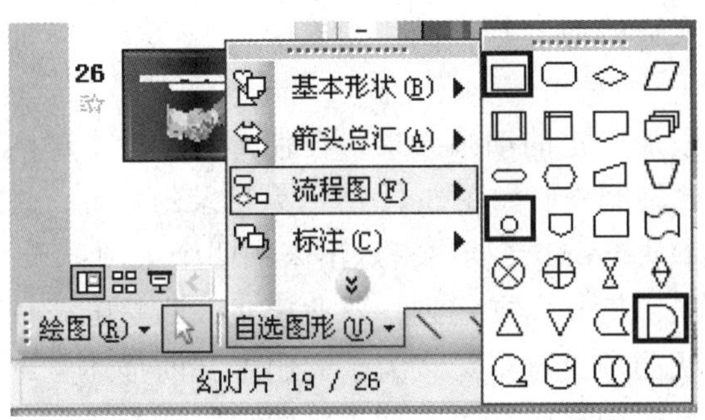

图 5.38 插入自选图形

（5）“风险与对策”幻灯片制作。如图所示的 5.39 图示 4 制作步骤如下：

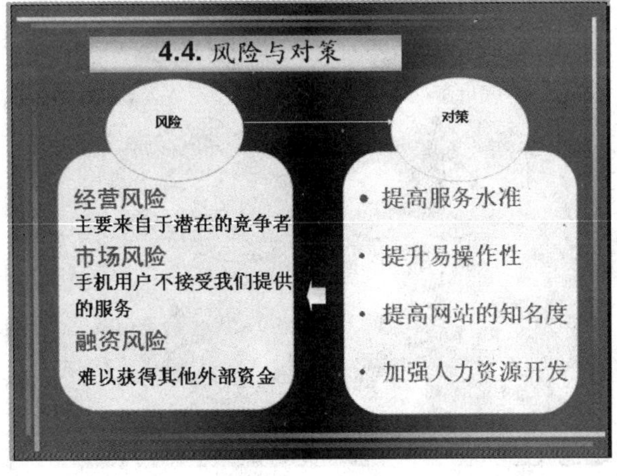

图 5.39 图示 4

首先，插入椭圆形和圆角矩形形状的自选图形，如图 5.40 所示；然后，将两个对象调整到合适的位置，组合成为新的对象，并将该组合对象复制 1 次，设置合适的填充颜色，再分别添加文字即可。

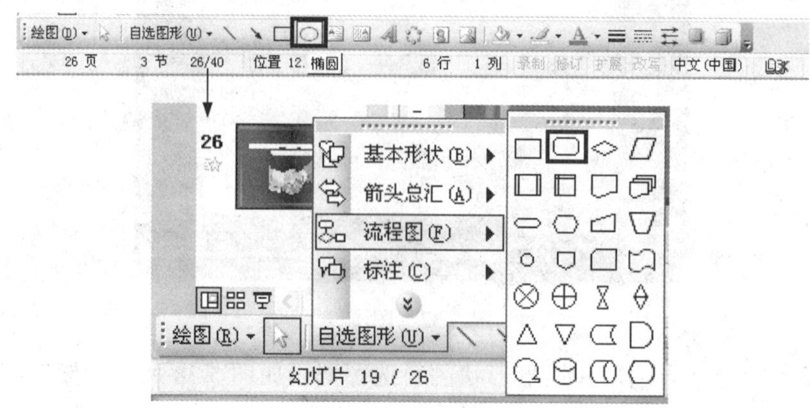

图 5.40　插入自选图形

至此，幻灯片演示文稿的内容基本制作完成了。

4. 制作动画效果

为幻灯片中的对象添加一定的动画效果，会使得幻灯片生动活泼，吸引人的注意力。

（1）自选图形动画效果制作。如图 5.41 所示为目录幻灯片，说明了幻灯片演示的主要内容。本页内容包括：①从 Word 文档中提炼出来的四个大项：一是公司概述，产业雏形；二是行业背景，竞争格局；三是发展规划，商业模式；四是融资规划，投资回报。每一大项前面都加入了按钮形状的项目符号。②为了突出本文的描述主题，还可以在目录旁加入公司的图标，这里利用自选图形组合了一部手机图形。③为了方便用户查询，对于每一级目录都设置了超链接，单击链接后，可以直接跳转至相关幻灯片。④在播放幻灯片时，四个目录项能以飞入的动画形式依次出现在人们眼前。

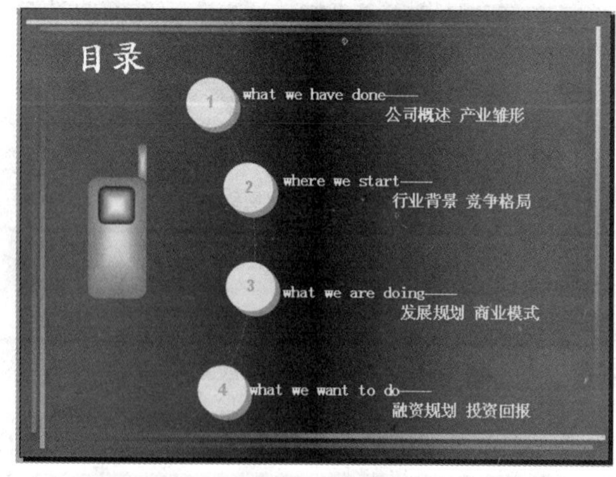

图 5.41　目录幻灯片样张

步骤1 单击“绘图”工具栏上的椭圆形工具按钮，按住 Shift 键的同时绘制图形，就会得到一个正圆形，如图 5.42 所示。

图 5.42　绘制圆形

步骤2 选中正圆形，单击“绘图”工具栏上的“阴影样式”按钮，选择“阴影样式 6”，即可得到具有立体效果的按钮形状，如图 5.43 所示。

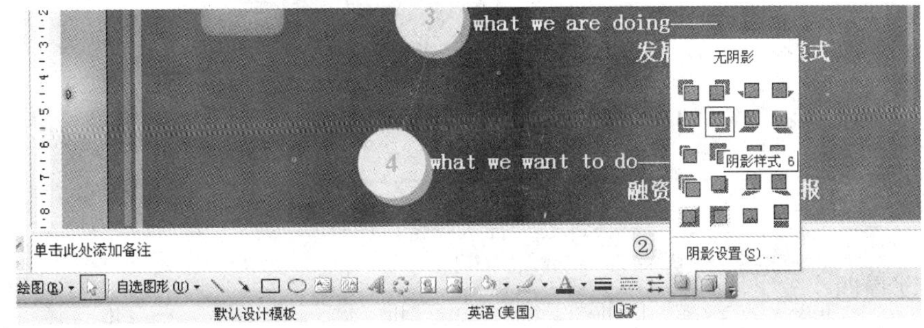

图 5.43　制作按钮形状步骤图解

步骤3 加入超级链接。首先选中第一个圆形自选图形，然后单击“插入”|“超链接”命令，如图 5.44 所示。

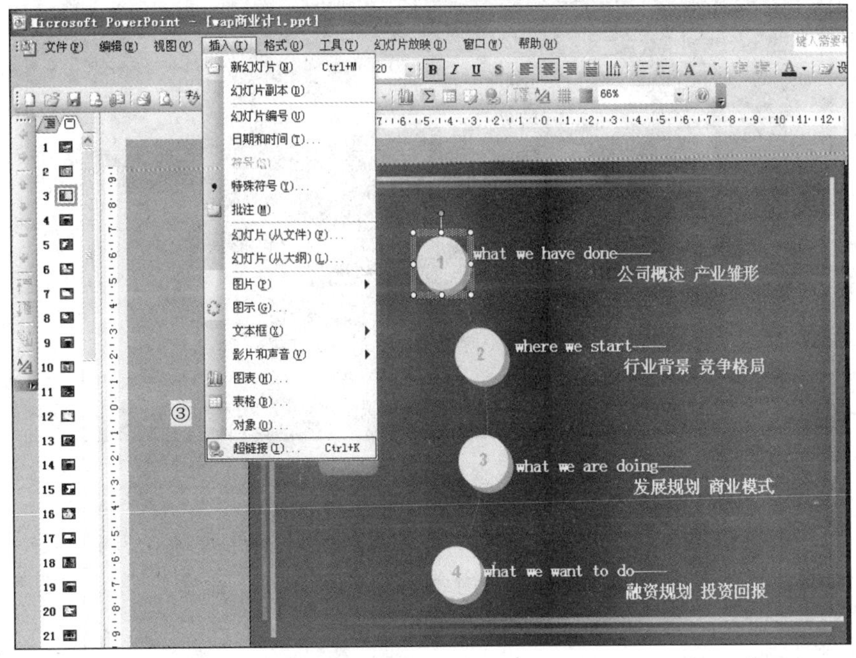

图 5.44　插入超链接

步骤4 此时弹出“插入超链接”对话框，单击“本文档中的位置”按钮，设置链接到文档中第一章的标题幻灯片，如图 5.45 所示；同样的，选中第二、第三和第四个圆形，插入超链接至第二、第三和第四章的标题幻灯片。

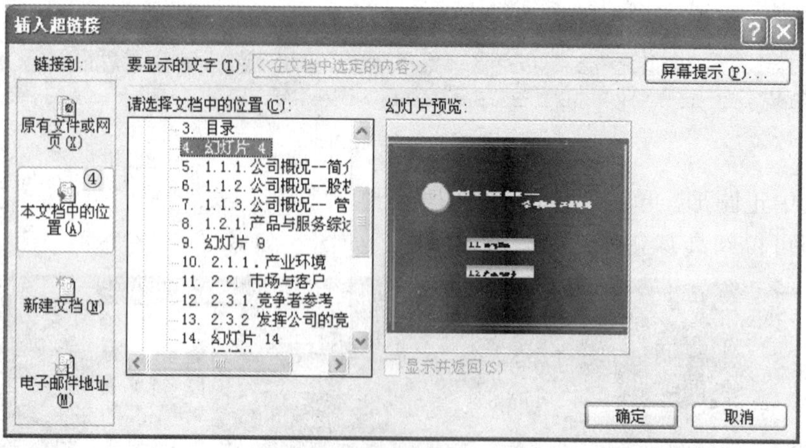

图 5.45 插入超链接图解

步骤 5 设置四个文本框依次由右至左飞入。首先选中四个文本框，然后设置自定义动画效果为“进入”|“飞入”，然后设置“开始”为在前一项播放之后，方向为自右侧，如图 5.46 所示。

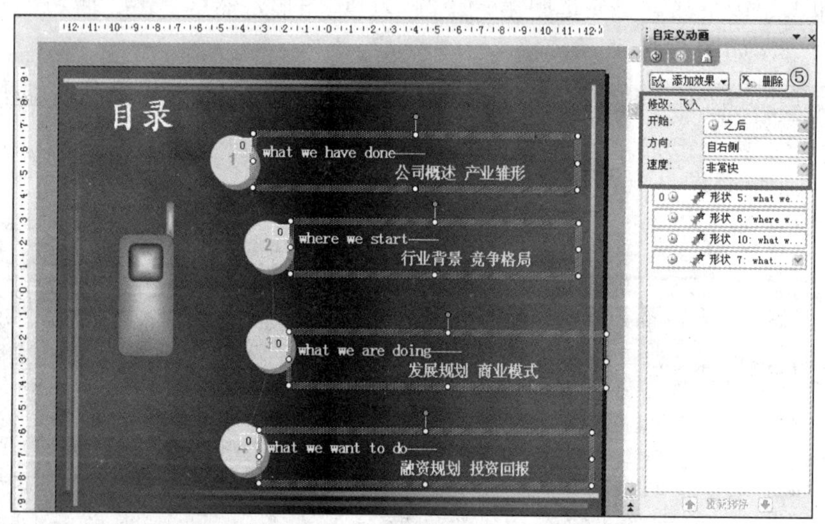

图 5.46 设置自定义动画效果

步骤 6 为了使观众每一项都能看得更清楚，还需要设置计时项。打开第一个文本框的动画设置下拉菜单，如图 5.47 所示，选择“计时”命令，弹出“飞入”对话框，在“计时”选项卡中设置计时时间。

（2）图表对象的动画制作。图表对象能够直观、形象地展示数据内容。如图 5.48 所示为投资流向图表样张，能够展示各项投资在总投资金额中所占比例。为了强调每个数据项在总投资中的比例，可以设置每项投资的饼图块依次飞入的动画效果。

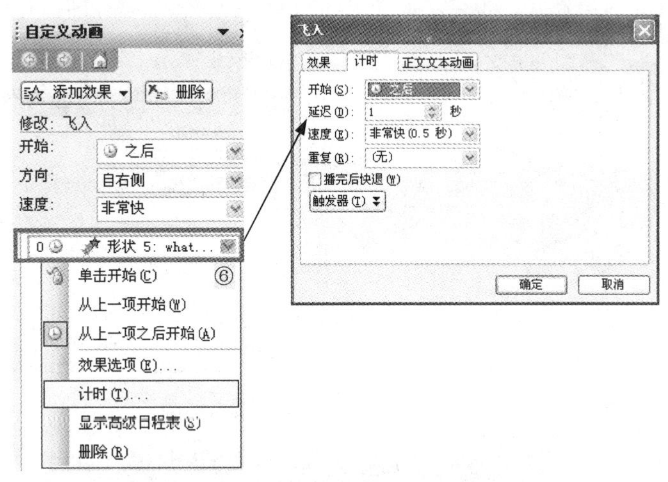

图 5.47　计时效果的设置

图表分类别逐个出现的自定义动画效果，即先显示品牌建设数据块，再显示市场推广数据块，然后显示网站与研发数据块，接着显示生产投入数据块，最后显示流动资金数据块的动画效果。

步骤1　选中图表对象，单击鼠标右键，在弹出的快捷菜单中选择“自定义动画”命令，在“自定义动画”窗格中添加效果“进入”|“出现”，如图 5.49 所示。

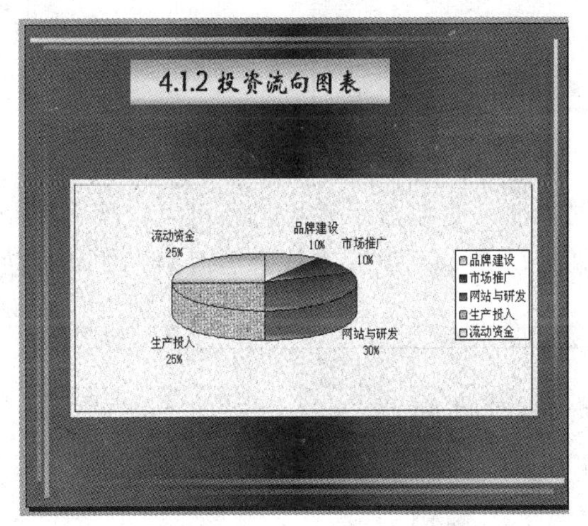

图 5.48　图表样张

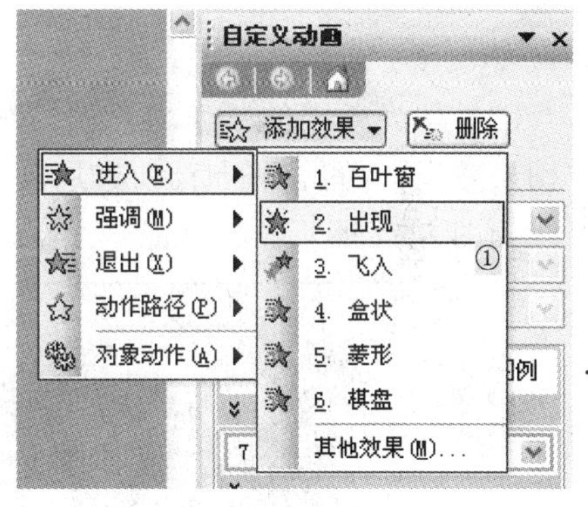

图 5.49　设置“出现”效果

步骤2　设置自定义动画效果选项。在“自定义动画”窗格中，单击动画设置下拉按钮，选择“效果选项”命令，弹出“出现”对话框，在“图表动画”选项卡中选择“按类别”选项。这样，饼图就被分成了一块一块的单独对象，如图 5.50 所示。

步骤3　设置计时效果。在“自定义动画”窗格中，单击第一个对象的动画设置下拉按钮，选择“计时”命令，弹出“出现”对话框，在“计时”选项卡中设置延迟 0.5 秒，以加强分类显示效果，如图 5.51 所示。逐一设置所有对象。

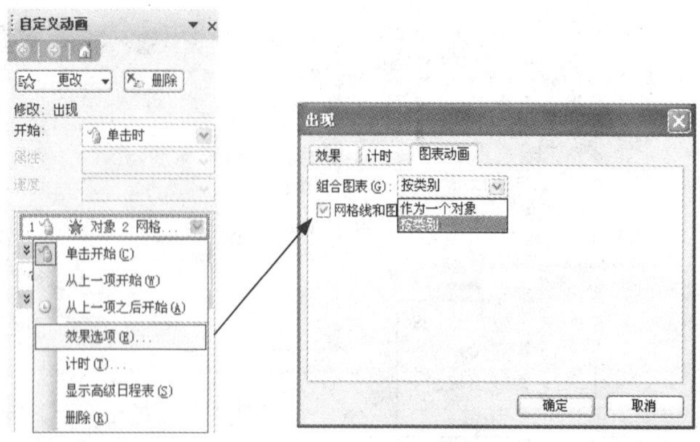

图 5.50 设置图表动画

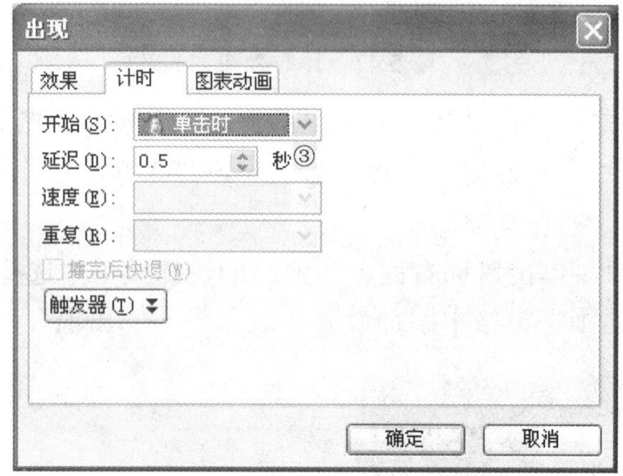

图 5.51 设置计时效果

（3）切换效果的制作。为使幻灯片在播放时具有一定的演示效果，还可以在换页时制作切换效果。单击“幻灯片放映”｜“幻灯片切换”命令，设置“从全黑淡出”的切换效果，如图 5.52 所示。

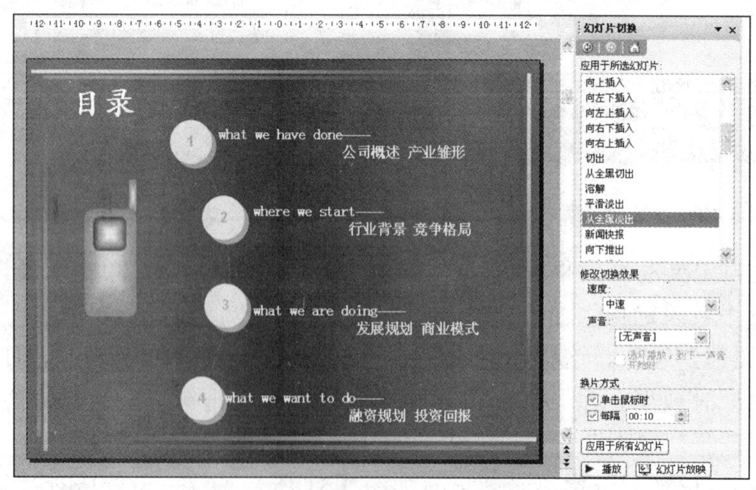

图 5.52 设置切换效果

结尾幻灯片一般可以使用字幕式效果，使得幻灯片播放完毕后，给观众一种意犹未尽的感觉。

选中幻灯片片尾的所有对象，在“自定义动画”窗格中，单击“添加效果”|“进入”|“其他效果”命令，在弹出的“添加进入效果”对话框中选择“字幕式”选项，单击“确定”按钮，并设置“速度”为“非常慢”，如图 5.53 所示。

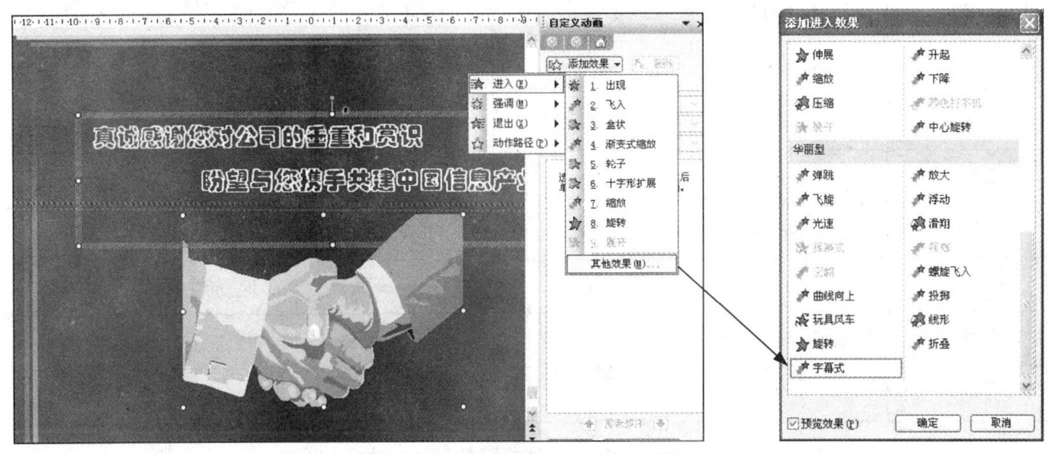

图 5.53　字幕型动画效果步骤示意

5. 幻灯片中的文字设计

对于商业计划演示文稿主要内容的制作，还需要对文字的设计进行一些补充说明。

在制作幻灯片时，幻灯片内容中文本的字体选择是有原则的，使用斜体、加粗、加下划线等在表现装饰性的标题和少量活泼、动感的文字或许是不错的选择，但整屏或整段的文字都采用特殊字形将只能使观众眼花缭乱。当然也有例外情况，例如：有些中文字体（仿宋、楷体）线条纤细，必须使用加粗效果，否则文字很难看清。

这里将常用的字体列在下面，分三个方面对字体进行描述：醒目程度、易读程度和装饰效果。醒目程度越强，则越适于表现需要吸引听众或需要听众记忆的关键信息，如标题文字和突出显示的文字。易读程度越强，则越适于表现信息量较大的文字内容。装饰效果越强，则文字在视觉效果上越生动、活泼，但同时可能会造成文字难以辨认，比较适于表现幻灯片中起装饰、点缀的信息内容，不能用于信息量较大的文字内容。表 5.2 和表 5.3 总结了 PowerPoint 中常见中文和西文的适用范围和效果。

表 5.2　PowerPoint 中常用的中文字体对照表

字　体	醒目程度	易读程度	装饰效果	适用范围
黑体	★★★★★	★★★★		标题、正文、醒目文字
黑体斜体	★★★★★	★★	★★★	标题、醒目文字
宋体	★★	★★★★★		标题、正文
宋体斜体	★★★	★★★	★★	标题、正文、醒目文字

续表

字　体	醒目程度	易读程度	装饰效果	适用范围
楷体	★	★★★★	★	标题、正文
仿宋		★★★★	★	标题、正文
幼圆	★★★	★★★	★★	标题、正文、醒目文字
隶书	★★★	★★	★★★	标题、醒目文字、装饰文字
新魏	★★★	★	★★★	标题、醒目文字、装饰文字
行楷	★★	★	★★★	标题、醒目文字、装饰文字
姚体	★	★★	★★	装饰性标题
舒体	★	★	★★★★	装饰性标题、装饰文字
琥珀	★★★★★	★	★★★★★	装饰性标题、装饰文字
彩云			★★★★★	装饰文字

表 5.3　PowerPoint 中常用的西文字体对照表

字　体	醒目程度	易读程度	装饰效果	适用范围
Arial	★★★	★★★★★		标题、正文、醒目文字、代码
Arial Black	★★★★★	★★★	★★★	标题、正文、醒目文字、装饰文字
Times New Roman	★	★★★★	★★	标题、正文
Courier New		★★★★		正文、代码
Lucida console	★	★★★★		正文、代码
Comic Sans MS	★★★	★★★	★★★	标题、醒目文字、装饰文字
Broadway	★★★★★	★	★★★★★	标题、装饰性标题、装饰文字
SHOWCARD GOTHIC	★★★★★	★	★★★★★	装饰性标题、装饰文字
Old English Text MT	★★★★★		★★★★★	装饰性标题、装饰文字
Kunstler s Script	★★★		★★★★	装饰文字

在 PowerPoint 中可以使用多种西文字体，而且几乎所有的西文字体都允许是加斜体或下划线等修饰效果，而且西文的斜体效果也可以在许多情况下使用，因为西文文字倾斜后，文字显得更自然，而且易读性较强。

此外，PowerPoint 也提供了插入艺术字的功能。艺术字往往具有更好的装饰性效果，但同时其易读性也会大大降低，不适于表现信息量大的内容。

幻灯片中的字号选择也是需要注意的。选择字号的根本标准是：在保证美观的前提下，使用该字号的文字可以尽量清晰地展示信息内容。一般来说，字号20、24、28、32是幻灯片正文中最常用的字号，字号32、36、40、44、48多用于幻灯片的标题或醒目文字，而字号14、16、18、20多用于图形、表格中的文字信息。图5.54展示了幻灯片中可用字号的文字样张。

例如：商业计划书中的文字较多的一页—产品与服务综述，其样张如图5.55所示。①标题的字体是楷体，字号选用的是36号；②主要内容的字体是华文新魏，字号为20；③醒目文字的字体是华文行楷，字号为18。

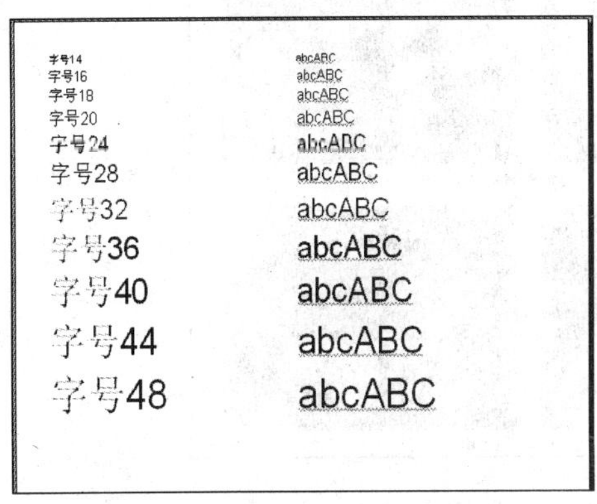

图5.54 字号展示样张

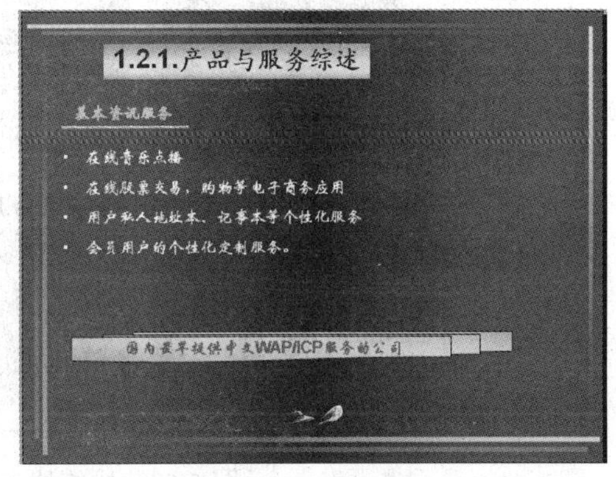

图5.55 “产品与服务综述”样张

6. 设计幻灯片自动播放、演讲计时

最后阶段，就是认真准备，在讲解时引经据典，将幻灯片的内容讲解清楚。演示文稿在正式演出前必须要进行多次排练和预演，才能顺利地进行最终的演示。如果没有朋友或者同事参与彩排，那么PowerPoint的相关功能也可以帮助独立完成彩排工作。

(1) 利用“排练计时”功能实现彩排。

步骤1 单击“幻灯片放映”|“排练计时”命令，开始计时，如图5.56所示。

步骤2 此后，演讲者可以仿照正式演讲的节奏和速度，对着屏幕边讲边用鼠标切换幻灯片，PowerPoint会自动记录每张幻灯片在彩排时消耗的时间。彩排结束后会弹出如图5.57所示对话框，单击“确定”按钮，保留排练时间。

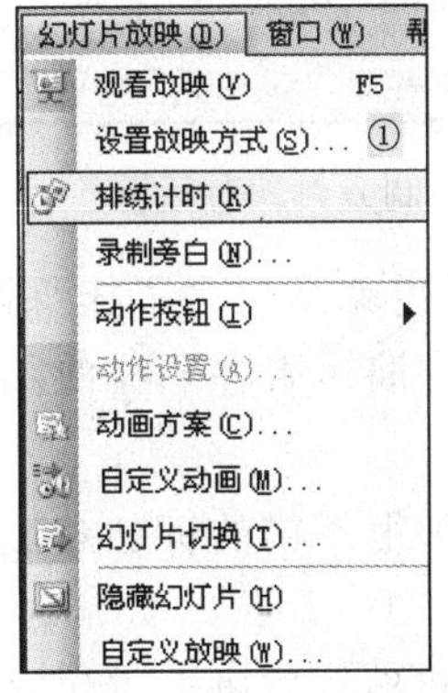

图5.56 排练计时命令

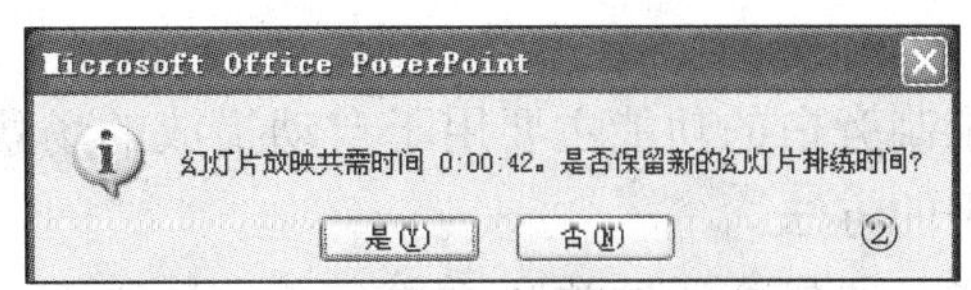

图5.57 保留幻灯片排练计时对话框

步骤 3 此时，PowerPoint 将返回幻灯片浏览视图，在这种视图方式下，每张幻灯片都以缩略图的形式显示出来，每张幻灯片下方显示在彩排时消耗的时间，例如，第二张幻灯片彩排时用时 9 秒，如图 5.58 所示。

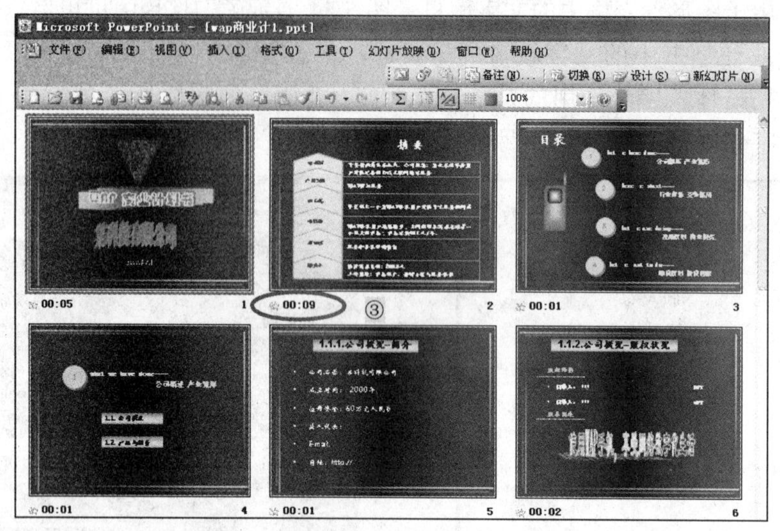

图 5.58 排练结束后的幻灯片浏览视图

（2）增加录音旁白。如果是演播厅循环放映幻灯片，无人现场讲解，那么还可以增加录音旁白和排练计时。

步骤 1 单击“幻灯片放映”|“录制旁白”命令，如图 5.59 所示。

步骤 2 此时弹出“录制旁白”对话框，设置好录音参数，单击“确定”按钮，如图 5.60 所示，此时就可以对着电脑上的麦克风发表演讲。

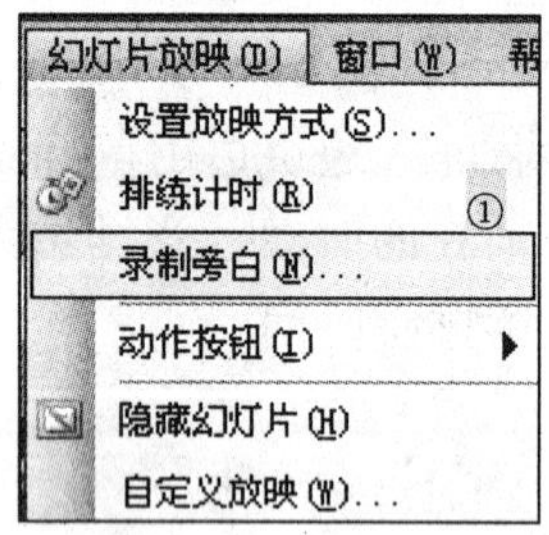

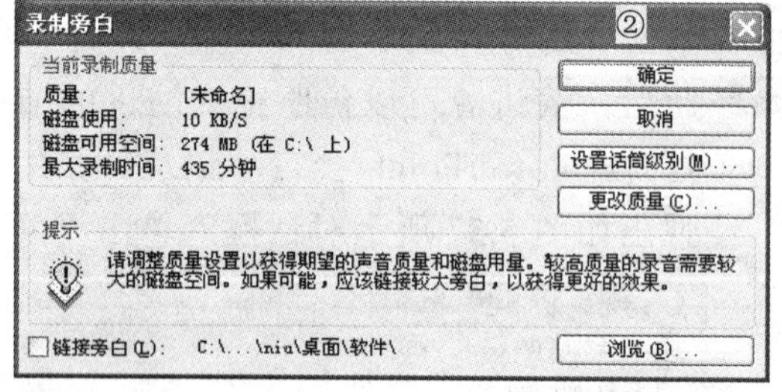

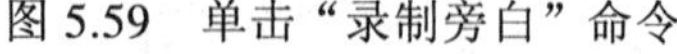

图 5.59 单击“录制旁白”命令

图 5.60 “录制旁白”对话框

录制旁白时，同时也记录了每张幻灯片播放消耗的时间，也就是包含了排练计时功能。此后，只要按 F5 键，幻灯片即可自动播放，听众便可以听到演讲者在彩排时的演讲录音了。

录制旁白的功能主要用于自动播放的场景，同时也是一种很不错的评估和改进自己演讲水平的方法。

（3）选择合适的放映方式。通常场合下，幻灯片的放映都是有演讲者直接参与的，但有些情况下，也需要使用其他的放映方式，例如在展会上观众自行操作，自行浏览幻灯片；

或者设置幻灯片的放映为循环放映，按 Esc 键时停止。

单击“幻灯片放映” | “设置放映方式”命令，弹出“设置放映方式”对话框，在其中可设置各种参数，如图 5.61 所示。

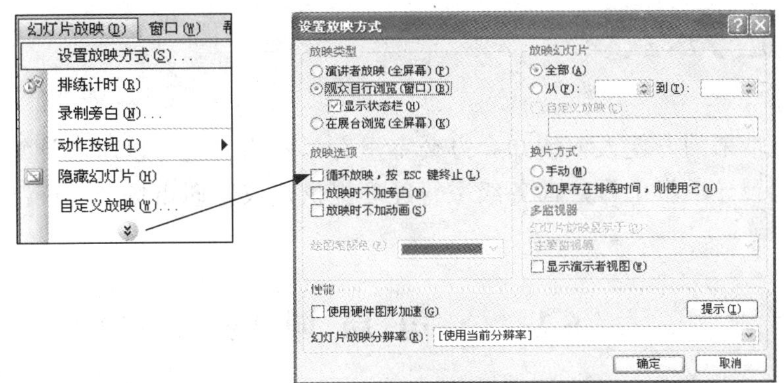

图 5.61 设置放映方式

（4）选择合适的笔迹。在放映幻灯片时，同时利用鼠标或压感笔在幻灯片上写写画画，是许多人都喜欢的演讲方式。

在放映时，单击鼠标右键，从弹出的快捷菜单中选择“指针选项”命令，选择好画笔和墨迹颜色，如图 5.62 所示，就可以用鼠标或压感笔输入墨迹了。如图 5.63 所示为一张加上标注的幻灯片。

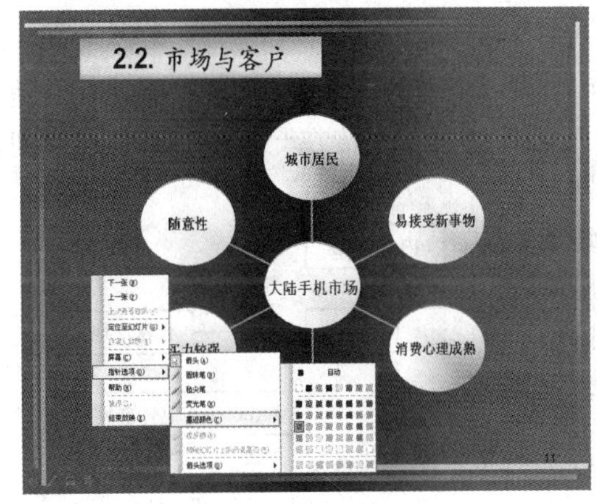

图 5.62 笔迹的设置

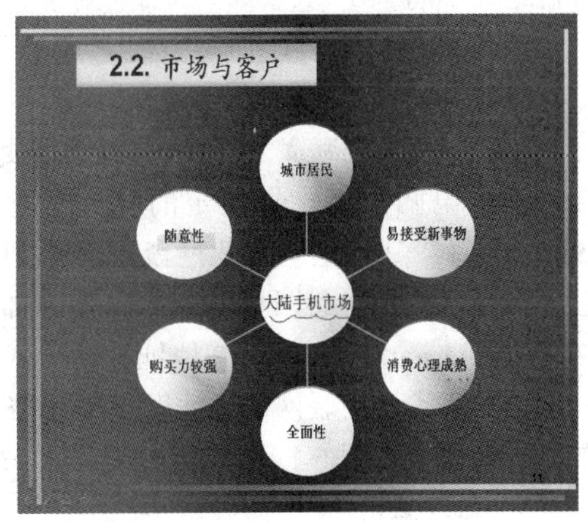

图 5.63 加上笔迹的幻灯片

至此，一套完整的商业计划书文档和演示文稿就准备完毕了。

第6章 公司网上办公

网络给办公带来的方便人人皆知。办公室里有了网络，就可以对着计算机向下属发放任务，向上级的领导汇报工作，向各级主管经理提供建议，向市场公开产品，向竞标者发放招标公告……

6.1 公司局域网

随着人类进入信息时代，网络成了生活必不可少的部分，特别是公司内部为了节约成本、提高效率都要建立内部局域网。

以一个中型企业来说，公司内应该有办公室、财务室、人事科、材料科等科室。建立局域网后各科室的电脑都连在一起，通过IM（即时通讯）软件可以方便地沟通，在公司的主页上可以方便地发布通知、消息等，而数据库的应用更可以实现海量的存储以及方便地信息查询，基本上实现了无纸化办公，如确有书面公文那也只要一台打印机就可以了，因为它是共享的。

1. 网络连接

将公司的计算机联网，并让公司的电脑接入互联网。公司的服务器申请一个独立IP地址，通过电信专线联入Internet，再通过交换机和公司其他电脑连接在一起。为了管理方便给每一台电脑，都设置固定的IP地址，服务器是192.168.0.1，其他电脑在此网段顺序排列。当然还要通过NAT（网络地址转换）技术，使内部网络电脑需要访问Internet时，内部IP地址被转换成合法的网络地址，以便访问互联网。如此既节省了资金及IP，又方便了管理，如图6.1所示。

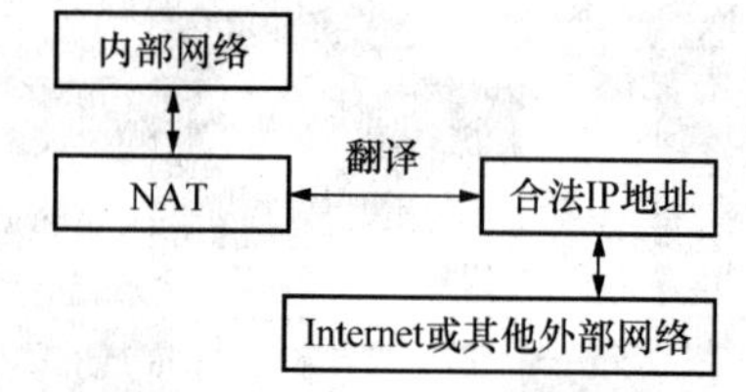

图6.1 NAT技术

2. 无线上网

迅驰技术的普及使笔记本电脑都有无线网卡，但到了公司里再用网线插拔实在是麻烦。其实公司内部可设置一个无线接入点连在交换机上，这样只要在公司无线信号覆盖范围内，对笔记本电脑进行简单设置就可以轻松联入互联网。我们选择一个无线路由器作为无线接入点，将它接在交换机上，一般无线路由器都会有一个出厂默认IP地址，在任意一台电脑上打开浏览器输入该IP地址，即可打开管理界面。大多数选项保持默认即可，只是要选择静态以太网络并将网关IP设为公司服务器的地址，这样就能自动接入互联网。另外，在SSID项中给无线网络输入一个名字：××公司无线网。打开笔记本电脑，搜索无线网络后，会看到这个网络，单击连接，这时右下角会显示连接信号强度，这时就可以打开浏览器畅游互联网了。

3. 出差时上网

如果你提着笔记本电脑到了外地的一家宾馆，那么前台服务员就会告诉你是否可以使用网络。宾馆的网络有两种情况：一种是前面提到的无线上网，宾馆房间肯定是无线网络信号覆盖的范围，这时的 IP 地址是自动获得的，只要启动计算机就可以在网上畅游了；另一种是有线上网，服务员会告诉你一个 IP 地址，在计算机的桌面上右击“网上邻居”图标，在弹出的快捷菜单中选择“属性”命令，打开“网络连接”窗口，如图 6.2 所示。

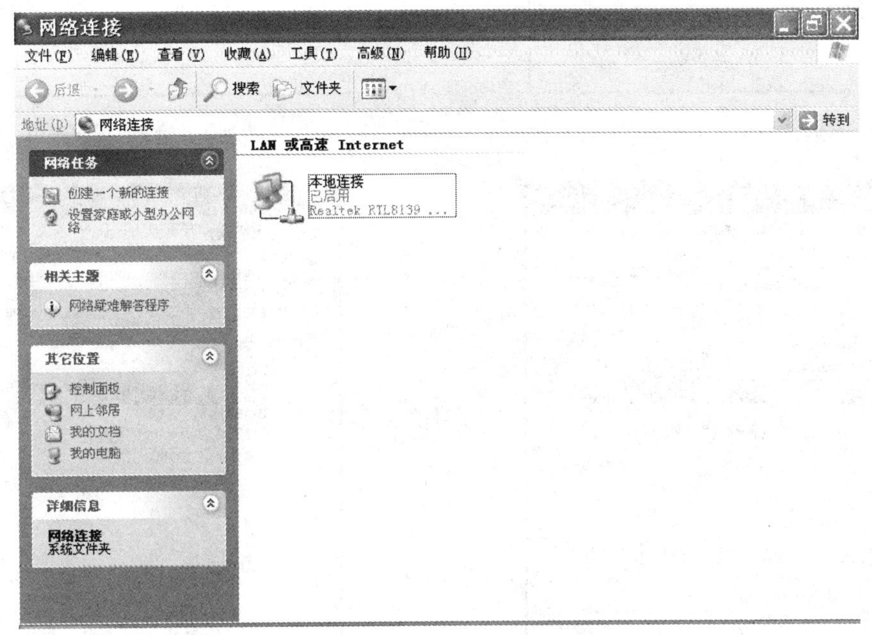

图 6.2 “网络连接”窗口

右击“本地连接”图标，在弹出的快捷菜单中选择“属性”命令，“常规”在弹出的对话框中单击选项卡，选择“Internet 协议（TCP/IP）”选项，单击“属性”按钮，在弹出的对话框中选中“使用下面的 IP 地址”单选按钮，并输入服务员给你的 IP 地址，单击“确定”按钮，这样就可以上网了，如图 6.3 及图 6.4 所示。

4. 共享文件

公司里有许多资料需要共享，节省了互相传送的时间。怎样实现文件共享？在作为服务器的那台计算机桌面上打开“我的电脑”，右击 D：盘，在弹出的快捷菜单中选择“共享和安全”命令，打开的“本地磁盘（D：）属性”对话框如图 6.5 所示。

在“共享”选项卡的“网络共享和安全”选项区中选中“在网络上共享这个文件夹”复选框，并起一个共享名或用默认的“本地磁盘（D：）”，单击“确定”按钮，这样即可将服务器上的 D：盘设置成共享，如图 6.6 所示。

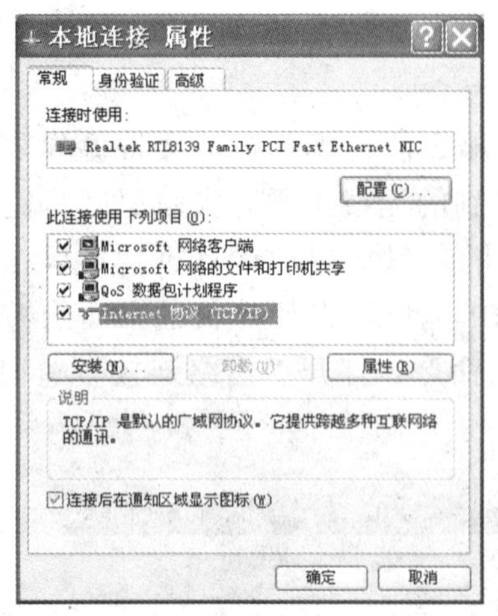

图 6.3　选择协议

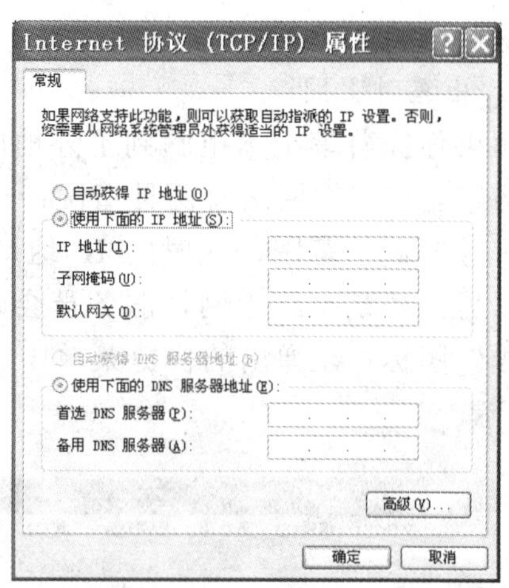

图 6.4　输入 IP 地址

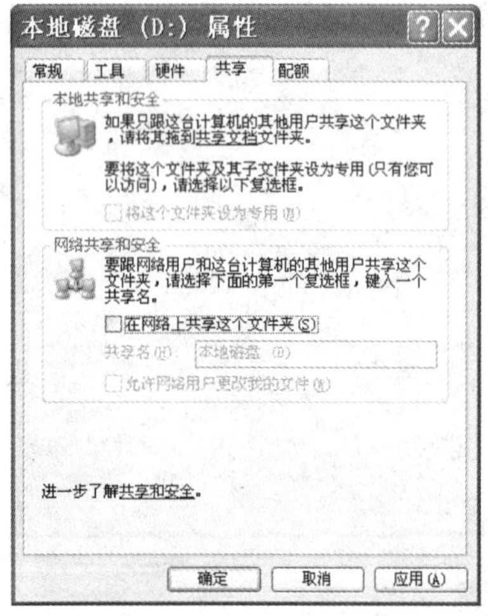

图 6.5　磁盘属性对话框

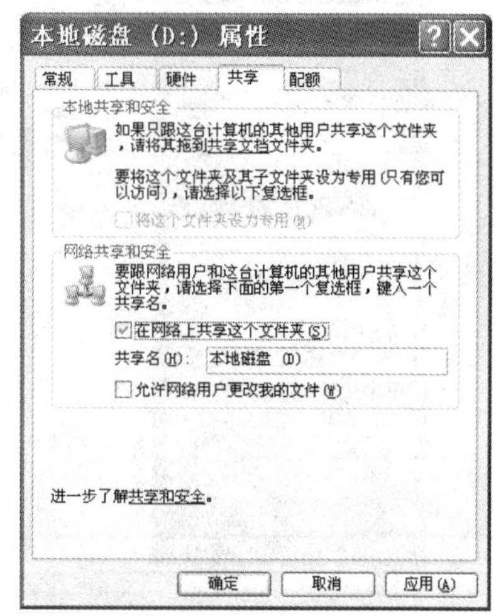

图 6.6　设置共享

此时将需要共享的资料数据复制过去，其他电脑只要打开网上邻居，就可以打开这个盘找到自己需要的资料。此种方法十分方便快捷。

6.2　网　上　畅　游

互联网是信息的海洋，网络的出现，给人们的生产、生活、学习带来了无尽的方便和享受。要在这海洋里找到需要的信息，就要用到搜索引擎。

6.2.1　高效搜索

提供搜索引擎功能的网站有很多，如谷歌、雅虎、百度、搜狐等，其中国际巨头谷歌（Google）和最知名的中文搜索引擎百度是使用率最高的。

打开 IE 浏览器，在地址栏中输入 www.baidu.com 并按回车键，就进入了百度的首页，输入要查找的关键词，如“周杰伦”，单击“百度一下”按钮（如图 6.7 所示），就可以找到与周杰伦有关的信息。

图 6.7　百度首页

此外，许多搜索引擎还推出了专门的图片、MP3、地图等单独门类的搜索。例如，如果想要的只有周杰伦的照片，可在百度首页单击“图片”链接，然后输入“周杰伦”，按回车键即可，这里还有大图、壁纸、新闻图片等可供选择。

再者，如果你今天的工作就是带公司的客人游北京动物园，对于不熟悉路线的你应该怎样当好向导呢？首先打开办公室的电脑，在 IE 浏览器的地址栏中输入：www.google.cn，按回车键后进入谷歌首页，输入“北京地图查询”，单击“Google 搜索”按钮，如图 6.8 所示。

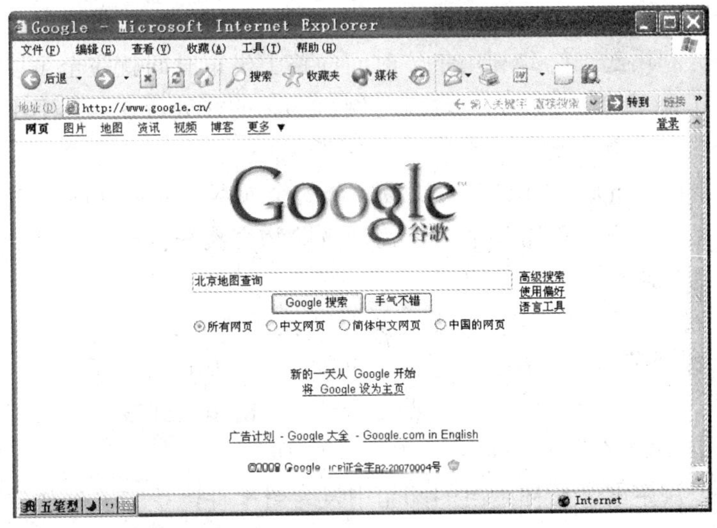

图 6.8　谷歌首页

打开北京电子地图，然后输入关键字“北京动物园”，类别“旅游景点”，单击 GO 按钮，即可找到其具体位置，很方便，如图 6.9 所示。

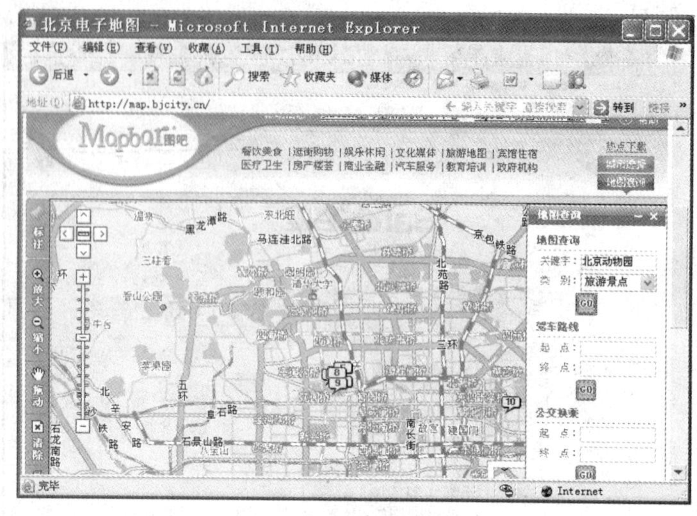

图 6.9　地图查询

如果想快速查找到自己想要的信息，还是需要一些技巧的。以百度为例：首先，搜索的关键词必须精确，如果想找“李小龙电影”，却输入了“李晓龙电影”，那么搜索结果可能会令你失望。其次，由于搜索引擎毕竟不能很好地理解人类自然语言，而是按着文字去搜索，所以我们应该尽量将自己要搜索的关键词提炼简练了再去执行。比如想知道“奇瑞 QQ 汽车的最高时速、百公里油耗和价格”，输入这么一句话恐怕找不到你想要的结果，而输入“奇瑞 QQ 时速油耗”想要的结果就被搜索出来了。

6.2.2　网上购物

假如你是一位上班族，没有时间逛街购物，而如果有一台可以随时上网的计算机，那么就把计算机充分利用起来吧！利用午休时间、路上坐车时间就完全可以把家里要用的、自己喜欢的、公司要买的统统买到。这就是网上购物的好处所在——不用走出去一步，想买什么就有什么！

淘宝网（taobao.com）是中国最大、最安全的个人网上交易社区（C2C）,淘宝社区作为专业的购物网站，拥有全球时尚前沿的消费者购物交流平台，尽情享受你电子商务的经验、网上在线购物乐趣！

如果在网上看上了一台 IBM 电脑，如何买到手呢？在 IE 浏览器的地址栏中输入 www.taobao.com 按回车键后，就进入了淘宝网的首页，如图 6.10 所示。

如果你是一个新手，不是会员，就要先注册，单击图上红线标注的蓝色文字链接“免费注册”，就可进入轻松会员注册页面，如图 6.11 所示。

输入信息后，淘宝网会在你给出的邮箱中发一封邮件，单击“确认”后就可以注册成功，如图 6.12 所示。

图 6.10　淘宝网首页

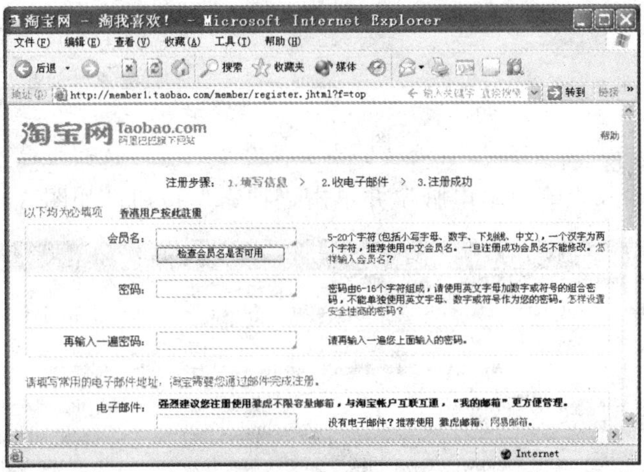

图 6.11　会员注册

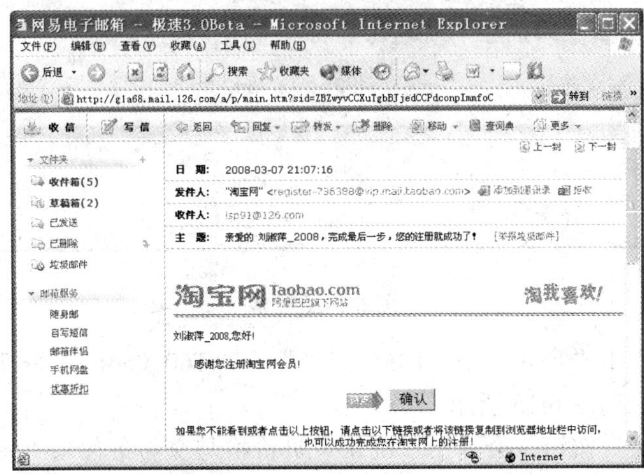

图 6.12　确认邮件

成为淘宝网的会员后，就可以在淘宝网上淘到想要的任何一种商品。那么现在就登录上去，买想要的笔记本电脑吧，如图 6.13 所示。

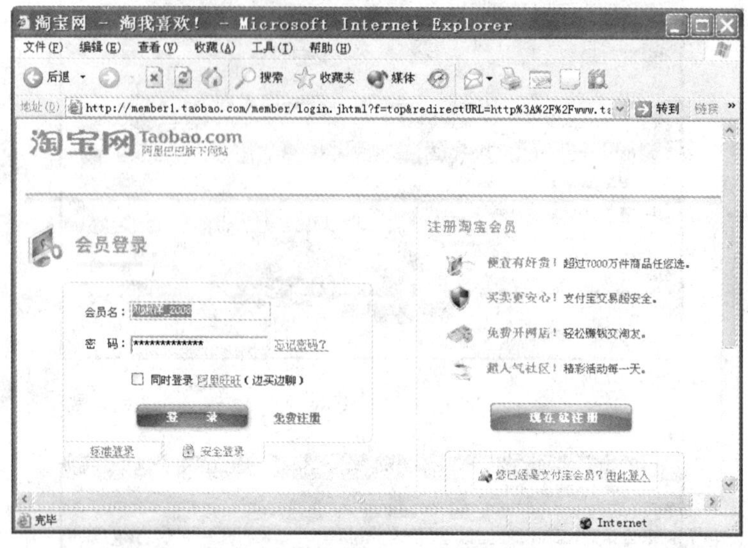

图 6.13　登录

登录成功后，输入“笔记本电脑”并单击“搜索”按钮，如图 6.14 所示。

图 6.14　搜索

依次“按品牌”|“全新”|“IBM 型号”|“T60（546）”来搜索，就可以找到想要的笔记本电脑了，如图 6.15 所示。

单击“立刻购买”按钮，会弹出“确认宝贝价格与交易条件”、“确认您的收货地址”页面，如图 6.16 所示。

图 6.15　找到商品

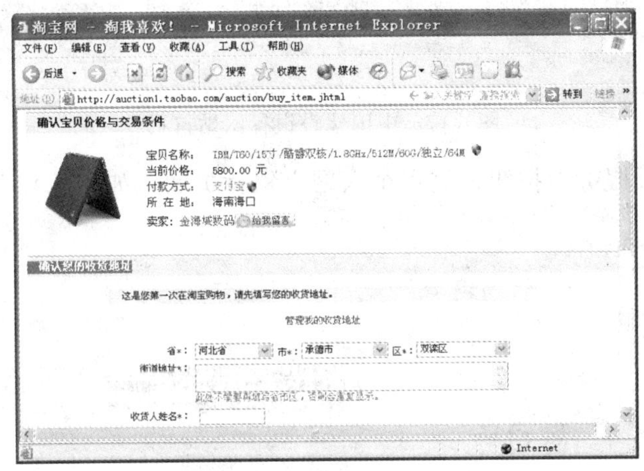

图 6.16　确认信息

如果信息确认无误，即可交费，交费方式是注册一个网络银行卡，国内各大银行都有相关业务，到柜台开通就可以了。建议使用中国工商银行，它的U盾、电子口令卡都能保证在线支付的安全。提交以后，该卡就与支付宝账号关联了，以后用此卡就可以给支付宝充值。支付宝中充了足够的钱，交易后，你要的笔记本电脑很快就会送到你的手上了。如果你是卖家，那么收到钱后从支付宝里提取，也是到这张银行卡里。

国内的当当网、2688等也是网上购物的好帮手，操作起来也很简单，也是注册一个账号，而支付时直接用网络银行卡打款，网站就会发货给你。

6.2.3　网上银行

要实现网上购物就要有一张注册的网上银行卡。这需要到银行办理签约手续，一旦签约成功，就可以登录网上银行。

如果你很忙，实在没有时间去交电费，但如果不交，就会自动断电了，怎么办？不用急！你不是有签约的银行卡吗？坐在计算机旁就可以将电费交上，免去了跑到收费点交费的时间。下面以建行的银行卡为例。

首先登录建行的电子银行。在 IE 浏览器的地址栏输入 www.ccb.com，按回车键后就进入了中国建设银行网站，如图 6.17 所示。

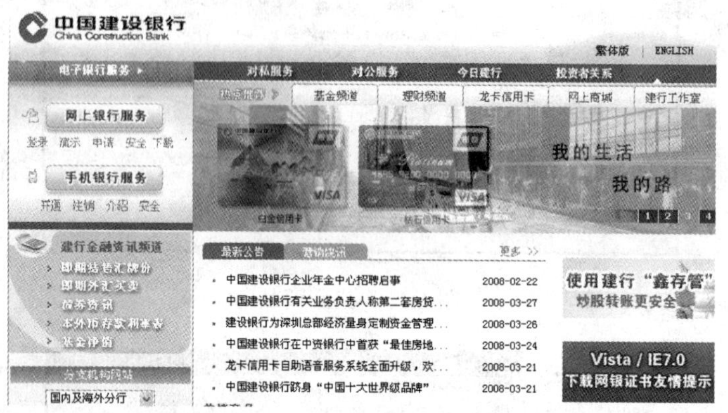

图 6.17　中国建设银行网站首页

单击“网上银行服务”按钮，进入个人网上银行页面，如图 6.18 所示。

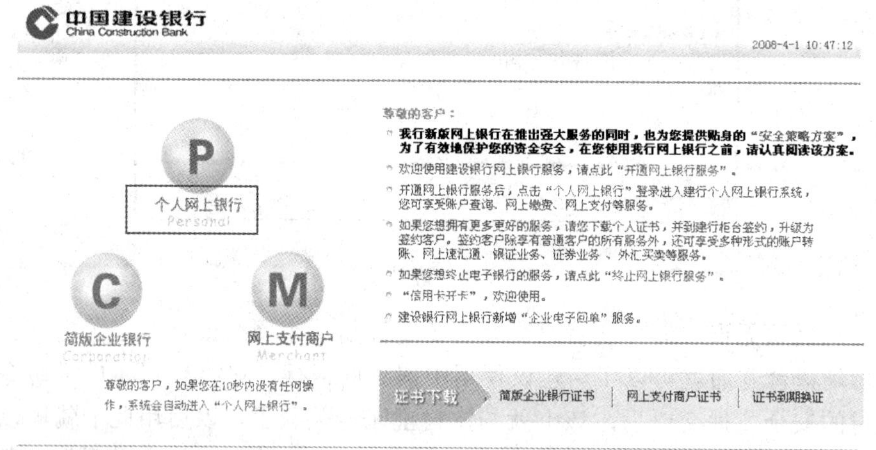

图 6.18　个人网上银行页面

这里办理的是个人网上业务，因此单击“个人网上银行”超链接，进入登录界面，如图 6.19 所示。

输入相关资料，单击“登录”按钮，就可以进行账户了。在账户中可以进行如下业务操作：

转账汇款、缴费支付、信用卡、个人贷款、投资理财、客户服务、安全中心等。现在要做的就是单击“缴费支付”链接，打开的页面如图 6.20 所示。

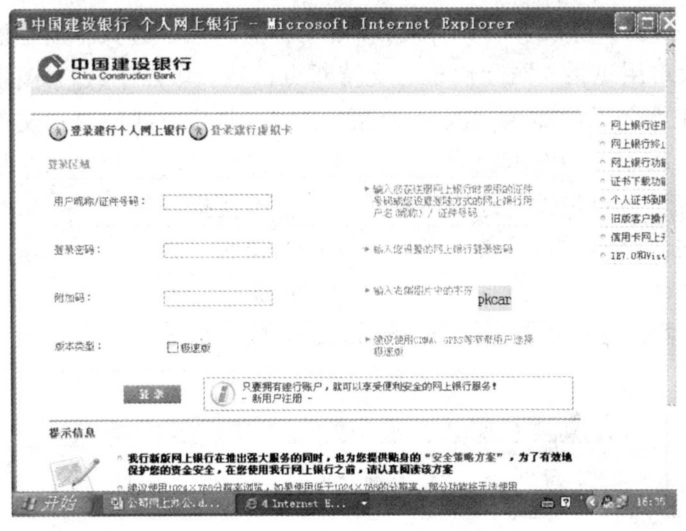

图 6.19 个人网上银行登录

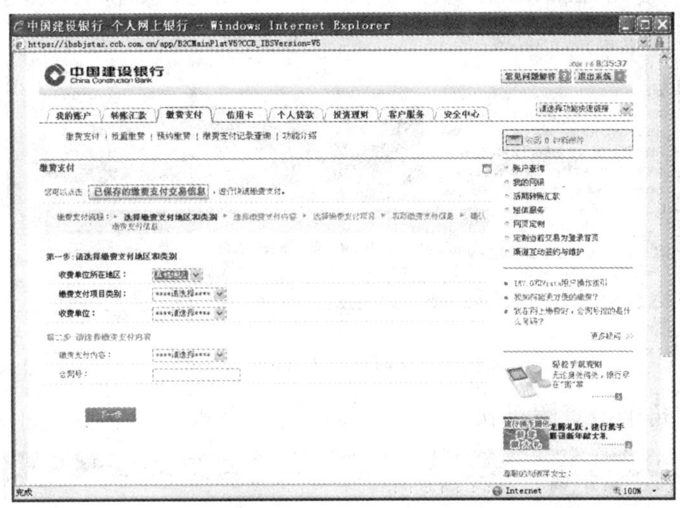

图 6.20 “缴费支付”页面

依次输入收费单位所在地区、缴费支付项目类别、收费单位、缴费支付内容，然后单击“下一步”按钮，就会有缴费成功的提示信息。手机费、上网费等任何费用都可以用一台计算机操作完成，不用再跑到交费点排队交费了。

如果公司要做一单买卖，费用的流通也可以在网上完成，安全快捷，几个人的工作一个人就完成了，体现了网络的优势。

6.3 软 件 下 载

互联网络是个信息的海洋，冲浪时有了好东西想保留，那就下载到硬盘上吧。下载的方式主要有三种：HTTP 协议、FTP 协议、C to C（点对点）方式。浏览器自带的下载软件速度比较慢，一般可用迅雷、网际快车等支持断点传输、多点下载技术的软件，也就是说，如果还没有下载完就关机，那么下次可以继续下载，并且下载时会把文件分几段来下，等于增加了宽度，下载速度当然就提升了。而迅雷更好一些，它会自动寻找网络上其他的下载源，这样就实现了多点传输，速度号称是“迅雷不及掩耳”。

假如办公时的一个常用工具就是 QQ，用 QQ 和网上的同事谈工作，省去了很多电话费。这样经济实用的软件谁都想拥有。如何拥有它呢？

打开 IE 浏览器，在地址栏输入 www.qq.com 按回车键后，就进入了腾讯首页，如图 6.21 所示。

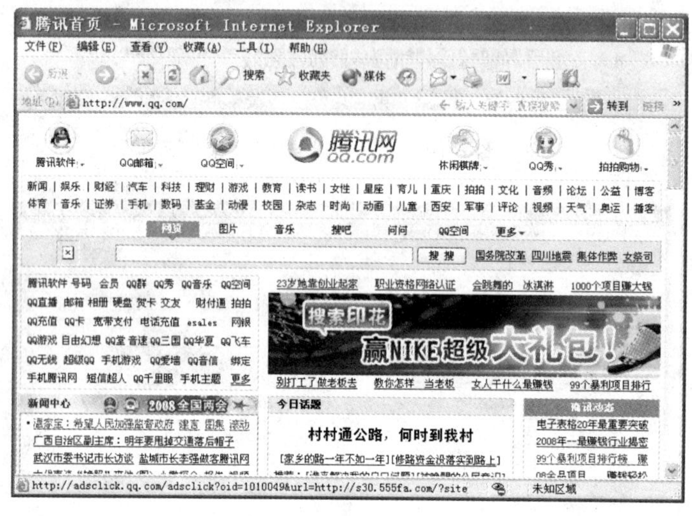

图 6.21　腾讯首页

在首页的左上角单击“腾讯软件”超链接，进入腾讯软件中心，如图 6.22 所示。

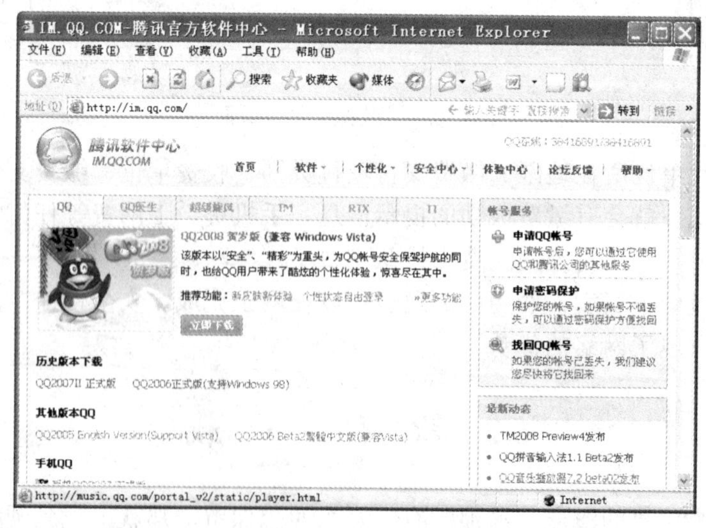

图 6.22　腾讯软件中心

导航栏的第一项就是QQ，下面有很多版本的QQ，根据需要来下载即可。如果想下载最新的QQ2008贺岁版，单击“立即下载”按钮，会弹出页面提示选择免费下载的方式，如图6.23所示。

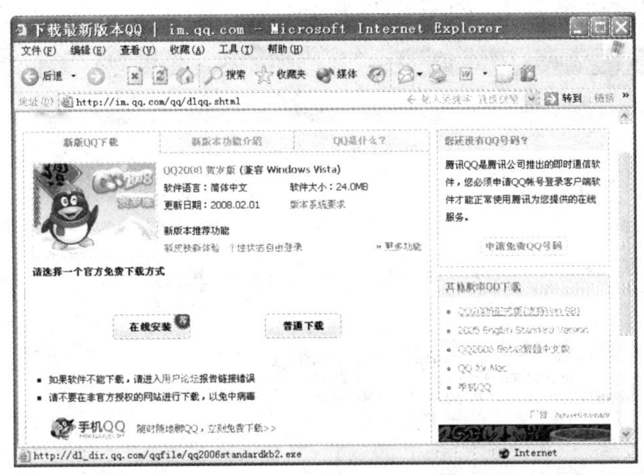

图6.23 选择下载方式

官方推荐的是“在线安装”，单击该按钮，即可将QQ2008贺岁版下载到桌面，并实现在线安装，如图6.24所示。

在线安装完成后，会出现如图6.25所示界面。

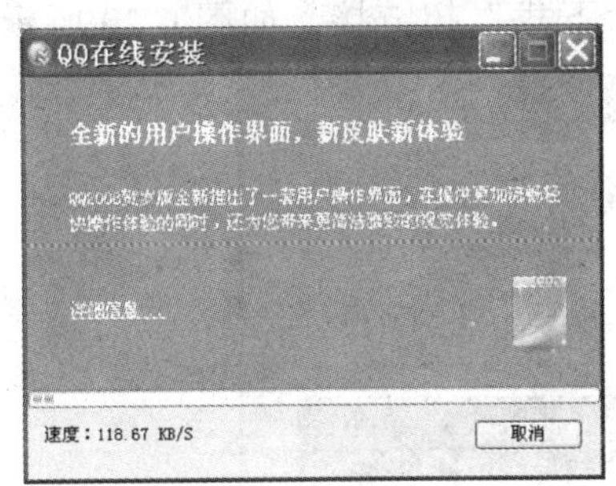

图6.24 QQ在线安装

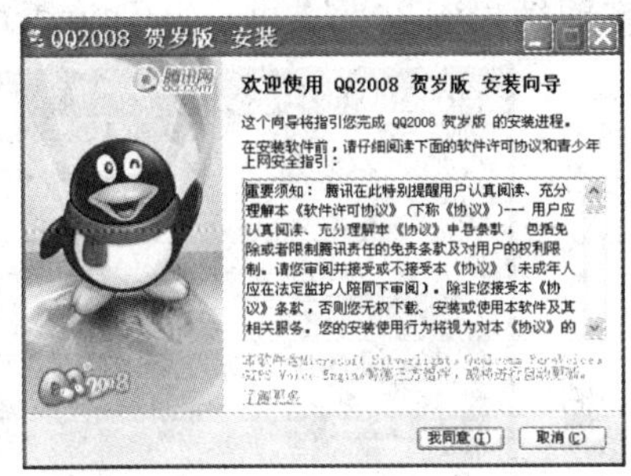

图6.25 QQ安装向导

当然选择“我同意”，在弹出的界面中选择使用环境，如图6.26所示。

单击“下一步”按钮，开始安装，安装完成后出现如图6.27所示的界面。

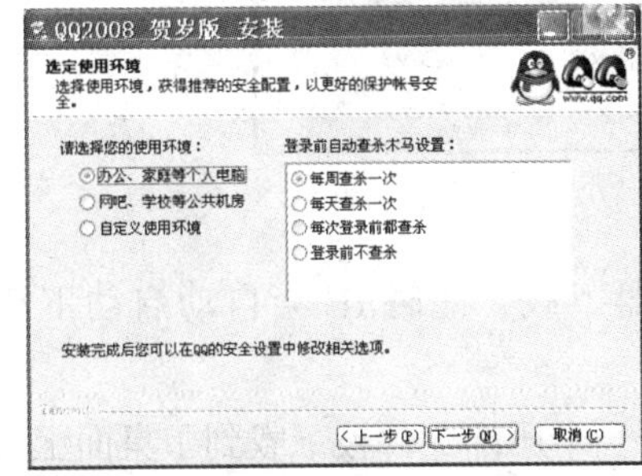

图6.26 选择使用环境

图6.27 QQ安装完成

成功安装 QQ 后，如果用户已经有了账号，直接可以登录与同事谈工作了。

如果能够得到快速下载软件，如迅雷、网际快车等，下载的速度会更快。那么怎样得到迅雷这样的快速下载软件呢？当然也是从网上下载了。

首先利用百度搜索“迅雷”，如图 6.28 所示。

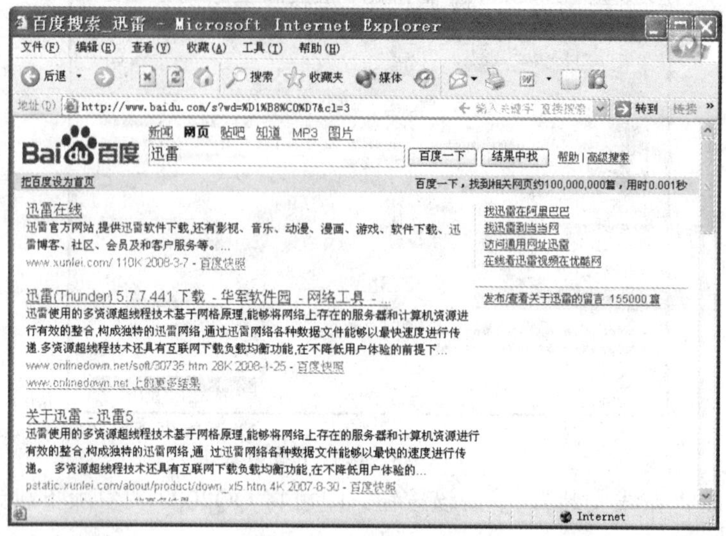

图 6.28 百度搜索

在搜索的结果中单击“迅雷（Thunder）V5.7.7.441 下载”超链接，如图 6.29 所示。

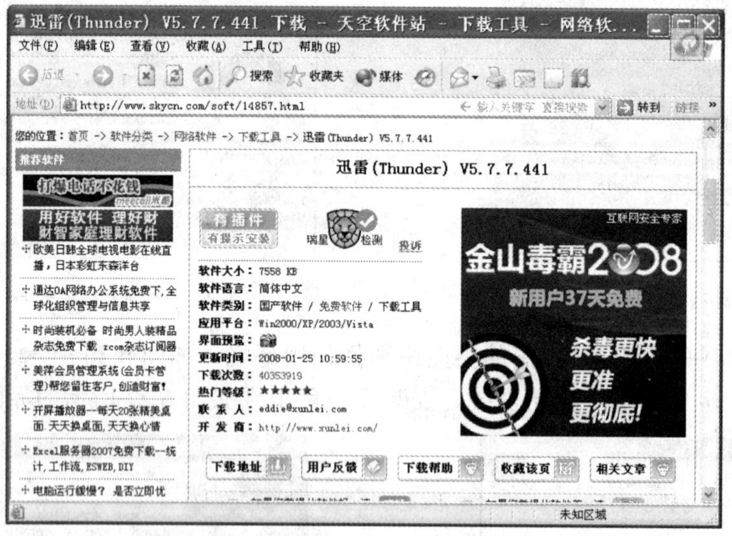

图 6.29 迅雷下载

单击“下载地址”超链接，选择一个不忙的服务器下载，此时 IE 会自动启动下载软件，并弹出建立下载任务对话框，如图 6.30 所示。

单击“确定”按钮开始下载，稍等几分钟，就会看到一个压缩文件被下载到了桌面上。打开压缩文件，将它解压到桌面上，会看到一个安装程序，双击该程序进行安装，如图 6.31 所示。

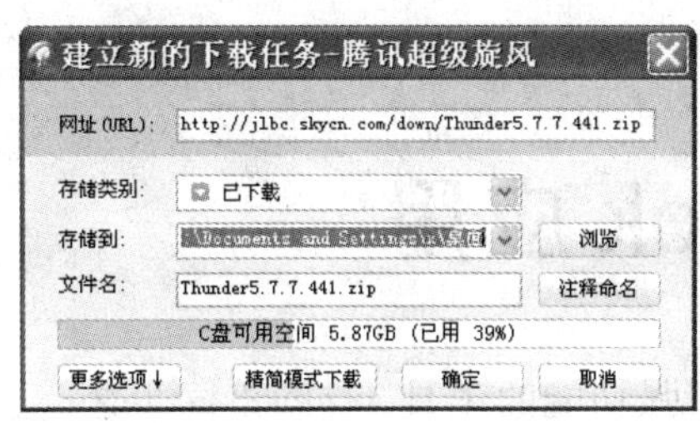

图 6.30　建立新的下载任务

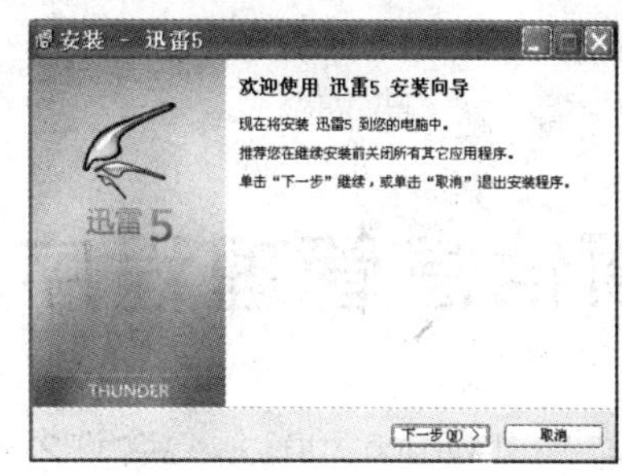

图 6.31　安装迅雷

单击“下一步”按钮，按照系统提示进行操作，直到安装完成。有了迅雷，在网上下载任何软件，都可以使用它，以提高下载速度。迅雷是一个非常实用的软件。

第 7 章 桌面信息管理程序 Outlook 应用

Microsoft Office 2003 版包含许多具有新增和增强功能的工具，有助于同事之间进行协作、更好地使用信息和改进业务流程，从而轻松提高生产效率并获得更好的效果。Microsoft Office Outlook 2003 是个人信息管理器和通信程序，它提供了一个统一的界面，帮助用户管理电子邮件、日历、联系人以及有关其他人和工作组的信息。

7.1 设置邮箱并以签名形式发送邮件

邮箱广泛应用于企事业单位，是沟通交流的一个重要平台，使用管理员或 Internet 服务提供商（ISP）提供的信息，可以向 Microsoft Outlook 中添加电子邮件账户，从而获得所需的电子邮件服务。根据需要，可以在一个 Outlook 用户配置文件中添加多个电子邮件账户。Outlook 支持以下类型的电子邮件服务器：

（1）Microsoft Exchange Server；

（2）Internet 电子邮件：POP3、IMAP、HTTP；

（3）其他类型的服务器。

7.1.1 知识点

（1）安装 Outlook2003。从 Office 完全版安装过程中获取 Outlook 2003 的安装文件。

（2）设置邮箱。需要向 Outlook 提供以下信息：账户名称、密码以及电子邮件服务器（添加账户）、账户类型（Exchange Server、POP3、IMAP、HTTP 或其他）、接收服务器和发送服务器的名称、用户名、电子邮件地址（例如：someone@example.com）、密码。

如何连接到电子邮件服务器（连接/拨号）：可以使用两种方法：使用调制解调器通过电话线连接、通过局域网（LAN）。

在何处保存电子邮件（数据文件）：使用 Exchange 服务器的电子邮件账户时，在默认情况下，电子邮件将保存在 Exchange 服务器上。对于其他账户，Outlook 自动创建默认的数据文件，以存储邮件和其他项目。该数据文件为个人文件夹文件（.pst）。

（3）特殊邮箱设置。经常使用的邮箱使用规则，现有的 ICP 对邮箱的设置提出了特殊要求，例如时间要求、付费请求等。

（4）设置签名。可以根据个人需求设置个性签名。

（5）发送邮件。写完邮件后发送邮件。

7.1.2 步骤分析

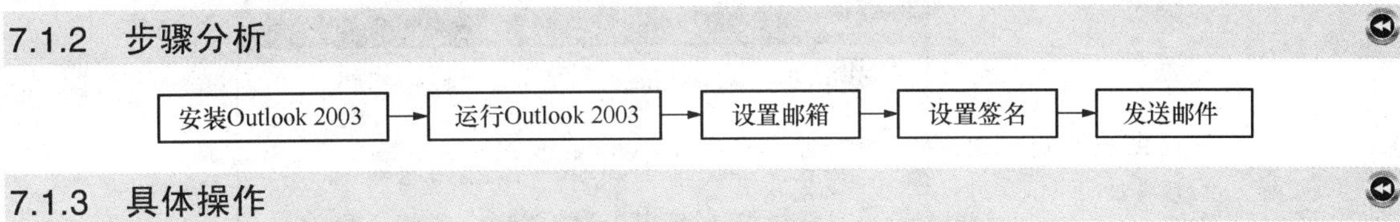

7.1.3 具体操作

1. 设置邮箱

步骤1 首先在计算机上安装 Microsoft Office Outlook 2003 完全版，把 Office 2003 安装光盘放入光驱，弹出 Office 2003 安装界面，执行 Office 2003 安装程序，在安装过程中出现如图 7.1 所示的安装界面，选中 Outlook 复选框，进行安装，具体过程略。

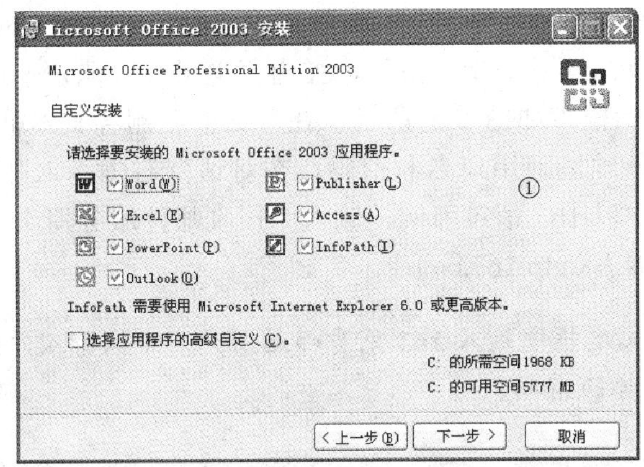

图 7.1　Office 2003 安装界面

步骤2 安装完成后，从“开始”菜单启动 Microsoft Office Outlook 2003，单击“工具”菜单下的“电子邮件账户”命令，如图 7.2 所示。弹出图 7.3“电子邮件账户”对话框，选中“添加新电子邮件帐户”单选按钮，单击“下一步”按钮，如图 7.4 所示。

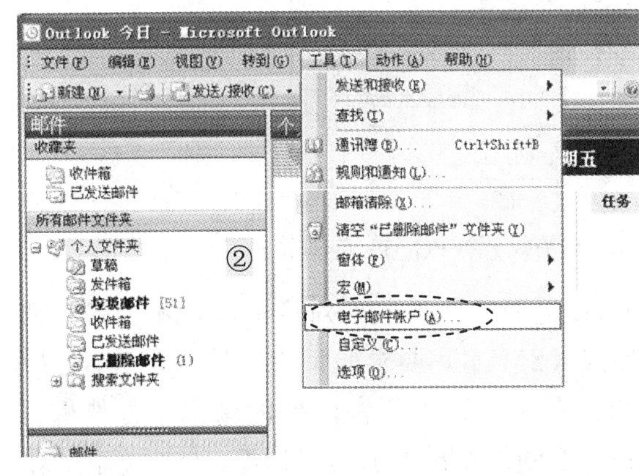

图 7.2　Microsoft Office Outlook 2003 界面

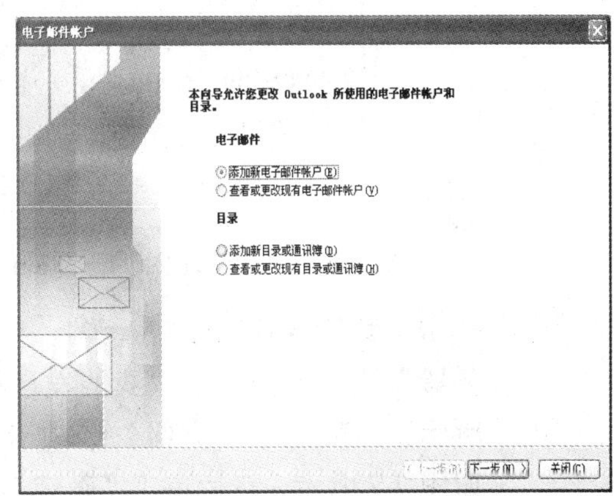

图 7.3　“电子邮件账户”对话框

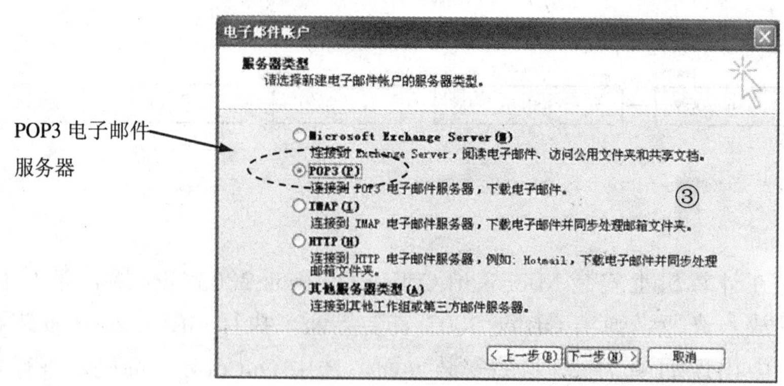

图 7.4 “电子邮件账户—服务器类型”对话框

步骤 3 此时弹出如图 7.4 所示的“电子邮件账户—服务器类型”对话框，选中“POP3”单选按钮，单击“下一步”按钮，弹出“电子邮件账户—Internet 电子邮箱设置（POP3）”对话框，如图 7.5 所示。在对话框左侧各文本框中输入个人信息：姓名、电子邮件地址、用户名和密码，在对话框右侧输入邮箱收发邮件的公共服务器，本例中以 163 信箱为例，输入“接收邮件服务器”为 pop3.163.com，“发送邮件服务器”smtp.163.com。

注意

在“用户名:”文本框中输入 163 免费邮箱用户名（仅输入@前面的部分）；在“密码:”文本框中输入邮箱密码。

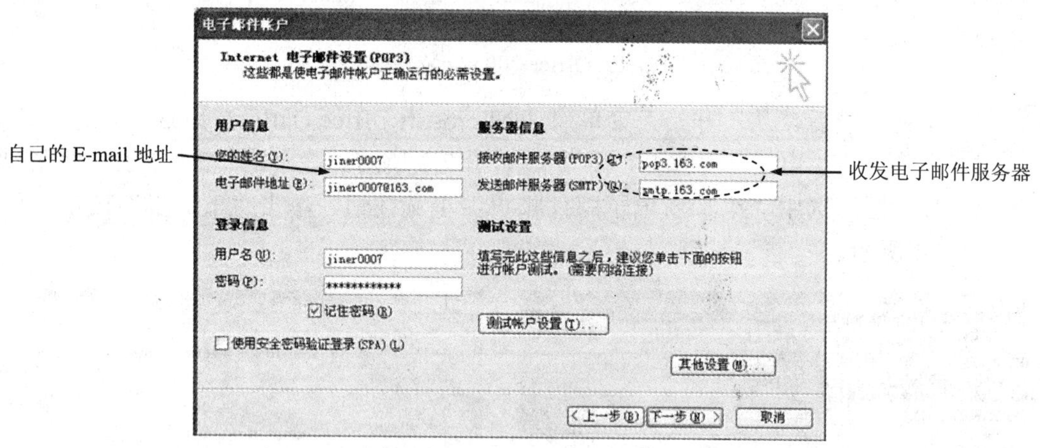

图 7.5 “电子邮件账户—Internet 电子邮箱设置（POP3）”对话框

步骤 4 单击“其他设置”按钮，弹出“Internet 电子邮件设置”对话框，点击“发送服务器”选项卡，选中“我的发送服务器（SMTP）要求验证”复选框，如图 7.6 所示。然后选中“高级”选项卡中的“在服务器上保留邮件的副本”复选框，如图 7.7 所示，然后单击“确定”按钮，返回图 7.5 所示的对话框，然后单击“下一步”按钮，完成设置。

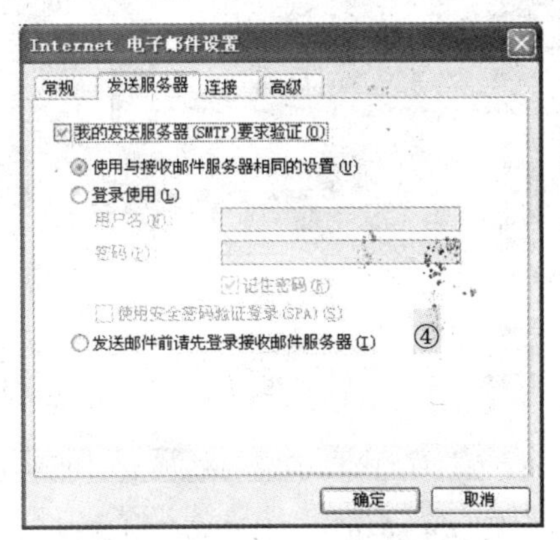

图 7.6 “Internet 电子邮件设置”对话框

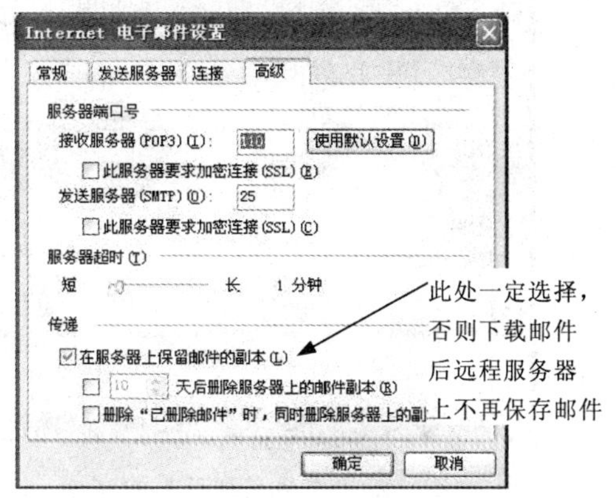

图 7.7 “Internet 电子邮件设置”

2. 特殊邮件设置

（1）163 邮箱从 2006 年 11 月 16 日起，新注册用户无法使用 POP 客户端功能。之前注册的用户及申请随身邮、邮箱伴侣服务的用户可正常使用，即 2006 年 11 月 16 日后注册的用户无法使用 Outlook 2003 收发邮件。

（2）常用的邮箱在设置收发邮件邮箱时可以使用 POP3/SMTP 协议，但有的邮箱采用 mail 协议，即设置接收邮件邮箱为“mail.****.com”，发送邮件邮箱为“mail.****.com”，具体情况请咨询相关网站管理人员。

（3）Hotmail 邮箱在一般情况下不能与 Outlook 2003 进行连接，但是可以使用 Windows Live Messager 进行邮箱管理。

3. 新建邮件

设置邮件以后即可开始发送邮件。返回到 Outlook 操作界面，单击“文件”|“新建”|“邮件”命令，弹出“未命名邮件”窗口，如图 7.8 所示，在“收件人”、“主题”、“窗口”内输入相关内容，完成邮件填写过程。

4. 设置签名

在“未命名邮件”窗口中单击“选项”按钮，选择“选项”命令，弹出“电子邮件选项”对话框，单击“电子邮件签名”选项卡，在“请键入或从列表中选择电子邮件签名的标题”文本框中输入签名题目，在“创建电子邮件签名”文本框中输入签名内容，单击“添加”按钮，即可添加一条签名。本例添加了两例“朋友”和“鱼和水”，添加成功后在“用于新邮件的签名”下拉列表框中选择“朋友”，在“用于答复和转发的签名”下拉列表框中选择“鱼和水”，如图 7.9 所示，完成电子邮件签名操作。

5. 设置信纸

在图 7.9 所示的对话框中单击“个人信纸”选项卡，如图 7.10 所示，单击“主题”按钮，弹出“主题或信纸”对话框，选择“彩珠”信纸，如图 7.11 所示。单击“确定”按钮，返回“电子邮件选项”对话框，继续设置新邮件字体和答复或转发邮件字体等相关内容，单击“确定”按钮完成电子邮件选项设置。

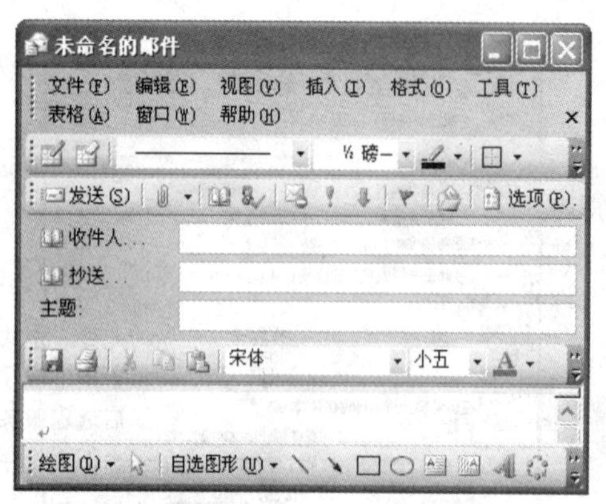

图 7.8 “未命名邮件”对话框

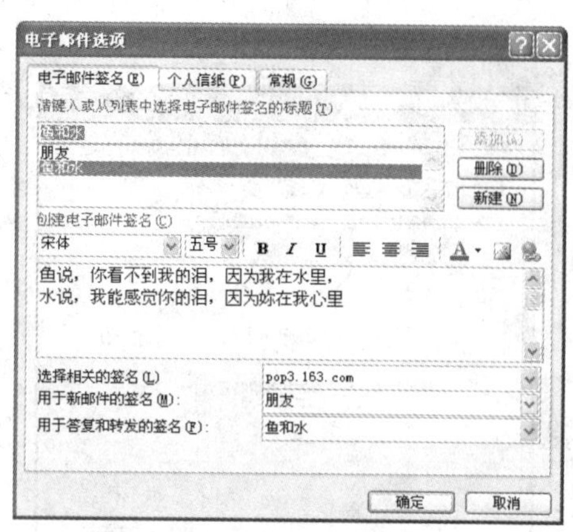

图 7.9 “电子邮件选项”对话框

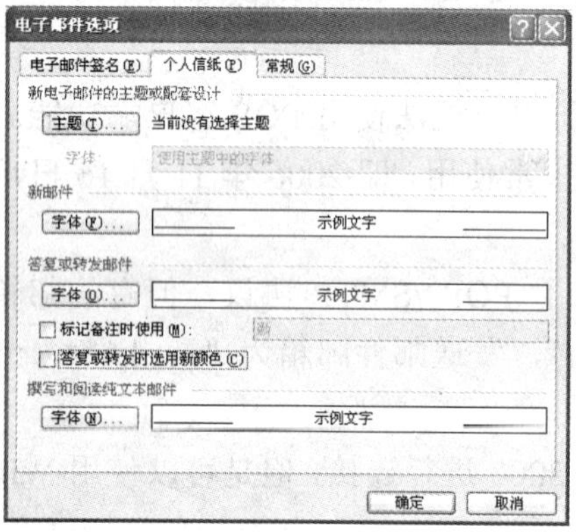

图 7.10 “个人信纸”选项卡

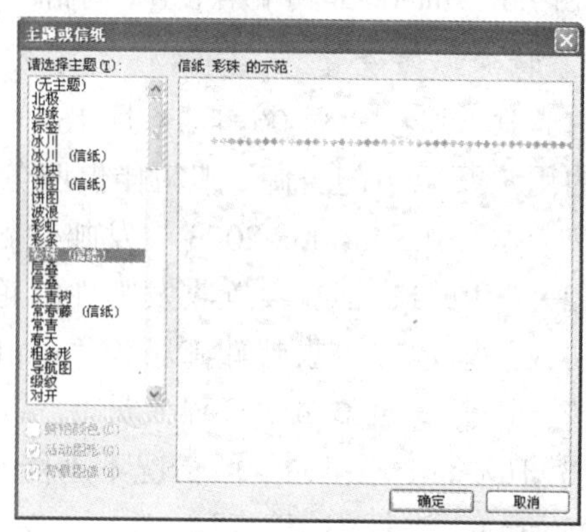

图 7.11 “主题或信纸”对话框

另外，也可以在 Outlook 操作界面下单击“工具”|“选项”命令，弹出“选项”对话框，单击“邮件格式”选项卡，设置默认情况下使用何种信纸和字体，如图 7.12 所示。

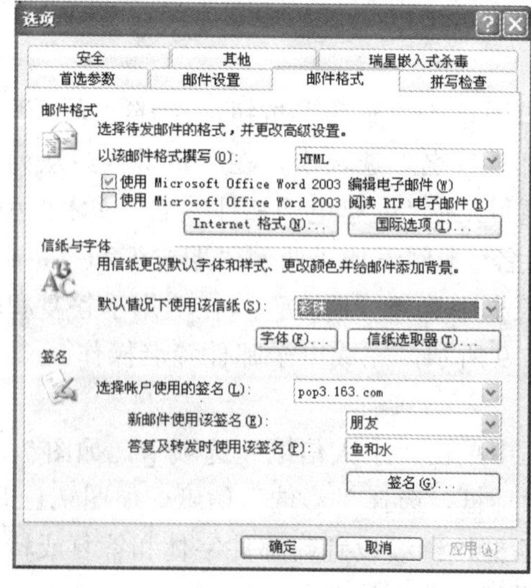

图 7.12 “邮件格式”选项卡

设置完成后，返回写邮件界面，单击“发送”按钮，即可完成文件发送操作。

7.1.4 举一反三

按照实例 1 设置 sohu 网站邮箱到本地 Outlook 2003，并设置邮件的信纸和签名，输入内容，将邮件发送到 gongxuejiehe@163.com。

7.2 Outlook 2003 与 Excel 组件之间导入与导出操作

在实际工作中，有时出去做了一系列的市场活动，拿到了一堆的客户名单，客户通信信息文件以 Excel 存在，是否可以直接将其导入到 Outlook 的联系人列表中，而不必重新输入？或者有时需要将联系人信息导出到 Excel 打印或备份，或者需要同步不同地方的邮箱中的联系人、邮件等某些可变的元素。

其实 Office 系列组件为了减少重复劳动，以及提高 Office 组件间的协作能力，提供了相应的解决方法，只要利用 Outlook 的“导入与导出”功能就可以实现。

如果想备份邮件、日历等其他的相关材料，操作类似于导出联系人。

7.2.1 知识点

（1）使用“导入和导出向导”来导入和导出数据的优势在于用户不必手动重新输入所需数据。

（2）导入导出操作的文件类型有很多，可导入的文件类型主要有：Microsoft Schedule+7x（.scd），Microsoft Schedule Plus Interchange（.sc2），Microsoft Outlook 个人文件夹文件（.pst），Microsoft Outlook 个人通讯簿（.pab），Microsoft Outlook Express 4.x、5.x 和 6.x，ACT! 3.0、4.0 或 2000 Contact Manager for Windows（.dbf），Eudora Light 2.x、3.x 和 4.x，Eudora Pro 2.x、3.x 和 4.x、Lotus Organizer 4.x 和 5.x，以逗号分隔（MS-DOS）（.csv），以逗号分隔 （Windows）（.csv）、iCalendar（.ics），以 Tab 分隔（MS-DOS）（.txt）、以 Tab 分隔（Windows）（.txt），vCalendar（.vcs），vCard（虚拟名片）（.vcf），Microsoft Access（.mdb），Microsoft Excel（.xls）等。

可导出的文件类型主有：Microsoft Outlook 个人文件夹文件（.pst），以逗号分隔（.csv），iCalendar（.ics），以 Tab 分隔 （MS-DOS）（.txt），Microsoft Access（.mdb），Microsoft Excel（.xls），vCalendar （.vcs），vCard（虚拟名片）（.vcf）。

注意

要将信息导出为 iCalendar、vCalendar 或 vCard 文件格式，需要将信息保存为相应的文件格式，而不是使用导入或导出向导。

对于初学者，主要还是以常见的.txt、.xls、.pst 文件实现导入导出操作。

7.2.2 步骤分析

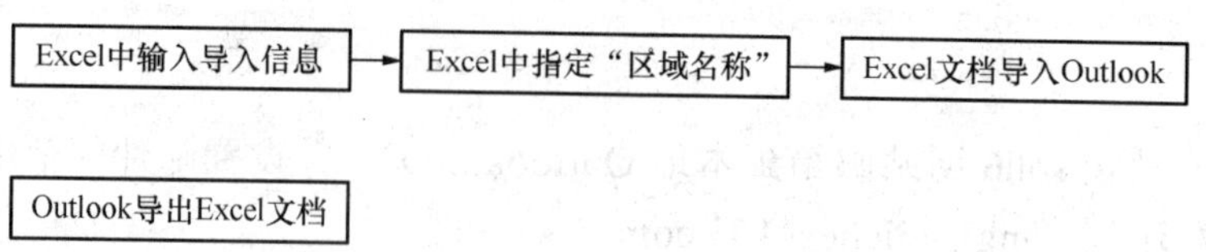

7.2.3 具体操作

1. Excel 工作簿联系人导入 Outlook 2003“联系人”文件夹

步骤 1 在 Excel 工作簿中指定“区域名称”。

（1）对于 Outlook 2003，如果要想将 Excel 中的通讯录数据导入 Outlook 联系人中，需要先对 Excel 中的数据指定“区域名称”。

（2）启动 Excel 2003，打开“客户联系人”工作簿，进入“客户联系人”工作表，选中需要导入的招聘联系数据，如 A1:G7 单元格区域，单击“插入”|“名称”|“定义”命令，弹出“定义名称”对话框，输入“客户联系人”，引用位置上出现刚才选中的地址，如图 7.13 所示。单击“确定”按钮，完成设置。或者选中需要导入的招聘联系数据，并将光标定位于名称框中，输入该区域的名称“客户联系人”，并按回车键确认，区域名称即指定完成。

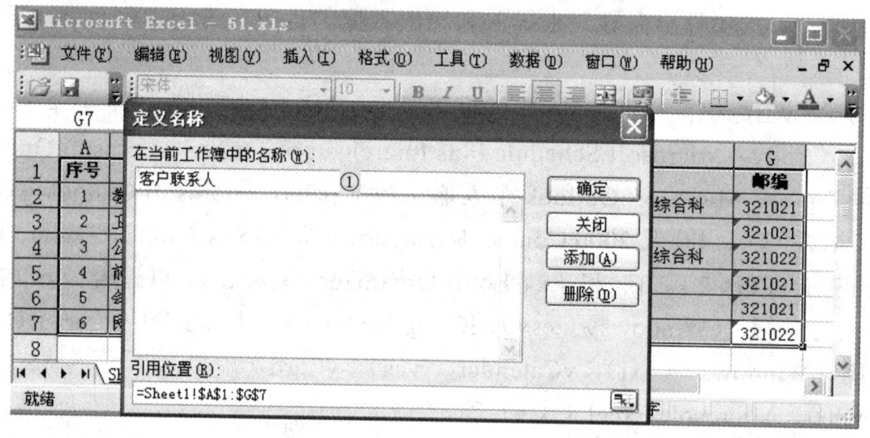

图 7.13 “定义名称”对话框

为了测试，可以单击名称框右侧的下拉按钮，在弹出的下拉列表中选择“客户联系人”选项，此时 A1:G7 单元格区域就被选中，这表明区域名称指定成功。

步骤 2 导入 Excel 文件到 Outlook 2003。

（1）打开 Outlook，单击“文件”|“导入和导出”命令，弹出“导入和导出向导”对话框，如图 7.14 所示。选择“从另一程序或文件导入”选项，单击“下一步”按钮。

（2）此时弹出“导入文件”对话框，选择导入的文件类型为 Microsoft Excel，如图 7.15 所示，单击“下一步”按钮。

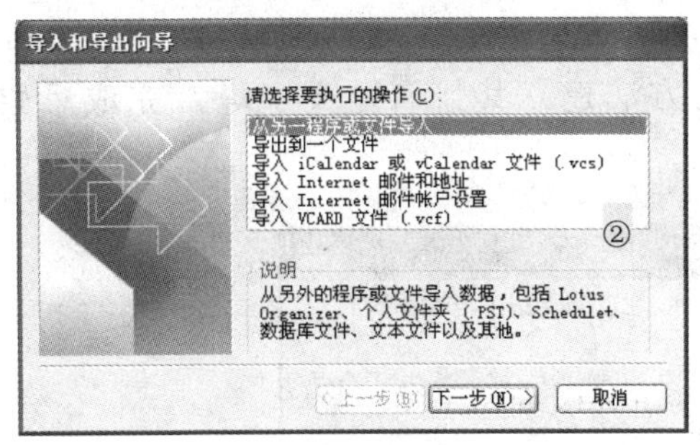

图 7.14 “导入和导出向导”对话框

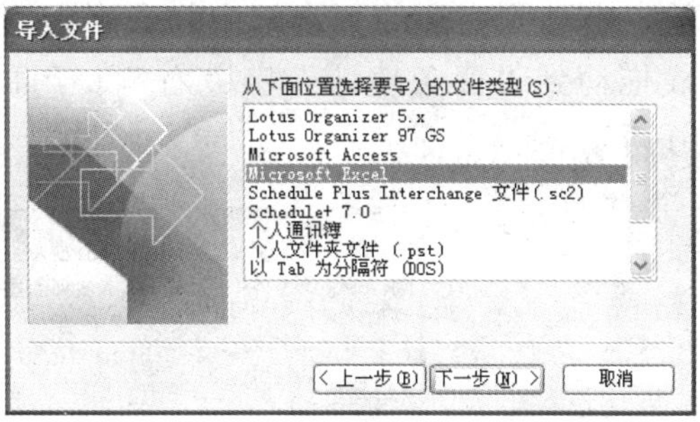

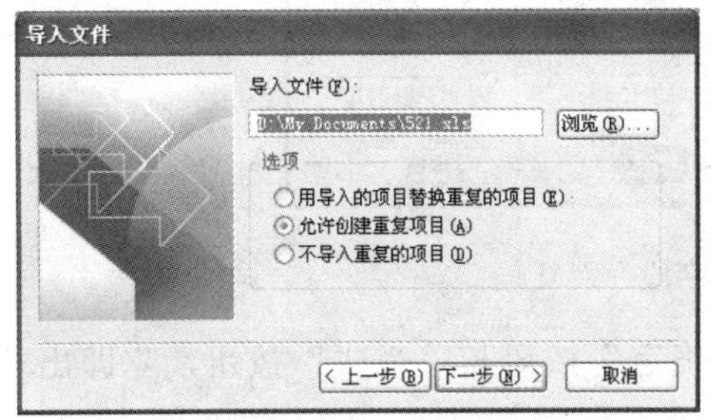

图 7.15 “导入文件”对话框

（3）在弹出的对话框中单击“浏览”按钮，通过“浏览”对话框，定位到存放客户联系人 Excel 工作簿文件的位置，选中并确认，如图 7.16 所示，单击“下一步”按钮。

（4）选择导入的目标文件夹为“联系人”，如图 7.17 所示，单击“下一步”按钮。

图 7.16 选择目标文件

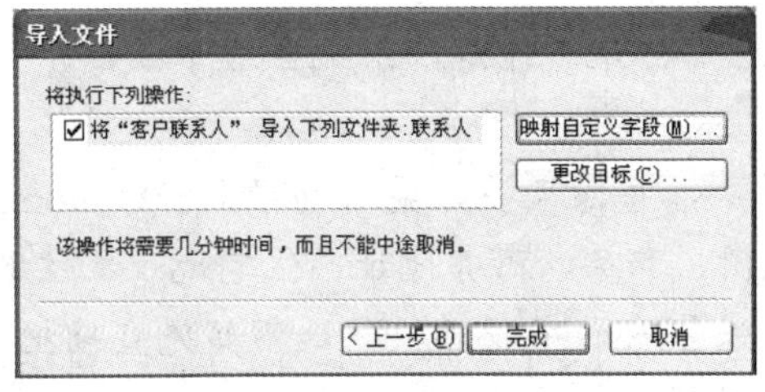

图 7.17 选择目标文件夹

（5）此时进入映射字段对话框，如图 7.18 所示。这是最重要的一步，将 Excel 中的数据导入到 Outlook 中的核心问题就是：如何将 Excel 中的字段和 Outlook 中的字段映射起来。单击“映射自定义字段”按钮，打开“映射自定义字段”对话框。

通过该对话框可以看到，如果客户联系人中的字段和 Outlook 联系人字段完全相同，Outlook 会自动建立映射，如“单位”字段，如图 7.19 所示。没有自动建立映射的，就需要手动建立，否则导入的数据就不完全。

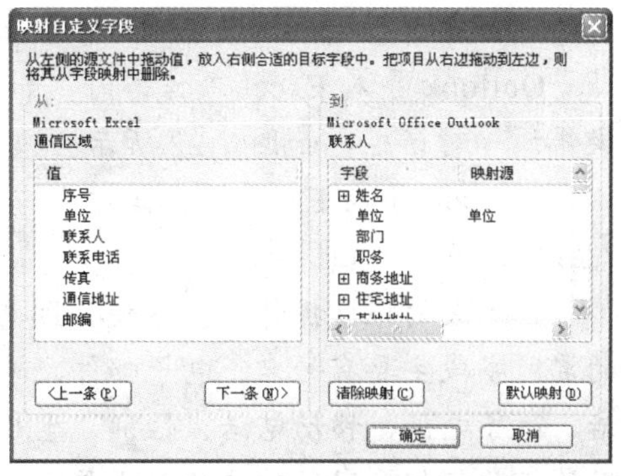

图 7.18 映射字段对话框

图 7.19 “映射自定义字段”对话框

（6）自定义映射：在左边的列表框中选中一个字段，如“联系人”，按住鼠标左键不放，拖动到右边的列表框中与该字段含义相同的“姓名”字段右侧，将“联系电话”字段拖动到“商务地址”字段右侧。用同样的方法建立其他自定义字段，完成后如图7.20所示。

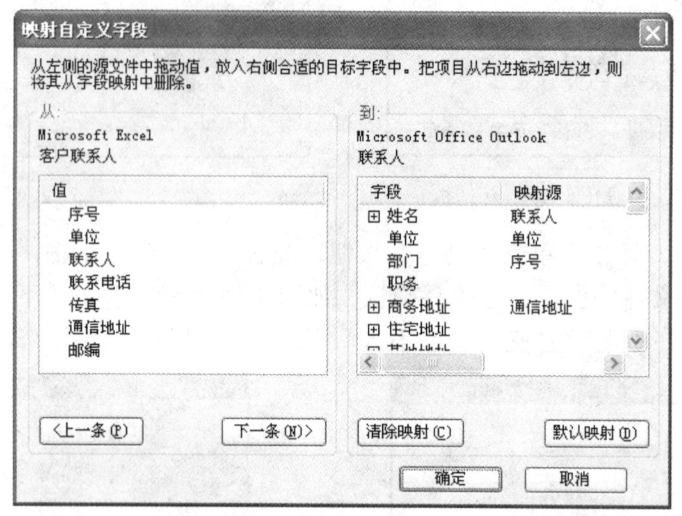

图 7.20 “映射自定义字段”对话框

（7）检查一下，确定无误之后，依次单击“确定”按钮和“完成”按钮，立即出现导入数据的进度提示，稍待片刻之后完成。进入“联系人”选项卡，可以看到 Excel 客户联系人已经成功导入到 Outlook 联系人，以后就可以方便地使用它们和客户联系了。

通过以上方法，还可以导入日历、任务等等。Excel 和 Outlook 的结合使得事半功倍。

注意

Outlook 导入 Excel 工作簿时只处理文本格式的数据，因此对于 Excel 工作簿中的电话号码、邮政编码之类的信息，要在前面加英文半角单引号“'”，使之变成文本格式，这样在后期处理时才能正确导入。

Outlook 导入 Excel 工作簿时，被打开的工作簿一定要关闭，否则工作簿是无法导入的，会弹出“转换错误”对话框，如图 7.21 所示。

Outlook 导入 Excel 工作簿时，如果未对工作簿内的工作区域命名，也会弹出“转换错误”对话框，如图 7.22 所示。

Outlook 导入 Excel 工作簿过程中，如果想要打开工作簿，系统会给予提示，如图 7.23 所示。

自定义的拖放操作不大方便，因为窗口很小，字段又多，要滚动很久。Outlook 中的常用字段主要有姓名、电子邮件、单位、部门、职务、商务地址、住宅地址、住宅电话、商务电话、移动电话、性别、生日等。如果导入的字段比较多，不妨先直接把.csv 里的标题行相应字段对应改好再导入。所有新字段附在最后。

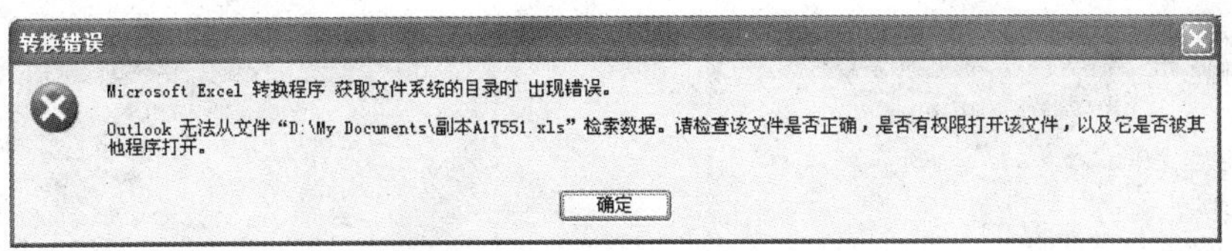

图 7.21 “转换错误”对话框

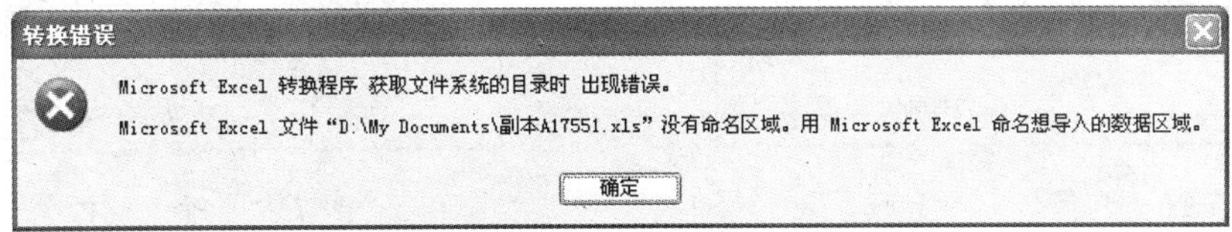

图 7.22 “转换错误”对话框

图 7.23 系统提示

2. 将 Outlook 联系人信息导出到 Excel 打印和备份

步骤 1 启动 Outlook 2003，单击“文件”|“导入和导出”命令，打开“导入和导出向导”对话框，在列表框中选择“导出到一个文件”选项，如图 7.24 所示，单击“下一步”按钮。

步骤 2 在弹出的“导出到文件”对话框中，选择创建文件的类型为 Microsoft Excel，如图 7.25 所示，然后单击“下一步”按钮。

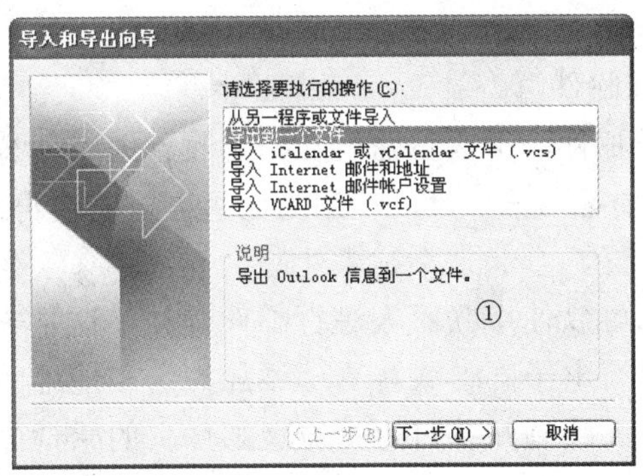

图 7.24 “导入和导出向导”对话框

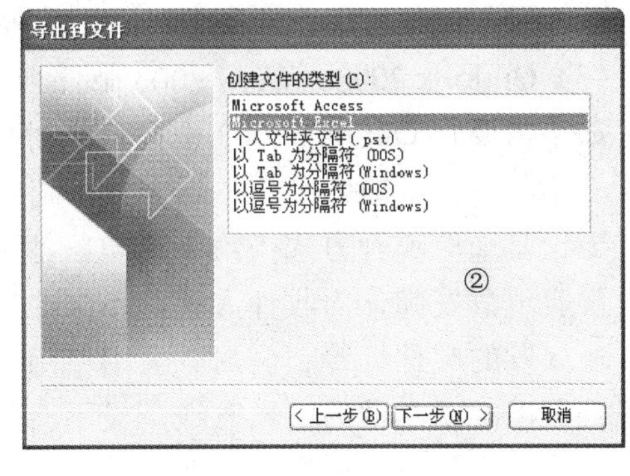

图 7.25 “导出到文件”对话框

步骤 3 选择导出文件夹的位置为“联系人”，如图 7.26 所示，单击“下一步”按钮。

步骤 4 在“导出到文件”对话框中为导出的文件指定路径和名称，如图 7.27 所示，单击“下一步”按钮。在这里仿照前面的方法映射好自定义的字段后，单击“完成”按钮，数据就导出为 Excel 格式并存放在指定位置了，具体过程如图 7.28 和图 7.29 所示。

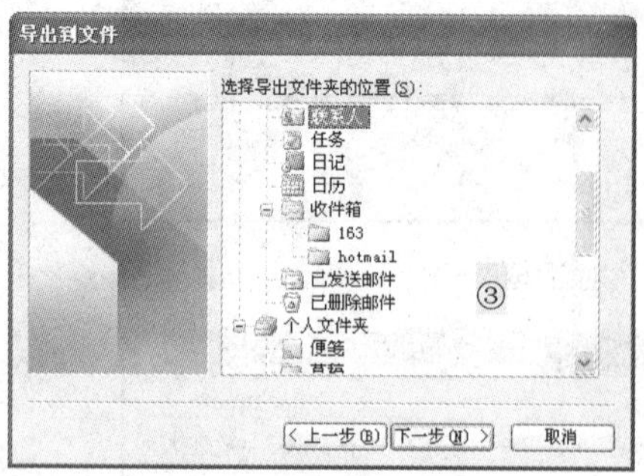

图 7.26　选择目标位置联系人

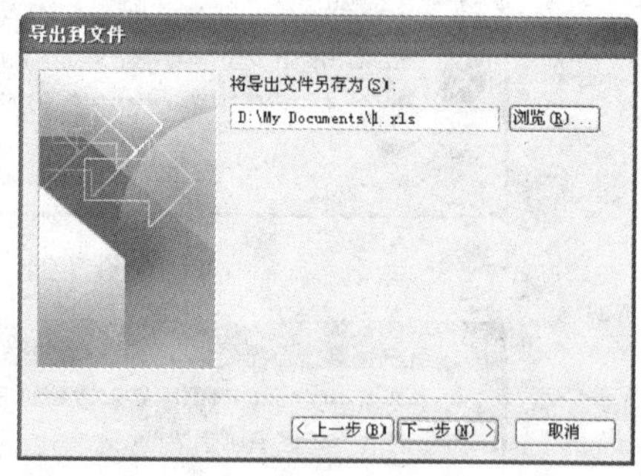

图 7.27　输入文件名

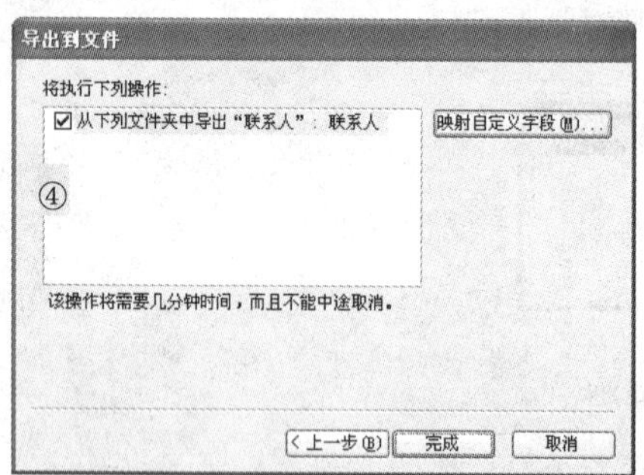

图 7.28　映射字段

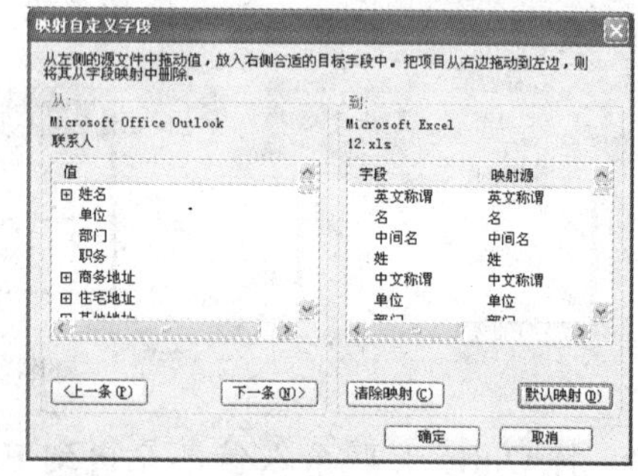

图 7.29　“映射自定义字段”对话框

7.2.4　举一反三

（1）用 Excel 编辑“全班同学通信方式”表，其中包含姓名、宿舍、班级职务、家庭地址、移动电话、家庭电话等字段，统计全班同学联系方式，导入到 Outlook 中。

（2）在 Outlook 2003 中编辑 6 个日历时间，然后导出到 Excel 文件中。

（3）Outlook 2003、Word 2003 邮件合并实现邮件群发。

如果需要在 Outlook 2003 中向多个对象发送邮件，那么只需要在指定收件人时用分号隔开多个邮件地址或者使用抄送方式即可；假如对象较多，可以使用通信组方式实现群发，不过无论是采取哪种方式，给人的印象都不是太好，看起来不是太礼貌。

要实现群发邮件而收件人彼此不知的功能，可以使用联系人进行邮件合并，这是一个为大量分发的邮件标签、信封、套用信函、分类、电子邮件或传真上添加姓名和地址的过程，既可以实现邮件的批量发送，又不会使收件人收到邮件时有“垃圾邮件”的感觉而不重视，特别适用于企业发送商业邮件。

7.3　邮　件　合　并

7.3.1　知识点

1．Outlook 编辑联系人列表

联系人列表可以采用直接输入方式，也可以 7.2 节所讲方法导入联系人文件以备使用。

2. 邮件合并

邮件合并是一个为大量分发的邮件标签、信封、套用信函、分类、电子邮件或传真上添加姓名和地址的过程。可以从 Microsoft Outlook 或 Microsoft Word 开始邮件合并，然后在 Word 中使用“邮件合并向导”或“邮件合并”工具栏完成。为了保证邮件合并功能正常工作，必须使用 Word 2002 或更高版本。

3. 邮件发送

7.3.2 步骤分析

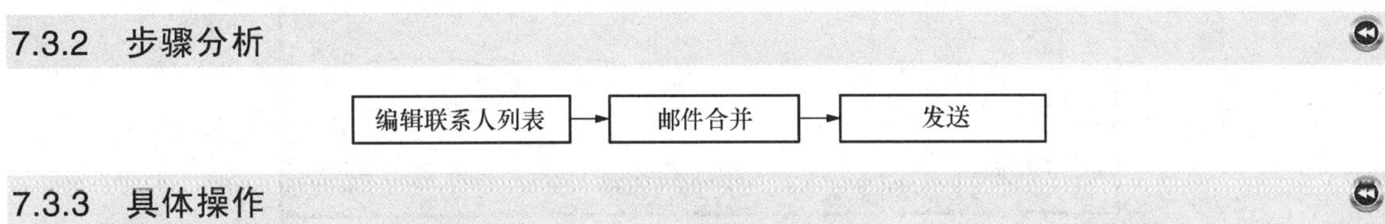

7.3.3 具体操作

1. 编辑联系人列表

使用 Outlook“联系人”文件夹作为邮件合并的数据源，提供将合并到主文档中的姓名和地址，为了方便操作，建议首先在 Outlook 2003 中编辑联系人列表，这可以采取多种方式，或者手工输入，或者从 Outlook Express、Foxmail 或其他文件中导入。

2. 编辑邮件

为了保证邮件合并功能正常工作，必须使用 Word 2002 或更高版本。首先在文档区中输入相应的邮件内容并设置格式。

3. 从 Microsoft Word 开始邮件合并操作

步骤1 单击“工具”|“信函与邮件”|“邮件合并”命令，窗口右侧会出现“邮件合并”任务窗格，如图 7.30 所示，在“正在使用的文档是什么类型”选项区中选择“信函”类型，然后单击下方的“下一步：正在启动文档”链接。

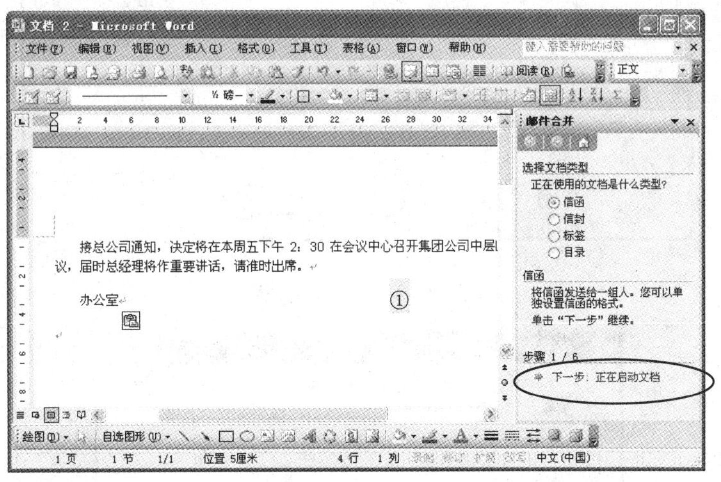

图 7.30 “邮件合并”任务窗格和邮件内容

步骤2 在“邮件合并”任务窗格中的“想要如何设置信函”选项区中选中“使用当前文档”单选按钮，然后单击“下一步：选取收件人”链接。

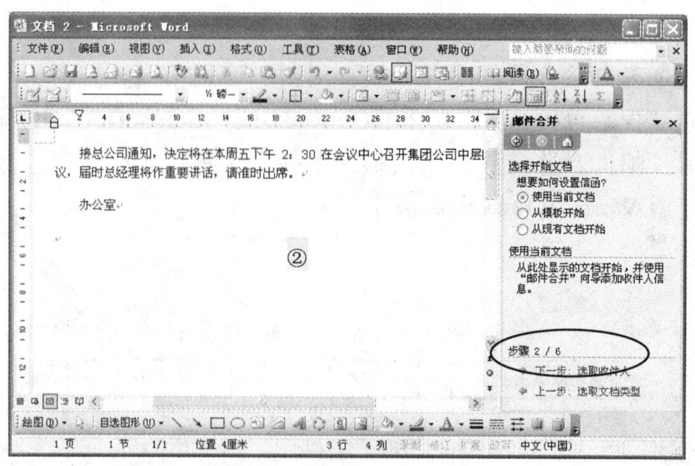

图 7.31 想要如何设置信函

步骤3 在如图 7.32 所示的“选择收件人”选项区中选中“从 Outlook 联系人中选择”单选按钮，单击“选择‘联系人’文件夹”链接，弹出如图 7.33 所示的“选择‘联系人’文件夹”对话框，选择所需的“联系人”，然后单击“确定”按钮，弹出“邮件合并收件人”对话框，选择所有需要接收邮件的收件人名单，如图 7.34 所示。最后单击“确定”按钮返回。

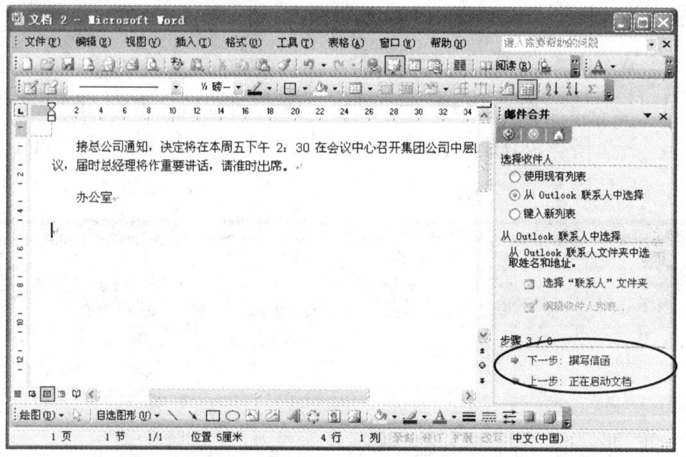

图 7.32 选择收件人

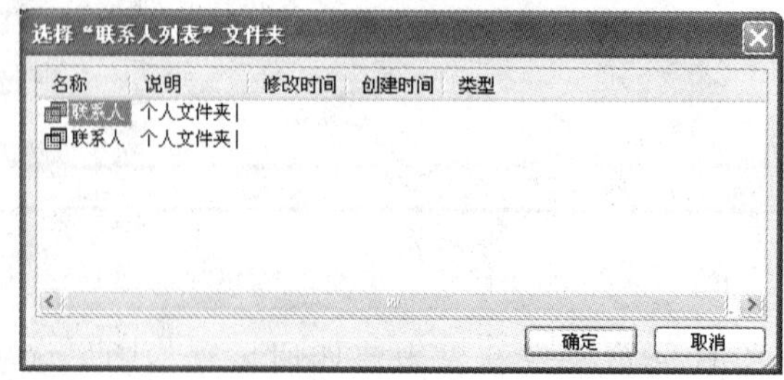

图 7.33 “选择‘联系人列表’文件夹”对话框

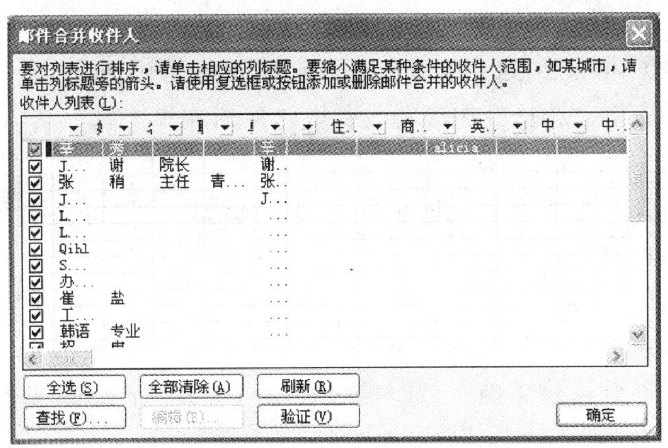

图 7.34 “邮件合并收件人”对话框

步骤 4 完成了联系人列表的创建工作，选择完成以后“选择‘联系人’文件夹”单选按钮跳转为“使用当前列表”，如果收件人地址保存在文本文件或 Excel 工作表中，那么这里应该选择“使用现有列表”项，单击“下一步：撰写信函”链接。

4. 插入合并域

在邮件文档中插入相应的合并域，首先将插入光标定位到邮件中域内容应当出现的相应位置，如图 7.35 所示。这里在邮件的最前面插入“问候语”，这样 Word 2003 会根据收件人的信息自动显示相应的问候语，例如“张先生”、“赵小姐”，不过请注意，这里并不需要插入收件人的电子邮件地址。

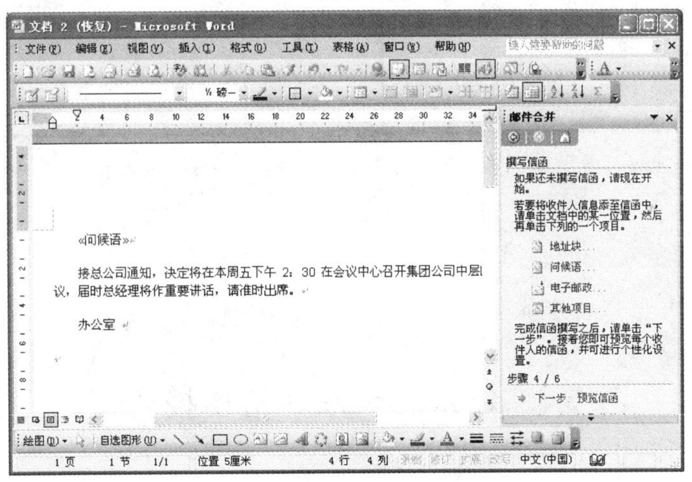

图 7.35 问候语

5. 合并邮件

单击“下一步：预览信函”链接，Word 2003 会显示预览内容，如果没有什么错误，确认后系统会根据联系人列表中的邮件地址自动合并所有邮件，并放入 Outlook 2003 的发件箱，然后就可以将这些特殊的邮件发送出去了。

6. 从 Microsoft Outlook 开始邮件合并操作

另外，也可以在 Outlook 2003 中实现 Outlook 与 Word 的邮件合并操作，在 Outlook 2003 中切换到“联系人”窗格，选择好相应的收件人，然后在“工具”菜单下单击“邮件合并”命令，弹出如图 7.36 所示的对话框，一般情况下，应该在“文档文件”选项区中选中“新建文档”单选按钮，如果已经有现成的邮件文档，则选中“现有文档”单选按钮，然后单击“浏览”按钮找到现有文件。

Outlook 2003 允许在邮件合并时将联系人数据保存为 CSV 格式的文件，这样以后可以再次使用；在合并时，可以指定文档的类型，如套用信函、邮件标签、信封或者是分类一览表，也可以选择合并到新建文档、打印机或者是电子邮件，这里当然是选择合并到电子邮件，索性一并在这里完成邮件主题行的内容。

完成上述设置后，单击“确定”按钮，Outlook 2003 会自动调用 Word 创建邮件文档，同时自动激活“邮件合并”工具栏，单击“合并到电子邮件”按钮，弹出“合并到电子邮件”对话框，如图 7.37 所示。填写相关选项，单击“确定”按钮，进入 Outlook 发送程序，同时所有文档保存到 Outlook 2003 收件箱中。

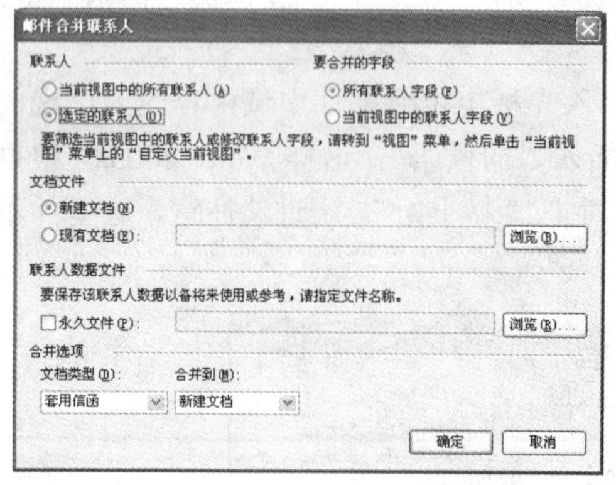

图 7.36 “邮件合并联系人”对话框

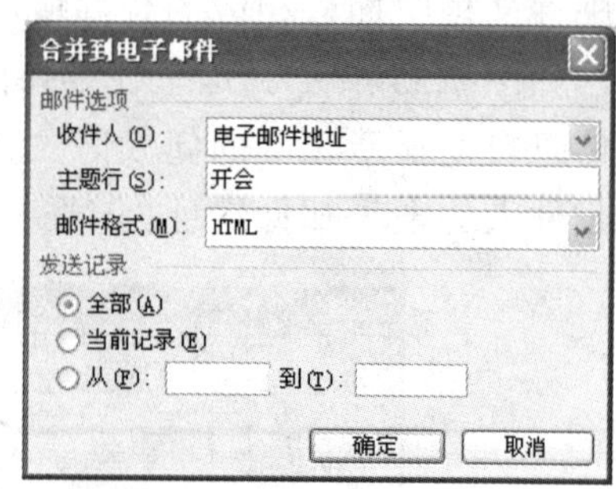

图 7.37 “合并到电子邮件”对话框

7.3.4 举一反三

利用 Outlook 中导入的全班同学通信录，用两种邮件合并方式发送开班会的通知。

7.4 Outlook 2003 常用技巧

7.4.1 Outlook 2003 过滤垃圾邮件

Outlook 2003 具有一个“垃圾邮件筛选器”，在默认情况下，“垃圾邮件筛选器”被设置为低保护级别，为了让它发挥出更好的效果，需要手动设置一下。

进入 Outlook 2003，单击“工具”｜“选项”命令，打开“选项”对话框，默认进入“首选参数”选项卡，如图 7.38 所示。在“电子邮件”选项区中单击“垃圾电子邮件”按钮，在弹出的对话框中选择需要的垃圾邮件的保护级别，如图 7.39 所示，单击“确定”按钮即可。这样设置后，Outlook 2003 的“垃圾邮件筛选器”就可以过滤掉更多垃圾邮件了。

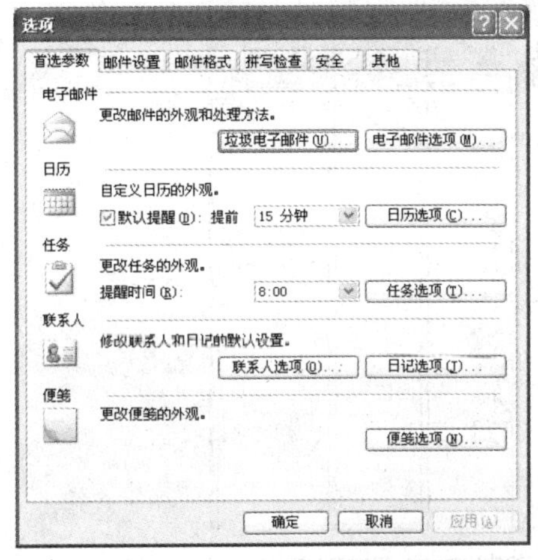

图 7.38 “选项”对话框

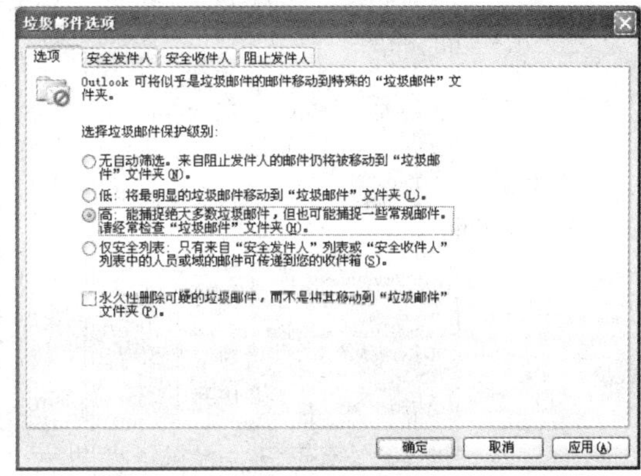

图 7.39 “垃圾邮件选项”对话框

有时“垃圾邮件筛选器”会错误地将正常邮件标记为垃圾邮件，这时用户需要用到“安全发件人列表”。在垃圾邮件文件夹中找到需要修改的发件人发送的信件上，单击鼠标右键，在弹出的快捷菜单中选择“垃圾邮件”|“将发件人添加到‘安全发件人名单’”命令，如图 7.40 所示，这样电子邮件地址将被添加到“安全发件人”列表。

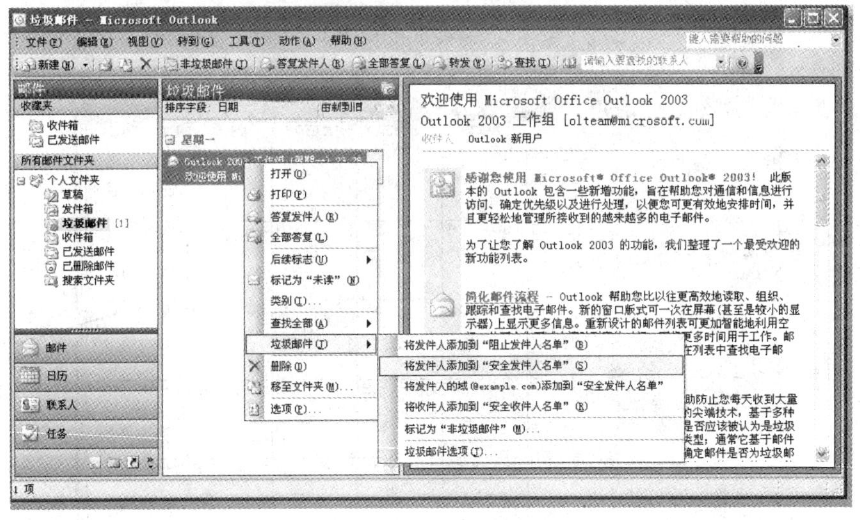

图 7.40 添加到安全发件人名单

7.4.2 妙用快捷键显示十天内容

单击日历中的一个可用时间，然后按键盘上的 Alt+1 快捷键，就可以显示一天；如果按 Alt+2 快捷键就可以显示两天，要显示十天的内容则是 Alt+0 快捷键，如图 7.41 所示为显示六天内容。

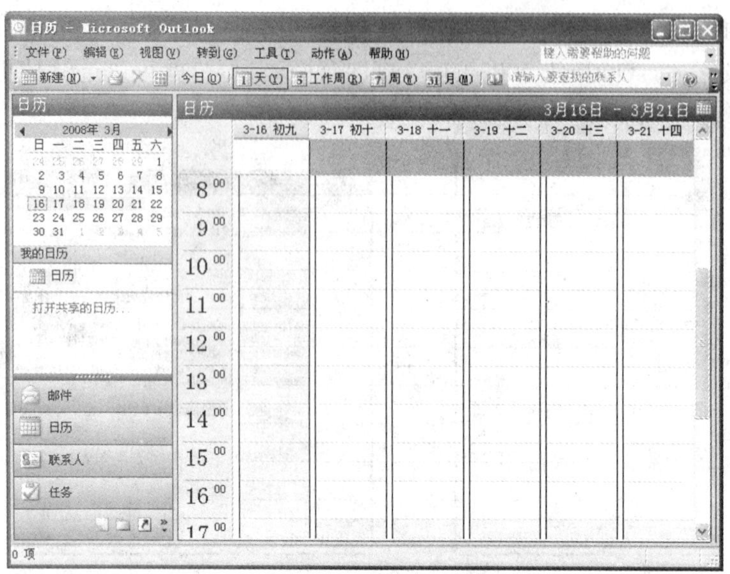

图 7.41　显示六天的内容

7.4.3　自定义日期

在日历中单击日期选取器，然后用鼠标拖动到其他想看到的日期，这样就可以显示一到六天，或者显示一到六周，甚至一个月，如图 7.42 所示。

图 7.42　自定义日期

7.4.4　仅下载邮件标题

下载了一封体积庞大的电子邮件，而最后却发现是垃圾邮件，既浪费时间又浪费带宽资源多收费，Outlook 2003 中有相关功能能够筛选这些较大的邮件信息，使得在下载文件时用户更为自主。

单击“工具”|“选项”命令，打开“选项”对话框，单击“邮件设置”选项卡，如图 7.43 所示，单击“发送/接收”按钮，弹出“发送/接收组”对话框，如图 7.44 所示，选择“所有账户”组，单击“编辑”按钮，先选中那些包括附件都完全下载的项目，接着选择那些仅下载标题的选项，然后为邮件设置一个门槛值来限制大小，大于该值的邮件则仅下载标题，如图 7.45 所示。单击“确定”按钮。从此之后，当 Outlook 2003 会检查邮件，如果其大小大于所设定的大小值，Outlook 2003 就仅会下载这些邮件的标题。

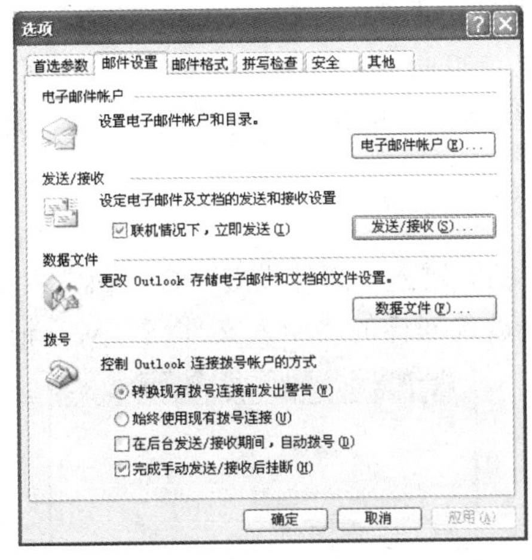

图 7.43 “邮件设置”选项卡

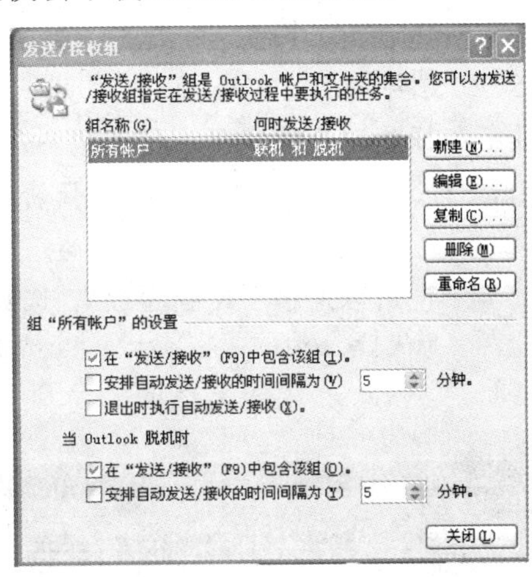

图 7.44 “发送/接收组”对话框

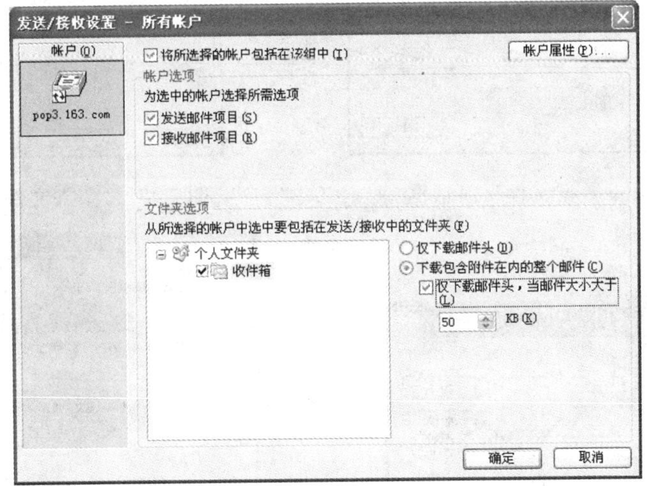

图 7.45 “发送/接收设置—所有账户”对话框

7.4.5 Outlook 2003 如何设置打开的密码

桌面上的 Outlook 2003 很容易打开，这样信件就泄密了，用户可以对 Outlook 2003 的 PST 文件设置一个密码进行加密。

步骤 1 打开 Outlook 2003，单击“工具”|“选项”命令，打开“选项”对话框，单击“邮件设置”选项卡，单击“数据文件”按钮，打开“Outlook 数据文件”对话框，如图 7.46 所示，单击“设置”按钮，打开“个人文件夹”对话框，如图 7.47 所示，单击“更改密码”按钮，在“更改密码”对话框中设置新的密码，如图 7.48 所示。

步骤 2 重新打开 Outlook 2003，它会要求用户输入 pst 密码才能进入，输入错误的密码，是不能打开 Outlook 2003 的。

注意

创建.pst 文件时可为文件指定密码。即使已经选中了“将密码保存在密码表中”复选框，仍需要记录该密码，以备在另一台计算机上使用此.pst 文件。同时包含大小写字母、数字和符号的为强密码，弱密码不混合使用这些元素。例如，强密码 Y44h!fk，弱密码 Horse27。最好使用可以记住的强密码。

步骤 3 也可以通过“控制面板”，选择“邮件”后，进入“邮件设置--Outook”对话框，如图 7.49 所示，单击“数据文件”按钮进入同样的“个人文件夹”对话框。

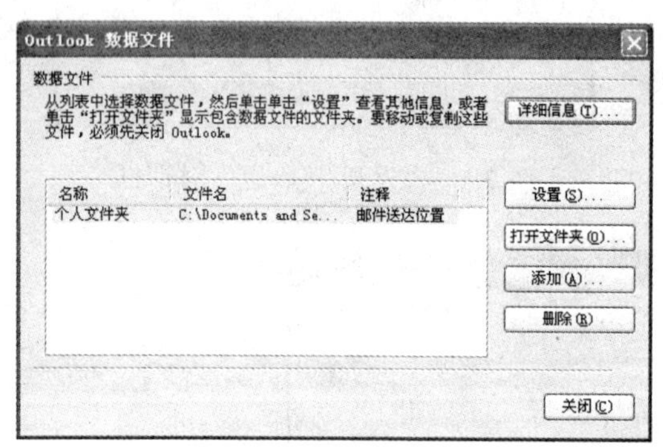

图 7.46 “Outlook 数据文件”对话框

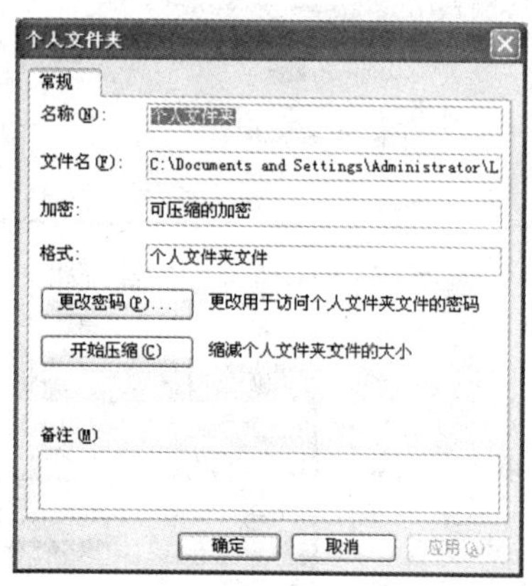

图 7.47 “个人文件夹”对话框

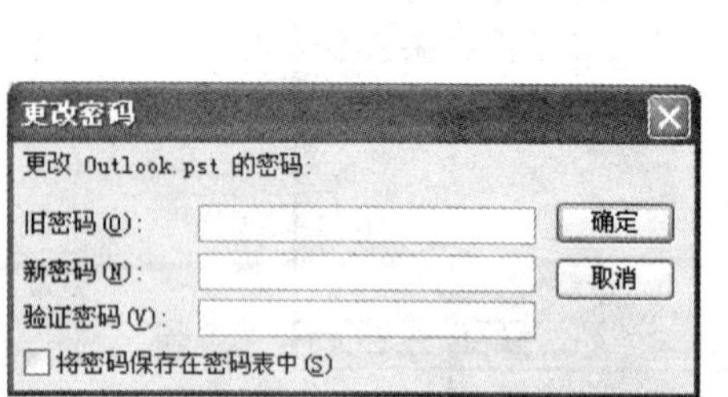

图 7.48 在“更改密码”对话框

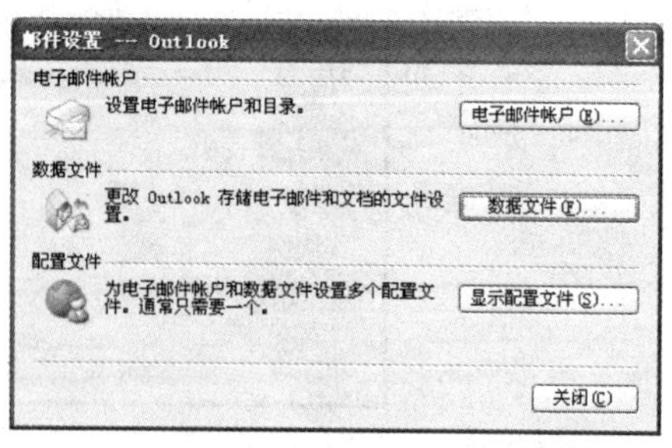

图 7.49 “邮件设置--Outook”对话框

7.4.6 Outlook 中邮件标志的妙用

在 Outlook 2003 邮箱的邮件列表中，每个电子邮件的主题后面都有一个默认的灰色小旗，它就是邮件标志。用鼠标单击一下它会变成红色，并且该邮件会出现在“标有后续标志的邮件”的邮箱中。对于已经处理过的邮件，再次用鼠标单击邮件标志，该标志则会变成一个对勾，用来表示已经完成对该邮件的处理。邮件标志还有以下重要用途：

1. 标记重要邮件

不仅可以把邮件标志设置成红色，还可以设置成多种不同的颜色，用来标志邮件不同的重要程度。右击邮件，在弹出的快捷菜单中选择“后续标识”命令，可以选择各种颜色标志，或者右击邮件标志，在弹出的快捷菜单中选择各种颜色的邮件标志，如图 7.50 所示。

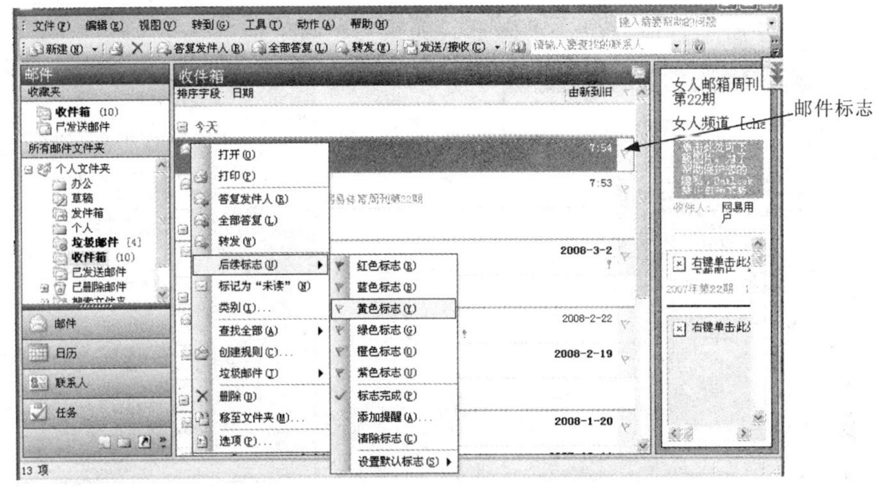

图 7.50 “后续标识”子菜单

2. 定时提醒处理

利用邮件标志，用户还可以对重要的邮件或需要在指定时间处理的邮件添加定时提醒。右击邮件标志，在弹出的快捷菜单中选择“添加提醒”命令，弹出“后续标志”对话框，如图 7.51 和图 7.52 所示。在“标志”下拉列表框中选择对邮件进行标志的理由，默认为“需后续工作”，选择该标志后，邮件会出现在“标有后续标志的邮件”的邮箱中，在“标志颜色”下拉列表框中选择适当的颜色，在“到期时间”后的两个下拉列表框中分别设置提醒的日期和时间。单击“确定”按钮后，当到了设定的时间，系统便会出现“提醒”对话框进行提示，这样就可以及时地处理一些重要邮件了。另外，在创建新邮件时，单击工具栏上的“标志邮件”按钮，同样会打开“后续标志”对话框。

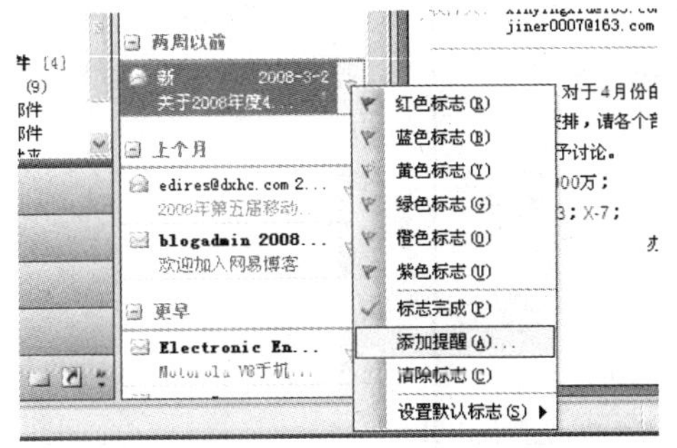

图 7.51 选择“后续标志”

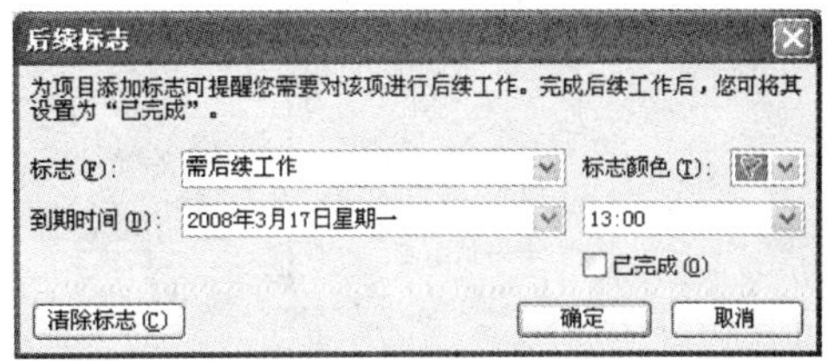

图 7.52 “后续标志”对话框

7.4.7 取消 Outlook 2003 的邮件跟踪功能

在使用 Outlook 2003 收、发邮件时，经常收到同事朋友的邮件，总是弹出一个询问“是否发送回执”对话框，让人产生反感，可以通过设置让 Outlook 2003 自动发送回执。设置方法如下：在 Outlook 2003 主界面中单击“工具”|“选项”命令，打开“选项”对话框，默认进入“首选参数”选项卡，单击“电子邮件选项”按钮，打开“电子邮件选项”对话框，如图 7.53 所示，单击“跟踪选项”按钮，选中打开对话框中的“总是发送响应”单选按钮，如图 7.54 所示，最后单击“确定”即可。

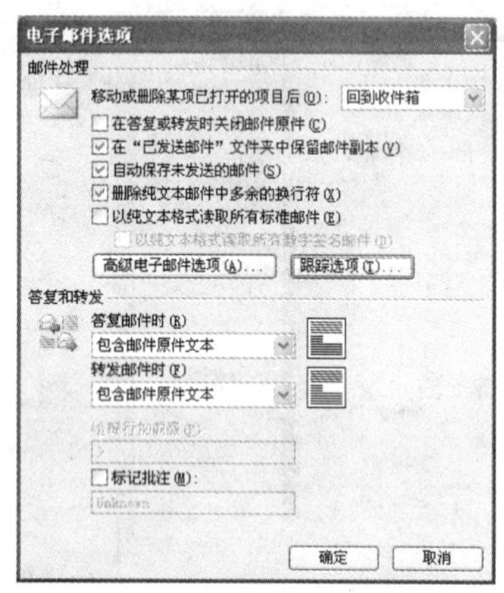

图 7.53 “电子邮件选项”对话框

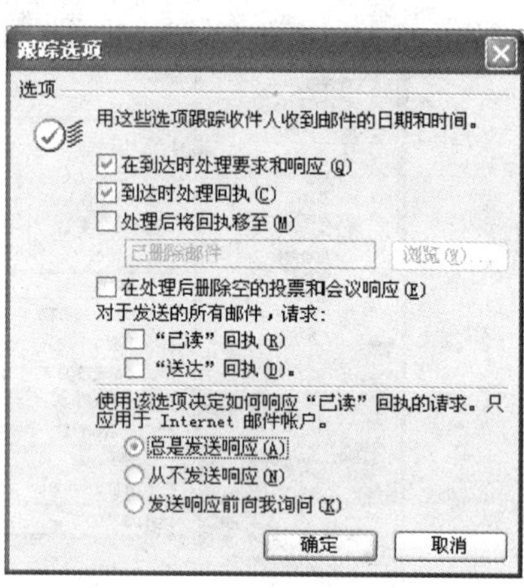

图 7.54 “跟踪选项”对话框

7.4.8 停止自动保存所有未完成的邮件

在 Outlook 2003 主界面中单击“工具”|“选项”命令，打开“选项”对话框，默认进入“首选参数”选项卡，单击“电子邮件选项”按钮，在弹出的对话框中清除“自动保存未发送的邮件”复选框，如图 7.55 所示。

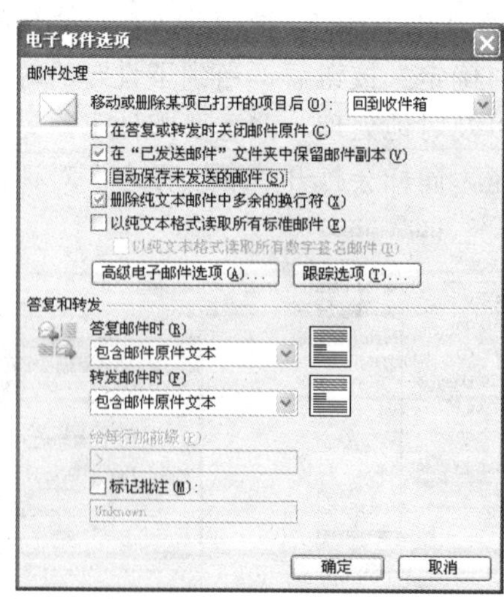

图 7.55 “电子邮件选项”对话框

第 8 章 常用办公软件的使用

除了 Office 组件之外，还有许多常用的办公软件，这些软件使得计算机具备了丰富的功能，使得人们的工作和生活日新月异，工作效率大大提高。这一章主要介绍一些通用的办公软件，包括压缩软件、翻译软件、媒体播放软件以及图片处理软件等。

8.1 压缩软件 WinRAR

在日常的工作中经常会从网络上下载压缩文件，压缩后的文件需要还原为原始文件。在上交计划文件时，为了加快传输速度，同时为了实现文件完整安全的传输，也需要用到压缩文件。下面就介绍一下 WinRAR 软件的使用方法。

WinRAR 是比较常用的无损压缩软件，完全支持市面上最通用的 RAR 及 ZIP 压缩格式，并且支持 ARJ、CAB、LZH、ACE、TAR、GZ、UUE、BZ2、JAR、ISO 类型文件的解压，同时它还支持多卷压缩功能，能创建自释放文件，可以制作简单的安装程序，使用方便。WinRAR 的安装十分简单，只要双击下载后的压缩包，就会出现安装界面，按照向导提示进行，即可顺利安装完毕。

8.1.1 直接快速压缩文件

打开“资源管理器”或者“我的电脑”，选中需要压缩的文件和文件夹，如“图片”文件夹，单击鼠标右键，弹出快捷菜单，选择“添加到“图片.rar””命令，如图 8.1 所示，WinRAR 就会将要压缩的文件在当前目录下创建一个 RAR 压缩包文件。

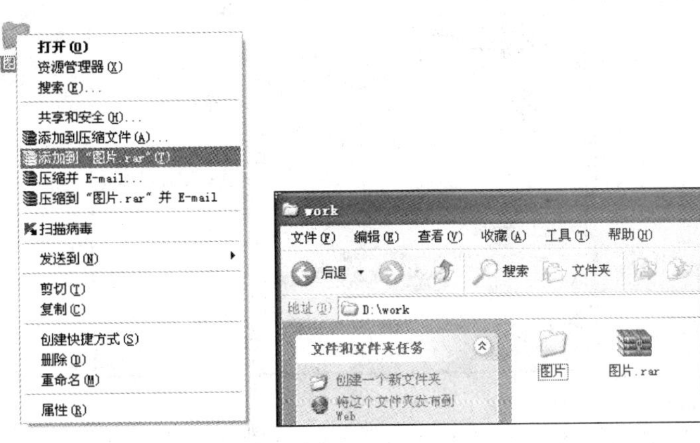

图 8.1 制作压缩文件

8.1.2 对压缩文件增加一些设置

若需要对压缩文件进行一些比较复杂的设置，例如压缩包加密、给压缩文件添加注释等，可在图 8.1 所示的快捷菜单中选择“添加到压缩文件”命令，在弹出的对话框中进行详细的设置，如图 8.2 所示。

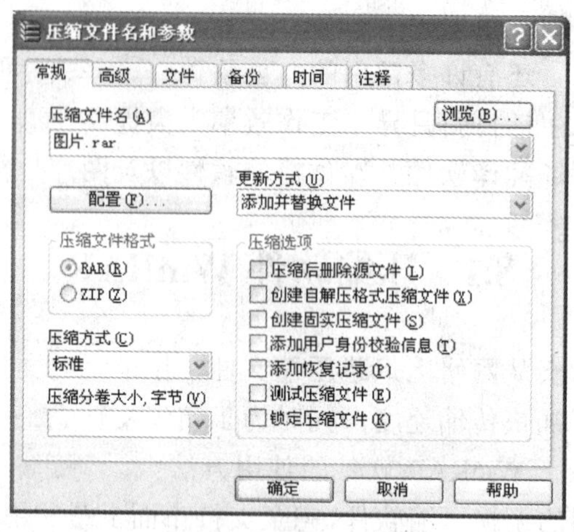

图 8.2 “压缩文件名和参”数对话框

8.1.3 为压缩文件添加密码

为了增强文件的保密性，可以为压缩的文件添加密码，只有知道密码的用户才能解压压缩文件。

步骤 1 在“压缩文件名和参数”对话框内单击“高级”选项卡，单击“设置密码”按钮，如图 8.3 所示。

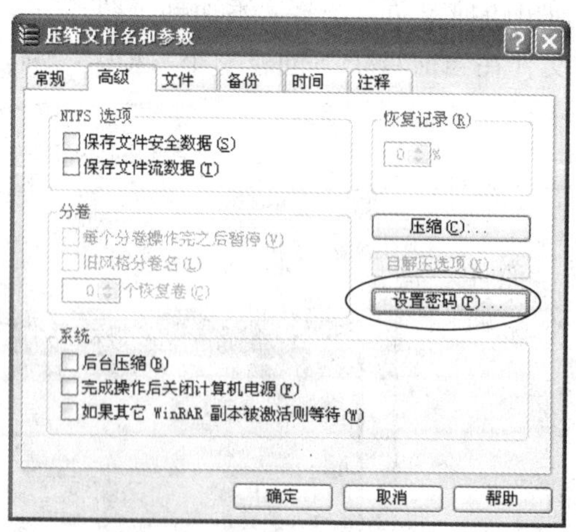

图 8.3 “高级”选项卡

步骤 2 在弹出的“带密码压缩”对话框中，输入密码并确认，如图 8.4 所示。

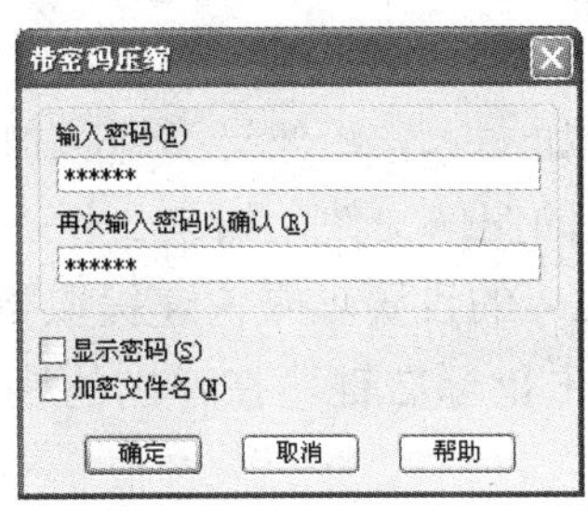

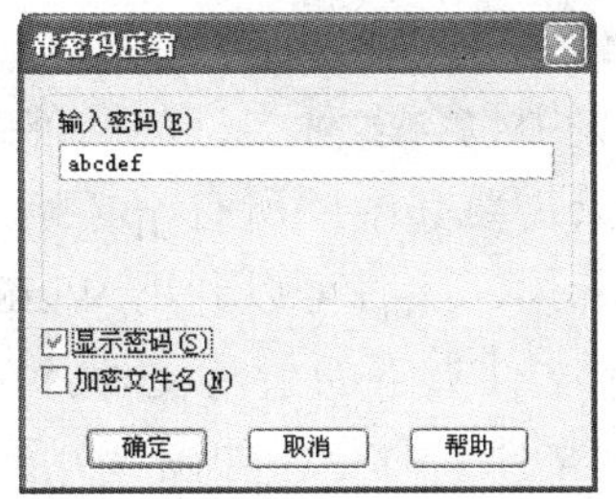

图 8.4　设置密码对话框

（1）显示密码：显示密码的具体内容，选择此项后可以查看输入的密码。

（2）加密文件名：选择此项后，在对文件进行解压缩时，会要求输入解压密码，然后才能查看压缩包中的文件，再进行解压。若不选择此项，则时行解压缩时，无须输入密码就可以查看压缩包中包含的文件名等信息，开始查看文件具体内容时才要求输入解压缩密码。

步骤3 单击“确定”按钮。

2. 创建自解压文件

在“压缩文件名和参数”对话框的“常规”选项卡的“压缩选项”选项区中选中“创建自解压格式压缩文件”复选框，如图 8.5 所示。经过自解压方式压缩的文件，下次查看内容时，只要双击该.exe 文件即可，无需调用 WinRAR 对其进行解压处理，即可自动完成解压缩操作。

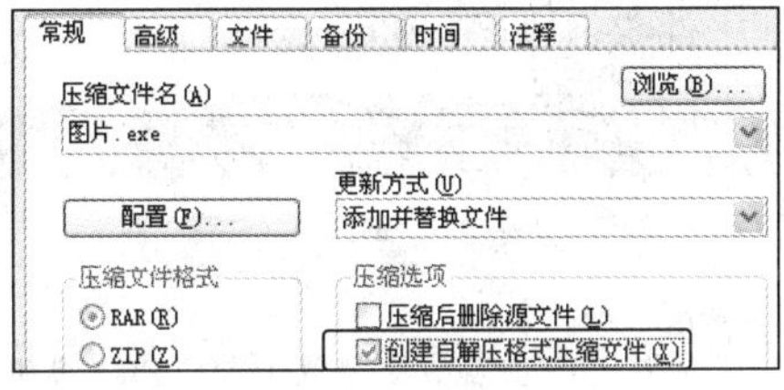

图 8.5　设置压缩选项

3. 生成 ZIP 格式的压缩文件

WinRAR 中内置 ZIP 压缩器，可以生成 ZIP 压缩文件。在“压缩文件名和参数”对话框中单击“常规”选项卡，在“压缩文件格式”选项区中选中 ZIP 单选按钮，如图 8.6 所示。

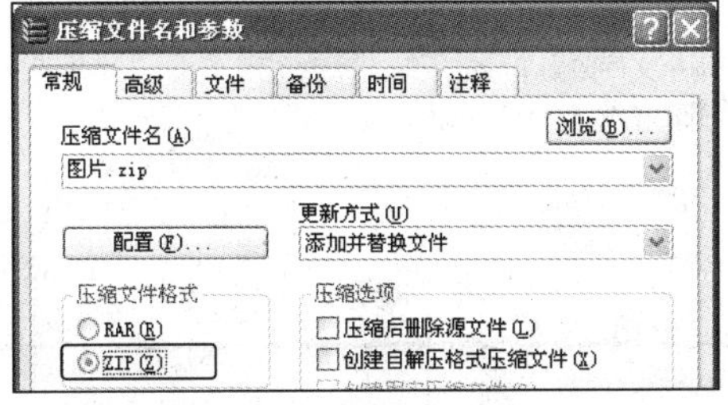

图 8.6　压缩 ZIP 文件设置

4. 快速分类选取文件进行压缩

如果一个文件夹中包含多种类型的文件，如文本、图像等类型。但我们只需要一种类型的文件，例如，只需要其中的所有 jpg 格式的图像文件，如果文件夹中的文件很多，一个一个地选择比较麻烦，此时可以利用 WinRAR 的设置项来快速提取指定的文件类型。

步骤 1 选中目标文件夹下的所有文件并单击鼠标右键，在弹出的快捷菜单中选择“添加到压缩文件”命令，如图 8.7 所示。

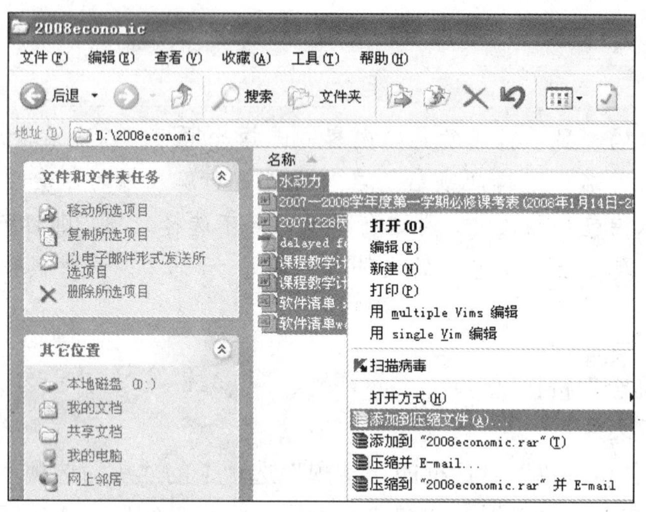

图 8.7 “添加到压缩文件”命令

步骤 2 在弹出的对话框中单击“文件”选项卡，“要添加的文件”文本框中列出了所有当前选中的文件和文件夹，如图 8.8 所示。

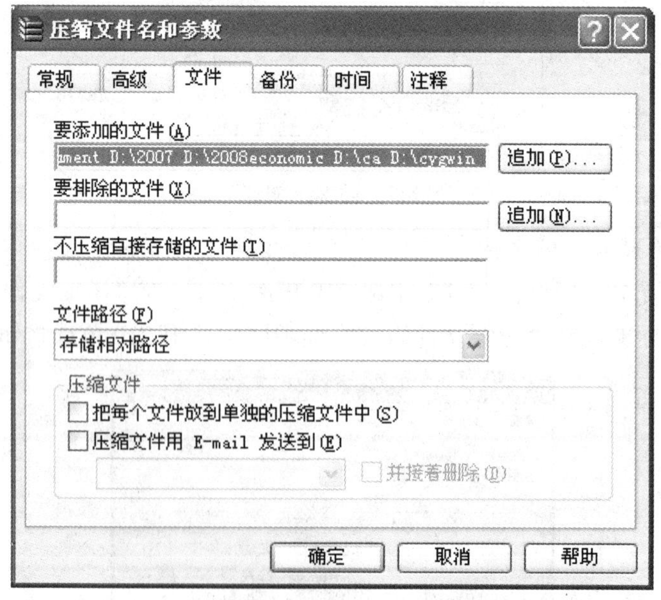

图 8.8 “压缩文件名和参数”对话框

步骤3 在“要添加的文件”和“要排除的文件”两项中设置提取和排除的文件类型。例如，只提取 jpg 格式的图像文件时，在“要添加的文件”文本框中输入“*.jpg”，这样压缩后得到的压缩包中只包含 JPG 格式的文件，如图 8.9 所示。单击“确定”按钮，完成压缩操作。

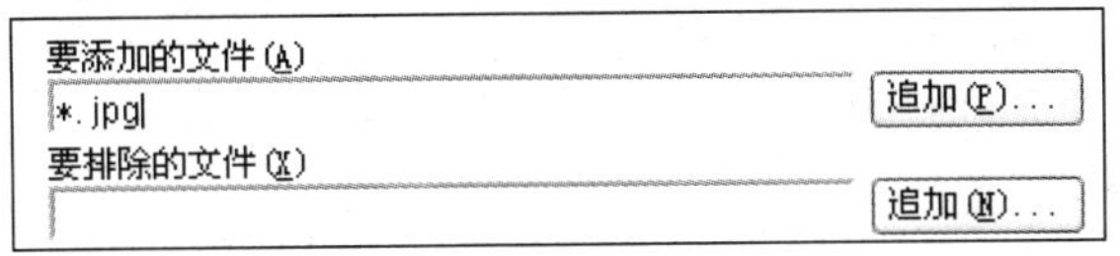

图 8.9 设置文件类型

8.1.4 解压缩文件

解压缩文件是指将压缩生成的压缩包还原为原始文件和文件夹。

1. 直接解压缩文件

选中需要解压缩的压缩包，用鼠标右键单击该文件，在弹出的快捷菜单中选择“解压到当前文件夹”命令（如图 8.10 所示），WinRAR 会快速地在当前路径下解压压缩包中的所有文件。

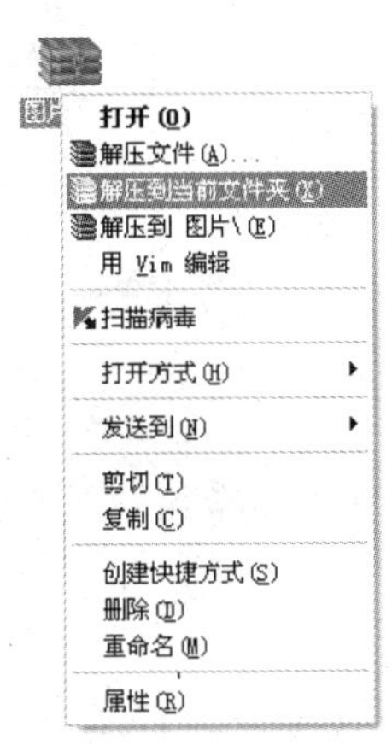

图 8.10 解压到当前文件夹命令

2. 指定其他路径或文件名进行压缩

若需要设置解压缩文件的路径或名称，可以通过双击压缩包调用 WinRAR 程序进行解压缩。WinRAR 已经自动将 rar 和 zip 等格式的压缩文件关联起来，直接双击压缩文件，即可打开 WinRAR 窗口，如图 8.11 所示。

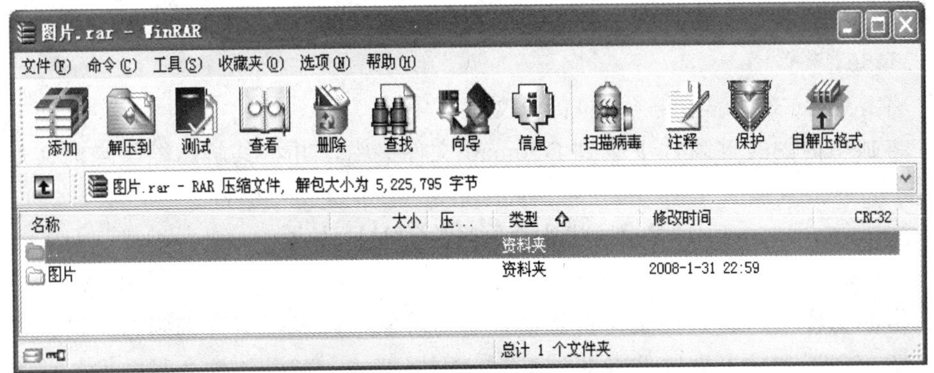

图 8.11 WinRAR 窗口

WinRAR 窗口中分别提供了添加文件、解压缩到指定的文件、测试压缩文件、删除文件等功能。单击“解压到”按钮，会弹出对话框，如图 8.12 所示。

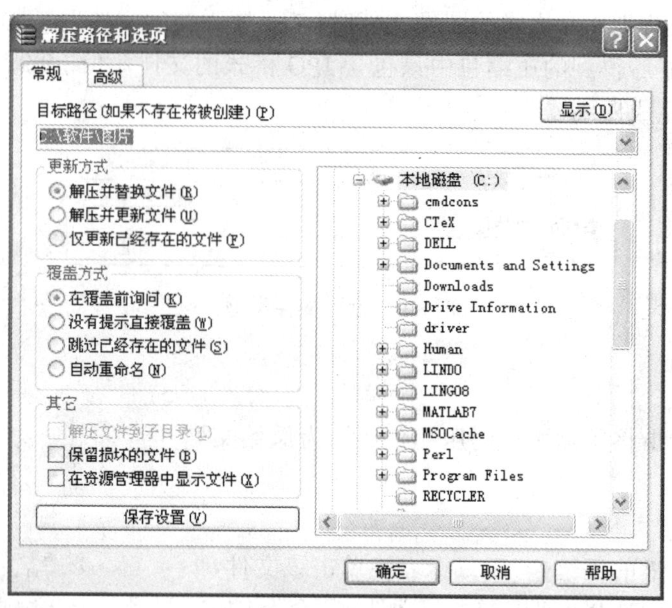

图 8.12 “解压路径和选项”对话框

在“目标路径”文本框中可以直接输入被解压缩文件存放的位置，也可以在右侧的目录树上直接选择目标文件夹。然后，单击“确定”按钮，被压缩的文件就可以还原了。

注意

也可以只解压缩一个文件，将需要解压缩的某个文件拖动到资源管理器中指定的文件夹上，释放鼠标后即可将该文件快速解压缩至当前文件夹中。

8.1.5 举一反三

（1）将“我的文档”压缩为.exe 格式的自解压文件 my.exe，并对压缩包进行加密，密码设为 123456。

（2）将 my.exe 文件解压缩至 D:\备份文件夹中。

（3）将邮箱内的文件附件下载到 D:\email 文件夹中，并将其解压缩至当前文件夹。

8.2 翻译软件金山词霸

在日常的工作中，遇到英文材料是很普遍的现象，许多网上查询到的先进技术资料都是英文文章。当遇到从未见过的专业词汇时，不用着急，翻译软件会帮助你。

金山词霸 2007 融合了简明英汉词典、简明汉英词典、美国传统词典、高级汉语词典，同时采用了国内领先的 smart 查词引擎，实现了视频、智能取词识别，模糊听音查词以及查询历史管理功能，并新增用法词典；全新增补、修订达数千处。用户可以自行添加金山词霸词库中没有收录的中英文单词，轻松学习单词。

8.2.1 简单英文单词查询

步骤 1 启动“金山词霸 2007”。

步骤 2 在输入文本框中输入需要查询的中/英文，例如 apple，单击“本地查询”按钮，此时将弹出 apple 的详细解释，如图 8.13 所示。

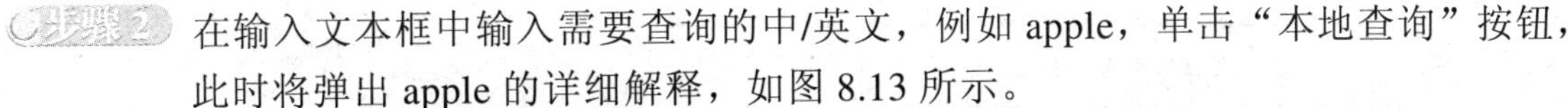

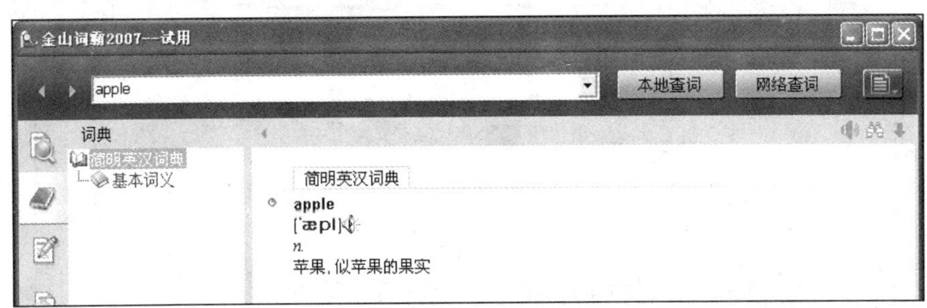

图 8.13 金山词霸查词结果

步骤 3 即使只是输入单词的大致拼法也可以，词霸会查找到最相近的单词，例如输入 banaa，索引列表中会自动列出所有相近的拼写组合，如图 8.14 所示。

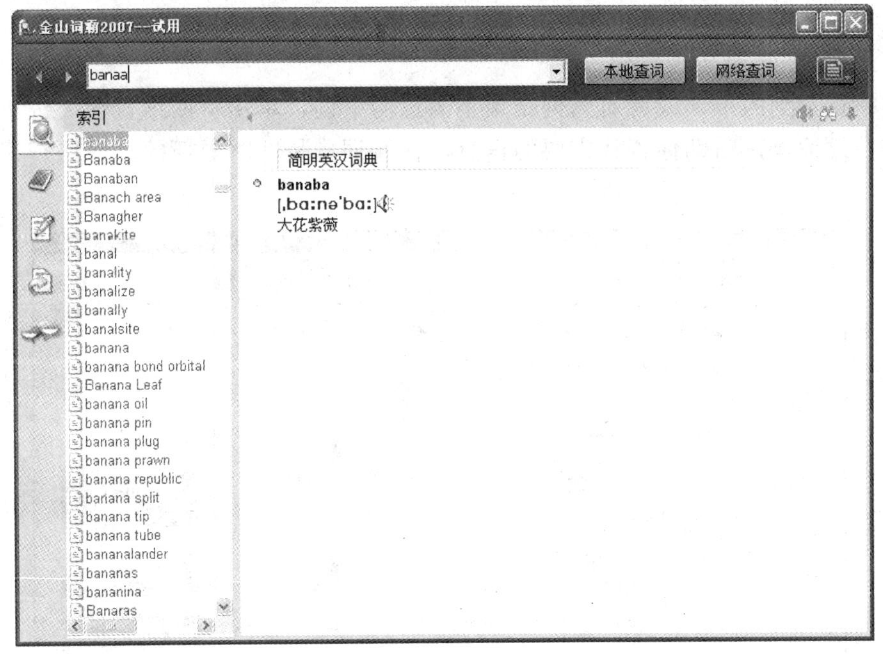

图 8.14 金山词霸查词结果

8.2.2 屏幕取词翻译

在网上阅读文章时，金山词霸也可以大显身手，只需将鼠标移动到不熟悉的单词上，即可看到如图 8.15 所示的详细解释。

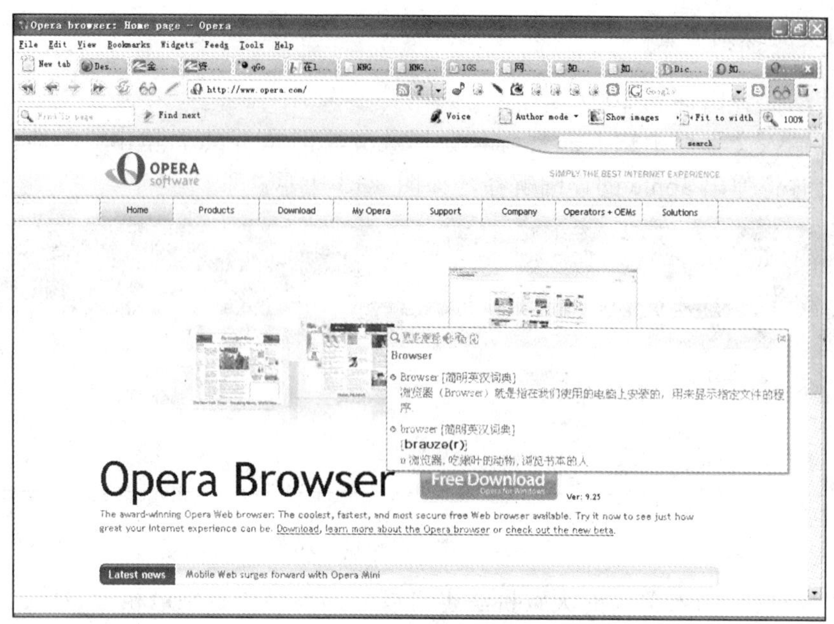

图 8.15　屏幕取词界面

8.2.3　网络查词

词霸中查不到的单词或者对查词结果不满意的单词，单击“网络查词”按钮即可直接进入词霸在线词典，帮助你查找需要的信息，在线词典是即时更新的。网络查词页面如图 8.16 所示。

图 8.16　网络查词界面

8.2.4 单词朗读

在与国外的客户进行英语交流时，需要提前准备好发言稿，这时可以利用金山词霸来纠正读音。只需利用金山词霸的相应的单词朗读功能，不管是主界面中的词语查询，还是屏幕取词，单击如图 8.17 所示小喇叭图标，就可以听到标准的语音朗读。

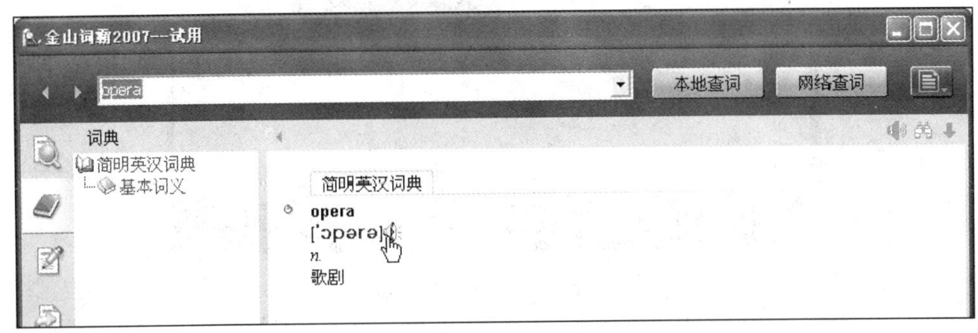

图 8.17 金山词霸朗读界面

8.3 媒体播放器

多媒体技术使得信息更加多样化，从而改变计算机信息处理的单一模式，使得人们的思维表达有了更充分、更自由的扩展空间。在公司收看新闻或者看宣传片时，必然会使用到多媒体播放器。

本节将介绍一款使用十分广泛的媒体播放器 Windows Media Player，它是 Windows 自带的一种多媒体播放软件，可用于播放和接收当前最流行格式的音频、视频和混合型多媒体文件，如 AVI、MPG、MPEG、ASF、WMA、WAV、MIDI、AU、MP3 等。值得一提的是，这款软件还支持在线更新。

8.3.1 播放多媒体文件

在菜单中单击“文件”｜“打开”命令，然后选中 Windows Media Player 支持格式的文件，即可直接播放。例如，可以打开 MP3 格式的歌曲文件。

8.3.2 更换 Windows Media Player 的外观

Windows Media Player 提供了多种不同风格的外观供用户选择。除了播放器本身自带的一些外观以外，还可以从 Internet 上直接下载。

步骤 1 在菜单中单击“查看”｜“外观选择器”命令，如图 8.18 所示，然后即可在左边的列表框中选择一款自己喜欢的面板。

如果希望选择一款更酷、更个性化的面板，还可以单击 更多外观(S) 按钮，到网上下载自己喜爱的面板。

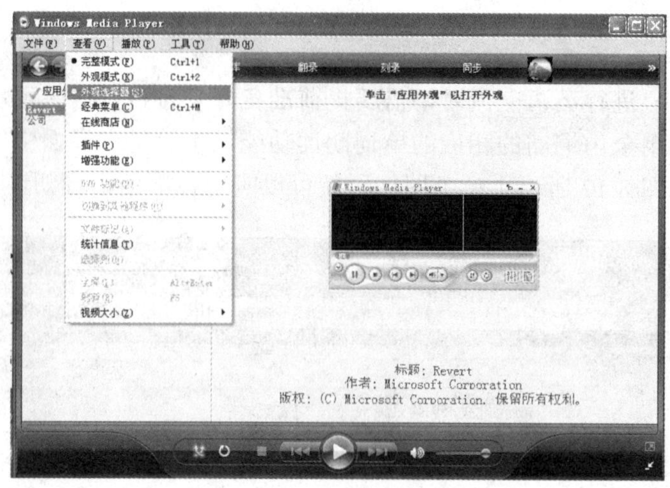

图 8.18 “查看”菜单

步骤 2 单击“查看”｜“外观模式”命令，Windows Media Player 的显示面板就被更换了，如图 8.19 所示。

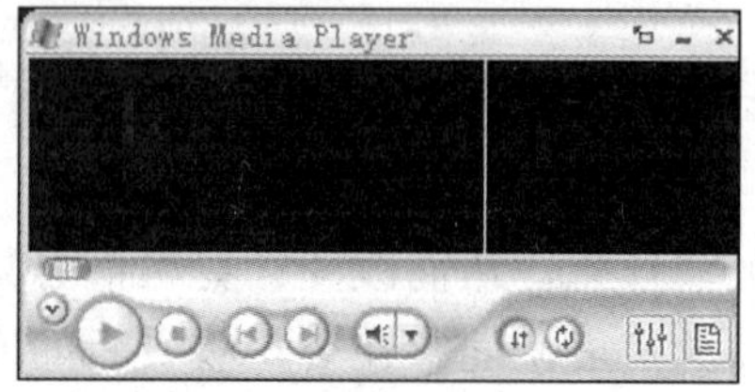

图 8.19 Windows Media Player 显示面板

8.3.3 从 CD 复制乐曲

CD 中的乐曲音质较高，但缺点是占据的存储空间较大，可以利用 Windows Media Player 的格式转换功能从 CD 中提取乐曲，将其翻录成 WMA 等压缩比较高的音乐文件。

单击“工具”｜“选项”命令，在弹出的对话框中单击“翻录音乐”选项卡，进行相应的格式设置，如图 8.20 所示。插入 CD 唱片，选中需要的文件，去除不喜爱的文件，即可一边播放，一边复制歌曲文件至计算机中。

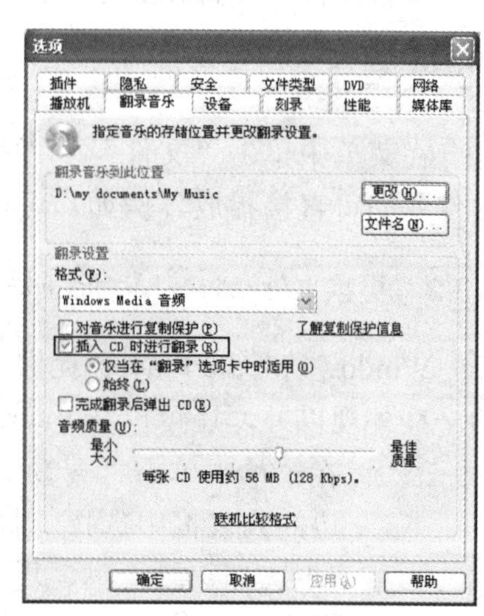

图 8.20 翻录选项设置

8.4 看图软件 ACDSee

随着数码产品的逐步普及，在计算机上浏览产品或者公司活动的图片已经成为人们最常用到的操作。ACDSee 就是一款人们最常使用的看图软件。ACDSee

功能十分强大，可用于图像快速浏览、图片获取、图片格式成批转换、生成图片幻灯片，以及图片的简单处理等。

8.4.1 查看图片

ACDSee 支持多种类型的图片，包括 BMP、JPG、GIF、PSD 等常见的格式。

步骤1 在资源管理器中选中欲查看的图片文件，单击鼠标右键弹出快捷菜单，选择“用 ACDSee 打开”命令，如图 8.21 所示。

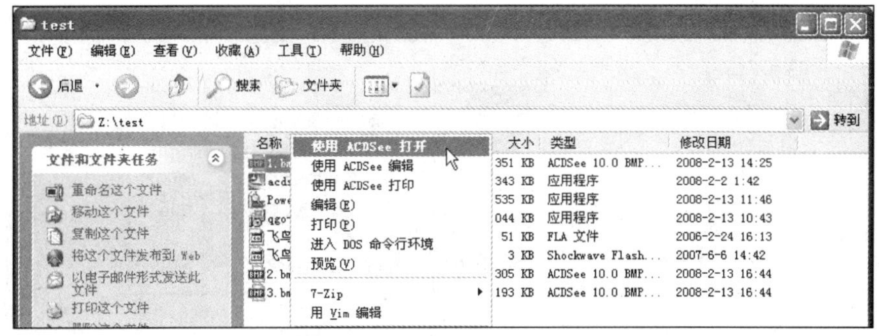

图 8.21 ACDSee 快捷菜单命令

步骤2 此时即可启动 ACDSee，如图 8.22 所示。单击工具栏上的“向上”和“后退”按钮，可以浏览上一张和下一张图片。另外，也可以单击“自动幻灯放映”按钮使得所有图片自动播放。

图 8.22 ACDSee 工作界面

8.4.2 修改图片大小

在使用一些产品的图片时，通常需要将所有照片修改为大小一致的图片。首先选中需要的图片，然后单击“工具”|“调整图像大小”命令，如图 8.23 所示。

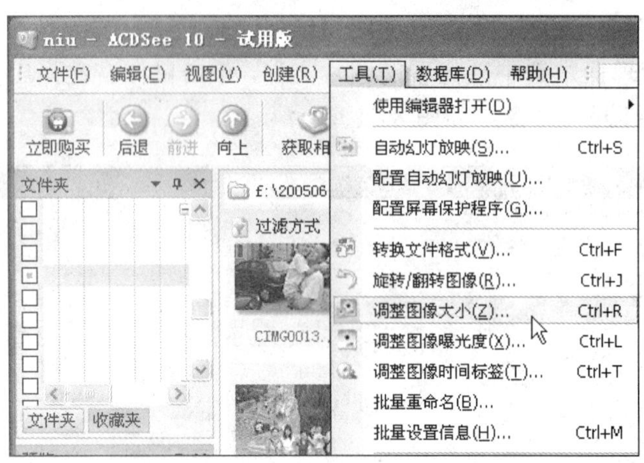

图 8.23 “调整图像大小”命令

此时，即可在对话框内进行设置以调整图像的大小，如图 8.24 所示。

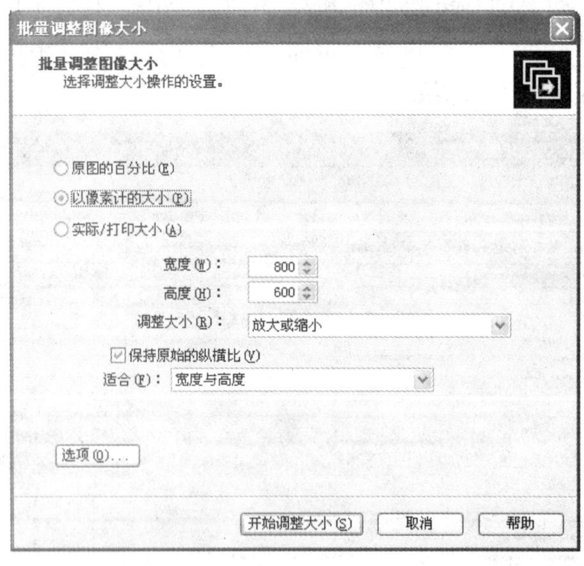

图 8.24 “批量调整图像大小”对话框

8.4.3 批量修改图片格式

如果需要将产品图片文件转交给客户或者保存入数据库，可能需要统一的文件格式，此时最简捷的方式就是单击“批量转换文件格式”按钮，然后在“批量转换文件格式”对话框中指定输出文件格式即可，如图 8.25 所示。

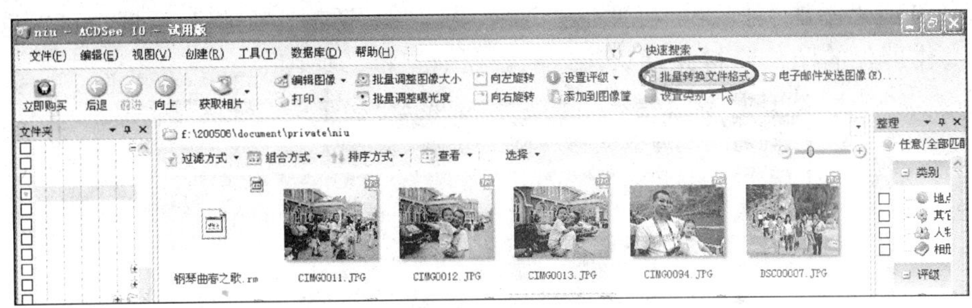

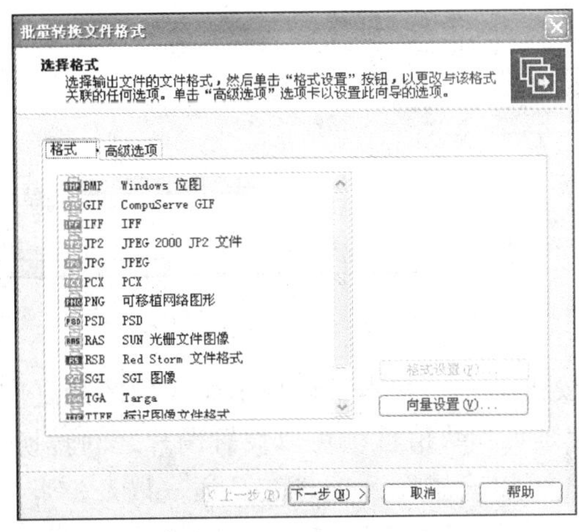

图 8.25 “批量转换文件格式”对话框

8.4.4 自制屏幕保护

想要一个个性化的屏幕保护吗？利用你精心选择的图片文件，就可以轻松实现。

步骤1 单击“工具”|“配置屏幕保护”命令，弹出“ACDSee 屏幕保护程序”对话框，如图 8.26 所示。

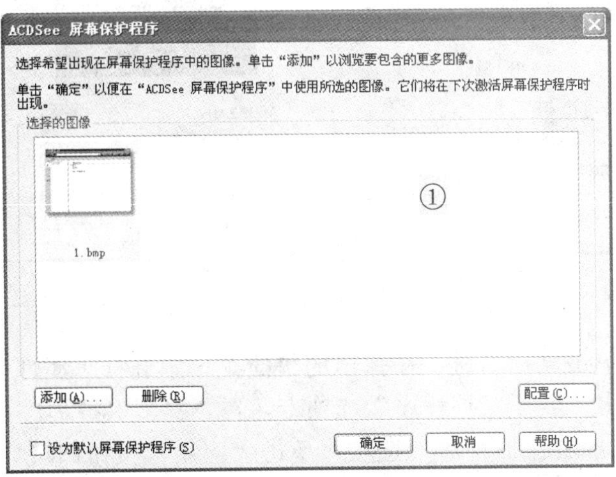

图 8.26 “ACDSee 屏幕保护程序”对话框

步骤 2 单击“添加”按钮，将弹出“选择项目”对话框，在此对话框中可以选择要制作屏保的图片素材并确认，返回到原对话框，如图 8.27 所示。

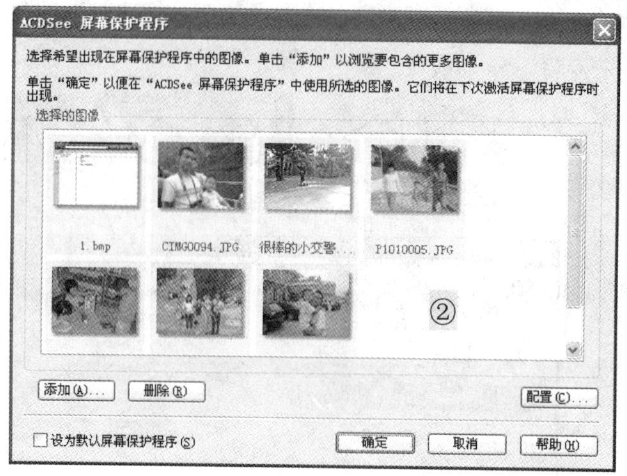

图 8.27　选择屏幕保护图片素材

步骤 3 单击“配置”按钮，在“基本”选项卡中设置图片之间转换的效果，如图 8.28 所示。在“图像延迟”数值框中可以设置图片之间转换所需的时间间隔。在“高级”选项卡中，可以设置图片的过渡品质，以及幻灯片的播放顺序等。所有设置完成后，单击“确定”按钮。

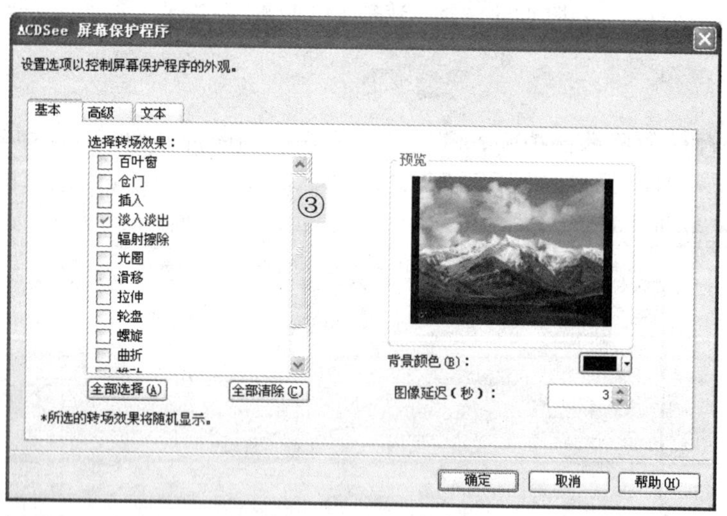

图 8.28　设置屏幕保护外观

步骤 4 在桌面上单击鼠标右键，在弹出的快捷菜单中选择“属性”命令，在弹出的对话框中单击“屏幕保护程序”选项卡，在“屏幕保护程序”下拉列表框中选择“ACDSee 屏幕保护程序”选项，单击“应用”按钮即可完成设置，如图 8.29 所示。

8.4.5 屏幕画面的捕捉

在浏览一些广告录像时，可能会有一些图片引起我们的兴趣，如何将录像当中的图片截取下来为我所用呢？ACDSee 就提供了这样的屏幕捕捉功能。

步骤1 单击“工具”｜“屏幕截图”命令，如图 8.30 所示。

图 8.29 设置屏幕保护程序

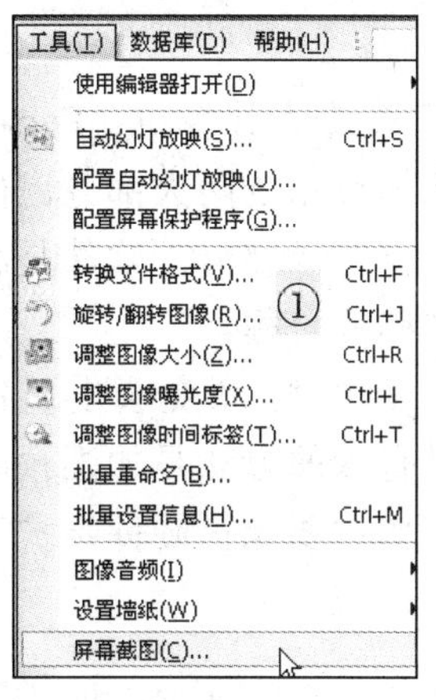

图 8.30 “屏幕截图”命令

步骤2 在“屏幕截图”对话框中进行所需设置，例如选择捕获当前监视器上的全部对象作为来源，将捕获的数据保存到目标文件中，如图 8.31 所示。

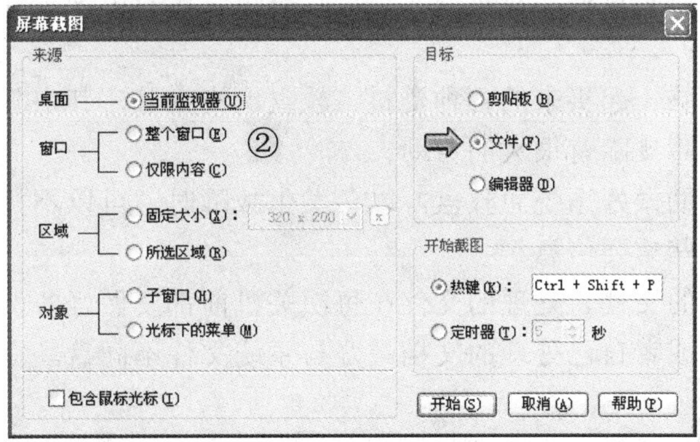

图 8.31“屏幕截图”对话框

现在开始播放录像片，当出现感兴趣的画面时，按 Ctrl+Shift+P 快捷键，即将屏幕上的画面捕获并保存至目标文件中。

第 9 章 电脑的安全和维护

“电脑”是个人计算机（Personal Computer）的俗称，一个完整的计算机系统应该包括硬件系统和软件系统两大部分。硬件系统也称为硬件或硬设备，都是看得见、摸得着的，是电脑的实体组成部分；软件是相对于硬件而言的，是使用电脑和发挥电脑功能的各种程序及相关文档的总称。

电脑在使用时，难免会出现各种故障，经常维修电脑不仅耗时、耗力，而且浪费金钱。减少维修最有效的方法是加强预防性和定期的维护工作。

维护工作主要包括硬件维护和软件维护。

9.1 基 础 维 护

9.1.1 做好文件的收集和备份

保留电脑系统的原始资料和对重要文件进行备份，是对电脑进行预防性维护的重要保证，主要有以下几点：

（1）保管好和电脑一起买来的各种资料、软盘、光盘等，其中芯片、板卡、光驱等的资料和说明书，对故障排除有很大的帮助。

（2）请销售商帮助做好系统急救盘，以备发生故障时，可以不找他们就可以对系统进行引导和快速恢复一些重要信息。

（3）对自己建立的文档、处理的文件在每次关机前都要做好备份，做到有备无患。

（4）非系统文件或者自己处理的文档最好与系统文件不同盘。

9.1.2 防治电脑病毒

只要用电脑，就有感染上病毒的可能。为了防止电脑病毒，需要做到以下几点：

（1）使用软件时，尽量使用正版软件，不要轻易用盗版软件，不要使用一些可能有病毒的软盘、光盘。

（2）不要随意复制、使用不明来源的软盘、光盘。对外来盘要查、杀病毒，确认无病毒后再使用。自己的软盘也不要轻易拿到其他电脑上使用。

（3）对重要的数据、资料、CMOS 以及分区表要进行备份，创建一张无病毒的启动软盘，用于重新启动或安装系统。

（4）在电脑中安装正版杀毒软件，定期对引导系统进行查毒、杀毒，建议配备多套杀毒软件，因为每种杀毒软件都有自己的特点，用杀毒软件进行交叉杀毒则可以确保杀毒的效果。对杀毒软件要及时进行升级。

9.1.3 电脑工作环境

电脑工作的环境相对湿度应保持在 40%～70%之间。过分潮湿会使机器表面结露，引起电路板上的元器件、触点及引线锈蚀发霉，造成断路或短路；而过分干燥则容易产生静电，诱发错误信息，甚至损坏元器件。干燥的秋冬季节最好能设法保护房间中的湿度达到电脑需求，要避开水和其他液体的侵蚀。在较为潮湿的环境中，如南方在梅雨季节，电脑每周至少要开机 2 小时，以保持机器的干燥，这和其他电器的保养是一样的。

1. 使用可靠的电源

电脑的工作离不开电源，同时电源也是电脑产生故障的主要因素之一。

（1）必须确保使用的是适当功率的电源，最好购买一台稳压电源。影响电源质量的因素包括电压瞬变、停电、电压不足或电压过高等，因此，在附近有空调、电冰箱等大功率电器设备正在使用或有磁场时，最好不要使用电脑，否则它一插上电源就可能被烧掉。

（2）电脑所使用的电源应与照明电源分开，电脑最好使用单独的插座。尤其注意避免与强电器或加热装置或大功率的电器使用同一条供电线路共用一个插座， 因为这些电器设备使用时可能会改变电流和电压的大小，这会对电脑的电路板造成损害。有条件的用户，应配备稳压电源和不间断电源 UPS。在拔插电脑各部分的配件时，都应先断电，以免烧坏接口。

（3）和电视机一样，电脑也不要频繁的开机、关机，确定不再使用电脑时才将其关闭。

2. 正确安置电脑

如果电脑位置安置不正确，可能给电脑埋下安全隐患，在电脑的安置中应注意以下几点：

（1）电脑不要放在不稳定的地方，不要摇晃、易坠落。

（2）电脑应尽可能地避开热源，如冰箱、直射的阳光等。

（3）电脑系统应尽可能放置在远离强磁强电、高温高湿的地方。

（4）电脑应放在通风的地方，离墙壁应有 20cm 的距离。

（5）电源要可靠、稳定。

3. 电脑工作时注意事项

（1）开机时，不要移动主机和显示器。搬动电脑时，要先把电脑关上，同时把电源插头拔下。

（2）发现系统有火星、异味、冒烟时应立即切断电源，在没有排除故障前，千万不要再启动电脑。

（3）当发现电脑有异常响声、过热等现象时，要设法找到原因。

9.2 硬 件 维 护

电脑的硬件维护在电脑日常维护中极其重要，硬件的使用对提高电脑的运行速度和减少故障的发生非常重要。

9.2.1 主机的维护

主机是电脑最重要的部分，也是电脑价值最高的一部分，平时应注意多加维护，主要可以从以下几个方面进行：

（1）主机不要频繁地启动、关闭。开机、关机要有 30s 以上的间隔，关机应注意先从应用软件环境退出，再从操作系统退出，以免丢失数据、引起软件损坏以及引发相关器件损坏。

（2）不要轻易打开机箱，特别不能在开机状态下接触电路板，那样可能会使电路板烧坏。

（3）开机状态不要搬运主机。不要把装有液体的容器靠近主机或置于主机箱上，以免引起不必要的麻烦。

9.2.2 硬盘的维护

硬盘是电脑数据存储的中心，其中存有许多重要数据，一旦数据丢失，电脑硬件再好、性能再强也无济于事。因此对硬盘的维护是必不可少的。硬盘的维护主要是使用要恰当。为保证硬盘工作的可靠性并延长其寿命，在使用硬盘时应注意下面的事项：

（1）防止病毒破坏硬盘数据。应当准备至少一种杀毒软件，定期对硬盘进行检查。如果经常上网，应当安装防火墙。

（2）不要频繁和随意地开关机，硬盘的频繁启动会增加故障率。不要将硬盘和软盘置于强磁场附近，否则可能造成数据丢失。

（3）硬盘工作指示灯未熄时不能关机。硬盘工作指示灯亮时，说明正在读写数据，此时突然断电最容易损伤盘面。所以应在指示灯熄灭后再关机。如果程序死循环，而硬盘灯常亮不熄，可以用热启动键 Ctrl+Alt+Del 或主机面板上的复位按钮 Reset 重新启动电脑，待机器正常且硬盘指示灯熄灭后再关机。硬盘是否在运行，可以从主机面板的小红灯是否亮或闪动判断出来。

（4）保护数据。硬盘上的数据要常做备份，并进行病毒检查。同时，有重要数据的电脑要用 GHOST 等工具对磁盘分区表进行备份，以防止分区表被破坏后不能恢复数据。

（5）不要拆卸硬盘。当发现硬盘有故障时，不要随意打开硬盘。因为在达不到超净 100 级以上的条件下拆开硬盘，空气中的灰尘就会进入盘内，当磁头进行读/写操作时，还将划伤盘片或损伤磁头，从而导致盘片或磁头损坏。另外，盘内的某些结构一旦拆开就无法还原，从而导致硬盘驱动器全部报废。

（6）尽量避免振动和挤压。由于硬盘磁头和盘片采用接触式启停，只有转速达到额定值时，磁头才能浮起在盘片表面上，振动和挤压容易造成磁头经常在数据区启停，会缩短磁头和盘片的使用寿命。当硬盘驱动器执行读写操作时，不要移动或碰撞工作台，否则磁头容易损坏盘片，造成盘片上信息的读写错误。

（7）经常运行 Windows 的“磁盘整理程序”和“磁盘扫描程序”。

9.2.3 光驱及光盘的维护

光驱现在是电脑的标准配置，是电脑中损耗较大的部件，而且光驱在电脑硬件中也比较娇气，因此在光驱的日常维护中应注意以下几点：

（1）对光驱的任何操作都要轻缓。尽量按光驱面板上的按钮来进、出托盘，不宜用手推动托盘强行开、关。光驱中的机械构件大多是塑料制成的，任何过大的外力都可能损坏进出盒机构。

（2）当光驱进行读取操作时，不要按弹出钮强制弹出光盘。因为光驱进行读取时光盘正在高速旋转，若强制弹出，光驱经过短时间延迟后出盒，但光盘还没有完全停止转动，在出盒过程中光盘与托盘发生摩擦，很容易使光盘产生划痕。

（3）光盘盘片不宜长时间放置在光驱中。当不使用光盘时，应及时将光盘取出，以减少磨损。因为有时光驱即使已停止读取数据，光盘还会转动。

（4）光驱对防尘的要求很高，灰尘同样会损坏光驱，因此应保持光盘清洁。尽量不要使用脏的、带有灰尘的光盘；每次打开光驱后要尽快关上，不要让托盘长时间露在外面，以免灰尘进入光驱内部。最好每月定期使用专门的光驱清洁盘对光驱进行清洁。

（5）不要使用劣质的光盘或已变形光盘，如磨毛、翘曲、有严重刮痕的光盘，使用这些光盘不仅不能读取数据，反而会损坏光驱，极易降低光驱的寿命。

（6）在清洗激光头的过程中，千万不要用酒精，这样会腐蚀激光头。

（7）在光驱运行中尽量避免碰撞，以免损坏激光头。

9.2.4 显示器的维护

显示器是电脑的主要输出设备，容易受到温度、湿度、电磁干扰、静电等环境因素的影响。在日常使用中，应充分注意以下几点：

（1）防止显像管磁化，远离电视机、振铃电话、风扇、功放、音箱等带有较强磁性的物品。防止潮湿，千万不能将水或其他液体倒到正在工作的显示器上，那样的后果是不可挽回的。阴雨天气要定期开机，通过加热元器件驱散潮气。

（2）灰尘在显示器的内部电路、器件上积累，会影响热量散发，甚至造成短路，因此不使用时最好用布或防尘罩把显示器保护起来，但要记住，要等显示器散热后再罩上布或防尘罩。

（3）显示器不要调得太亮或对比度太强，稍微降低显示亮度可以减缓显像管的灯丝和荧光粉老化的速度，延长显示器磷光粉的寿命。

（4）清洁显示器时不能用有机溶剂，如酒精、汽油、洗洁净等，因为有机溶剂会将显示器上的清晰层溶解掉。擦显示器不要用粗糙的布、纸之类的东西，可以用柔软的布蘸清水或肥皂水进行清洁，但务必要在拔掉显示器插头后进行，而且布一定要拧干，不要滴水。不要用湿的抹布用力擦显示屏。

（5）不要随意设置显示器的分辨率，否则将会影响显示器的使用寿命。

（6）不要让显示屏上的内容长时间不变，否则将造成荧光粉老化。此时，可以使用屏幕保护程序。

（7）保护好显示屏的表面。彩色显示器的表面往往都有防眩光、高清晰度涂层，是一种极薄的化学物质涂层，极易被擦掉。所以在清洁屏幕表面时要小心，最好用脱脂棉或镜头纸从屏幕内圈向外呈放射状擦拭。

（8）不要在显示器上堆放杂物，以免影响显示器的正常散热和因杂物下坠损伤机器。

（9）保持显示器周围空气的通畅、散热良好。不要使阳光直射显示器。

（10）搬动显示器时一定要拔下电源线和信号电缆线，以保证人身安全。

9.2.5 键盘的维护

键盘属于机械和电子结合型的设备。如果在敲击时过分用力，容易使键盘的弹性降低，按某个键的时间最好不要太长，当按键时间大于 0.7s 时，电脑将连续执行这个键的功能，直到释放此键为止。要防止异物掉入键盘里去。在开机状态下，应防止把茶水、饮料等洒到键盘上，否则可能使键盘报废。不用时，应使用键盘保护膜罩住键盘。定期将键盘从主机上拔下，拿到远离电脑的地方，把键帽拔下来，反过来摇几下，清除灰尘。

9.2.6 鼠标的维护

鼠标也属于机械和电子结合型的设备，鼠标的维护要注意以下几点：

（1）使用机电式鼠标要注意桌面的光滑、平整与清洁，最好使用鼠标垫。光电式鼠标更要保持垫面的清洁。

（2）机械式鼠标要经常保持滚动球的干净，因为灰尘进入鼠标内，会使鼠标转动不畅，影响鼠标的使用，最好也使用鼠标垫。

（3）鼠标按压时过分用力，会使鼠标下方的滚动球磨损“变形”，按某个键的时间最好不要太长。

9.2.7 诊断设备问题

发生硬件设备运行不正常后，应先确定故障所在，如果某一设备不能正常工作，首先就要到“设备管理器”中来检查该设备。

右击“我的电脑”图标，在弹出的快捷菜单中选择“属性”命令，弹出“系统属性”对话框，单击“硬件”选项卡，如图 9.1 所示，单击“设备管理器”按钮，进入“设备管理器”窗口，如图 9.2 所示。

在“设备管理器”中找到需要的设备后，它应该属于下列的情形之一：

（1）所属类别正确，且设备前面没有任何特殊标记，安装正确，能正常运行。

（2）所属类别不正确，设备前面有一个红色的“×”标记，在 Windows XP 中被停用或在 BIOS 中未被激活，启用它或检查 BIOS 设置以激活该设备。

（3）所属类别正确，设备前面有一个带有黄色圆圈的惊叹号，设备资源冲突。

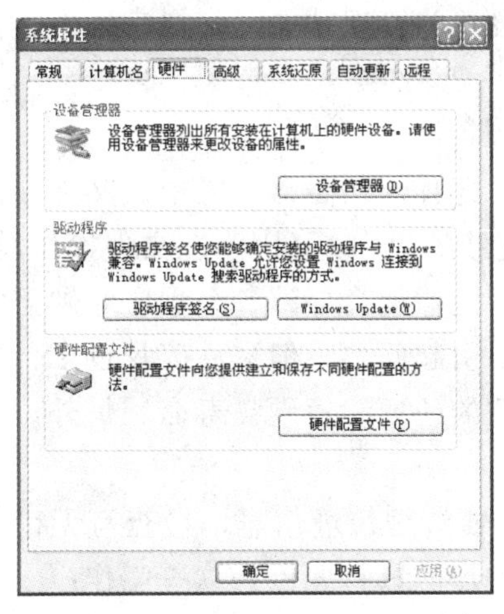

图 9.1 “系统属性”对话框

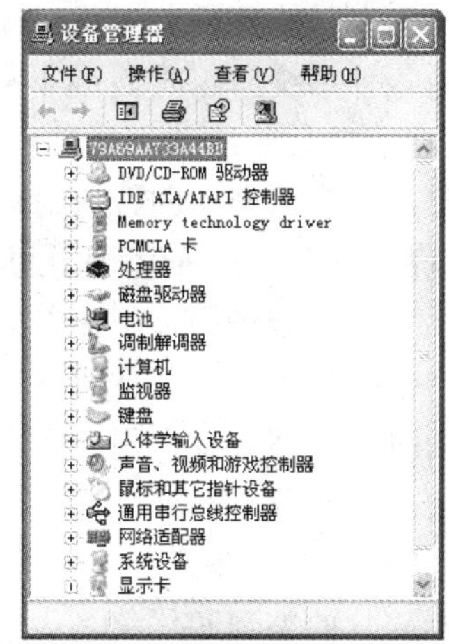

图 9.2 “设备管理器”窗口

（4）所属类别为“其他设备”，驱动程序没有被正确安装。

（5）没有在“设备管理器”中列出，即没有正确安装设备或驱动程序。

9.3 软件维护

9.3.1 软件故障维护方法

（1）当遇到故障时，应先停下来进行观察，根据一些异常现象，如听到的异常声音，以及电脑给出的错误提示，进行简单的判断，问题到底出在哪里。

（2）对于软件故障，应先判断故障是属于系统故障，还是正在运行的应用程序的故障，或者是不是被病毒侵入了。一般情况下，系统程序比较稳定，出现故障的机率比较小。大部分故障是出于应用程序本身设计上的问题或操作的问题，如没有按规定打开、关闭应用程序，同时打开多个应用程序等。不要随意删除系统程序，打开一个应用程序时，最好把其他应用程序先关闭，这样不会引起系统冲突。

（3）出现故障时，一般可以重新启动电脑试一试。

（4）应用程序经常出错时，最好重新安装一下该程序。

对于不能排除的故障，一定要找懂计算机的人来排除故障，防止故障进一步扩大。

9.3.2 Windows 操作系统维护

Windows 本身是一个非常开放、同时也是非常脆弱的系统，稍微使用不慎就可能会导致系统受损，甚至瘫痪。同时，经常进行应用程序的安装与卸载，也会造成系统的运行速度降低、系统应用程序冲突明显增加等问题的出现。这些问题导致的最终后果就是不得不重新安装 Windows。

任何一款操作系统，都没有提供非常完善的系统维护与优化功能，其自身的维护功能非常有限。加上系统并没有提供对注册表控制系统设置的管理功能，使得广大用户在对付频繁出现的各种系统问题时显得非常困难。

1. 定期对磁盘进行碎片整理和磁盘文件扫描

磁盘碎片是怎么产生的？磁盘碎片应该称为文件碎片，在磁盘分区中，文件会被分散保存到磁盘的不同地方，而不是连续地保存在磁盘连续的簇中。又因为在文件操作过程中，Windows 系统可能会调用虚拟内存来同步管理程序，这样就会导致各个程序对硬盘频繁读写，从而产生磁盘碎片。文件碎片一般不会在系统中引起问题，但文件碎片过多会使系统在读文件的时候来回寻找，引起系统性能下降，严重的还要缩短硬盘寿命。另外，过多的磁盘碎片还有可能导致存储文件的丢失。

（1）整理前的准备工作。在整理硬盘前一般都要清理垃圾信息，检查有无错误，最后才能进行碎片的整理和优化。因此，在整理硬盘前，应该首先做好这些工作：

①应该把硬盘中的垃圾文件和垃圾信息清理干净。系统工作一段时间后，垃圾文件就会非常多，有程序安装时产生的临时文件、上网时留下的缓冲文件、删除软件时剩下的 DLL 文件或强行关机时产生的错误文件等，使用微软的“磁盘清理程序”可以进行清理工作。

②检查并修复硬盘中的错误。虽然微软的“磁盘扫描程序”速度很慢，但经过这个程序对磁盘完整而详细的扫描后，系统中的绝大多数错误会被修复。也可以使用其他工具，需要下载后安装，一般这种磁盘工具的速度比 Windows 中的“磁盘扫描程序”快得多。

（2）Windows 自带磁盘碎片整理程序。

步骤 1 单击“开始”|“程序”|“附件”|“系统工具”|“磁盘碎片整理程序”命令，进入“磁盘碎片整理程序”窗口，如图 9.3 所示。

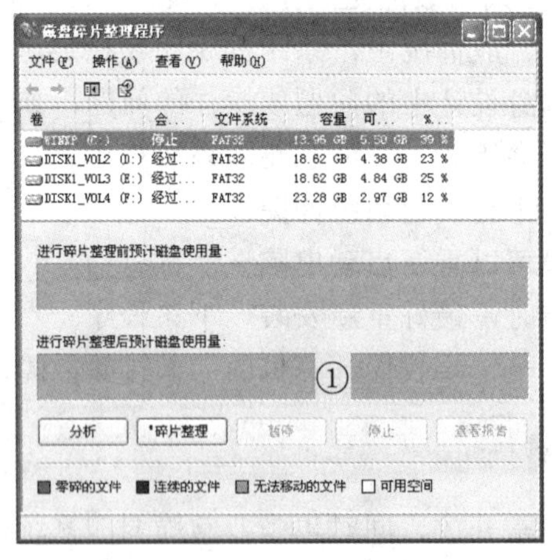

图 9.3 “磁盘碎片整理程序”窗口

步骤 2 选择要进行磁盘碎片整理的磁盘，可以选择“WINXP（C:）”，然后单击“分析”按钮，开始对磁盘进行分析，解析磁盘中零碎的文件、连续的文件、无法移动的文件和可用空间，检测过程如图 9.4 和图 9.5 所示。

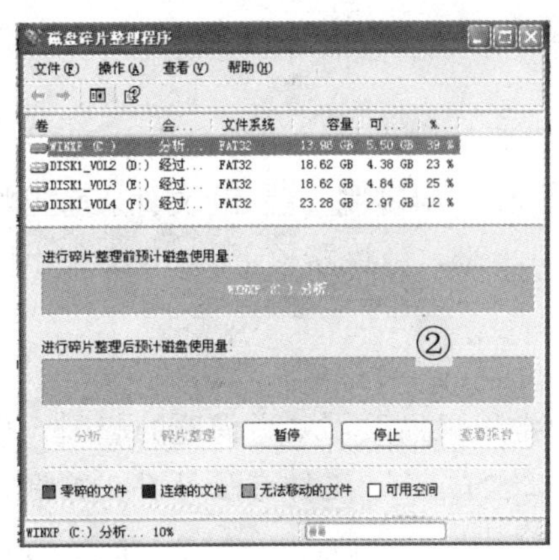

图 9.4 分析过程刚开始

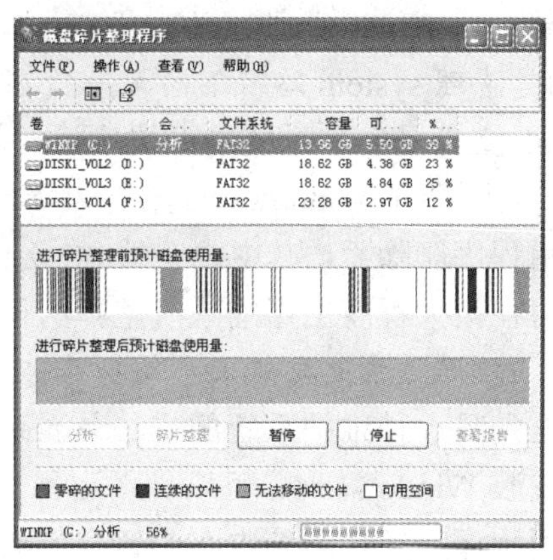

图 9.5 分析过程中间

待分析完毕系统会给予提示，是否需要碎片整理，如图 9.6 所示。单击“关闭”按钮，返回到图 9.3 所示的窗口。

步骤3 单击“碎片整理”按钮，开始运行碎片整理程序，如图 9.7 所示。

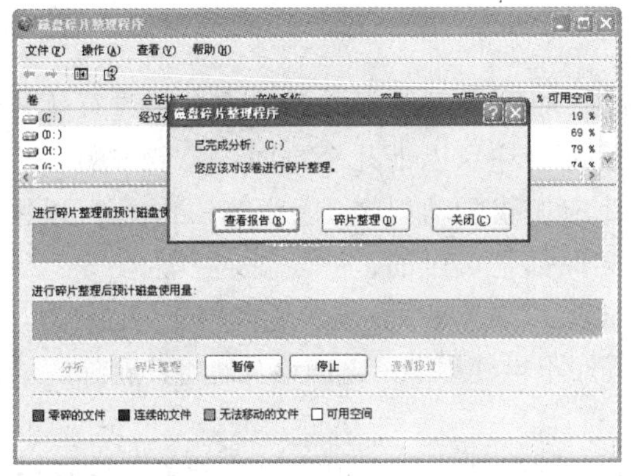

图 9.6 分析完毕给予提示

图 9.7 运行碎片整理程序运行中

整理的过程中可以看到文件的分布变化和整个进度。整理结束后，会出现提示，单击“关闭”按钮结束。

2. 维护系统注册表

Windows 的注册表是控制系统启动、运行的最底层设置，其文件为 Windows 安装路径下的 System.dat 和 User.dat。这两个文件不是以明码方式显示系统设置的，具有隐含和系统属性，普通用户根本无从修改。如果经常地安装/卸载应用程序，这些应用程序在系统注册表中添加的设置通常并不能彻底删除，时间长了会导致注册表变得非常大，系统的运行速度就会受到影响。可以使用工具如 Norton Utilities 提供的 WindowsDoctor，对操作系统进行自动除错、压缩、优化、自动修复等操作。

3. 经常性地备份系统注册表

System.dat 和 User.dat 这两文件具有隐含和系统属性，对这两个文件进行备份可以使用 Regedit 的导出功能直接将这两个文件复制到备份文件路径下，当系统出错时再将备份文件导入到 Windows 路径下，覆盖原文件即可恢复系统。

4. 清理 system 路径下的无用的 dll 文件

dll 文件是影响系统能否快速运行的一个至关重要的因素。应用程序安装到 Windows 中后，通常会在 Windows 的安装路径下的 System 文件夹中复制一些 dll 文件。而当将相应的应用程序删除后，其中的某些 dll 文件通常会保留下来，当该路径下的 dll 文件不断增加时，将在很大程度上影响系统整体的运行速度。

5. 使用防系统死机工具维护系统稳定

这是另一种维护系统的方法，当系统出现不稳定现象而又不知道问题的起因、也不想重新安装 Windows 时，可以使用这种工具来维护系统的稳定。这种方法可以在关键时刻保护应用程序，把在系统内存中暂存的数据保存到磁盘中。

6. 使用在线病毒检测工具防止病毒入侵

这涉及到维护系统安全，虽然它不是非常重要的，但是如果经常进行数据交换，使用这种工具是非常必要的。如果经常下载软件，有一个好的在线病毒防御工具非常必要。这类软件主要有 Pc-cinlin、卡巴斯基、Mcafee 等杀毒软件和防火墙，都提供了这方面的功能。

7. 优化 Windows 本身

由于 Windows 本身的自动化程度已经很高，原则上已经不需要用户自己进行优化设置。但是在使用过程中对于提高系统的运行速度需要注意以下几个方面：

（1）尽量少在 autoexec.bat 和 config.sys 文件中加载驱动程序，因为 Windows 可以很好地提供对硬件的支持，如果必要，删除这两个文件都是可以的。

（2）定期删除不再使用的应用程序，这非常必要。当系统中安装了过多的应用程序时，对系统的运行速度是有影响的。所以如果一个应用程序不再使用了，就应该及时将其删除。

（3）删除系统中不再使用的字体。

（4）如果显示卡速度不快，应不使用过高的显示设置、显示刷新速率设置，一般 75Hz 是一个不错的选择。

（5）关闭系统提供的 CD-ROM 自动感知功能（在“系统－设备管理”项中设置）。

（6）日常使用过程中应该留意一下与自己机器有关的最新硬件驱动程序，并及时地安装到系统中，这通常是不花钱就可提高系统性能的有效方法。

9.4 常用维护软件

9.4.1 一键 GHOST 硬盘版使用

1. 安装

步骤 1 确认第一硬盘为 IDE 或 SATA 硬盘，少数 SATA 硬盘需在 BIOS 中设置为 Compatible Mode（兼容模式），如果正在挂接 USB 移动硬盘或 U 盘，最好拔掉它们，以便于安装程序自动识别。

步骤2 安装一键 GHOST 硬盘版软件，此处以 V11.0 Build 070707 为例，选择“一键 GHOST 硬盘版.exe”文件并双击，弹出“一键 GHOST 安装程序”对话框，如图 9.8 所示。

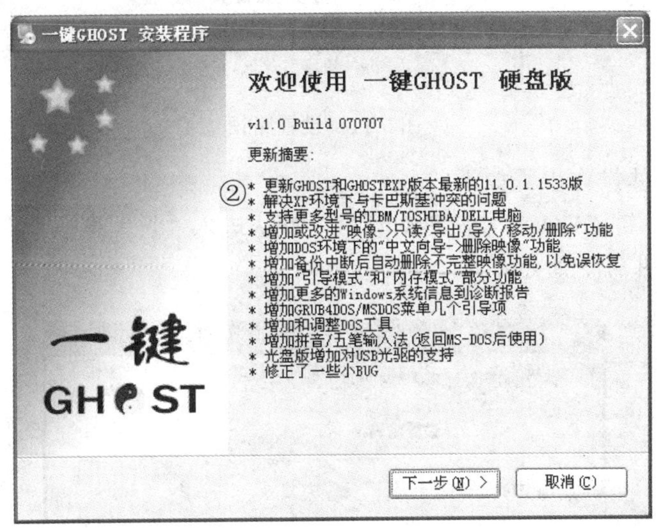

图 9.8 “一键 GHOST 安装程序”对话框

步骤3 单击“下一步”按钮，打开“许可协议”对话框，默认是“不同意”状态，“下一步”按钮是灰化处理，无法继续操作，选中“我同意该许可协议的条款”单选按钮，如图 9.9 所示。

一路单击“下一步”按钮，直到最后单击“完成”按钮，如图 9.10 所示，完成“一键 GHOST 安装程序”的安装过程。

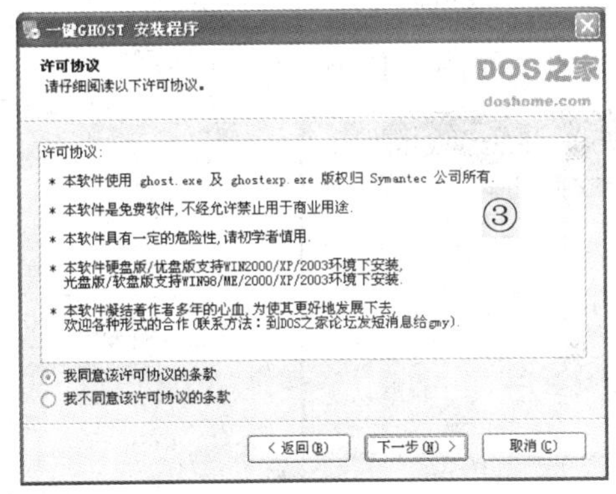

图 9.9 “许可协议”对话框

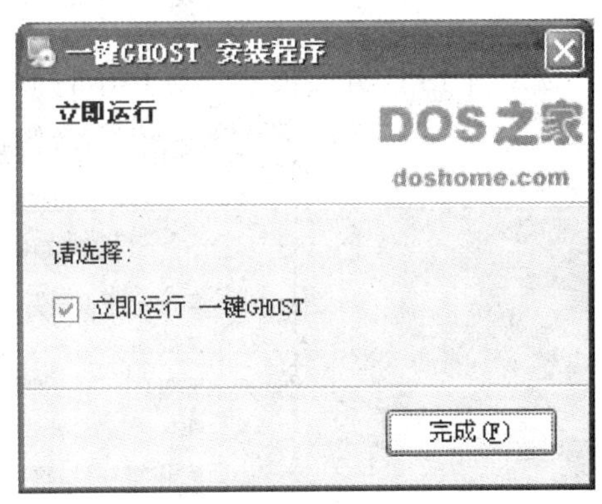

图 9.10 “立即运行”对话框

2. 设置选项

安装完毕以后，需要进入“一键 GHOST 程序”进行基本设置。单击“开始”|“程序”|“一键 GHOST”|“一键 GHOST”命令，进入“一键 GHOST”对话框，单击“工具”|“设置”命令，如图 9.11 所示。此时即可进入“一键 GHOST 设置”对话框，其中

有多个选项卡，如图 9.12 所示，每个选项卡都有相关的设置解释，可以根据需要进行特殊设置。

图 9.11　设置路径

特殊设置的具体操作步骤如下：

步骤 1　打开“一键 GHOST 设置”对话框，默认进入“设置密码”选项卡，设置登录密码，如图 9.12 所示。

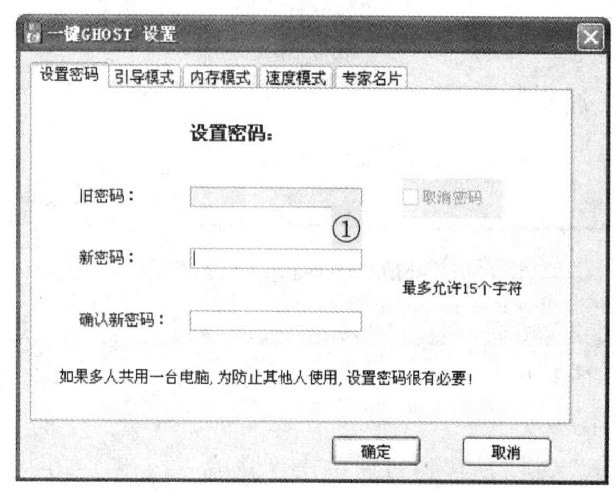

图 9.12　“一键 GHOST 设置”对话框

步骤 2　单击“引导模式”选项卡，设置引导模式，如图 9.13 所示。

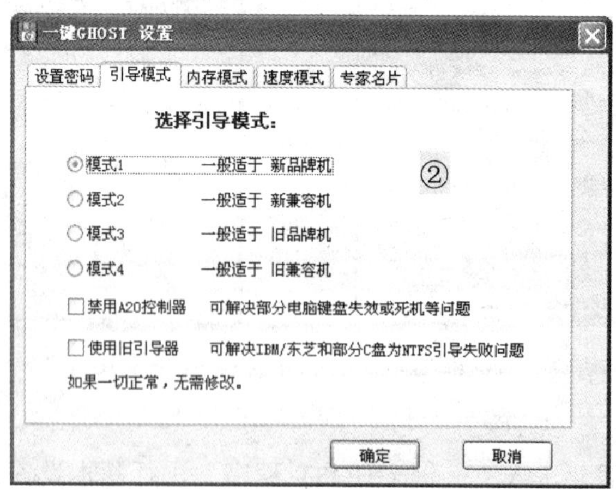

图 9.13　设置引导模式

步骤 3　单击“内存模式”选项卡，设置内存模式，如图 9.14 所示。

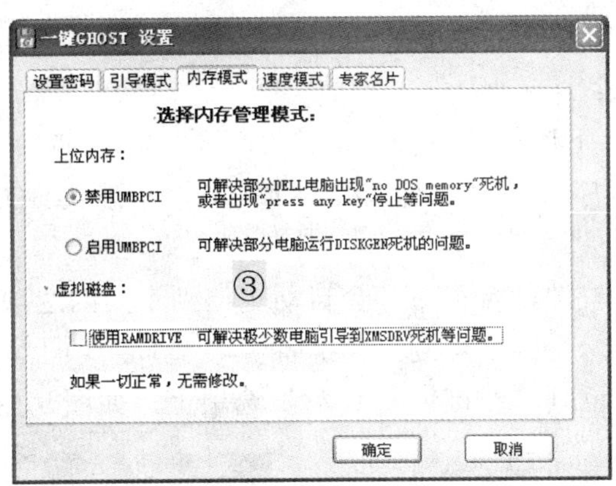

图 9.14 设置内存模式

步骤4 单击“速度模式”选项卡，设置速度模式，如图 9.15 所示。

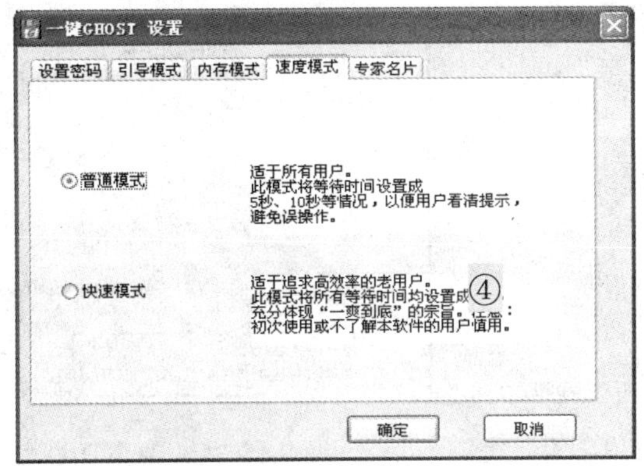

图 9.15 设置速度模式

步骤5 单击“专家名片”选项卡，设置专家名片，如图 9.16 所示。单击“确定”按钮，完成一键 GHOST 设置。

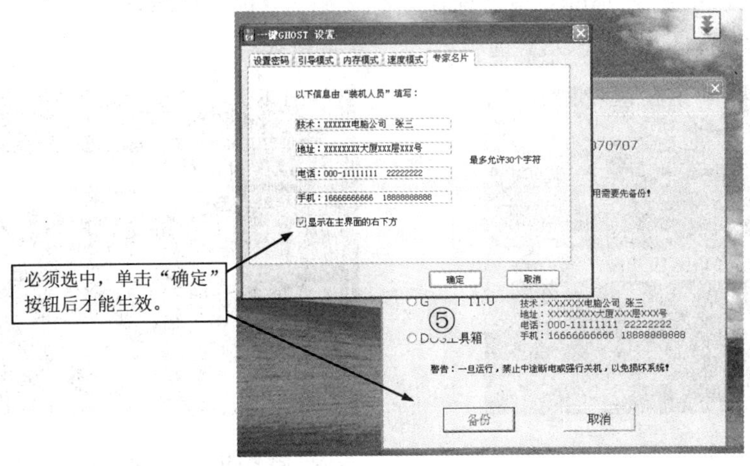

图 9.16 设置专家名片

3. 运行

有以下几种运行方法：

方法一：在 Windows 下运行。

单击“开始”|“程序”|“一键 GHOST”|“一键 GHOST”命令，进入“一键 GHOST”对话框。

根据不同情况（C 盘映像是否存在）会自动定位到不同的选项：

（1）不存在已有的备份，则定位到“一键备份 C 盘”选项上，如图 9.17 所示。

（2）存在备份，则定位到“一键恢复 C 盘”选项上，如图 9.18 所示。

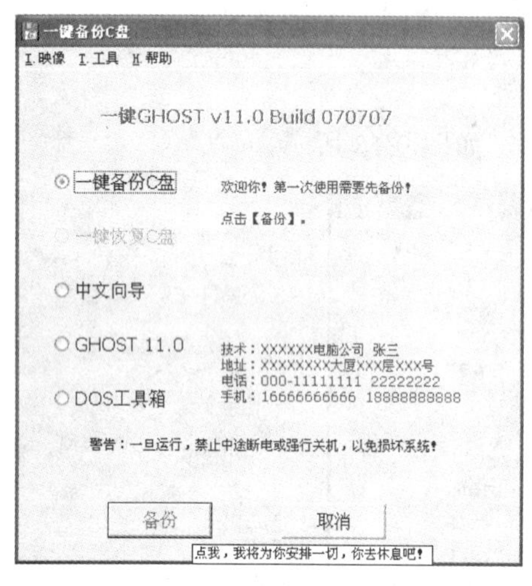

图 9.17 “一键备份 C 盘”对话框

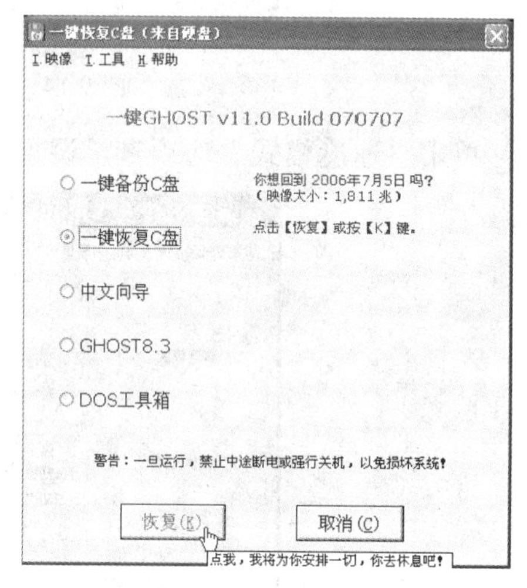

图 9.18 “一键恢复 C 盘（来自硬盘）”对话框

方法二：从开机菜单运行。

（1）若主操作系统是 Windows 系列操作系统，则开机菜单如图 9.19 所示，选择“一键 GHOST V11.0 Build070707”选项进入恢复备份操作界面。

（2）若主操作系统是 Linux 系列操作系统，则为 GRUB4DOS 菜单界面，开机菜单如图 9.20 所示，选择 1KEY GHOST 选项进入恢复备份操作界面。

图 9.19 开机界面

图 9.20 GRUB4DOS 菜单界面

（3）MS-DOS 的开机菜单如图 9.21 所示，选择 1KEY GHOST 选项进入恢复备份操作界面。

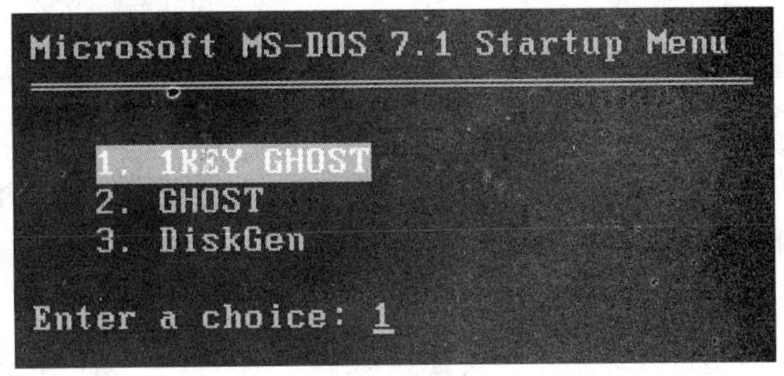

图 9.21　MS-DOS 菜单

根据不同情况（C 盘映像是否存在）会从主对话框自动进入不同的子对话框：

①若不存在备份，则弹出“一键备份 C 盘”对话框，如图 9.22 所示，单击“备份”按钮，进入恢复界面，该界面属于无人值守操作界面，恢复完毕即可重启，重新进入操作系统。

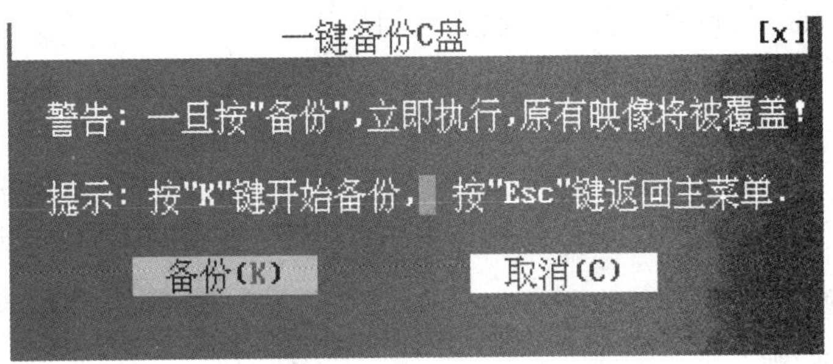

图 9.22　“一键备份 C 盘”对话框

②若存在备份，则弹出“一键恢复 C 盘（来自硬盘）”对话框，如图 9.23 所示，单击“恢复”按钮，进入恢复界面，该界面属于无人值守操作界面，恢复完毕即可重启，重新进入操作系统。

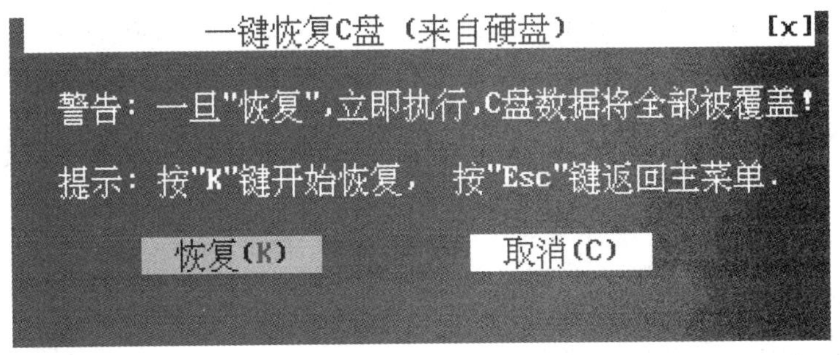

图 9.23　“一键恢复 C 盘（来自硬盘）”对话框

方法三：当 Windows 和 DOS 下都无法运行“一键 GHOST 硬盘版”时，可使用光盘版、U 盘版、软盘版。

4. 高级功能

映像的打开、只读、导出、导入、移动、删除操作。

由于一键映像保存位置在第一硬盘最后一个分区，\～1\C_PAN.GHO 是受特殊保护的，所以禁止在资源管理器中对其本身进行直接操作，但为了方便高级用户的特殊应用，因此提供了专门的菜单，“映像”菜单中有如下操作：

（1）打开：以只读方式打开一键映像，一般用于提取文件。

（2）只读：给一键映像去掉或加上只读、隐藏等属性，一般用于在办公用户与个人用户之间切换。

（3）导出：将一键映像复制（另存）到其他地方，并去掉只读、隐藏等属性，一般用于刻录光盘前的准备工作。

（4）导入：将一键映像复制或移动到“～1”文件夹中，并加上只读、隐藏等属性，一般用于下载安装万能系统 GHOST 映像。

（5）移动：将一键映像移动到其他地方，并去掉只读、隐藏等属性，一般不常用。

（6）删除：将一键映像删除，一般不常用。

另外可以修复程序，包含解决删除一些多余文件等附加操作，单击“工具”|“修复”命令，进入“一键 GHOST 修复程序”对话框，如图 9.24 所示。

任何错误都可以用“帮助”菜单下的“诊断报告”命令，如图 9.25 所示，一是便于全面分析，二是便于今后版本改进。如果出现错误，根据情况不同，可以进行如下操作：

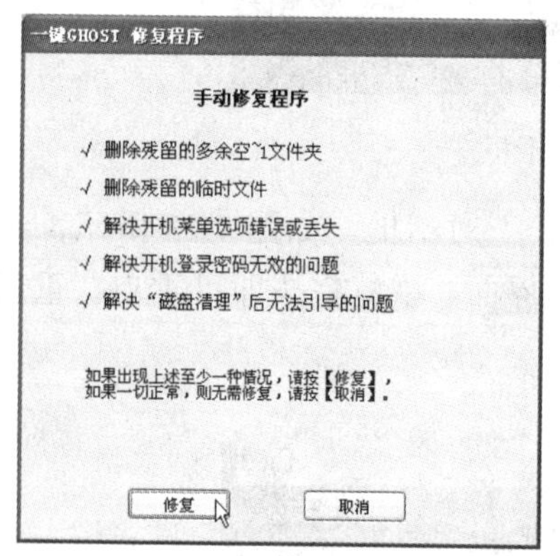

图 9.24 “一键 GHOST 修复程序”对话框

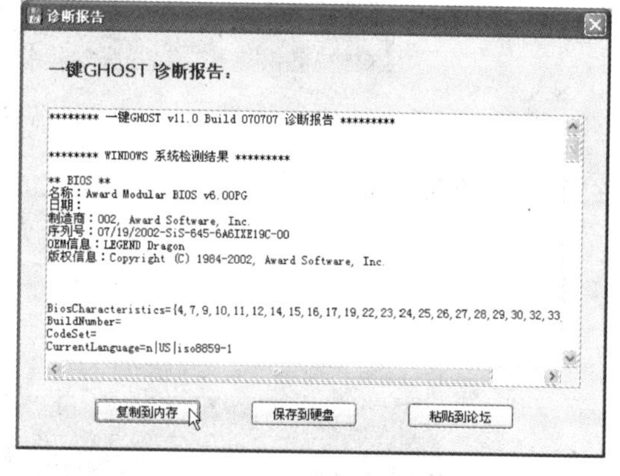

图 9.25 “诊断报告”对话框

（1）Windows 程序出错：

①使用旧版是否成功。

②记下屏幕现象。

③运行一键 GHOST，单击“帮助”|“诊断报告”命令，在弹出的对话框中单击“复制到内存”按钮或“粘贴到论坛”按钮。

（2）GRUB4DOS 菜单之后出错：

①运行一键 GHOST，单击“工具”|“设置”命令，在弹出的对话框中单击“引导模式”选项卡，选择“模式 4”、“禁用 A20 控制器”、“使用旧引导器”。

②记下屏幕提示。

③运行一键 GHOST，单击“帮助”｜“诊断报告”命令，在弹出的对话框中单击“复制到内存”按钮或“粘贴到论坛”按钮。

（3）MS-DOS 菜单之后出错：

①运行一键 GHOST，单击“工具”｜“设置”命令，在弹出的对话框中单击“内存模式”选项卡，选择“禁用 UMBPCI”或“启动用 UMBPCI”、“使用 RAMDRIVE”。

②开机出现 MS-DOS 菜单时按 Shift+F8 快捷键（一步一步回车运行），记下死机之前的屏幕提示。

③运行一键 GHOST，单击“帮助”｜“诊断报告”命令，在弹出的对话框中单击“复制到内存”按钮和“粘贴到论坛”按钮。

9.4.2 制作一键 GHOST U 盘版

注意

制作之前请备份 U 盘里的重要文档，因为制作过程中需要对 U 盘初始化（删除整个 U 盘数据，包括加密分区）。

1. 制作与设置

（1）准备与测试阶段。在正式制作之前，需要事先做一些准备和测试工作，以避免浪费时间。

① 准备一块 U 盘（16MB 及以上），并确认已经置于“可写状态”，如图 9.26 所示。

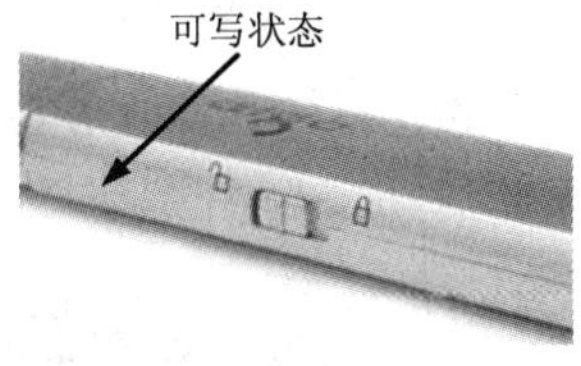

图 9.26 U 盘

② 为提高引导成功率，强烈建议首先使用 U 盘自带光盘里的初始化程序（如 iformat）对 U 盘进行格式化。以最常见的 iformat 为例，在 Windows 环境下安装 iformat 4.11，插入 U 盘，会自动弹出“使用者工具包”窗口，如图 9.27 所示，选中“启动型”复选框和 ZIP 单选按钮，单击“开始”按钮，等 3～5min 后制作完成该窗口。

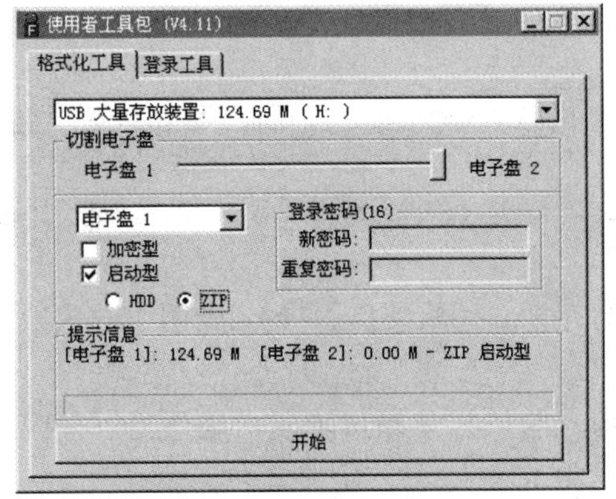

图 9.27 “使用者工具包”窗口

③设置 CMOS。在插入 U 盘的前提条件下开机或重启电脑，按“Del”键进入 CMOS，用↓键选择第二项 Advanced BIOS Features 并按回车键，如图 9.28 所示。

用↓键移动光标到 First Boot Device 选项，用 PageDown 键选择为 USB-ZIP，使得机器由 U 盘启动，如图 9.29 所示。

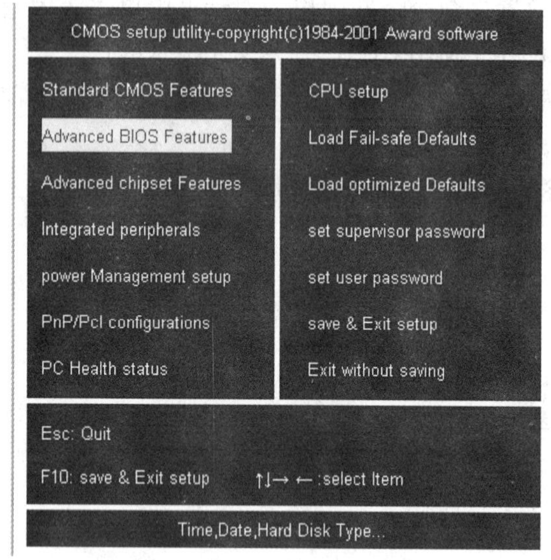

图 9.28 CMOS 操作窗口

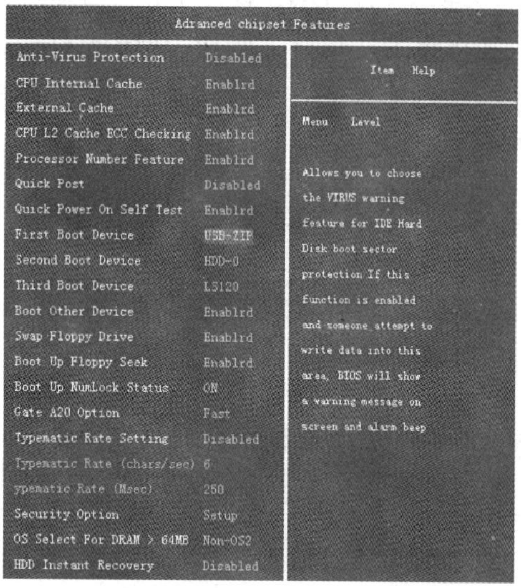

Advanced chipset Features		Item Help
Anti-Virus Protection	Disabled	Menu Level
CPU Internal Cache	Enablrd	Allows you to choose the VIRUS warning Feature for IDE Hard Disk boot sector protection If this Function is enabled and someone attempt to write data into this area, BIOS will show a warning message on screen and alarm beep
External Cache	Enablrd	
CPU L2 Cache ECC Checking	Enablrd	
Processor Number Feature	Enablrd	
Quick Post	Disabled	
Quick Power On Self Test	Enablrd	
First Boot Device	USB-ZIP	
Second Boot Device	HDD-0	
Third Boot Device	LS120	
Boot Other Device	Enablrd	
Swap Floppy Drive	Enablrd	
Boot Up Floppy Seek	Enablrd	
Boot Up NumLock Status	ON	
Gate A20 Option	Fast	
Typematic Rate Setting	Disabled	
Typematic Rate (chars/sec)	6	
ypematic Rate (Msec)	250	
Security Option	Setup	
OS Select For DRAM > 64MB	Non-OS2	
HDD Instant Recovery	Disabled	

图 9.29 选择第一启动顺序窗口

按 Esc 键返回 CMOS 主菜单，再依次按 F10、Y、回车键（保存并退出 CMOS），自动重新启动，如图 9.30 所示。

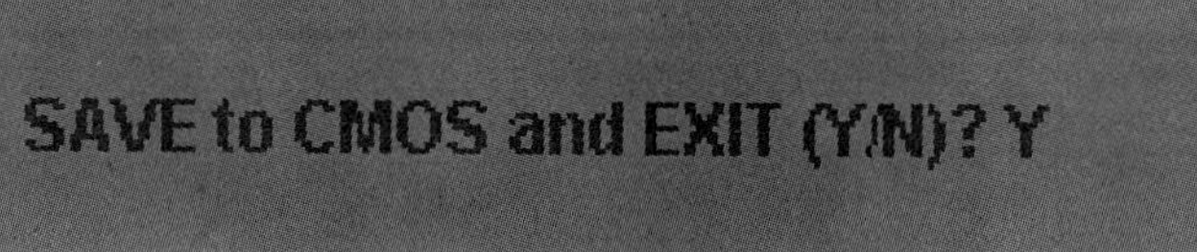

图 9.30 CMOS 保存界面

注意

以上图片仅以最常见的 CMOS 设置为例，如有不同，请参看主板自带说明书。

④ 引导 U 盘。如果显示 DOS 提示符或 DOS 菜单就表明引导成功，iformat 4.11 自带引导系统是 Free DOS。

如果显示错误信息或直接跳过（从硬盘引导），表明引导失败，解决方法是：改用 HDD 模式，步骤类似。

（2）正式制作阶段。前一阶段只是测试阶段，必须经过下面的步骤才能真正做成“一键 GHOST U 盘版”。

解压，在 Windows XP/2000 环境下插入 U 盘，双击“一键 GHOST 优盘版.exe”

文件。

① 选中 U 盘。

② 单击“点击此处选择工作模式”链接。

③ 选择与 iformat 格式化模式相同的模式，如 iformat 使用的是 ZIP 模式，工作模式就选“ZIP 模式”，如图 9.31 所示。

④ 单击“开始”按钮，此后只需按提示一步一步操作直到完成。

⑤最后弹出“引导型 U 盘制作成功”提示，如图 9.32 所示，表示制作完成，关闭 USBoot 对话框即可。

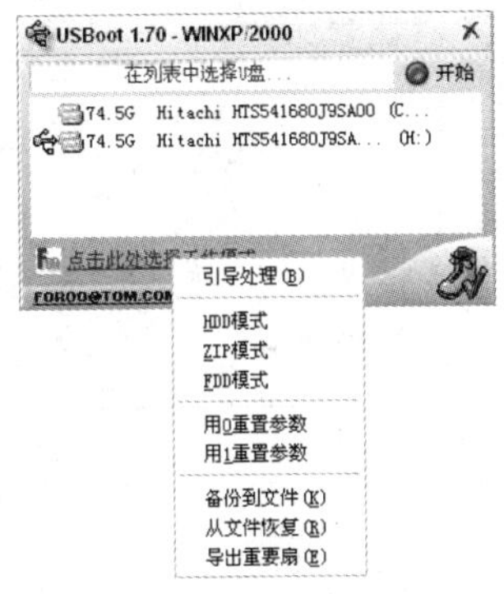

图 9.31 选择工作模式

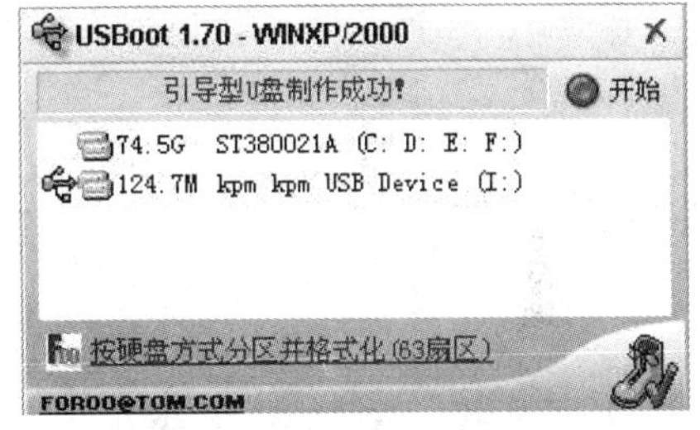

图 9.32 “引导型 U 盘制作成功”提示

9.4.3 Windows 优化大师

1. 软件简介

Windows 优化大师在第 1 章中已有描述，这里主要讲解一下新版的更新功能。

Windows 优化大师新版主要进行了如下更新：

（1）内存整理：增加对大内存（2GB 以上）的支持。

（2）漏洞扫描：建立离线补丁库进行漏洞扫描和下载，极大提高速度。

（3）历史痕迹清理：

①在历史痕迹清理中增加系统日志清理。

②在历史痕迹清理中增加对 Office 2007 的支持。

（4）CPU 检测的更新：

①增加对 AMD K10 CPU 的支持。

②增加 K10 Operton Barcelona 核心的支持。

③增加 K10 Athlon Agena/Toliman/Kuma 核心的支持。

④增强对 AMD K8 CPU 的支持。

⑤改进对于 Turion TK 和 MK 系列的检测。

⑥改进对于 Athlon Lima 和 Brisbane 核心的检测。

⑦改进对于 Sempron Sparta 核心的检测。

（5）修复目录统计中的错误。

（6）更新优化大师病毒扫描与识别。

2. 安装

从 http://www.wopti.net/chs/downloads/网站下载优化大师安装文件 Setup.exe 进行安装，安装过程比较简单，基本上都是逐步单击“下一步”按钮的向导操作模式，如图 9.33 所示。

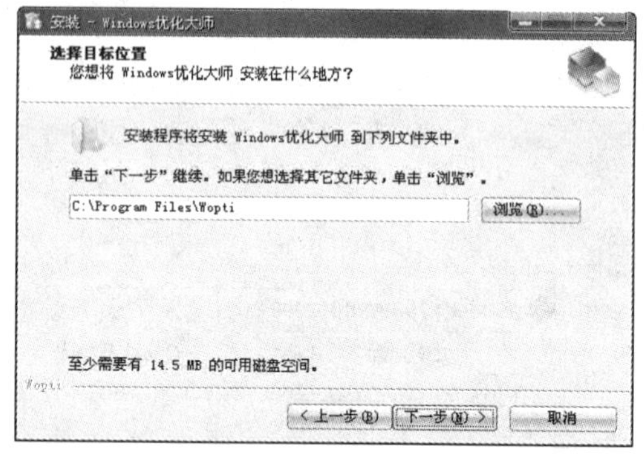

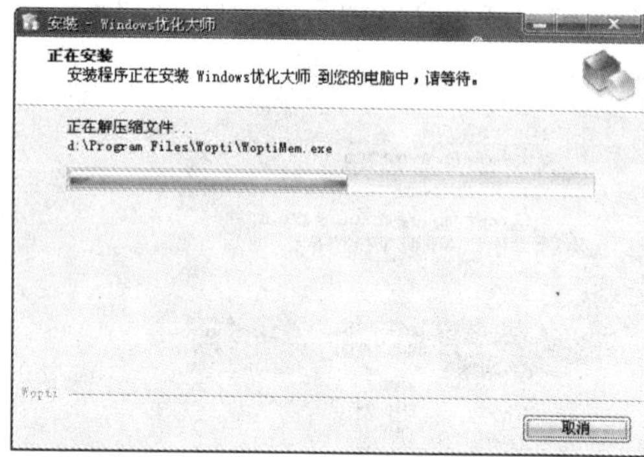

图 9.33　优化大师安装过程

3. 认识优化大师界面

（1）模块选择。Windows 优化大师具有四大功能模块，包括系统检测、系统优化、系统清理和系统维护。

（2）功能选择。Windows 优化大师四大功能模块下的具体小模块，详细说明请参照各模块的功能说明。

（3）功能按钮。这里陈列着各个功能选择模块中具有的功能按钮，方便用户操作。

（4）信息与功能应用显示区。当选择到具体功能模块时，这里就会出现详细的模块信息；根据功能模块的不同，该区域会出现不同的信息内容。

各个信息模块如图 9.34 和图 9.35 所示。

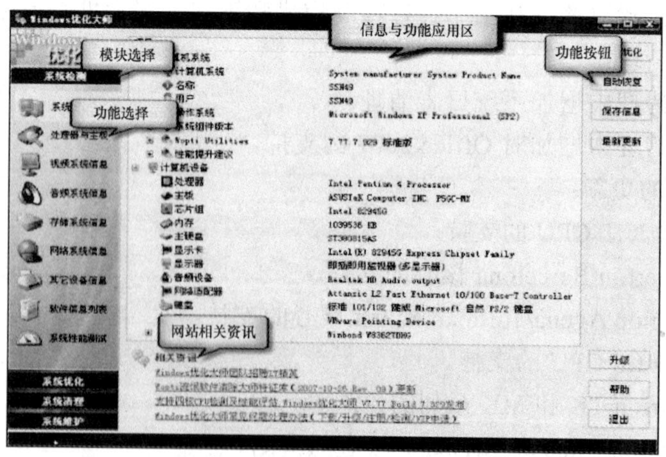

图 9.34　优化大师界面（一）

Windows 优化大师基本涵盖了系统维护所要涉及的各个方面，有效使用 Windows 优化大师可以实现系统检测、系统优化、系统维护等相关功能，对于计算机操作不熟练的用户，可以通过此软件对系统进行优化和维护，使得优化工作“傻瓜化”，维护工作“简单化”。

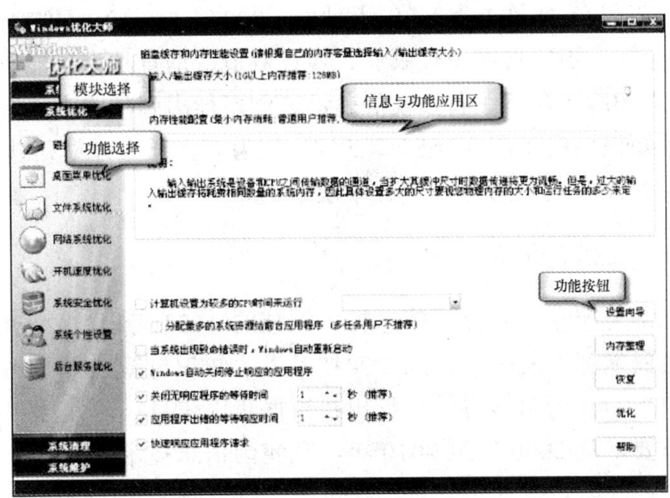

图 9.35　优化大师界面（二）

专业技术人才知识更新工程（“653 工程”）简介

为贯彻落实《中共中央、国务院关于进一步加强人才工作的决定》，进一步加强专业技术人才队伍建设，国家人力资源和社会保障部于 2005 年 9 月 27 日印发了《专业技术人才知识更新工程（“653 工程”）实施方案》（国人部发［2005］73 号），《方案》指出：从 2005 年开始到 2010 年 6 年间，国家将在现代农业、现代制造、信息技术、能源技术、现代管理等 5 个领域，重点培训 300 万名紧跟科技发展前沿、创新能力强的中高级专业技术人才。

专业技术人才知识更新工程（“653 工程”）作为高素质人才队伍建设的重点项目被列入《中国国民经济和社会发展第十一个五年规划纲要》。

信息技术领域“653 工程”介绍

工业和信息化部为配合实施开展信息技术领域的“653 工程”，于 2006 年 1 月 19 日联合人力资源和社会保障部下发了《信息专业技术人才知识更新工程（“653 工程”）实施办法》（国人厅发［2006］8 号），《办法》指出：根据我国信息技术发展和信息专业技术人才队伍建设的实际需要，从 2006 年至 2010 年，在我国信息技术领域开展大规模的专业技术人员继续教育活动，每年开展专业技术人才知识更新培训 12 万人次左右，6 年内共培训信息技术领域各类中高级创新型、复合型、实用型人才 70 万人次左右。

信息技术领域的“653 工程”由人力资源和社会保障部、工业和信息化部共同组织实施，工业和信息化部具体负责。成立“全国信息专业技术人才知识更新工程办公室”，负责领导小组和专家指导委员会及“653 工程”的各项日常工作，办公室设立在信息产业部电子人才交流中心，承担具体工作。

全国计算机专业人才考试

“全国计算机专业人才考试”是国家信息产业部电子人才交流中心推出的国家级计算机人才评定体系，是信息技术领域“653 工程”示范性项目。该体系以计算机技术在各行业、各岗位的广泛应用为基础，对从事或即将从事信息技术工作的专业人才进行综合评价，通过科学、完善的测评体系，准确考量专业人才的技术水平和从事计算机工作所需的逻辑思维及协作能力，提高其整体素质和创新能力。

“全国计算机专业人才考试”采用全国统一大纲、统一命题、统一组织的考试方式，考试合格者获得由信息产业部电子人才交流中心颁发的《全国计算机专业人才证书》。该证书是计算机从业人员胜任相关工作的岗位能力证明，各单位可将证书作为专业技术人员职业能力考核、岗位聘用、任职、定级和晋升职务的重要依据。同时，证书持有人相关信息将被直接纳入工业和信息化部人才网。

中国 IT 人才网

中国 IT 人才网（www.ittalent.com.cn）是信息产业部电子人才交流中心主办的国内最大的 IT 人才服务综合平台，也是工业和信息化部直属 IT 人才库，为广大 IT 人才和企业提供一站式人才服务，具备以下鲜明的特点：

专业：集中于信息技术和工程领域，包含计算机软硬件、网络通信、电子电气等专业。

权威：由信息产业部电子人才交流中心主办，承担工业和信息化部 IT 人才库的功能，拥有海量的企业资源和 IT 人才信息。

系统：覆盖了人才服务的整个产业链，全面系统地整合了人才培养、人才评测、人才交流等环节的资源和功能，具备强大的 IT 人才网络体系。

每天有十万会员企业在中国 IT 人才网提供上百万的 IT 职位，搜索、招聘优秀的 IT 人才。针对个人用户，中国 IT 人才网提供详尽的简历库，专业、权威的职业测评报告和应聘进展动态报告，帮助求职者准确了解自己，即时知晓应聘过程。同时，网站还致力于打造一个终身教育培训的平台，通过线上线下配套的教育服务，提高 IT 职场人士的求职竞争力。

你获得的服务

本系列教材作为“653 工程”指定教材，严格按照《信息专业技术人才知识更新工程（“653 工程”）实施办法》的要求，以培养符合社会需求的信息专业技术人才为目标，力求培养创新型、复合型、实用型人才。为了更好地检验学生的专业技能，本系列教材编委会在编写教材的同时，还研发了一套既紧扣教材又贴近实际应用的考试，所有学习本系列教材的学员均可参加相应科目的考试，考试合格者将获得由信息产业部电子人才交流中心颁发的“全国计算机专业人才”证书，作为所掌握职业能力的权威证明，以及岗位聘用、任职、定级和晋升职务的重要依据。

同时，将为获得“全国计算机专业人才”证书的学员发放登录中国 IT 人才网的账号及密码，可以参加职场素质测评并获得职场素质测评报告。本测试基于“天生我材必有用”的理念，将通过职场天赋、职场潜能、职场惯性、职场经验等 4 个评价元素，让你全面了解自己的分析力、个性特质、职位素质、组织角色行为，帮助你发现和确定自己的职业兴趣和能力特长。

官方网站：http://www.miitec.org.cn/zyks/

咨询电话：010-68208669/72/62